本报告获得2017年度国家社会科学基金
西部项目资助

主　编
路智勇
合作单位
德国美因茨罗马—日耳曼中央博物馆

金缕瑞衣

法门寺地宫出土唐代丝绸考古及科技研究报告

Golden Threads and Exquisite Costumes:

Archaeology and Scientific Research on Silks Unearthed from the Underground Chambers of Famen Pagoda, Fufeng, Shaanxi Province, China

陕西省考古研究院　编著

Shaanxi Academy of Archaeology

科学出版社

北　京

图书在版编目（CIP）数据

金缕瑞衣：法门寺地宫出土唐代丝绸考古及科技研究报告 / 陕西省考古研究院编著. — 北京：科学出版社，2023.1

ISBN 978-7-03-073583-6

Ⅰ.①金… Ⅱ.①陕… Ⅲ.①法门寺 – 古丝绸 – 研究 – 中国 – 唐代 Ⅳ.①K876.94

中国版本图书馆CIP数据核字（2022）第195748号

责任编辑：王琳玮

责任校对：邹慧卿

责任印制：肖 兴

书籍设计：北京美光设计制版有限公司

金缕瑞衣：法门寺地宫出土唐代丝绸考古及科技研究报告

Golden Threads and Exquisite Costumes: Archaeology and Scientific Research on Silks Unearthed from the Underground Chambers of Famen Pagoda, Fufeng, Shaanxi Province, China

陕西省考古研究院 编著

Shaanxi Academy of Archaeology

科学出版社 出版

北京东黄城根北街16号

邮政编码：100717

http://www.sciencep.com

北京九天鸿程印刷有限责任公司印刷

科学出版社发行 各地新华书店经销

2023 年 1 月第 一 版 开本：889 × 1194 1/16

2024 年12月第二次印刷 印张：23

字数：642 000

定价：368.00 元

（如有印装质量问题，我社负责调换）

目　录

第6章　保护修复与技术研究

第7章　结语

附　表

附　录

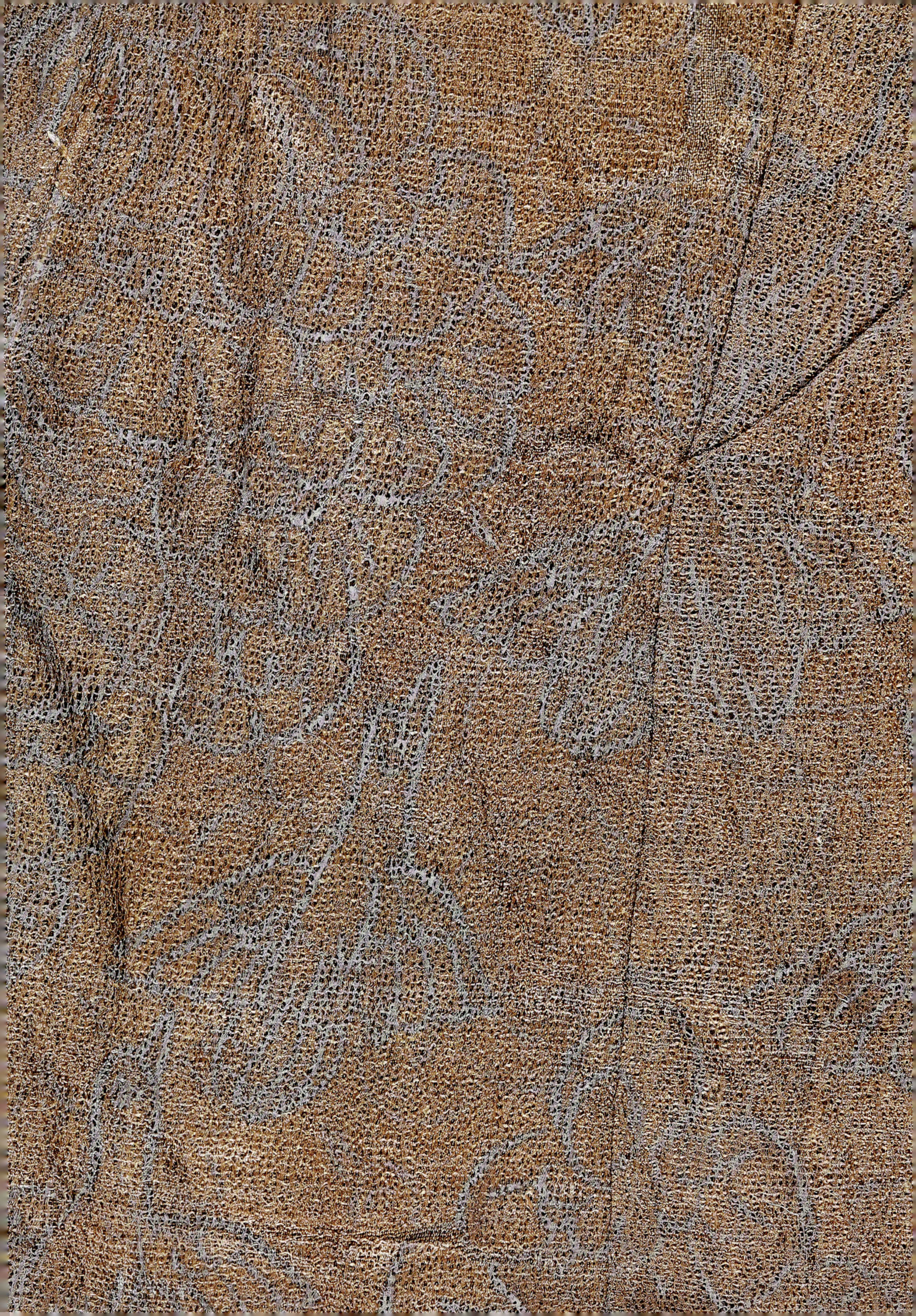

第1章 法门寺及地宫考古

1.1 历史沿革

法门寺位于陕西省扶风县城北约10千米的法门镇，古称阿育王寺，据佛典记载，3世纪印度孔雀王朝君主阿育王为弘扬佛法向世界散施佛舍利，法门寺得其指骨舍利建佛塔而成为中国古代著名的皇家佛寺，也是中国古代四大佛教圣地之一，在我国佛教历史上具有重要地位。

佛典等相关文献及法门寺周边考古调查显示，法门寺创建于东汉时期，建寺年代下限为北魏文帝至西魏时期。法门寺自建成之后，几经兴衰，至唐代进入极盛时期。自武德元年（618），高祖李渊敕改阿育王寺为法门寺起，法门寺先后被命名为会昌寺、圣朝无忧王寺、法云寺、重真寺。五代时，开启了自会昌法难之后官方对法门寺的大规模修葺。宋代，法门寺规模不断扩大，徽宗亲题“皇帝佛国”匾额于山门，此时寺院经济极为发达。明洪武年间，寺名由重真寺改为崇正寺。嘉庆《扶风县志》载，“隆庆中，木塔崩”。地宫之上的唐代四层木塔朽塌，万历七年（1579）至万历三十七年（1609），扶风人杨禹臣、党万良等人组织民间捐资修寺，建成八棱十三级“真身宝塔”。至清代顺治、光绪年间以及民国时期均对法门寺进行了修葺。

1981年8月24日，明万历年间修造的十三级“真身宝塔”（图1.1.1）崩塌。宝塔崩塌的原因除受连日降雨及塔基被附近池塘浸泡外，与其自明代建成后陕西地区经历的几次大地震也有一定关系，更为重要的是与其自身建筑技术和设计结构有直接关系。塔体“不设楼梯、不供登览”，为“厚壁空心式”建筑，砖与砖在外表仅以石灰胶泥黏结，内层以烂砖石、黄土胶泥填充，塔体坚固性不高也是导致其最终崩塌的内因。1987年，重修法门寺明代真身宝塔时，将半壁坍塌的明代塔身拆除（图1.1.2），发现了明代塔基之下的唐代塔基及其地宫（图1.1.3），考古发掘出土瘗藏的佛指舍利及唐代供佛宝藏，考古发掘后原址重建明代真身宝塔（图1.1.4）。

图1.1.1 明代真身宝塔倒塌前

图1.1.2 明代真身宝塔半壁坍塌

图1.1.3　唐代塔基及地宫遗址

图1.1.4　重建后的真身宝塔

1.2　舍利供养

舍利是佛教高僧圆寂后，火化的骨灰中产生的矿物质结晶体。佛教认为高僧舍利具有非凡的法力，佛祖释迦牟尼的“真身舍利”则更是法力无边。相传释迦牟尼涅槃后，身体化为84000枚佛骨舍利，印度孔雀王朝阿育王统一天竺后，在全世界建84000座宝塔用于瘗埋供奉舍利。佛塔的原本用途是瘗埋舍利，早期印度佛塔的形式与陵墓相似。

公元前243年，西域高僧释利房等奉19份真身舍利来秦都咸阳，说服秦人崇信佛法不成，舍利被秘藏。至东汉桓帝年间，西域安息国高僧安世高在周原找到秘藏的舍利，并送至京都洛阳。汉桓帝见舍利后惊喜万分，命在全国各地建宝塔供奉19枚真身舍利。在舍利发现地周原亦建造宝塔及寺院，既是后来的法门寺。

因法门寺塔基下有专为供奉佛祖释迦牟尼真身舍利而建造的地宫，从北魏至隋唐，法门寺均为迎送佛骨的圣地。元魏二年（558）大将军淮安王拓跋育开启塔基，供养佛指舍利。道宣《集神州三宝感通录》卷上记载：唐朝初年法门寺被乡民“杂住，未得出居，延火焚之，一切都尽，二堂余烬，燋黑尚存。贞观五年（631），岐州刺史张亮素有信向，来寺礼拜，但见古基，曾无上覆，奏敕望云宫殿以盖塔基。下诏许之。因构塔上，尊严相显。古老传云：‘此塔一闭，经三十年一示人，令生善。’（张）亮闻之，以贞观年中请开，剖出舍利以示人，恐因聚众，不敢开塔。有敕并许，遂依开发”。[①]这是唐朝初建法门寺塔及第一次开启地宫和供奉“真身舍利”的记录，为以后唐代诸帝迎奉舍利开启先河。

① 《大正藏》（52）：406。

此后，显庆五年（660）高宗李治迎佛骨于长安、洛阳皇宫，长安四年（704）武则天开启地宫迎佛指舍利于长安、洛阳明堂，景龙二年（708）中宗李显在地宫中建灵帐以安奉佛指舍利，上元元年（760）肃宗李亨迎舍利入长安供养，贞元六年（790）德宗李适迎佛指舍利于禁中，倾都瞻礼，元和十四年（819）宪宗李纯迎奉佛指舍利入宫。在历次佛指舍利迎奉活动中，均有不同的供养品被放置入地宫。会昌四年（844）武宗李炎灭佛法难，毁坏地宫，之前诸帝供佛珍宝大多遭损毁。咸通十二年（871）懿宗李漼得佛指舍利于地宫旧隧道西北角，遂整修地宫，恢复旧制，咸通十四年（873）迎佛指舍利于长安皇宫，同年僖宗李儇送佛指舍利安奉于法门寺地宫。懿宗、僖宗集数以千计供养于地宫。[①]874年农历正月十五，唐僖宗敕命法门寺地宫封门，自此至1987年考古发掘，法门寺唐代地宫被封存1113年。

法门寺是文献记载的中国境内供奉释迦牟尼真身舍利的四大名刹之一。四大名刹中，泗州普王寺已于康熙十九年沉入洪泽湖中，岱州五台及终南五台之舍利在唐会昌灭法时敕令毁坏，此三寺之真身舍利已不得见。因此，法门寺地宫是目前国内唯一保存释迦牟尼真身舍利的地宫。

1.3　地宫考古

1981年，法门寺明代真身宝塔坍塌以后，西北大学历史系和扶风县博物馆在1982年4月至1985年6月陆续对坍塌废墟进行了清理。1985年7月，省政府决定拆除残塔5—13层的危险部分，并对废墟及残塔中的遗物进行彻底清理。1986年底，为重建明代真身宝塔，由陕西省考古研究所、宝鸡市文化局、扶风县博物馆组成联合考古队，在拆除原塔残余部分后，对法门寺塔基及其外围进行了考古发掘。[②]

考古发掘工作从1987年2月开始至1988年4月结束，发掘面积1300平方米，主要发掘了明代塔基、唐代塔基和地宫三个部分（图1.3.1）。明代塔基平面略呈圆形，位置在现存民国年间修补的石条边围的中心部位。唐代塔基由外围和中心方座两部分组成。外围部分指明代塔基以外、石条边围以内的区域，由于明代基槽的破坏，现状呈外方内圆。中心方座是位于塔基中心部位的方形夯土台基，其中心隆起，四周下斜。地宫后室基槽挖在中心方座中间，地宫基槽打破中心方座，中心方座的年代下限不晚于唐代。

地宫位于唐代塔基的中心部位，南端超出塔基范围。地宫由踏步漫道、平台、隧道、前室、中室、后室及后室秘龛组成，略成甲字形，踏步漫道部分较窄（图1.3.2）。地宫总长21.12米，各段宽2—2.55米不等，总面积32.48平方米，隧道及前、中、后室均以石灰石和大理石构筑。

踏步漫道为二十级台阶。隧道呈盝顶形式，地面南高北低，高差约0.42米，隧道门前以大小不一的八块封门石，分作南北两排封堵于门前，门框由四块较大的石材构成，门为双扇，安放入楣、槛的门臼窝内。隧道北端放置《大唐咸通启送岐阳真身志文》《监送真身使随真身供养道具及恩赐金银衣物帐》两方石刻，石刻前后重叠，封堵于前室门前。

前室门及门框均经打磨，两侧门框的正面有阴刻坐佛像。室内结构与隧道相似，破坏严重，两壁上的石板多有错位。铺地石因受挤压变形拱起；中室结构与隧道门大致相同，门

① 韩生：《法门寺文物图饰》，文物出版社，2009年，104页。
② 陕西省考古研究院等：《法门寺考古发掘报告》，文物出版社，2007年。

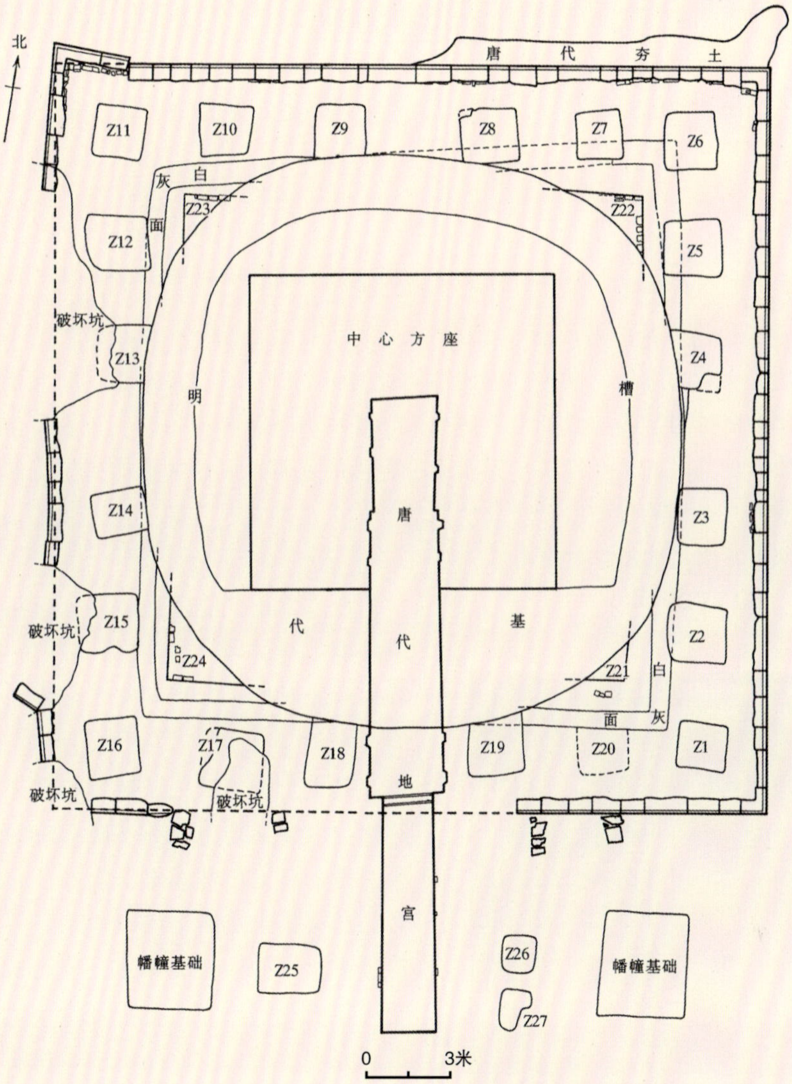

图1.3.1 法门寺塔基地宫平面图

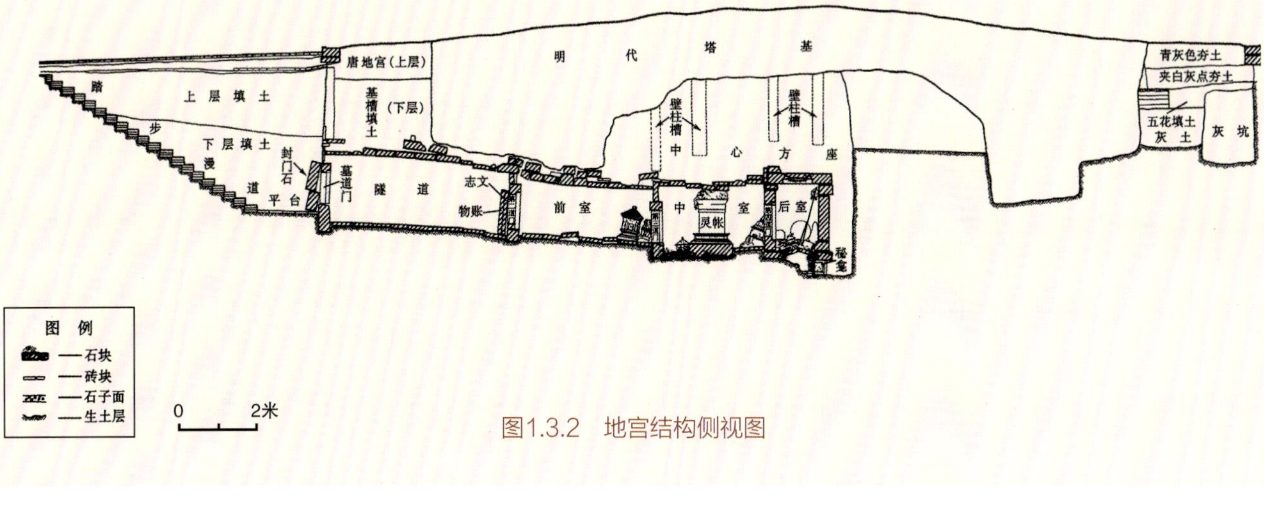

图1.3.2 地宫结构侧视图

槛系整块石条，门楣石横架于门框石之上，室内结构与前室相同，破坏较小；后室平面近方形，室内用料考究，建造工整，顶盖为两块凹形的厚重石材东西对合而成，中间为八角形藻井，地面用较小的石板铺成，基本平整；在后室地面的中北部开有边长约0.65米的方形口，下挖出深约0.5米的竖坑，竖坑北部开有秘龛。秘龛用砖砌，呈正方形，位于后室北壁之下。①

1.4　出土遗物

隧道北端放置的两块石刻（图1.4.1），其碑文记载了重要信息。《志文碑》叙述了法门寺佛骨舍利的流传、供养、唐代迎佛骨的历史以及"会昌法难"时寺僧以舍利"影骨"搪塞，保护灵骨的过程。此碑是大历十三年《大唐圣朝无忧王寺大圣真身宝塔碑铭并序》的续碑，两方碑刻内容系统说明了大唐诸帝礼佛的基本情况。《物帐碑》记载了唐懿宗、僖宗时期供奉真身舍利的规模以及参与法事活动的人员姓名、官职、供奉物品的品名、数量、供奉者的姓名及供养品的制作作坊等。

图1.4.1　地宫隧道及第二道门前的《物帐碑》《志文碑》

地宫出土文物质地较多，包括了金银器、瓷器、琉璃器、漆木器、铜铁器、珠玉宝石、石刻、货币等。后经对比，发现碑文所记物品与出土物之间并不能一一对应。丝织品文物因保存不佳，老化残破严重，其出土物的功用、数量与碑文记载内容之间无法对比。其余文物也存在不能对应的情况，有的在《物帐》碑上有记名却无出土实物，有的在物帐碑上无记名，却有出土实物。唐咸通十五年，地宫封闭后，经历过三次大的修缮和重建，但均未涉及地宫，因地宫受扰动而导致地宫内文物发生变化的可能性不存在。据研究者分析，供养品集中于长安，而物帐碑则制作于法门寺，因舍利在长安供奉时间经历两代皇帝，供养人多，器物庞杂，来源复杂，前后或有增减，刻石与书丹分别两处，因而出现了帐物不符的现象。②韩伟先生在其《法门寺地宫唐代随真身衣物帐考》一文中，也对帐物不符的原因进行了分析。

地宫前室（图1.4.2）的器物摆放，以安置第四枚佛指舍利的彩绘四铺首阿育王石塔为中心，其前面放置开元二十九年石函等，后置单轮六环铜锡杖、蹀躞铜十二事。北端近第三道石门前东西两端各放置彩绘石雕狮一尊；地宫中室（图1.4.3）以安置第二枚佛指舍利的彩绘双檐汉白玉灵帐为中心，灵帐上放置丝绸织物，灵帐前置鎏金象首金刚五足朵带铜香炉，后置

① 陕西省法门寺考古队：《扶风法门寺塔唐代地宫发掘简报》，《文物》1988年10期。
② 王仓西：《法门寺〈供物帐〉碑释疑》，《文博》1989年4期。

图1.4.2　地宫前室遗物放置情况（方框内为丝绸文物）

图1.4.3　地宫中室遗物放置情况（方框内为丝绸文物）

壶门高圈足座银香炉，其下压装有十三件秘色瓷的漆木圆盒，旁边放置漆木箱，箱内置鎏金银捧真身菩萨；中室北端近第四道门前东西两侧各置一尊石雕彩绘天王像，门槛正中置八棱净水瓷瓶，旁边置放壶门盝顶银棱漆木箱；后室面积最小，器物放置量最大（图1.4.4）。以安置第一枚佛骨舍利的八重宝函（其下部为秘龛中安置第三枚佛骨舍利的五重宝函）及鎏金卧龟莲花纹五足朵带银香炉为中轴线，对称放置器物，器物重叠放置，成双成对。四角各放置一枚鎏金三钴杵纹银阏伽瓶；西北、东北角各置一尊彩绘石雕天王像，两组鎏金壶门座银波罗子，两件银如意，四件金银钵盂，两件锡杖等，以上器物均对称分布于八重宝函与银香炉前后暨东西两侧；秘龛内放置供养第三枚佛指舍利的铁函。[①]

发掘者依据考古器物出土位置所属地宫结构对出土文物给予编号，依次为平台（FD1）、隧道（FD2）、前室（FD3）、中室（FD4）、后室（FD5）。F和D分别代表扶风和地宫，1—5分别为地宫由踏步平台到后室的递进空间位置。纺织品文物大部分出土于地宫前室、中室和后室。根据韩伟先生《磨砚书稿》中的发掘大事记可知，[②]自1987年2月28日发掘启动至1987年4月29日，期间工作均为地宫内田野清理工作，这一阶段对纺织品文物的记录较少，大部分纺织品文物是在1987年4月底清理出的，除包裹在器物外的丝绸外，还清理出金银丝编织鞋等。5月4日起，开始在扶风县博物馆（原文庙）大殿及两庑内进行室内整理工作，除大量金银器、琉璃器、瓷器外，还有大量纺织品发现，清理工作至5月10日基本结束。

---

① 陕西省考古研究院等：《法门寺考古发掘报告》，文物出版社，2007年。

② 韩伟：《磨砚书稿》，科学出版社，2001年。

图1.4.4　地宫后室遗物放置情况

1.5　出土纺织品

考古发掘工作进入文物提取阶段，考古队邀请中国社会科学研究院考古研究所的王㐨及王亚蓉来到法门寺地宫发掘现场，指导丝绸文物提取和初步保护工作。之后，王亚蓉在《扶风法门寺塔唐代地宫发掘简报》《法门寺考古发掘报告》中介绍了法门寺纺织品文物的初步研究成果，韩伟先生的《磨砚书稿》所附法门寺考古发掘大事记中列述了部分纺织品文物的清理保护工作记录。

纺织品遗物多散置于地宫地面之上，按照出土现场的存放情况分类，可以将法门寺纺织品文物分为两类。一类织物本身为皇家贵胄的供奉品，一般存放于箱箧内，如织金锦衣物、蹙金绣衣物、白藤箱中的匹料等。另一类则是包裹金银器皿、宝函的包裹物，如锦绣包袱之类。[1]

自地宫建成至考古发掘，几遭地震，地宫顶石及地面受挤压导致砌石起翘，遗物倒塌移

① 陕西省法门寺考古队：《扶风法门寺塔唐代地宫发掘简报》，《文物》1988年10期。

位。又因地宫密闭不严，环境不稳定，室内文物尤其是纺织品文物保存状况极差，多数织物及其箱箧均炭化糟朽，丝绸织物堆积、形变、折叠、龟裂、断裂、粘连、粉化，保存差的老化糟朽如灰烬或板结成块，仅有被压覆在器物之下、密闭于其他器物内或堆积较厚且叠压于织物包块深处的丝绸得以保存，色彩纹样保存尚好。从发掘出土时的保存状态看，中室织金锦残件、中室灵帐内盝顶铁函上的织物堆积、中室织物、白藤箱中的织物残件、紫红罗地大花纹蹙金绣残件等以及捧真身菩萨银扣漆函底部的五件冥衣保存相对完好。早期工作记录显示，因织物残破成块，织物数量多，清理难度大，出土后即经灭菌保湿冷藏，以便创造条件逐一进行清理保护。

纺织品遗物在地宫的前、中、后室都有发现。在前室，清理出开元盝顶石函（FD3：001），函盖上刻有“开元廿九年（741）岁在辛巳葵丑朔三日乙卯建立”，函内散落有丝绸、铜钱、珠子、线绳等，丝绸表面有浅白色彩绘团花。在彩绘四铺菩萨阿育王塔（FD3：002）内铜精舍内外也有丝绸，其中铜精舍内的丝绸包袱为绛黄色罗面绢里。

中室的汉白玉灵帐（唐中宗景龙二年造）顶部放置有大量丝织物（图1.5.1），“帐身四周是千姿百态的人神浮雕像和彩绘花纹，披三领金罗纹线与金线交织的大红罗地蹙金绣团花袈裟，袈裟旁放着金丝织的金鞋。”汉白玉灵帐内发现铁函（FD4：017），铁函外包裹的丝绸大部分炭化，仅存刺绣痕迹。铁函内发现了第二枚舍利，放置舍利的鎏金双凤纹银棺外包裹有棺衬锦织物一副。在铁函一侧，放置有鎏金银丝结条鞋（FD4：020）一双，考古发掘记录显示“鞋已残破，鞋口为素纹罗缘口，鞋内邦衬素纹罗，然后衬南方一种树皮，再衬深褐色细绢，裹子为几何形纹绫，鞋底、鞋针脚7毫米，针距1毫米，缘口宽7、下缘口6毫米，鞋帮后中缝高45、宽14毫米，鞋口在外缘与内衬之间，有浅色牙缘一周。鞋长240、宽45、中高

图1.5.1　中室的汉白玉灵帐顶部放置丝织物

35、前脸长95毫米。前脸饰重瓣的金丝结条六出团花，下衬金箔。鞋后帮上缘以鎏金银丝编织成鞋拔，中高65、边高57、上宽57、下宽40、中宽45毫米。”地宫中室出土壶门盝顶黑漆函（FD4：022），函内发现五件冥衣，上下叠压存放，分别为大红罗地蹙金绣夹裙、拜垫、案裙、袈裟、半臂。冥衣出土时，原覆盖有棉纸，最上一层冥衣有霉变的白色斑点，第二层霉变较轻，三至五层基本没有霉菌发现，仅冥衣周边微微发黑。

在地宫后室的八重宝函（FD5：011）内发现了第一枚佛指舍利，提取4条宝函系带。清理出纯金四门塔（FD5：011-8）外的黄绢包袱。在后室秘龛内的盝顶铁函（FD5：044）中发现了第三枚佛指舍利，铁函外包裹的丝绸除与函顶粘连部分外均已糟朽，其底织物为罗，贴金，表面贴有蝴蝶、花树等纹样（图1.5.2）。在铁函内，清理出罗底蹙金珠朱袋，在铁函底部东南发现深褐色绢、罗等织物，内里包裹的金函（FD5：044-4）也有不少丝织品。除此之外，在现场提取的织物除残片外，还有部分衣物包块，多处于严重糟朽，折叠、扭曲、织物粘连状态（图1.5.3）。

图1.5.2　盝顶铁宝函表面粘附织物

图1.5.3　出土粘连折叠扭曲纺织品包块

1.6　纺织品前期研究

以上梳理了考古发掘者在发掘现场所发现和提取的纺织品文物，随着近期文物保护修复工作的开展，纺织品文物的保存数量发生了一定的变化，通过与《物帐碑》所记的纺织品服饰类文物的名称和数量对比，发现两者之间存在较大差异。相对于早期法门寺研究基础而言，近几年项目团队开展了系列新工作，取得了系列新成果，成果量和研究深度均有很大提升，本报告的主体内容即为现阶段法门寺丝绸的新近研究成果。

自法门寺考古发掘结束之后，参与考古发掘现场文物提取的王亚蓉在考古发掘简报以及考古发掘报告中公布了发掘及初步整理期间对织物基础信息的研究成果。赵丰在《打开丝绸历史的宝库（之五）——神奇的法门寺地宫宝库》一文中对法门寺丝绸进行了简要介绍，对物帐碑中的丝绸服饰进行了分类，提到法门寺织物中包含罕见的织金锦实物，尽管丝线已朽，但金线仍存，并依据王亚蓉的分析，推断其中一种织物可称为研光绫或为缭绫的一种。

同时，也指出因丝绸保存状况极差，丝绸大多已朽烂，所存者十去其七。所存者又相互叠压，粘连成块，极难剥离。[①]

2002年，陕西省考古研究院与德国美因茨罗马日耳曼中央博物馆启动法门寺丝绸保护修复合作，共建专业实验室，Angelika Sliwka等德方专家与国内专家一起开展法门寺丝绸文物保护和研究工作，法门寺丝绸保护研究进入了新阶段。此后，中德专家对部分丝绸文物进行了揭展保护，项目组路智勇[②]、Angelika Sliwka、张静等发表了部分研究成果。在此期间，其他学者例如任新来[③]、张青筠[④]分别发表了关于法门寺服饰的简要介绍以及蹙金绣衣物模型、半臂与裙的研究文章，李德喜、陈宗明等对蹙金绣冥衣织物进行了复制。[⑤]

由于丝绸文物保存状况差，大量文物均为残片，多处于折叠、扭曲、粘连状态，具体文物数量难以统计，导致织物信息提取工作难以开展，也影响了学者们开展相关研究。法门寺丝绸文物的真实保存数量与媒体公布的推断数字以及物帐碑所记载的文物数量之间存在很大差异。本报告的研究目的，也正是要对现存已经完成初步保护修复的丝绸文物进行系统的信息采集和研究，公布相关资料和研究成果，同时期望与物帐碑记载内容进行比对研究。

据物帐碑记载，咸通十五年（874）正月四日，僖宗将佛骨及历代帝王供奉的千余件珍宝封入法门寺地宫。直至1987年4月，埋入的佛骨舍利及供奉的珍宝才终于重见天日。因此，法门寺地宫出土的实物制造和使用时间至少在874年以前。物帐碑记载的纺织物及相关实物主要是皇室供奉的供养品，大致包括：

①丝线类：新丝、百索线；

②裙类：武后绣裙、红罗裙衣、裙衣；

③衫袍类：花罗衫、花罗袍、长袖、夹可幅长袖、可幅绫披袍、纹谷披衫、缭绫浴袍；

④暖子类：长夹暖子（其中有锦暖子、绮暖子、金锦暖子、金褐暖子、银褐暖子、龙纹绮暖子、辟邪绮暖子、织成绫暖子、白叠暖子、红络撮暖子）；

⑤下盖类：下盖、夹缬下盖；

⑥披帛类：可幅臂钩、可幅勒腕子、方帛子；

⑦帊（通罩）类：缭绫影帊、赭黄熟绿绫床帊、细异文绞夹帊；

⑧被搭席褥类：被褡、锦席褥、八尺踏床锦床褥；

⑨帽巾类：绣幞、花罗夹幞头、绘罗单幞头、花罗夹帽子、巾子；

⑩手巾类：折帛手巾、白异纹绫手巾、绣帕、揩齿布、缭绫食帛；

⑪鞋袜类：接勒、织成绮线绫长勒袜、蹙金鞋、紫靸鞋、靴；

⑫枕倚类：赭黄罗绮枕、绯罗香倚（靠背）、红绣案裙、红锦袋；

⑬佛衣类：袈裟、金襕袈裟、毳纳佛衣；

⑭其他类：红绣案裙、红锦袋。

从以上物品名称可知，法门寺地宫织物品种包括锦、绮、罗、帛等，工艺有印花、织金、钉金绣等，材质有棉、毛、丝、羽等。《物帐碑》上记载的供奉物从来源可分为三类，

① 赵丰：《打开丝绸历史的宝库（之五）——神奇的法门寺地宫宝库》，《丝绸》1993年6期。

② 路智勇：《法门寺地宫出土唐代丝绸用金装饰工艺研究》，《考古与文物》2015年6期。

③ 任新来：《法门寺地宫出土的丝绸与服饰》，《收藏》2004年2期。

④ 张青筠：《裙红妒杀石榴花——法门寺绛红罗蹙金绣衣物模型及唐代服饰中的半臂与裙》，《上海文博论丛》2005年1期。

⑤ 李德喜、陈宗明：《法门寺唐代蹙金绣供养佛祖衣物面料的复制实践》，《江苏丝绸》2016年6期。

一是重真寺将到物，二是真身到内后相次赐到物，三是新恩赐到物。[①]重真寺将到物指法门寺地宫或寺院原有的供养器物，真身到内后相次赐到物指随着真身佛指舍利迎奉至皇宫后得到的皇室供奉物，新恩赐到物指皇帝又恩赐供奉的物品。重真寺将到物七件：袈裟三领、武后绣裙一腰，蹙金银线披袄子一领，水晶椁子一枚，铁盝一枚。真身到内后，相次赠到物一百二十二件。新恩赐到金银宝器、衣物、席褥、幞头、巾子、靴鞋等，共计七百四十四副、枚、领、条、具、对、顶、量、张。

韩伟先生对衣物帐与实物进行了勘对，指出“总帐中许多纺织衣物，目前因实物修复不易，无法勘对”，在分析其他材质器物的账物后，发现“有物无载、有载无物、载少物多、载多物少”的情况均存在，总计误差达70件之多。受限于纺织品保存状况，保护修复工作难度大，韩伟先生当年仅对部分织物进行过初步考察，仅依据考古文献，结合《物帐碑》内容，进行了初步的纺织供养品历史及考古研究。[②]

笔者也对《物帐碑》所记载内容进行了分析，发现供养衣物多为常服或佛衣，《物帐碑》上的服饰名物有的与现代用词相近，有的相对难以理解，根据文献分析，做了以下梳理。

“长袖”在法门寺《物帐碑》以及敦煌文书中均多次出现，长袖多与裈、袴、裙搭配穿着，说明是一种上衣；“长袖”常与“兰（襕）”相伴出现，暗示“长袖”应该是一种加襕的长衣，可能有单、夹之分。[③]《新唐书·舆服志》：“士服短褐，庶人以白。中书令马周上议，礼无服衫之文，三代之制有深衣。请加襕、袖、褾、襈，为士人上服。开骻者名曰缺骻衫，庶人服之。”记载中的“缺骻衫”为平民服饰，下加襕，因此必为与衫袍同类、长至膝下的长衣。“长袖”与同样在《物帐碑》中出现的“袄子”相比，区别主要在其长度不同。

“暖子”的量词均以“领”来表述，因此可知“暖子”为上衣。除“暖子”之外，《物帐碑》中还有“长夹暖子廿副各三事”，说明“暖子”也可以是有夹衬的长衣，但不一定长及袍类，特别强调“长”夹暖子，则暗示“暖子”也可以有短款，均应具有较好的保暖性，类似于现在的棉袄。唐崔致远《桂苑笔耕集》卷一〇《幽州李可举太保》之四“送物状”中有“暖子锦三匹”，由此可知“暖子”常由锦等高级面料制成，唐代已有专门制作暖子用的锦织物。

“接袎”亦称“接靿”，指靴筒或袜筒之类。“靿”，《集韵·效韵》于教切：“俗谓靴鞾曰靿。”指靴筒。因其与鞋面相接，故称“接靿”。唐段成式《酉阳杂俎·忠志》：“安禄山恩宠莫比，锡赉无数，其所赐品目，有……金花狮子瓶、平脱着足迭子、熟线绫接靿。”俄敦2822号《蒙学字书·衣物部第三》中正有“袜靿”之名：“丝鞋、朝靴、木履、草履、袜靿。”“接靿”“袜靿”均可以视为袜筒。

“靸鞋”，指无跟之鞋，即拖鞋。陶宗仪《辍耕录》卷十八“靸鞋……西浙之人，以曹为履而无跟，名曰靸鞋”。三代皆以皮为之，始皇二年改用蒲制，从晋到唐多用草制，梁武帝曾用丝制。[④]《物帐碑》所载“紫靸鞋”可能指紫色的拖鞋。

“帊”在《物帐碑》中出现三次，分别为“缭绫影帊、赭黄熟线绫床帊、细异纹绫夹帊”，计量单位都是“条”，应为长条形床单或通罩类织物。

---

① 杨水田：《法门寺〈物帐碑〉记账方法浅析》，《法门寺博物馆从论（第一辑）》，三秦出版社，2008年。
② 韩伟：《法门寺地宫唐代随真身衣物帐考》，《文物》1991年5期。
③ 叶娇：《敦煌文献服饰词考释二则》，《语言研究》2013年3期。
④ 徐海荣：《中国服饰大典》，华夏出版社，2000年。

《物帐碑》中与纺织品有关的量词主要有“腰、领、副、事、结、枚、量、条、顶、具、床”，其中“腰、领、具、结、床”使用次数较少。“腰”与“武后绣裙”连用，指一件裙；“领”出现四次，除袈裟外，大多与“披”连用，如蹙金银线披袄子、披袍、披衫，“领”为上衣的量词；“鞋袜”的量词为“量”，“量”应为“双”；“结”，丝、线的专有量词。“床”则是被褡的量词；“枚”是小件器物的量词，如巾子、方帛子、揩齿布等，而手巾、食帛、丷大多用“条”。

《物帐碑》中常见的量词是“副”和“事”，既有单独使用也有组合使用的情况，如“毳纳佛衣二事”、僖宗供奉的“茶槽、碾子、茶罗、匙子一副七事”，组合使用时分为两种情况“×副各×事”“×副×事”。洪艺芳对衣物帐中的量词“事”做过研究，认为“事”可以称量物品，也可称量组成物品的各个配件，更可总成所有的事物，其自由宽泛的用法与“件”相当。[①]“副”可以理解为“套”，“事”可以理解为我们现在说的“件”。“三副各五事”，则指三套，每套各由五件组成，一共15件。另外，还要注意到碑文中没带“各”的情况，如“二副八事”，这种情况下不应按照16件来计算，首先碑文中没有带“各”，其次关于服饰记录中配件最多是“五事”，晋国夫人供奉衣服的等级类别也不可能超过皇帝供奉的等级，因此将“二副八事”理解为2套衣服共8件或者说“二副各四事”更为合理。如按照上述方法统计，《物帐碑》上提及的衣裙类共计334件，鞋袜帽子类共计289件，帕子手巾类共计392件，床褥类共计27件，其他3件，物帐碑上记载的纺织品有关的器物共计1045件。这里“接袎”仍按照五件计算。法门寺纺织品主要由唐代皇室供奉，精妙绝伦的纺织品不仅反映了唐代纺织的最高水平，也是我们研究唐代丝绸、服饰的重要实物依据。虽然推算法门寺物帐碑上记载的纺织品数量庞大，种类繁多，但考古发掘出土实物能与之对应的几乎没有。除几件刺绣包袱、佛幡、系带外，出土的纺织品实物较完整的少之又少。法门寺纺织品保存下来的究竟有多少，有多少可以辨识型制和功用，又有多少可以与《物帐碑》所载名物建立对应关系，一直是学者们最为关注的问题。

然而，解决这一问题的关键难点，就在于法门寺纺织品极差的保存状况，织物糟朽残破严重，形制残缺严重，难以辨识。《物帐碑》上有纺织供养品名录，《法门寺考古发掘报告》中也有考古发掘出土纺织品文物的编号记录，纺织品文物保护实验室中的文物编号和实物存量又是另一情况。造成这一困扰的原因是复杂的，除了《物帐碑》所载物帐不符的直接原因外，还与织物结构、关联性信息不清晰导致的现场编号档案记录疏漏，归属不同器物的织物残片被提取包装存放于一个包装盒，导致编号命名与实物不对应，随着后期保护修复工作开展，对有些织物残片进行了重新编号、归位、拼对，导致织物编号数量又发生新的变化等有关。这一系列的复杂过程和因素，导致了法门寺纺织品的真实保存情况、保存数量、编号和定名，只能以实验室存放的现有纺织品文物真实情况为事实基础。早期出版物、《物帐碑》推算以及媒体所公布的法门寺纺织品文物的数量以及织物展开后可达的面积数字均是不可靠且缺乏依据的，在短时间内也是难以验证的。总言之，对法门寺纺织品的研究，目前仅能依据现有实物及编号开展，尽可能地对织物进行系统分析研究，力争辨识推测其型制和功用，尝试与《物帐碑》所载名物建立关联。

① 洪艺芳：《论法门寺唐代〈衣物帐〉中的个体量词》，《汉学研究》2006年第24卷2期。

第②章

织物与服饰

至隋唐时期，随着手工业的不断发展，不但设置了专门的染织管理机构，织机及织工的数量也有进一步发展。同时期，绢绫一类的纺织品作为租庸调制度实施时的替代品，[①]也极大地促进了纺织业的发展。《新唐书》《唐六典》《全唐文》以及《全唐诗》等，涉及较多可以用来研究唐代织物及服饰的内容，在《新唐书·地理志》中，唐代的纺织品种类有绢、绫、锦、罗、纱、缎、丝布、棉、绮等。唐诗中也有很多涉及唐代纺织品的内容，白居易的《缭绫》一诗中提到的"缭绫""罗绡""纨绮"等名词，均是唐代对纺织品种类称呼的真实反映，同时也有一些反映纺织品装饰工艺的内容，例如杜甫《丽人行》："绣罗衣裳照暮春，蹙金孔雀银麒麟。"张祜的《送走马使》："新样花文配蜀罗，同心双带蹙金蛾。"另外，在唐五代诗词中常常见到的"蹙金"这一名物，就是对"蹙金绣"这种刺绣工艺的介绍，[②]蹙金绣织物在法门寺出土刺绣织物中所占比例较高。

目前，对唐代织物的研究主要集中在考古出土文物上，以甘肃敦煌，青海都兰，新疆吐鲁番为主要出土地。除此之外，还有一部分唐代织物流传至国外，如日本正仓院、美国大都会艺术博物馆藏唐代丝绸等。另外，从敦煌流传出去的丝织物是其中最为重要的一批唐代丝绸，在赵丰主编的《敦煌丝绸艺术全集（英藏卷）》《敦煌丝绸艺术全集（法藏卷）》《敦煌丝绸艺术全集（俄藏卷）》中均有详细介绍，研究多集中在织物种类、图案类型和使用形式等。1982—1985年发掘的青海都兰唐代墓葬中，也发现了大量唐代丝绸文物，丝织品种类较多，分类以锦、绫、罗、缂丝、平纹织物为主，织物图案精美，是研究青海丝绸之路的直接证据。[③]其他对于唐代织物的研究，多集中在锦、绫、染缬和刺绣等织物纹样及装饰纹样的研究，纹样有卷草纹、[④]宝相花纹、花卉、璎珞、禽鸟等。

一般织物根据其组织结构、织造工艺及外观效果来分类，[⑤]本章根据组织结构不同将法门寺织物分为六类，主要有平纹织物、平纹地暗花织物、绞经织物（罗）、地结类重织物、锦织物以及编织物。编织物在法门寺出土物中也有少量发现，因而在本章的织物部分对其也进行了介绍。绝大多数织物为残片，平纹织物色彩丰富，其中的几块绉纱织物较为特殊，仅纬线加捻，呈SSZZ排列。平纹地暗花织物保存情况较差，经对残留织物纹样观察，绘制拼对复原，发现其纹样大致有团窠、朵花、菱格纹、龟背朵花纹等。另外，法门寺织物中发现了一件带有部分花纹的交梭绫，纬线由两粗两细相间排列，较粗的花纬纬浮显花，一些斜纹残片也有纬线分地纬和花纬的情况。罗织物多以菱纹罗为主，但也发现织有团窠纹的罗织物，这可能与唐代普遍流行团窠纹样有关，纹样已经极具中原特色。地结类重织物仅发现一例残片，可称为妆银绫，其中捻银线采用通经断纬的方式织成。从大量资料可知，唐代锦织物经历了由经锦到纬锦的转变，在法门寺锦织物中未发现经锦，但这不代表至唐代中后期已经没有经锦。法门寺锦织物均为纬锦，主要有斜纹纬锦、缎纹纬锦、织金斜纹纬锦等，纹样有花鸟纹、莲蓬、大雁等。因法门寺丝绸与唐代皇室的密切关系，因而其织物组织类型及纹样对研究唐代纺织纹样、服饰形制及其文化演进等均具有重要的历史和文化价值。

地宫出土的服饰，已多次公布且广为人知的为捧真身菩萨函底的五件蹙金绣冥衣，形制主要包括案裙、半臂、绣裙、袈裟、拜垫，表面以蹙金绣装饰，刺绣纹样多为流云纹、山

---

① 王炳华：《吐鲁番出土唐代庸调布研究》，《文物》1981年1期。

② 胡可先、武晓红：《"蹙金"考：一个唐五代诗词名物的文化史解读》，《浙江大学学报》2011年7期。

③ 许新国、赵丰：《都兰出土丝织品初探》，《中国历史博物馆馆刊》1991年6期。

④ 朱丹：《卷草纹样在唐代织物中的应用研究》，西安工程大学2014年硕士研究生论文。

⑤ 赵喜梅：《甘肃省博物馆新入藏的唐代纺织品概述》，《档案》2018年9期。

岳纹、折枝花纹及莲纹等。五件冥衣服饰保存较好，有推测认为其为按照原件比例缩小的替代品，该批资料已在2007年版法门寺考古发掘报告中公布。本章介绍的服饰，为保护修复专家新近在衣物包块中揭展出的服饰，因衣物折叠保存的原因，揭展出的衣物完整度较差，有襦裙、裤、袍服等。服饰纹样复杂精致，除其中一件袍服外其他服饰上均有泥银纹饰，纹样以对鸭、对蜂为主，辅以团花。两件襦裙腰封使用织金锦，这可能与汉人着衣习惯有关，锦织物在服饰上的应用，一般用于鞋面、囊袋、衣缘等位置，纹样以团凤、麒麟为主，间饰蝴蝶、鸿雁、流云、山岳纹。目前已揭展出的相对完整的服饰数量虽然较小，但已为研究唐代服饰尤其是与皇室有关的珍贵服饰提供了重要实物资料，随着保护修复工作的开展，未来将有更多服饰被揭展面世。

2.1 织物

2.1.1 平纹织物

平纹组织指的是经纬线按照一上一下规律交织的组织结构。法门寺平纹织物主要用于衣裙、刺绣内衬，大多为残片，根据经纬线密度不同，种类约有八十多种，不排除平纹织物残片中有部分是平纹地暗花织物的地部组织。均为单色织物，有红、棕、绿、黑等色，其中红色发现数量最多（图2.1.1—图2.1.4）。根据《中国丝绸艺术史》中对织物密度的统计，法门寺平纹织物密度多为中等，中等偏稀次之，中等偏密极少。[①]除常规平纹织物外，还发现大量组织结构为平纹，双经紧并，两两之间空隙很大的织物（图2.1.5—图2.1.8），这一类织物可称为方孔纱或方目纱。

此外，绉纱织物也有少量发现，以黑色、棕色为主。与长沙马王堆素纱单衣不同，这些绉纱经线无明显捻向，纬线由两根S捻、两根Z捻相间排列，密度变化较大。黑色绉纱（图2.1.9）为贴金织物的底衬，密度属于中等密度，经线密度约55根/厘米，纬线密度约45根/厘米。

图2.1.1 T5背衬织物

图2.1.2 T55-G背衬织物

① 赵丰：《中国丝绸艺术史》，文物出版社，2005年，40页。

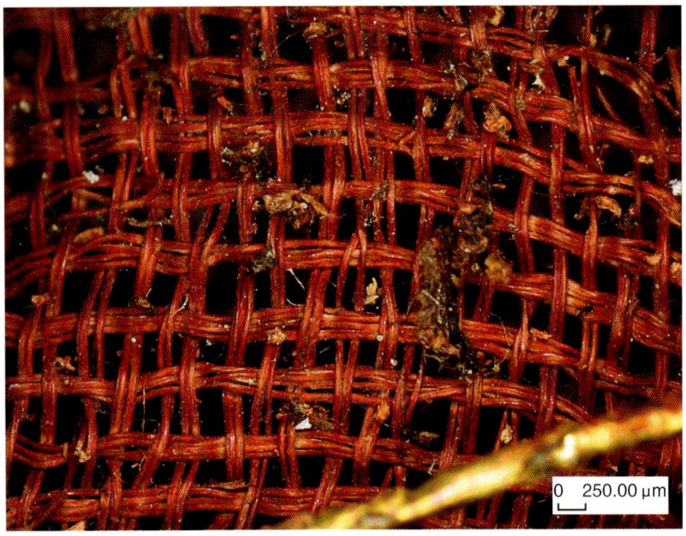

图2.1.3　T59织物残片

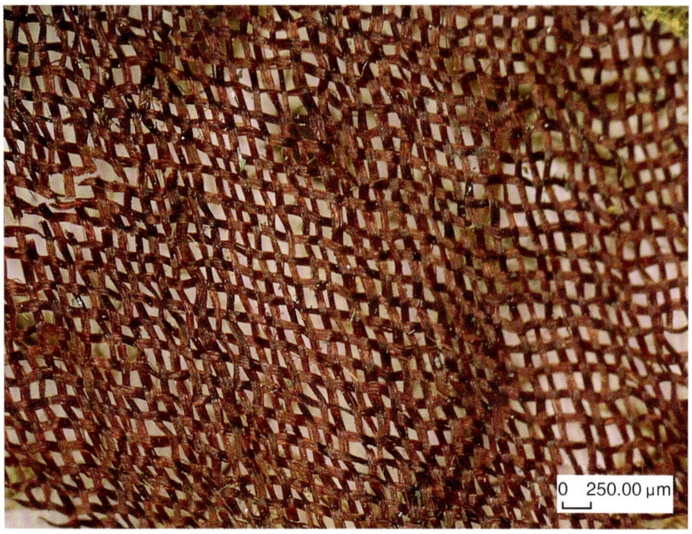

图2.1.4　T71-A-4织物残片

图2.1.5　T70-A织物残片

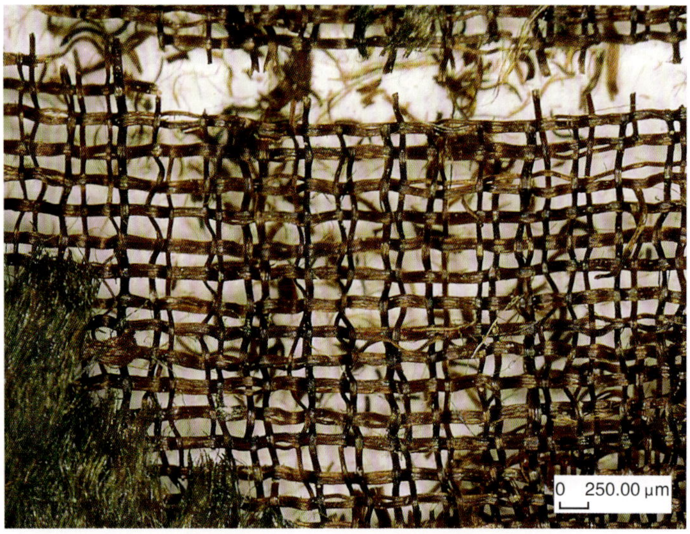

图2.1.6　T26-G织物残片

图2.1.7　T46织物残片

图2.1.8　T58织物残片

另有一件保存相对完整的棕色织物（图2.1.10），其幅边保存完整，经线密度约75—80根/厘米，纬线密度约50根/厘米。漆纱织物也有发现（图2.1.11），通体呈黑色，从漆纱断裂面看，纤维痕迹外露不明显。

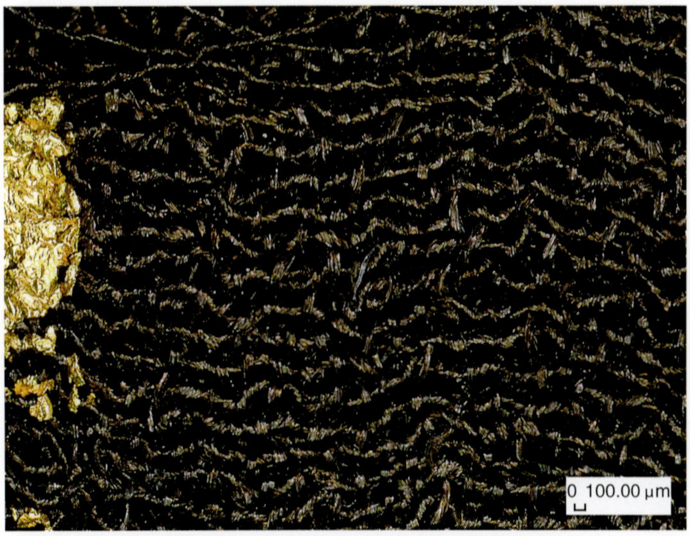

图2.1.9　T13-P-3织物残片

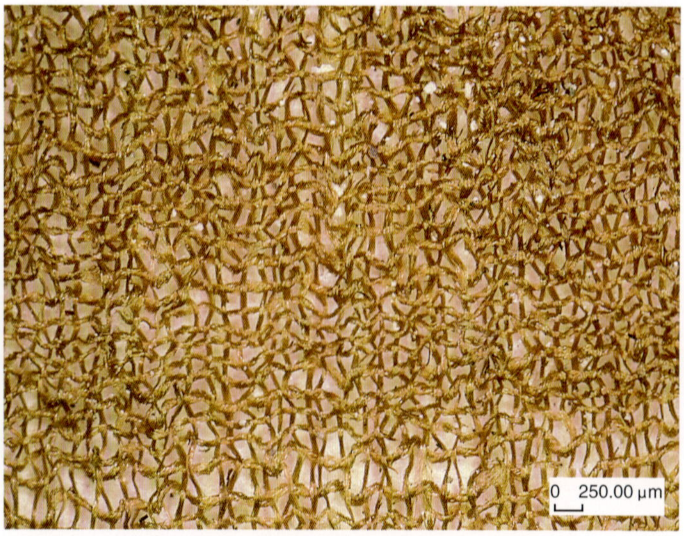

图2.1.10　T14-2织物残片

图2.1.11　T13-D-5漆纱残片

2.1.2 平纹地暗花织物

斜纹织物的特点是经（或纬）线组织点连续在织物表面构成斜向的纹路。按照工艺因素，单层的斜纹织物可以分为素绫、暗花绫等，[①]其中暗花织物可为平纹地暗花织物、斜纹地暗花织物。平纹地暗花织物在汉代时被称为绮，至少在唐代，绮的名称最终被绫取代，这一点有吐鲁番出土的唐代平纹地暗花织物可作为实物例证，织物背面题有“景云元年双流县折调细绫一匹”的印记。[②]因此，在唐代无论平纹地还是斜纹地，单层提花类织物均被称为绫，现在为了区分平纹地暗花和斜纹地暗花，仍将平纹地暗花织物称为绮。

法门寺发现的单层斜纹织物依据组织结构、花纹类型不同，约有三十余种，大多是绮织物，主要在1/1平纹地上起1/3S、1/3Z、1/5S、1/5Z的斜纹花，也有部分变化斜纹组织，未发现斜纹地暗花织物，但也发现了少量斜纹织物残片，猜测可能是平纹地暗花织物的花部。T70-A织物残片（图2.1.12），1/3Z斜织物，纬线采用两根粗、两根细相间排列，经纬线均无捻，经线密度约42根/厘米，纬线密度约36根/厘米。T36-2残片（图2.1.13），1/2Z斜纹织物，织物经纬线粗细变化极大，经线密度约65根/厘米，纬线密度约25根/厘米。另外也发现有其他两种密度、外观不同的斜纹织物残片，1/2Z（图2.1.14），1/2S（图2.1.15），但不多见。T60织物的花纹为纬向山形斜纹（图2.1.16），变化斜纹组织，经线密度约75根/厘米，纬线密度约55根/厘米。另有一种黑色绮织物也是变化斜纹组织（图2.1.17），花纹沿着纬线方向对称，织物经密65根/厘米，纬密48根/厘米。

法门寺唐代地宫发现的绮织物，纹样有小窠缠枝花纹、团窠宝花纹、朵花纹、小花纹、龟背纹、回纹、菱格纹等，其中回纹绮和菱格地八瓣朵花纹绮在后边刺绣及印绘章节提及，回纹绮与敦煌出土的回纹绮织物相同，[③]菱格地八瓣朵花纹绮的构图较为常见，不同的是花瓣瓣数以及菱格角度。除部分纹样可辨的织物外，还有一些比较特殊难以辨识的织物残块。

图2.1.12 T70-A织物残片

图2.1.13 T36-2织物残片

① 赵丰：《中国丝绸艺术史》，文物出版社，2005年，36页。
② 赵丰：《中国丝绸艺术史》，文物出版社，2005年，41页。
③ 赵丰：《中国丝绸艺术史》，文物出版社，2005年，41页。

图2.1.14 T21-2织物残片

图2.1.15 T61-2织物残片（背面）

图2.1.16 T60织物残片

图2.1.17 T24-1织物残片

2.1.2.1 花卉纹绮系带

时代：晚唐

材质：丝

纹样种类：花卉纹

尺寸：T2-1（73厘米×6厘米）、T2-2（80.2厘米×5.2厘米）

编号：T2-1（FD5：011-5-f1）、T2-2（FD5：011-6-f1）

这两件织物分别是六臂观音纯金宝函系带（图2.1.18）、金筐宝钿珍珠装纯金宝函系带（图2.1.19）。其中T2-1较为完整，长约73厘米，宽约6厘米，观察发现系带裁剪成78厘米×20厘米的长方形，沿经线方向对折，藏边宽约4厘米，使用藏针缝合。两端折叠成三角形，三角形高约2.5厘米，折叠后整件系带长约73厘米。经过观察分析及模拟实验，发现其折叠方法如图（图2.1.20）。T2-2的折叠方法与T2-1相同，尺寸略有差异，系带折叠后宽约5厘米，缝

图2.1.18　织物T2-1

图2.1.19　织物T2-2

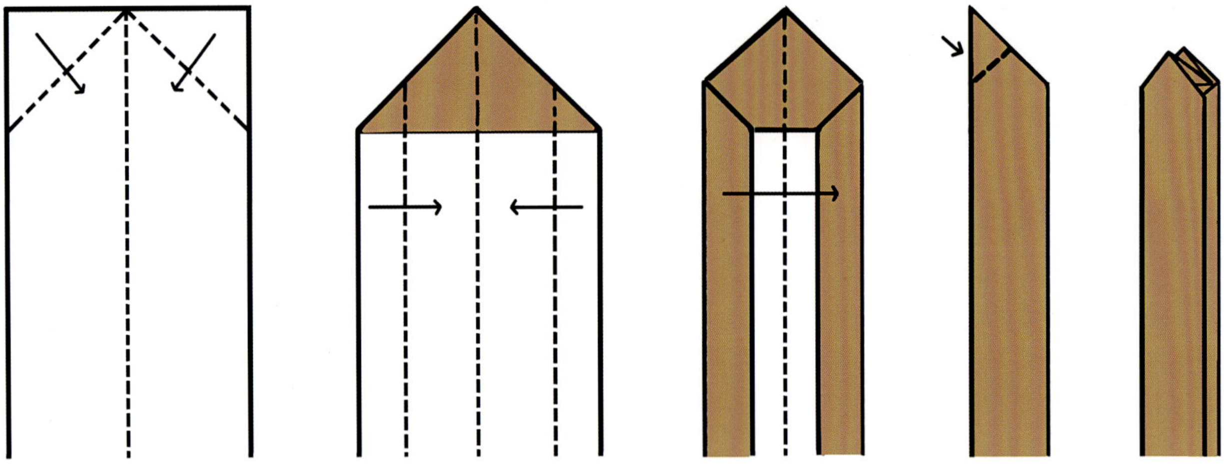

图2.1.20　T2-1系带边缘折叠方法示意图

合藏边宽约1.5厘米。T2-1织物呈黄色（图2.1.21），经纬线均无捻，经密55根/厘米，纬密40根/厘米。T2-2织物呈黄色（图2.1.22），经纬线均无捻，经密60根/厘米，纬密40根/厘米。

T2-1为单层绮织物，织物为平纹地上斜纹变化组织显花。纹样为花卉纹，主要由缠枝纹构成，沿纬线方向呈中轴对称，法门寺织物中这类纹样较多。由于织物对折缝合，且藏边面积较大，暴露出的纹样难以完整复原（图2.1.23）。纹样横向（经向）长约17厘米，相邻纹样间距约2厘米，纵向（纬向）循环规律不确定。

图2.1.21 T2-1织物组织结构

图2.1.22 T2-2织物组织结构

图2.1.23 T2-1纹样示意图

2.1.2.2 菱格纹绮织物残片

时代：唐

材质：丝

纹样种类：菱格纹

编号：T46

菱格纹绮织物残片（图2.1.24），采用并丝织法，并丝织法是2-2织法的一种衍生，2-2织法指两根相邻的经线总是被穿入同一提花综眼且具有相同的运动规律，并在投梭时将同一组提花综提升两次。如果使用“边阶”概念来表达，即2-2织法能产生边阶为二经二纬的图案。[①]下面提到的织物龟背纹绮织物残片（2.1.2.3）为4-6“边阶”，四经六纬图案。

织物的基础纹样为平纹地上起1/3斜纹变化组织（图2.1.25），在此基础上有两种变化纹样，一种呈锯齿状（图2.1.26），另一种呈菱形外框横向连续（图2.1.27）。织物颜色变化较大，有深褐色、红色，可能因污染及褪色所致，织物经纬线均无捻，经密约55根/厘米，纬密25根/厘米。采用同类织法的织物在敦煌考古出土的织物中较为常见，作为佛幡的幡足使用，

图2.1.24　T46织物残片

图2.1.25　T46基础纹样意匠图

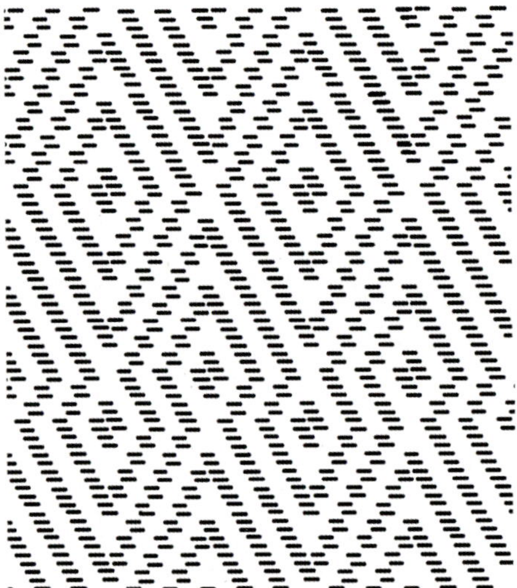
图2.1.26　T46变化纹样

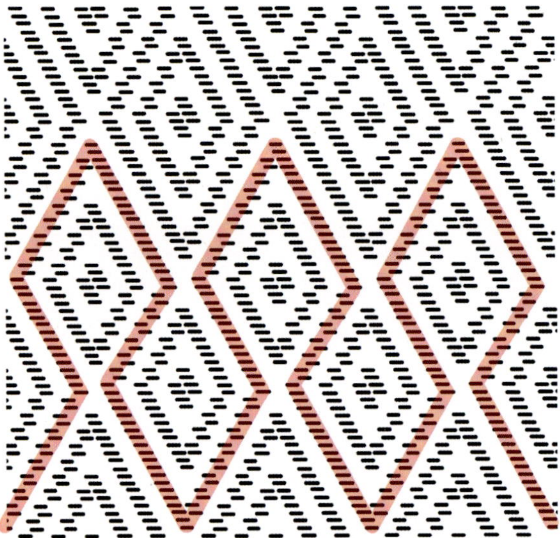
图2.1.27　T46变化纹样

① 鲁佳亮：《敦煌出土的绮的生产技术研究》，《丝绸》2014年8期，17页。

少量为经帙名带，如菱格纹绮地刺绣、[1]绿色菱格纹绮。[2]

2.1.2.3 龟背纹绮织物残片

时代：唐

材质：丝

纹样种类：龟背纹

尺寸：14.9厘米×10.4厘米

编号：T13-E-1、T14-1

T13-E-1（图2.1.28）、T14-1根据纹样复原发现均为龟背纹织物残片，织物保存较差，其组织结构为在1/1平纹的基础上，配合多个并丝织法，以4-6的边阶为基础形成龟背纹骨架，在骨架内填充有四瓣小花，四瓣小花用4-2，8-2，10-2，12-2，4-4的边阶配合呈纹样

图2.1.28　T13-E-1织物残片

① 赵丰：《敦煌丝绸艺术全集·法藏卷》，华东大学出版社，2010年，217页。

② 赵丰：《敦煌丝绸艺术全集·法藏卷》，华东大学出版社，2010年，65页。

（图2.1.29），花瓣形状与敦煌出土的柿蒂纹绮相似。[①]每个龟背长约3.11厘米，高约1.4厘米，T13-E-1目前呈现的一面可能为绮织物的背面。以这种龟背骨架中填小花的图案纹样在北朝晚至唐代织物中也有发现，如在吐鲁番阿斯塔那170号墓以及内蒙古巴林右旗庆州白塔天宫中均有类似纹样的织物出土。[②]

T13-E-1残片的其中一个边缘处有多组丝线堆积，在边缘卷叠后，以一根Z捻的丝线固定，这处有可能是幅边，也有可能是将织物卷叠缝合后形成的布边（图2.1.30、图2.1.31），但因老化严重难以区分辨识。织物织线较细的可能是经线，较粗的可能是纬线，经纬线均无捻，纬线似有两股，织物呈褐色及浅红色，经染料分析显示含有茜紫素、茜根酸等色素成分，经密约62根/厘米，纬密约48根/厘米。

图2.1.29　T13-E-1绮织物纹样复原

图2.1.30　T13-E-1纹样局部

图2.1.31　T13-E-1纹样局部

① 赵丰：《敦煌丝绸艺术全集·俄藏卷》，华东大学出版社，2014年，125页。

② 赵丰：《敦煌丝绸艺术全集·法藏卷》，华东大学出版社，2010年，183页。

2.1.2.4 朵花纹绮织物残片

时代：唐

材质：丝

纹样种类：团花纹

尺寸：16.7厘米×6.6厘米

编号：T34-A/B10、T53-1

织物因破裂分为多个残片，仅有两片纹样相对完整（图2.1.32、图2.1.33）。从T53-1可以看到织物分为三层，表层为朵花纹绮织物，中层为1/2S斜纹纬锦，底层为棕色平纹织物。表层为绮织物，在平纹地上起1/5的变化斜纹组织，形成朵花纹，纹样分两列，相间分布（图2.1.34）。团花沿着纹样纬线方向中轴线对称，一种团花近似圆形，分六瓣，直径大约3厘米，另一种团花为菱形，直径约3厘米。每两个圆形团花在经线方向的间距约0.5厘米，菱形团花在经线方向的间距约0.7厘米，在纬线方向的间距约2.7厘米。织物呈棕褐色，经纬线均无捻，经密72—80根/厘米，纬密60—65根/厘米。

图2.1.32 T34-A织物

图2.1.33 T53-1织物局部

图2.1.34 绮织物纹样复原图

2.1.2.5 团窠宝花纹绮

时代：唐

材质：丝

纹样种类：团窠宝花

尺寸：11.6厘米 × 13厘米

编号：T13-Ⅰ［白藤箱FD3：009 h（厚）端第一角处标本］

绮织物残片（图2.1.35）。在平纹地上起1/5Z斜纹显花，花纹似团窠宝花纹，从残存纹样来看，最外层似圆环，环内分布有莲叶及绶带纹，与T5花罗织物的大窠团花纹有相似之处，但因织物残缺较多，其完整纹样难以复原（图2.1.36）。织物呈红棕色，经染料分析显示含有茜紫素、茜根酸等色素成分，经纬线均无捻，经密70根/厘米，纬密46根/厘米。

图2.1.35　T13-Ⅰ织物残片

图2.1.36　T13-Ⅰ织物图案

2.1.2.6 交梭花卉纹绫

时代：唐

材质：丝

纹样种类：花卉纹

尺寸：16.5厘米 × 8.5厘米

编号：B7-02-Ⅰ2/T64

法门寺织物中有一件值得关注的特殊织物，交梭绫。交梭绫指平纹地暗花织物中，纬线一粗一细交替使用，分为地纬和花纬，在地部两种纬线交织成平纹组织，在花部地纬仍作平纹，花纬则以较长的纬浮以平纹或斜纹规律或直接以浮长显花。①

织物T64分为多个残片，其中B7-02-I2（图2.1.37）纹样结构相对完整。地纬和花纬均为两根，花纬较粗且松散，在显花时散开，将两边地纬覆盖，使纹样更加丰满，具体见结构示意图（图2.1.38）。织物在平纹地上斜纹显花，经线1根，无明显捻向，密度56根/厘米；纬线分粗细两种，两两相间排列（图2.1.39），无捻，密度48根/厘米。

图2.1.37　B7-02-Ⅰ2织物残片

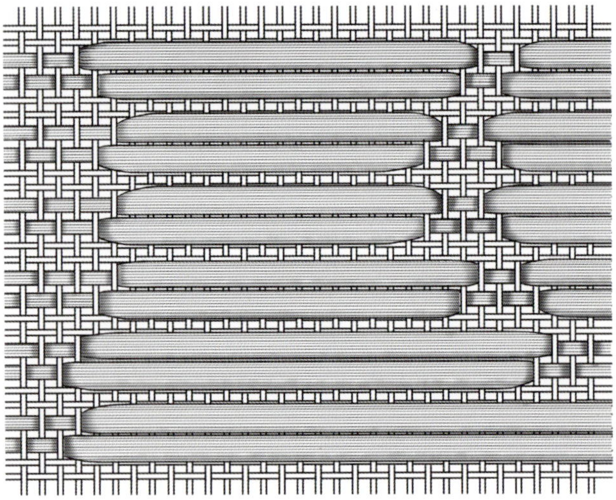

图2.1.38　织物结构示意图

图2.1.39　交梭绫织物幅边

① 赵丰：《中国丝绸艺术史》，文物出版社，2005年，44页。

2.1.3 绞经织物

绞经织物指的是将经线分为绞经、地经与纬线相互扭绞形成绞组的织物。全部或局部使用两根经线与每一根纬线相互扭绞一次的织物称为纱，另外的绞经组织织物称为罗，其中最常见的是四根经线为一组与纬线相互扭绞的罗织物。法门寺发现的罗织物根据经纬线密度、花纹种类不同可分约三十余种，大多用作刺绣的底衬织物，也有的是贴金印绘织物的底织物，主要分为两类，四经绞素罗与四经绞花罗。四经绞素罗，指的是每隔一组纬线均为四经绞花纹的织物。法门寺现存的四经绞素罗织物，有一部分可能是四经绞花罗织物的地部组织。织物的颜色有红色、棕色、绿色、黑色等（图2.1.40—图2.1.45）。

四经绞花罗，是在四经绞的基础上，用二经绞组成图案显花。花罗主要有菱纹、团窠宝花纹，其中花纹不同的菱纹罗多达七种。法门寺织物中发现的花罗织物，其中T5、T68-F罗织物、T16、T69-A-10、T13-D-1的纹样较为复杂，其他均为简单菱纹罗。T5背衬罗织物纹

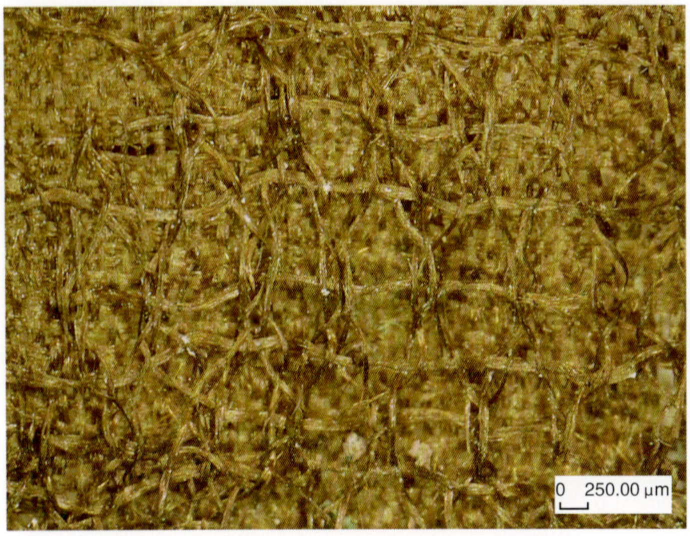

图2.1.40 T26-B罗织物

图2.1.41 T13-G-3罗织物

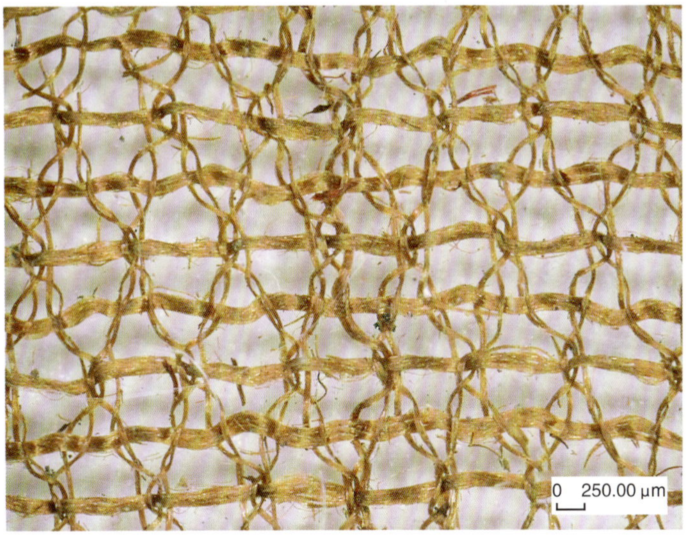

图2.1.42 T69-A-8罗织物

图2.1.43 T13-A-1c罗织物

图2.1.44 T3-4-Ⅰ2幡手底层罗织物

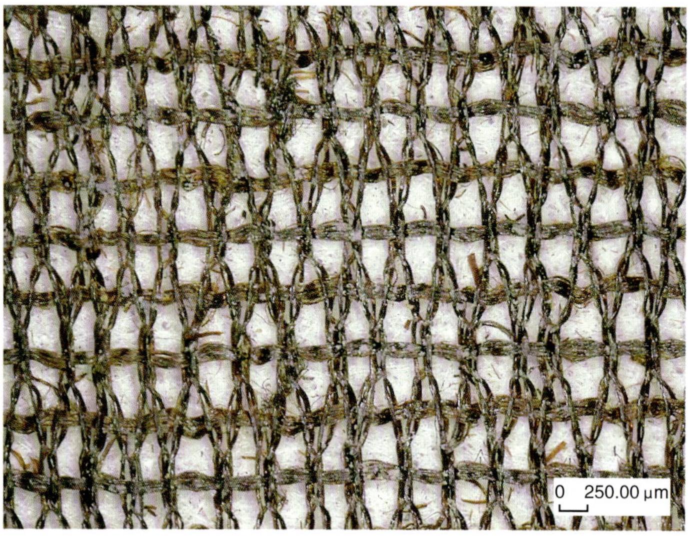

图2.1.45 T13-E-4罗织物

图2.1.46 T69-A-10罗织物纹样复原

样为团窠宝花纹（见第3章3.1.2），团窠内以莲纹为主，团花间饰十字花纹。在考古出土罗织物上使用团窠宝花纹的情况较为少见，常见于织锦和夹缬。与T5纹样不同，T68-E（见第2章2.2.1）菱纹罗纹样也是团窠宝花，一种近圆形，一种椭圆形。T16罗织物呈绿色，主体图案为菱格纹（见第3章3.1.4），大型菱格纹线框内嵌有小型菱格纹样，在菱格纹线框外点缀有小型菱格纹，与内蒙古两处辽墓发现的菱格纹的纹样布局有相似之处。[①]T69-A-10黑色菱纹罗（图2.1.46），纹样比较复杂，从残存的图案来看为多层菱形，但也可能是大型菱格纹样的局部。T13-D-1也是大型菱格纹罗，目前织物上残存两个较大的菱形，菱形宽约6.4厘米，高约7厘米，每两个菱形间距约1.7厘米。

法门寺简单菱纹罗可分为四种类型（图2.1.47）。

菱纹罗Ⅰ型，这种罗织物在法门寺罗织物中最为常见，除大量作为刺绣底衬外，也常见于印绘、贴金织物的底衬。法门寺几件佛幡幡足，均为这种菱纹罗，与敦煌佛幡使用的菱纹罗织物相同。[②]从密度来看，佛幡使用的菱纹罗密度更大，经线约115根/厘米，纬线密度约26根/厘米，而幡手印绘背衬的菱纹罗，经线约80根/厘米，纬线密度约20根/厘米。

菱纹罗Ⅱ型，主要用作刺绣底衬织物，多呈红色，纹样有较多变化。

① 赵丰：《中国古代丝绸设计素材图系·辽宋卷》，浙江大学出版社，2018年，5—7页。
② 赵丰：《敦煌丝绸艺术全集·法藏卷》，华东大学出版社，2010年，43页。

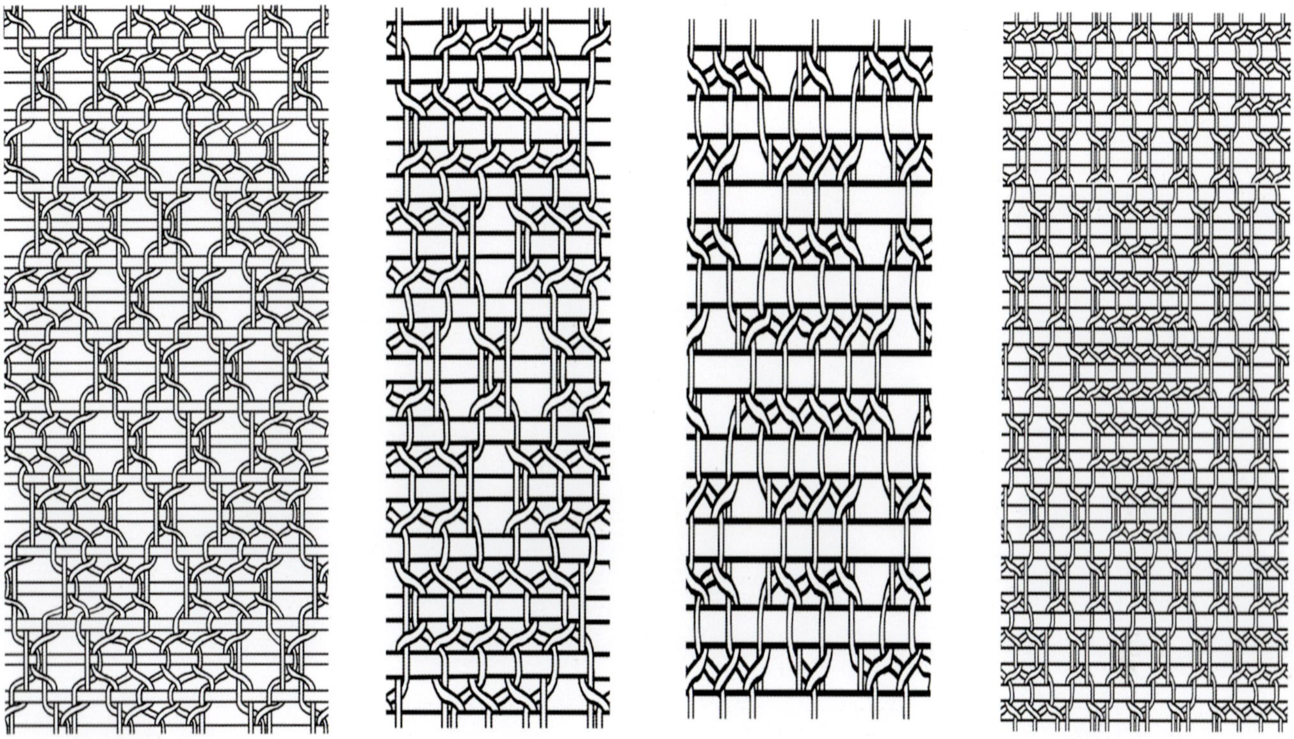

菱纹罗Ⅰ型　　菱纹罗Ⅱ型　　菱纹罗Ⅲ型　　菱纹罗Ⅳ型

图2.1.47　简单菱纹罗纹样构成单元

菱纹罗Ⅲ型，使用情况与菱纹罗Ⅱ型基本相似，仅纹样略有差异。

菱纹罗Ⅳ型，在法门寺织物中发现较少，残存面积最大的为T69-A1压金彩绣的底衬织物，织物呈黑色。

2.1.4　地结类重织物

地结类重织物主要指数组经线与一组纬线或者一组经线与数组纬线交织的织物，因其表现效果与经重组织和纬重组织的定义基本一致，因此称其为地结类重织物，①也称为单插合，较多使用的是纬插合重织物。地结类重织物——妆银绫在法门寺地宫出土织物中仅发现一例，由一组经线与两组纬线交织而成。

妆银绫残片（图2.1.48），残片部分以织银部分作地部，地部所占织物面积比例较大，素色织物部分作花，残存面积较少，不确定纹样类型。从织物破损边缘来看，捻银线通经断纬（图2.1.49），为变化斜纹组织。经线，1根，棕色，无明显捻向，密度30根/厘米；纬线分两组，一组为S捻银线，大多银箔层缺失，无纸背层，呈1/5S向斜纹。另一组为花纬，黑色Z捻丝线，呈1/5Z斜纹（图2.1.50），纬线密度22×2根/厘米。黑色花纬大量断裂，仅残留经线与捻银线，呈5/1斜纹。

① 赵丰：《中国丝绸艺术史》，文物出版社，2005年，62页。

图2.1.48　B8-T71-A-1织物残片

图2.1.49　B8-T71-A-1捻银线

图2.1.50　B8-T71-A-1织物组织结构

2.1.5 锦织物

锦织物在唐代经历了由经锦到纬锦的过渡时期，这一时期的考古发现集中在敦煌莫高窟藏经洞、吐鲁番阿斯塔那和哈拉和卓古墓葬群、青海都兰热水吐蕃墓葬群以及法门寺唐代地宫。初唐时期流行平纹经锦和斜纹经锦，但纬锦已经出现，纬锦在唐初时基本都是斜纹纬锦，至中唐后逐渐采用“辽”式斜纹纬锦及缎纹纬锦。[①]这里需要区分唐式斜纹纬锦和辽式斜纹纬锦，以及唐式缎纹纬锦和辽式缎纹纬锦。锦织物与地结类重织物区别在于，地结类重织物多由数组经线与一组纬线或一组经线与数组纬线交织而成，锦织物则采用数组经线与数组纬线交织，也称为双插合。纬锦织物多采用纬重组织，经线多为两组，分为明经和夹经，明经总是单根，夹经通常为两根甚至三根，夹经主要用于分开显花纹纬，而明经则与纬线固结产生各种纹路效果，而纬线多为散丝，一副可多达五至七根。[②]

在唐式斜纹或缎纹纬锦织物中，明经在表面固结产生纬面效果的斜纹或缎纹，反面则会形成经面效果的斜纹或缎纹，例如1/2唐式斜纹纬锦，明经在反面会形成2/1的斜纹效果；唐式五枚缎纹纬锦，表面固结形成1/4效果（图2.1.51），在反面则会形成4/1效果（图2.1.52）。在辽式斜纹或缎纹纬锦中，明经仅在织物正反面各出现一次，均呈现纬面组织的效果，如辽式斜纹纬锦，正反面均为1/2斜纹效果（图2.1.53、图2.1.54），只不过斜向有区别，缎纹显花同理（图2.1.55、图2.1.56）。

据观察，法门寺地宫出土的锦织物可分为以下几类：辽式斜纹纬锦、辽式妆金斜纹纬锦、唐式缎纹纬锦、辽式缎纹纬锦。辽式妆金纬锦用于服饰，与辽式斜纹纬锦无多大差别，无论是通梭还是挖梭，都与经线形成斜纹效果。从纹样来看，与敦煌藏经洞和吐鲁番阿斯塔那发现的锦织物有明显区别，纹样多以花鸟或动物题材为主，较多应用鸿雁、鹦鹉、莲花等带有明显中原风格的纹样，未发现中亚风格联珠纹样织锦。在一些织物残片中，发现有大量幅边残片（图2.1.57、图2.1.58），幅边使用了较粗的丝线，其中辽式缎纹纬锦的边经为

图2.1.51 唐式缎纹纬锦（正面）

图2.1.52 唐式缎纹纬锦（反面）

---

① 赵丰、屈志仁：《中国丝绸艺术》，中国外文出版社/美国耶鲁大学出版社，2012年，218页。

② 赵丰：《中国丝绸艺术史》，文物出版社，2005年，71页。

图2.1.53　辽式斜纹纬锦（正面）

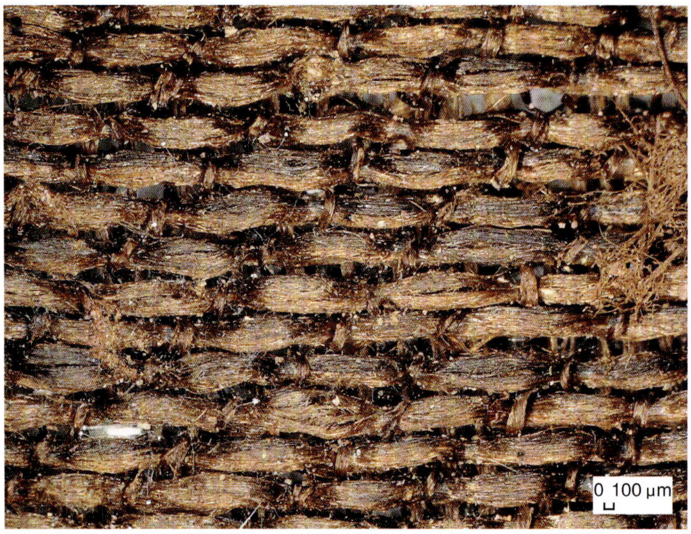

图2.1.54　辽式斜纹纬锦（反面）

图2.1.55　辽式缎纹纬锦（正面）

图2.1.56　辽式缎纹纬锦（反面）

图2.1.57　T15-3锦织物幅边

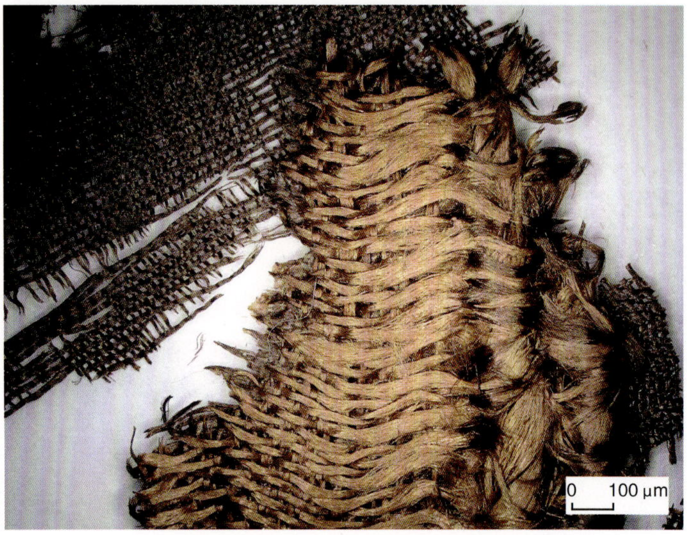

图2.1.58　T71-C-1锦织物幅边

Z捻，但同时也有一些锦织物幅边内未发现边经。部分辽锦的边经在制作成服装时会将其抽去，[①]不确定法门寺的边经是保存状况差还是部分边经已被抽去。

2.1.5.1 花鸟锦残片

时代：晚唐

材质：丝

组织结构：辽式斜纹纬锦

尺寸：10厘米×18厘米

编号：T34-5a/B11

花鸟锦织物残片（图2.1.59），采用1/2S斜纹纬重组织织造，经线分为明经和夹经，比例为1：2，明经无捻，夹经S捻，经线均为褐色，密度约62根/厘米。纬线呈棕、褐、绿等颜色，密度约28副/厘米。有双纬显花情况，大多一棕一绿，出现在花纹边缘处，起过渡作用，部分位置绿色纬线有褪色。在鸟的翅膀及眼睛附近，用墨绘来强化纹样效果。

图2.1.59 T34-5a织物

① 赵丰：《辽代丝绸》，香港沐文堂美术出版社，2004年，34页。

2.1.5.2 锦织物残片

锦织物残片

时代：唐

材质：丝

组织结构：辽式斜纹纬锦

尺寸：25厘米 × 34厘米

编号：T10（FD3：002-3f1④）

锦织物残片（图2.1.60），表层为辽式斜纹纬锦，底层为平纹，右侧有明显幅边，锦织物和平纹织物的幅边折叠后进行缝合，折叠边约1厘米。采用1/2Z斜纹纬重组织织造，经线分为明经和夹经，比例为1：2，明经无捻，夹经部分有S向弱捻，大多无明显捻向，经线均为本色，密度约60根/厘米。纬线为棕、浅绿、绿三色，浅绿色大多褪色，密度约25 × 3根/厘米。底层平纹织物经呈土黄色，经染料分析显示含有茜紫素、茜根酸等色素成分，经纬线均无捻，经密约44根/厘米，纬密约32根/厘米。

图2.1.60　T10织物

图2.1.61　锦织物正面显微照

图2.1.62　锦织物背面显微照

锦织物纹样以卷草纹构成菱格纹，菱格纹内填十字朵花纹，花瓣各有五瓣。地部以棕色为主，显花部分为深绿色纹样外分布一圈浅绿色勾边。观察发现，纬线有双丝显花的情况（图2.1.61），正反面颜色相反（图2.1.62）。

锦织物残片

时代：唐

材质：丝

组织结构：辽式斜纹纬锦

编号：T15-1

T15-1分为多块碎片（图2.1.63），除破裂外纬线之间夹杂较多白色结晶类污染物。采用1/2S斜纹纬重组织织造，经线分为明经和夹经，比例为1∶2，明经无捻，夹经有S向强捻，经线均为褐色，密度约62根/厘米。纬线褪色严重，呈褐色、绿色、棕色等，密度约25副/厘米。

主体图案似为对雁，从残存纹样来看，现存至少有两对以上的大雁。大雁呈展翅状，头部和眼睛均用墨绘点缀。大雁上下用带状纹饰隔开，纹饰宽约3.5厘米，带状中间装饰有连续朵花纹，花朵边缘大多用墨绘装饰。墨绘大多描绘在褐色纹路上（图2.1.64），但也有部分绘制在特殊部位，如大雁的眼睛（图2.1.65）。图案纬向循环规律不明确，经向循环约16厘米。

图2.1.63 T15-1织物

图2.1.64 T15-1墨绘局部

图2.1.65 T15-1大雁纹眼部

锦织物残片

时代：晚唐

材质：丝

组织结构：辽式斜纹纬锦

编号：T15-2、T15-3

T15-2、3各包括多个织物残片，均为辽式斜纹纬锦（图2.1.66、图2.1.67），采用1/2S斜纹纬重组织织造，经线分为明经和夹经，比例为1∶2，根据纹样类型及织物经纬线密度，织物可分为二类。

第1类：织物表面有大面积绿色花纹，纹样以花树为主，多发现双丝显花（图2.1.68）。这一类锦织物的明经无捻，夹经呈S向强捻，密度60根/厘米，纬线一副似有4根，密度约28副/厘米。

第2类：织物表面纹样以褐色丝线显花为主，T15-3中有多片，明经无捻，夹经呈S向强捻，密度62根/厘米，纬线以褐色、棕色为主，绿色有不均匀褪色，密度25副/厘米。纹样部分有褐色线条，其中一块线条组成夹角，夹角外分布有褐色卷曲纹，残存面积较少，不确定纹样类型。夹角内的绿色纬线大多呈现色彩过渡（图2.1.69），可能与不均匀褪色有关，也可能与染色工艺有关。

图2.1.66　T15-2织物

图2.1.67　T15-3织物

图2.1.68　T15-2两组纬丝显花

图2.1.69　T15-3褪色

锦织物残片

时代：晚唐

材质：丝

组织结构：唐式缎纹纬锦

编号：T15-4、T15-5、T53-4

T15-4、T15-5及T53-4织物均为五枚唐式缎纹纬锦（图2.1.70—图2.1.72）。织物经纬线均无捻，明经和夹经的比例为1：1，密度大约50根/厘米。纬线为绿、浅棕、棕等色，密度约26副/厘米。缎纹纬锦边缘处大多裁剪整齐，因织物褪色严重导致纹样难以辨析。

图2.1.70 T15-4织物

图2.1.71　T15-5织物

图2.1.72　T53-4织物残块

锦织物残片

时代：晚唐

材质：丝

组织结构：辽式斜纹纬锦

尺寸：25.5厘米×17.3厘米

编号：T17/B17

锦织物残片（图2.1.73），采用1/2S斜纹纬重组织织造，经线分为明经和夹经，比例为1：2，明经无捻，夹经S捻，经线均为褐色，密度约62根/厘米。纬线呈棕、绿、褐等颜色，密度约22副/厘米。锦织物主体图案为莲纹，莲纹附近装饰有蜂蝶、鸿雁等纹饰，鸿雁地部用浅色勾画出云气纹，烘托鸿雁。整体纹样残存面积较小，不确定是否有循环规律。

图2.1.73　T17织物

锦织物残片

时代：晚唐

材质：丝

组织结构：辽式斜纹纬锦

尺寸：20厘米×9.4厘米

编号：T34-5b/B16

锦织物（图2.1.74），采用1/2S斜纹纬重组织织造，经线分为明经和夹经，比例为1∶2，明经无捻，夹经呈S向强捻，经线均为褐色，密度约62根/厘米。纬线呈褐、绿、棕三色，绿色大多褪色，密度约28×3根/厘米。

织物颜色保存较好，上半部分纹样用带状纹饰隔开，带状宽约2.5厘米，带状纹内装饰有朵花纹，形成二方连续图案，带状纹外装饰有花结，与T3-1佛幡上花纹有相似之处。鸟翅膀部分的纹样按照棕色、绿色、褐色排列，形成色彩过渡。

图2.1.74　T34-5b织物

锦织物残片

时代：晚唐

材质：丝

组织结构：辽式斜纹纬锦

尺寸：11厘米×8.7厘米

编号：T45-3

锦织物残片（图2.1.75），采用1/2S斜纹纬重组织织造，经线分为明经和夹经，比例为1：2，明经无捻，夹经S捻，经线均为褐色，密度约65根/厘米。纬线呈棕、褐等颜色，密度约24副/厘米。纹样残留有两只鸿雁，可能与T17属于同一块织物。

图2.1.75　T45-3织物

锦织物残片

时代：晚唐

材质：丝

组织结构：辽式缎纹纬锦

尺寸：12.4厘米×13.6厘米、9.9厘米×8.4厘米、10.5厘米×6.7厘米

编号：B7-T64-1b、B8-T71-B-2、T71-C-1a

三件织物均为五枚辽式缎纹纬锦（图2.1.76—图2.1.78），经线分为明经和夹经，均无捻，比例为1∶1，密度约60根/厘米；纬线为深褐、棕、浅棕三色，密度约38×3根/厘米。整块织物缝缀在褐色平纹织物上，平纹经密55根/厘米，纬密40根/厘米。

织物纹样以鸿雁为主，鸿雁连续排列，每只鸿雁的头部朝向及翅膀张开角度均不相同。其中T71-C-1a目前呈现的一面为织物背面（图2.1.78），织物正面以深褐色作地，棕色显花，以浅棕色勾画出鸿雁纹路。

图2.1.76　B7-T64-1b织物

图2.1.77　B8-T71-B-2织物

图2.1.78　T71-C-1a织物

2.1.6 编织物

法门寺出土了少量编织物，但均保存极差，多残破为小段。可分为三类，A类：通过加捻形成的系绳，或者两股编成的系绳；B类：四股或四股以上的丝线编成的编绳；C类：流苏。这些绳结根据粗细及制作工艺不同，其用途也应有所不同。

A类：FD5-011-4外f2器物外的系绳，宽度约0.2—0.3厘米。分为两种，第一种和现代手绳编制方式相同，先将两股丝线Z向加捻，加捻到一定程度后，对将绳子对折使其自动加捻，最终形成的系绳呈S捻（图2.1.79）。另一种，以两根Z捻的丝线采用交叉的方式编织，类似于麻花辫子（图2.1.80）。

B类：编绳较粗，分为两种，第一种纤维老化严重，干枯呈黑色，编出的绳边缘有棱角，近似方形（图2.1.81、图2.1.82），因结构复杂且保存不佳，难以细致观察，目前尚未确定其编织方法。第二种编绳是FD4：017-1f②的附属物，采用褐色丝线编成。从绳编技法来

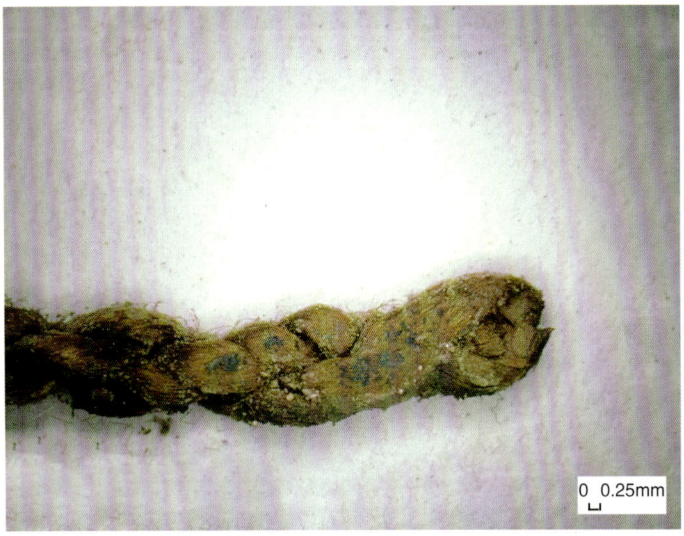

图2.1.79 T39-3系绳

图2.1.80 T39-3系绳

图2.1.81 T30编织绳局部

图2.1.82 T30编织绳局部

看，采用了4股辫的编制方法，可能因为编制方法不同，而导致松紧程度不同（图2.1.83）。编绳宽2.05—4.14毫米。从散开的编绳部位来看（图2.1.84），绳子约由10根线构成。每根均由两股Z向加捻的丝线组成，中间的两组丝线较粗，每组丝线由3根加捻丝线构成；左右两侧各2根共4根，均为单根编绳。编制时，中间较粗的线始终采用三股辫的编造方法，然后将左右两侧单根线添加进去，使绳编表面纹样呈M或者W形（图2.1.85）。

C类：以流苏为主，以T75-1-1（图2.1.86）、T80B为代表。T80B是FD5：104-f3平托铜镜后的丝穗残片，可能是镜穗，外观形貌保存不完整。T75-1-1织物外包装上写有“金絛带”。流苏有3个，其中2个相对完整，流苏上带有银饰，是FD4：017外的附属物。流苏分为三部分，挂绳、穗子及挂饰。挂绳部分使用了捻金线（图2.1.87），捻金线呈S捻，芯线为两股褐色Z捻丝线。共有三大股，每股约有5根捻金线，可能采用三股辫的方法编成。穗子部分先把带有Z向强捻的丝线整理成束，单根丝线直径约0.2毫米，一束丝线的直径约3.5毫米，推算穗子的根数约为36根。挂绳裹在束线中，现代流苏制作过程中会将挂绳打结后包裹在纤维束中，不确定法门寺挂绳内端是否打结，仅发现流苏上部用Z向弱捻的丝线缠绕多次后固定，

图2.1.83　T75-1-2编织绳局部

图2.1.84　T75-1-2编织绳局部

图2.1.85　T75-1-2编织绳示意图

线头包裹在纤维束中（图2.1.88）。最后在流苏上穿上银饰（图2.1.89、图2.1.90），银饰分为两部分。一部分为类似花托的饰品，大约有三瓣，盖在流苏上。另一部分为腰圆形管状银饰，中间鼓起，长约5毫米，腰部最宽处约4毫米，直接穿在挂绳上。由于银饰老化严重，不确定该部分为完整的圆柱状，还是由一块银箔捏制而成，两部分银饰套接在一起根据观察分析，推测流苏制作过程，如图所示（图2.1.91）。

图2.1.86　T75-1-1金绦带

图2.1.87　T75-1-1金绦带局部

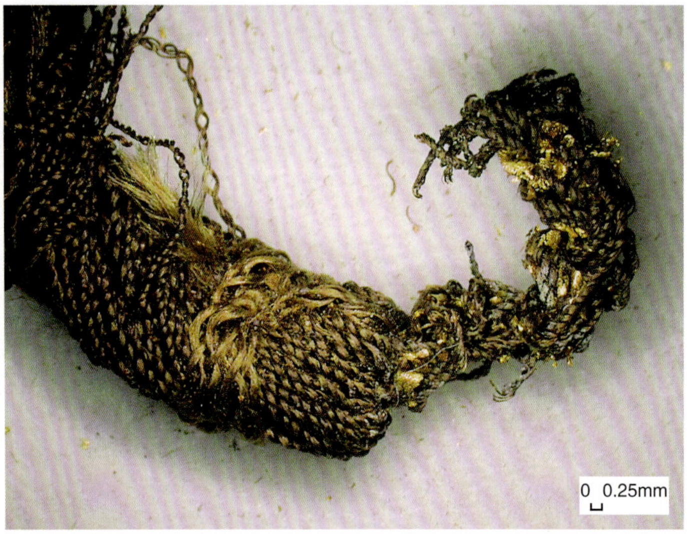

图2.1.88　T75-1-1流苏局部

图2.1.89　T75-1-1银饰局部

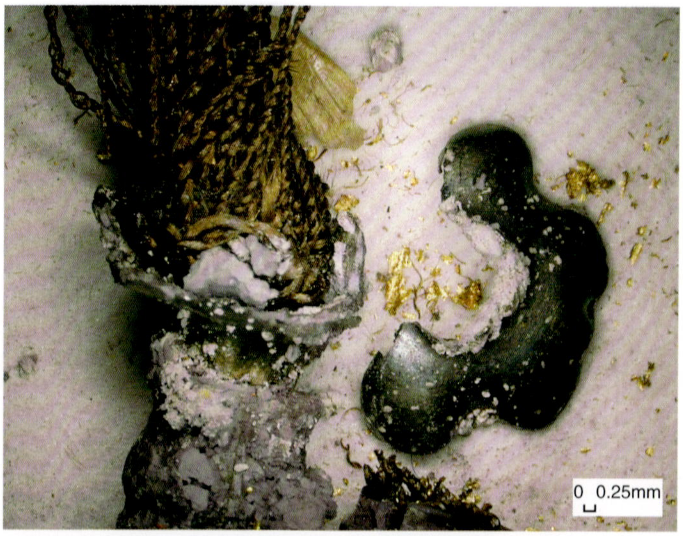

图2.1.90　T75-1-1银饰局部

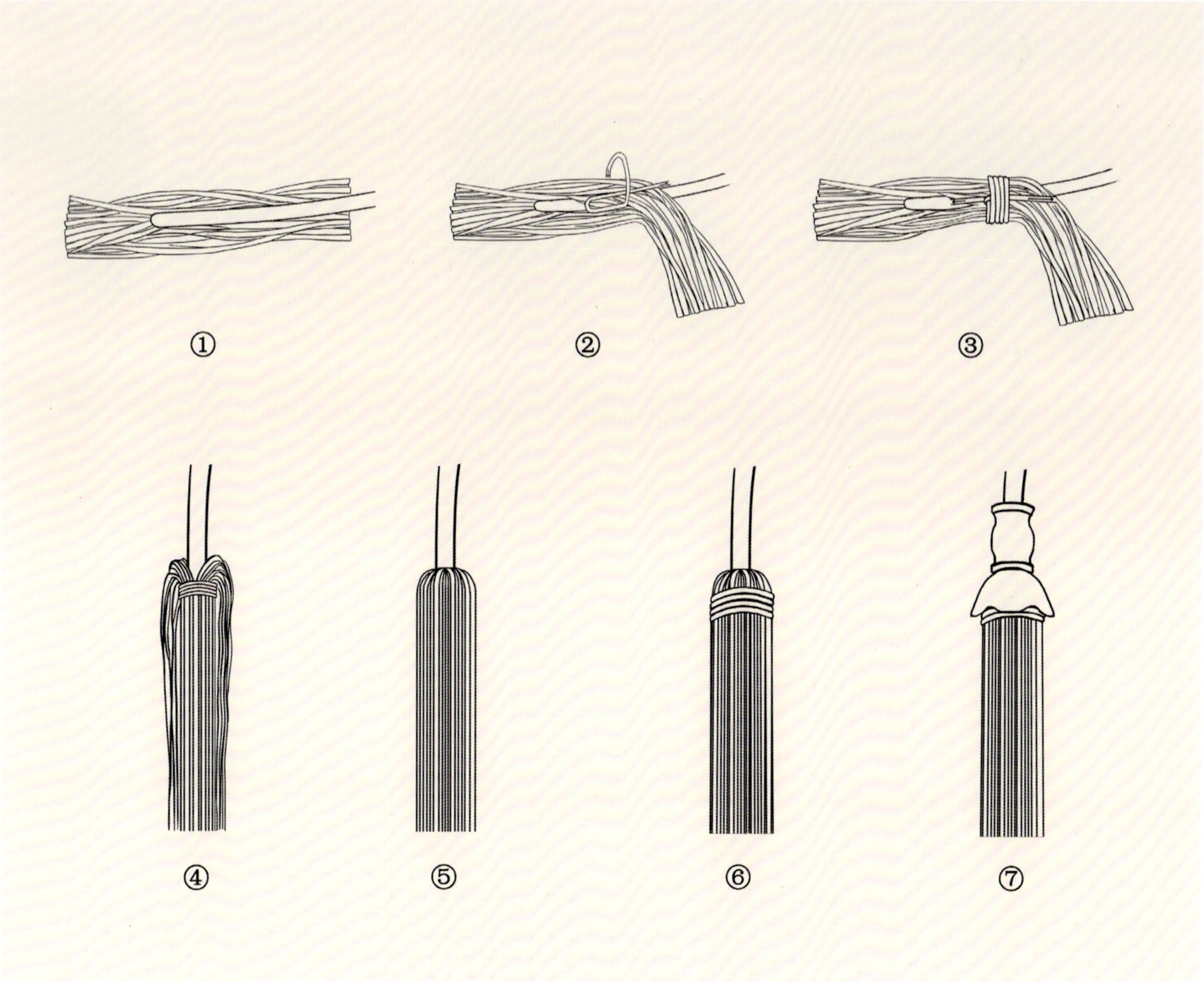

图2.1.91　T75-1-1流苏制作过程示意图

2.2 服饰

唐代是中国封建社会的鼎盛时期，社会安定繁荣，思想文化开放，这一时期的服饰文化也呈现出兼容并蓄的景象。目前，对唐代服饰的研究主要集中在服饰史及服饰图案上，相关著作包括日本学者桑原骘藏著《唐代服饰》《中国服装史研究》，沈从文著《中国服饰史》《中国古代服饰研究》，周锡保著《中国古代服饰史》，周汛、高春明著《中国历代服饰》，[①]以及袁仄著《中国服装史》，高春明著《中国历代服饰艺术》，常沙娜著《中国敦煌历代服饰图案》等。从以上出版物的内容来看，学者们主要依托壁画、塑像、陶俑、石刻、绘画以及文献史料等对隋唐服饰进行研究，为开展唐代服饰系统研究奠定了重要基础，提供了珍贵资料，但现有研究普遍因缺少唐代衣物实物而未能对唐代服饰的形制结构及纹样进行细致深入研究。

近年从法门寺衣物包块（T68）中揭展出的衣物是极为珍贵的唐代皇室服饰实物，对于印证和补充学者们之前已开展的研究结论具有重要参考价值。依据法门寺地宫考古发掘记录，T68衣物包块是从地宫中室提取的，可能为考古发掘报告中所指的位于白玉灵帐上的丝绸残块。目前，从衣物包块中已揭展出相对完整的服饰6件，依据其由上至下的揭展顺序，编号分别为T68-C、T68-D、T68-E、T68-F、T68-G、T68-H。其中T68-C及T68-E为裤子，T68-D为两件叠穿在一起的直领对襟长衫（袍），T68-F形制可能是短衫（襦），T68-G及T68-H是两件织金腰裙。“物帐碑”碑文记录的衣裙类包含袈裟、绣裙、袄子、佛衣、衫、袍、内襕、跨（袴）、长袖、暖子、下盖等，已揭展出的衣物形制均包含在物账碑所列的服饰类型之内。6件服饰大多由两层织物构成，表层多为菱纹罗Ⅰ型（见第2章织物部分简单菱纹罗纹样构成单元），底衬为平纹绢，菱纹罗Ⅰ型是法门寺衣物中常见的表层织物，除此之外，另有大窠宝花纹绮、团窠宝花纹罗作为表层织物，小花纹绮作为内衬织物的情况。两件织金裙的腰封均为1/2S斜纹纬锦织物，织金多采用挖梭。除T68-D外，服饰表层织物均装饰泥银纹样，相似装饰工艺在T3、T33-6织物上也有应用。未发现泥银为印绘的明显工艺证据，推测为手绘。泥银纹样相对规则，存在一定对称性和循环规律。在部分织物的泥银线条下方疑似有小面积的泥银老化产物、残留物或污染物的薄层状物质包裹在织物经纬线上，多分布在泥银线条下方或相邻泥银线条之间，色彩以土白色为主，可能为装饰工艺的残留物，也可能是原有色彩的物质因褪色变色所致。除此之外，在T68-E织物局部保存较好的位置可见由泥银线条勾勒轮廓的花瓣纹饰，轮廓内点缀浅墨绿色或土色，浅墨绿色有深浅过渡，因保存量极少，加之保存位置织物相对完整，因而未对该位置取样做着色材质分析，其工艺有待进一步研究。

2.2.1 泥银菱纹罗长裤

泥银菱纹罗长裤

时代：唐

材质：丝

工艺种类：泥银

尺寸：裤长114厘米，腰围约98厘米，裤腿宽48厘米

编号：T68-C/B1-C

---

① 罗丹丹：《唐代服饰设计史料研究》，湖南工业大学2011年硕士研究生论文。

长裤，残为三片（图2.2.1），为提升织物稳定性及长裤形制的视觉完整性，在保护修复过程中，采用染色平纹丝绸支撑衬护长裤的残存织物。长裤由裤腰、腰带、裤身三部分构成，因其裤身底端宽度较大，整体外观看似裙子。腰部织物为平纹，腰部横宽方向为织物经线方向，织物总长度约98厘米，沿纬线方向对折后宽约12厘米，藏边约0.6厘米（图2.2.2）。

图2.2.1 T68-C泥银菱纹罗长裤

腰部黏附少量绮织物残片，绮织物组织结构及密度与T68-D织物相同，因T68-C与T68-D两件衣物有叠压关系，因而推测T68-C腰部所黏附绮织物残片属于T68-D。腰带织物对折后宽约6.5厘米，藏边约0.6厘米，其中一条较为完整，长约102厘米，另一条断裂，残长约98厘米。裤身由两层织物构成，表层为菱纹罗，底层为平纹织物。裁剪成四片宽约50厘米，长约102厘米的长条形织物，裤身上端织物在腰部以下两侧折叠后进行缝合，形成上窄下宽的裤腿。裤腿下摆部分的表层罗织物比内层平纹织物长出1厘米，裤腿两侧织物藏边的放量不同，左侧裤腿的平纹织物折叠3厘米，罗织物折叠1厘米。裤腿及裆部保存不完整，因此仅能对裤腰部位的裁剪结构进行研究并绘制示意图（图2.2.3）。

长裤由两类织物构成，分别为平纹绢及菱纹罗Ⅰ型。腰部织物为棕色平纹织物（图2.2.4），经纬线均无明显捻向，经线密度48—50根/厘米，纬线密度24—30根/厘米。腰带为浅棕色平纹织物，经线密度48—54根/厘米，纬线密度30根/厘米。裤身表层为浅棕色菱纹罗Ⅰ型（图2.2.5），织物经纬线均无捻，经线密度68根/厘米，纬线密度20根/厘米。裤身底衬为平纹织物，经线密度52—64根/厘米，纬线密度38—54根/厘米。腰封及裤身平纹织物的经纬线密度差异大。

泥银纹饰。裤身表层罗织物通体泥银手绘，纹饰以花叶、动物纹为主，花叶外形类似莲瓣，由多簇花朵组成。动物纹饰有蜜蜂、鸭子、鸿雁，与花叶纹共同构成重复循环图案。

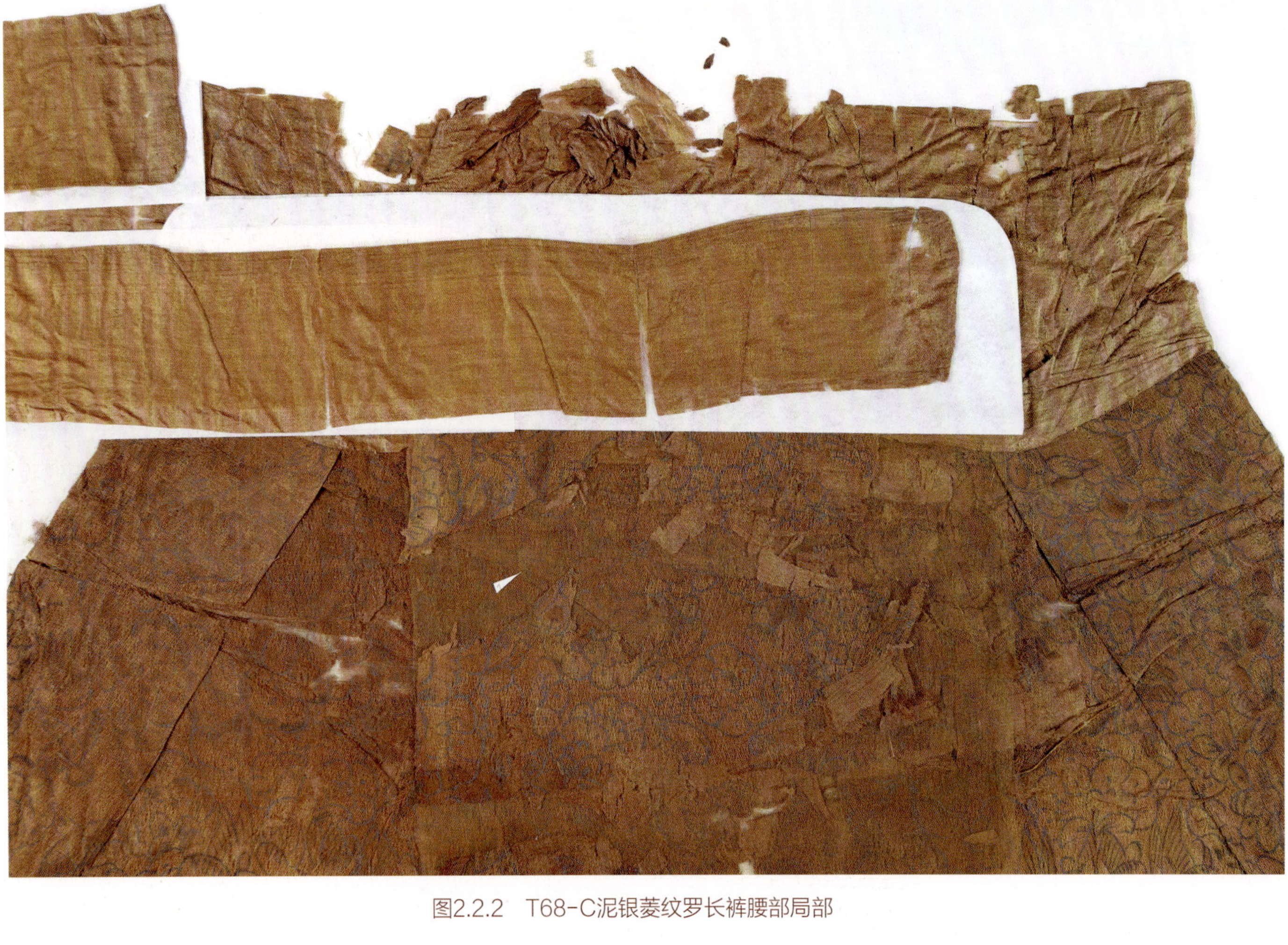

图2.2.2　T68-C泥银菱纹罗长裤腰部局部

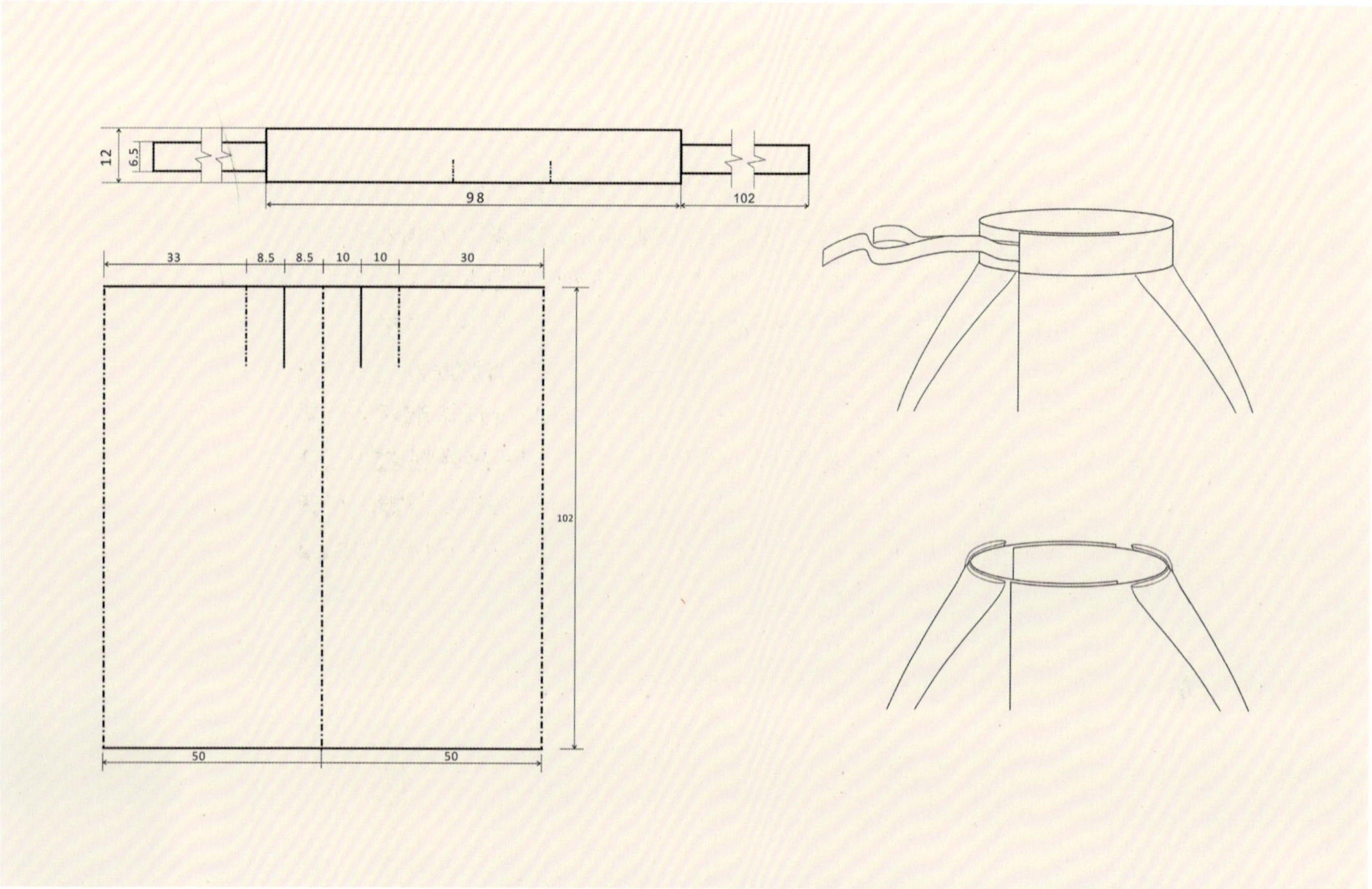

图2.2.3　泥银菱纹罗长裤腰部裁剪示意图

图2.2.4　腰部平纹织物

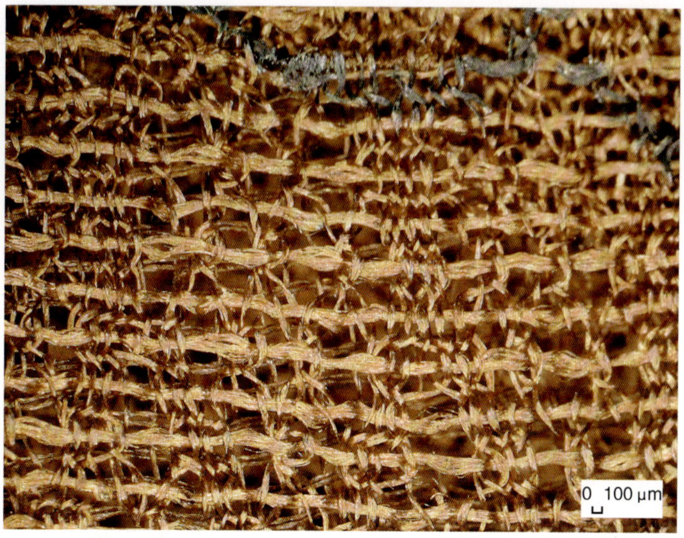

图2.2.5　裙身菱纹罗Ⅰ型

以两两相对的鸭子、蜜蜂为主体，外圈装饰花朵纹、蜜蜂及鸿雁。泥银线条因老化呈银灰色，手工绘制，纹饰细节处有较大差别，花瓣呈三瓣或两瓣，鸿雁及蜜蜂也不尽相同。泥银线条下有较多银灰色或黑色颗粒，多出现在动物翅膀、躯体部分以及花瓣边缘（图2.2.6—图2.2.8），部分颜色呈朱红、乳白、墨绿、黑等，褪色严重。泥银线条组成的图案具有一定

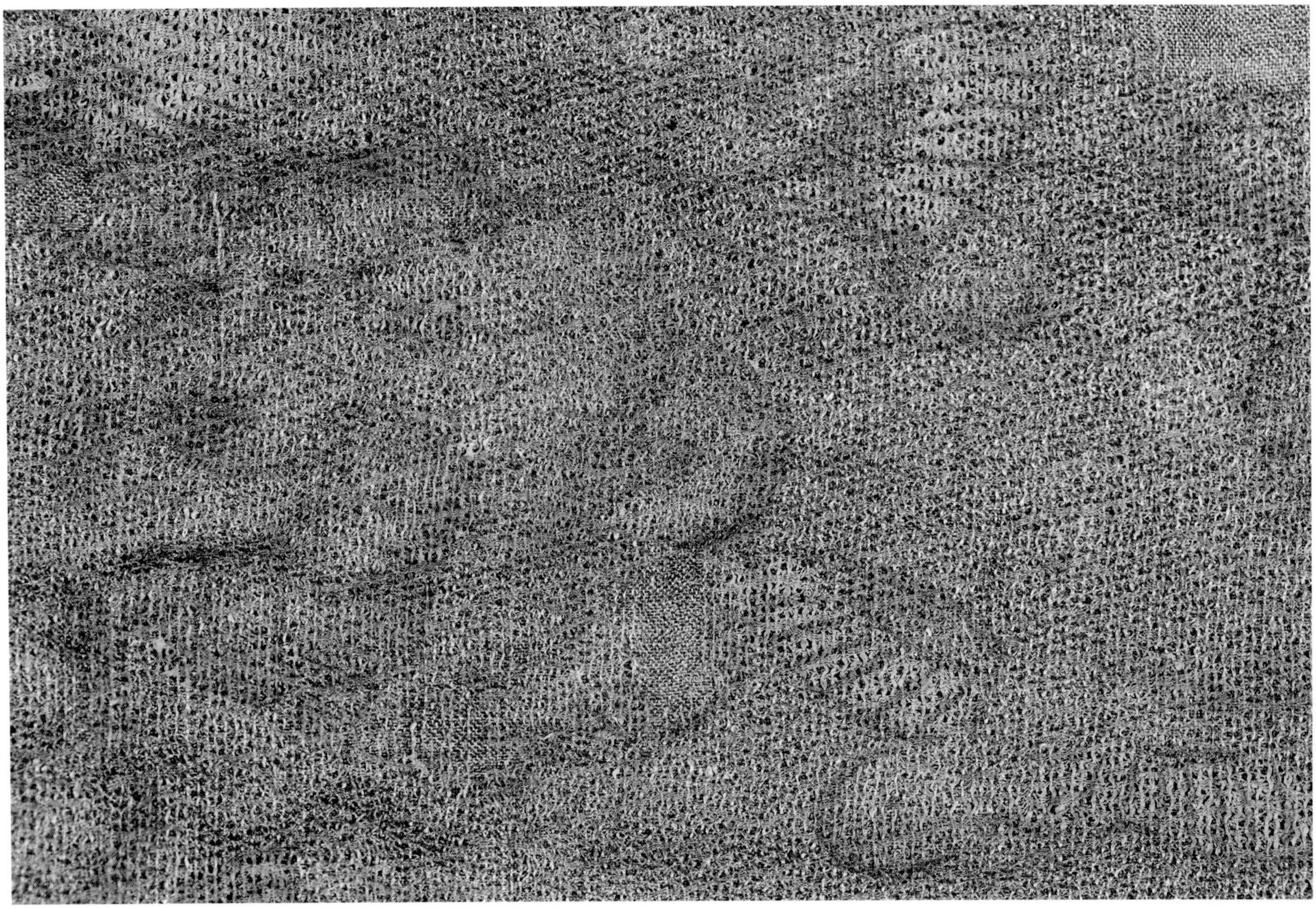

图2.2.6　裙身泥银纹饰局部

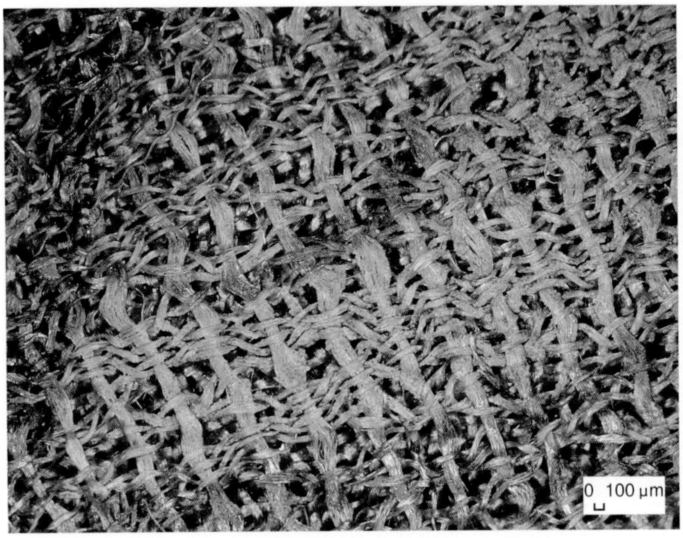

图2.2.7　泥银线条

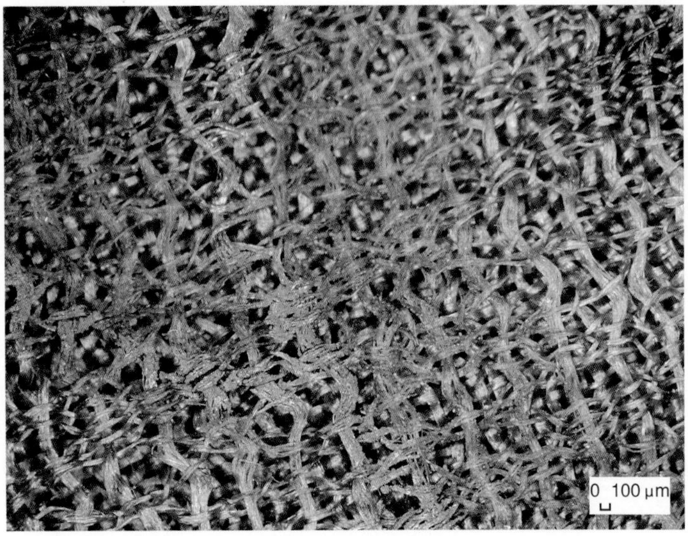

图2.2.8　泥银线条

的对称循环规律，根据裤腿表层保存较好位置的纹样描摹得出其单体纹样单元（图2.2.9、图2.2.10），每个单体纹样单元的尺寸约为13.6厘米（纬线方向）、15.3厘米（经线方向），后根据织物纹样的对称循环规律，复制拼接出完整的纹样形貌示意图（图2.2.11）。

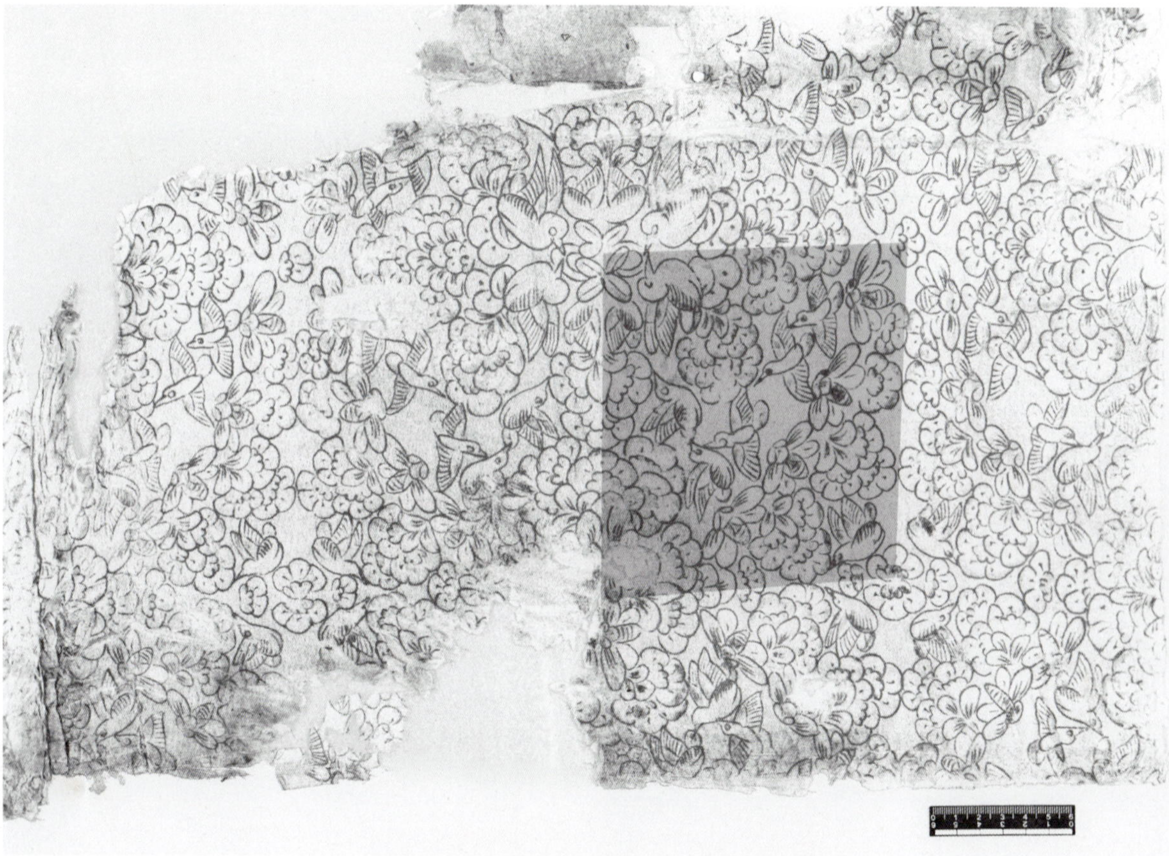

图2.2.9　织物残片泥银纹样描摹图及纹样单元

图2.2.10　T68-C表层泥银纹饰单元线图

图2.2.11 裤身泥银纹饰复原图

泥银菱纹罗长裤

时代：唐

材质：丝

工艺种类：泥银

尺寸：裤长122厘米，腰围约108厘米，裤腿宽48厘米

编号：T68-E/B1-E

泥银菱纹罗长裤，保存较为完整，在修复过程中采用褐色平纹衬布将长裤的不同部位连接在一起（图2.2.12）。长裤表层织物为菱纹罗，通体手绘泥银纹饰。腰部宽约9厘米，长约

图2.2.12　T68-E印绘菱纹罗长裤

图2.2.13　T68-E长裤裆部

108厘米，由两层织物组成，表层菱纹罗，底层平纹。腰部与裤腿面料通过两股Z捻浅棕色缝线缝合。腰带采用菱纹罗，由两片织物分别对折后于中线处缝合，缝合后宽约3厘米，已断成多节，拼合后长度在106—127厘米之间。裤身保存较为完整，裤腿部分面料长约113厘米，宽约50厘米，共4片，裤身裆部裁剪缝合方式与T68-D有所区别，单独裁剪出两片面料进行缝合（图2.2.13）。腰部两侧折叠缝合方式与T68-C相同，裤腿下摆宽约48厘米，缝边残缺不全。长裤整体结构示意见图（图2.2.14）。

长裤由两类织物构成，分别为平纹绢和菱纹罗Ⅰ型。腰部表层为菱纹罗Ⅰ型，经密95根/厘米，纬密22根/厘米，底层为平纹绢，保存较差，因平纹绢断裂错位导致织物密度和形貌出现挤压等形变，测量不同结构形貌的平纹织物发现部分平纹织物的纬线似有3股，经密56根/厘米，纬密30根/厘米（图2.2.15），部分平纹织物的纬线似有2股，经密46根/厘米，纬密30根/厘米（图2.2.16），但从常理推断，衣服底衬使用同一织物的可能性比较大，因此所见不同结构密度的平纹织物极有可能因织物断裂、挤压变形等原因所致。腰带织物为菱纹罗Ⅰ型，经密100根/厘米，纬密24根/厘米。裤身菱纹罗Ⅰ型的经密100根/厘米，纬密22根/厘米，平纹织物经密52根/厘米，纬

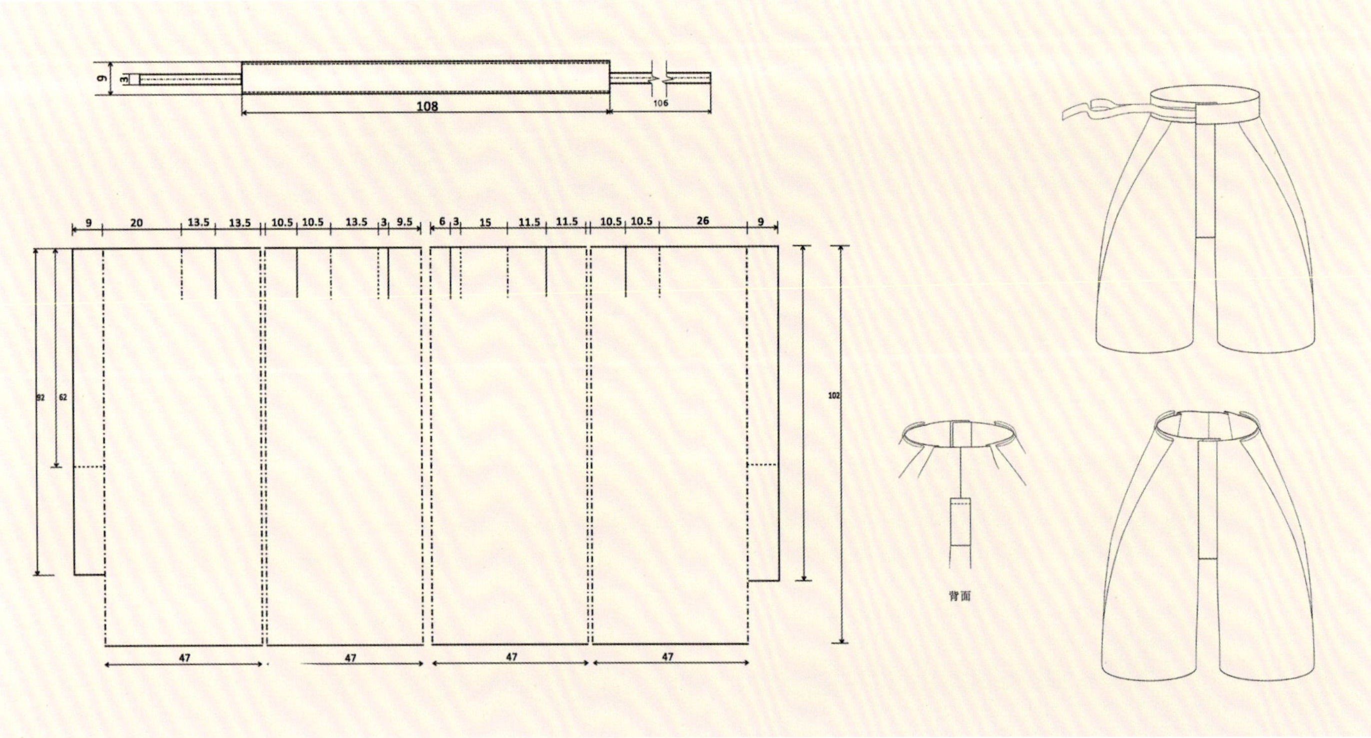

图2.2.14　服饰裁剪示意图

密34根/厘米。腰封、腰带、裤身表层罗织物，纹样相同，密度相近，可能由同一织物裁剪而成，菱纹罗与T68-C所用罗织物相比，经纬线密度更大。

罗织物均装饰有手绘纹饰，其中腰封与裤身所饰纹样相同，腰带的纹饰以花卉为主。根据绘制痕迹细节可知，织物先经裁剪缝合后，再进行花纹绘制。根据纹样描摹，发现大约每17.4厘米为一个纹样循环单元（图2.2.17），因纹样为手绘，每簇花纹大小均不相同，手绘痕迹明显。腰封及裤身的基础花纹及装饰工艺与T68-C相近，以鸭子、朵花、蜜蜂、鸿雁等纹饰为主，由于排列方式不同，长裤织物上的纹饰更为形象生动。纹样以蜜蜂、花朵形成波浪线，波浪线内填充一圈鸿雁，鸿雁纹内装饰对鸭（对鸟）花朵纹，部分蜜蜂翅膀部位的线条不流畅，织物上颜料大多脱落褪色（图2.2.18、图2.2.19）。蜜蜂、鸿雁的花纹与T68-C的纹样相比更为精细复杂。长裤花纹也有大致循环规律，参考T68-C的纹样复原绘制方式，发现其中某个纹样单元的循环规律在纬线方向长度为13.3厘米，在经线方向长度为11.4厘米（图2.2.20），将这个纹样单元进行多次对称拼接，得到完整的花纹复原图（图2.2.21）。

图2.2.15　平纹织物

图2.2.16　平纹织物

图2.2.17　T68-E腰带纹饰示意图

图2.2.18　裤身纹饰局部

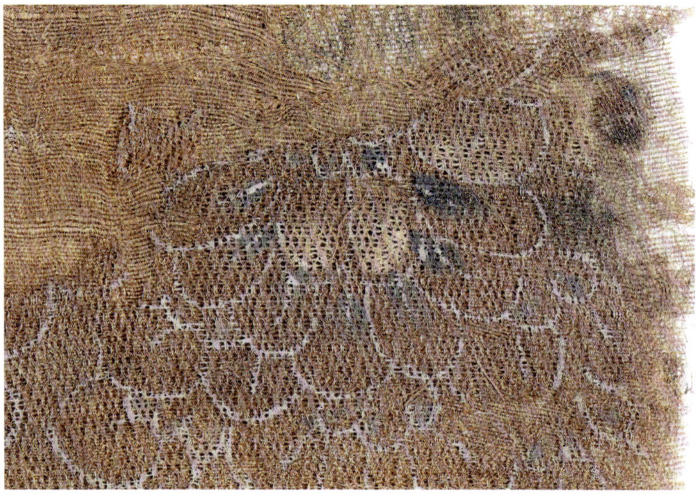

图2.2.19　裤身纹饰局部

图2.2.20　T68-D表层泥银纹饰单元线图

图2.2.21　库身泥银纹饰复原图

2.2.2 直领对襟团窠纹长衫（袍）

时代：唐

材质：丝

尺寸：衣长136厘米，通袖长168厘米，袖宽37厘米

编号：T68-D/B1-D

直领对襟长衫（袍）（图2.2.22），共两件，叠穿在一起，因保存状况差，尚未对衣

图2.2.22 T68-D直领对襟团窠纹长衫（袍）

物进行脱解分离。其中，内层长衫的领子、衣身、系带均为同一单层绮织物（图2.2.23），在平纹地上1/3S斜纹显花，经线密度64—68根/厘米，纬线密度40—50根/厘米。袖口卷起后用丝线固定（图2.2.24），从衣领处能看到明显的叠压关系。外层长衫，由两类织物构成，外表层织物通体为团窠纹绮，袖子、衣身、领子均采用此类织物，在平纹地上1/5Z斜纹显花（图2.2.25），经线密度58—64根/厘米，纬线密度32—42根/厘米，底衬织物为平纹织物（图2.2.26），经线密度50—56根/厘米，纬线密度30—34根/厘米。

外层长衫，由三大片织物构成，两侧接袖及衣身。衣身宽约60厘米，长约132厘米，织物延经线方向裁剪，沿纬线方向对折缝合。因长袍现处对折状态，对其形制研究仅能从长袍现呈侧面观察后对称推测。门襟处使用绮织物对折包裹缝合，藏边约2.5—3厘米，缝合后领高4厘米。系带宽度约2厘米，残长8厘米，由整片织物裁剪后对折缝合，缝合在门襟内侧。左右两片接袖各长57厘米，宽37厘米，由整片织物沿纬线对折后与衣身缝合，缝合藏边约1厘米。

由于长衫处于对折状态，保存状况差，经不起翻动观察，目前仅能根据暴露的残存绮织物，进行纹饰复原。接袖部位的纹饰相对完整，与衣身其他残存纹饰进行拼接发现，纹饰主

图2.2.23　内层长衫绮织物局部（背面）

图2.2.24　长衫袖口局部

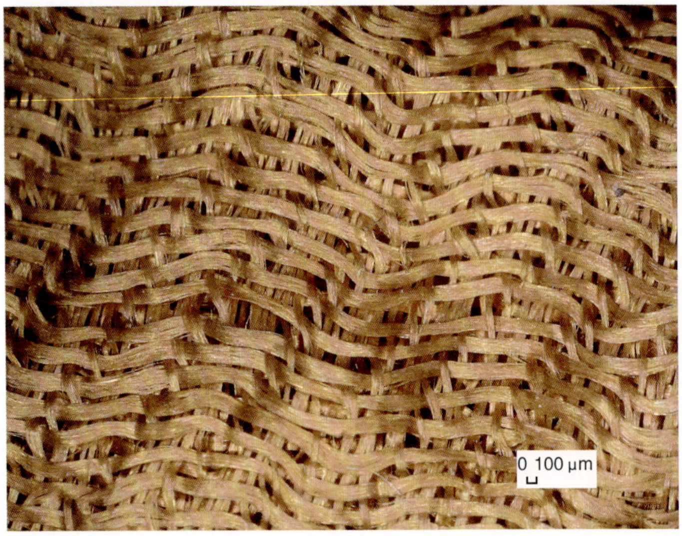

图2.2.25　外层长衫绮织物

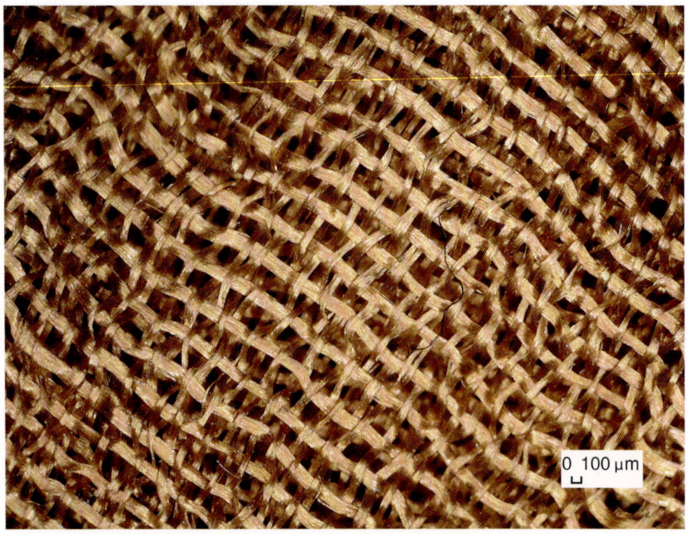

图2.2.26　外层长衫底衬平纹织物

体为团窠宝花，间饰十字花纹，宝花纹直径约53厘米，纹样尺寸大，较为罕见（图2.2.27）。团窠宝花纹饰在法门寺绮织物中较常见，如T2宝函系带、T4墨绘底衬绮织物均为类似纹饰。每两个团花的经向间距约10厘米，团花纬向间距不确定。在团窠宝花之间装饰有类似十字花纹，由于长衫处于对折状态，仅能看到部分花纹，根据对称规律，若十字花纹为完整花纹，其复原后的尺寸上下高约52厘米，左右宽约40厘米。将长衫外表织物纹饰进行矫正复原，得到其整体纹饰效果示意图（图2.2.28）。

图2.2.27　服饰形制及现存织物纹样示意图

图2.2.28　服饰形制及织物纹样复原示意图

2.2.3 直领对襟罗衫

时代：唐

材质：丝

工艺种类：泥银

尺寸：衣长46厘米，通袖长约180厘米，衣摆宽约100厘米，袖宽37厘米

编号：T68-F/B1-F

短衫残成五片，分为左右两片接袖、两片前襟及一片后襟（图2.2.29）。领口残缺，门襟处包裹织物宽约4厘米，右侧胸部系带下方门襟处织物有明显拼接痕迹（图2.2.30）。左右

图2.2.29 T68-F接袖、前襟及后襟

图2.2.30 门襟拼接痕迹

两侧系带长度不同，左侧长约31厘米，右侧长35厘米，宽3厘米，缝合在门襟内侧，系带与门襟包裹织物均为单层四经绞花罗，接袖、衣身均为两层，内层为褐色绮织物，表层为四经绞花罗。接袖长约38厘米，宽约43厘米，整片对折后缝合，其中右胸腋下位置保存较好。由于断裂，不能确定衣身的前襟与后襟是否连续，在后襟中间有一道纵向缝合线，猜测服饰可能共由四大片织物构成，根据前后襟残存宽度，结合两端接袖的尺寸，绘制出服饰的裁剪示意图（图2.2.31），虚线

表示边缘残缺。

服饰表层织物均为同一种泥银花罗（图2.2.32），织物呈红棕色，经线密度48—68根/厘米，纬线密度16—20根/厘米。罗织物纹样较为复杂，分为两种团窠宝花，一种椭圆形，一种近圆形，椭圆形的宝花纹长17.5厘米，宽12.2厘米，近圆形宝花纹长约14厘米，宽约12.5厘米（图2.2.33），循环规律为经向约15厘米，纬线约30厘米。内衬褐色小花纹绮，为平纹地起1/5Z斜纹花的织物，也有部分为变化斜纹，织物经线密度70根/厘米，纬线密度44—64根/厘米，纬线密度变化较大（图2.2.34）。绮织物纹饰较丰富，花纹以一排几何纹，一排杂花纹二二错排（图2.2.35），每排花纹之间的间距约1厘米，几何纹长1.4厘米，高0.5厘米，间距2厘米。杂花纹长约2厘米，高0.75厘米，间距约1.3厘米。杂花纹样约有九种，以小花纹、吉祥纹、动物纹为主，小花纹不易分辨，可能有石榴、折枝花、兰花等，动物、吉祥纹饰有仙鹤、云纹、蝴蝶等（图2.2.36）。

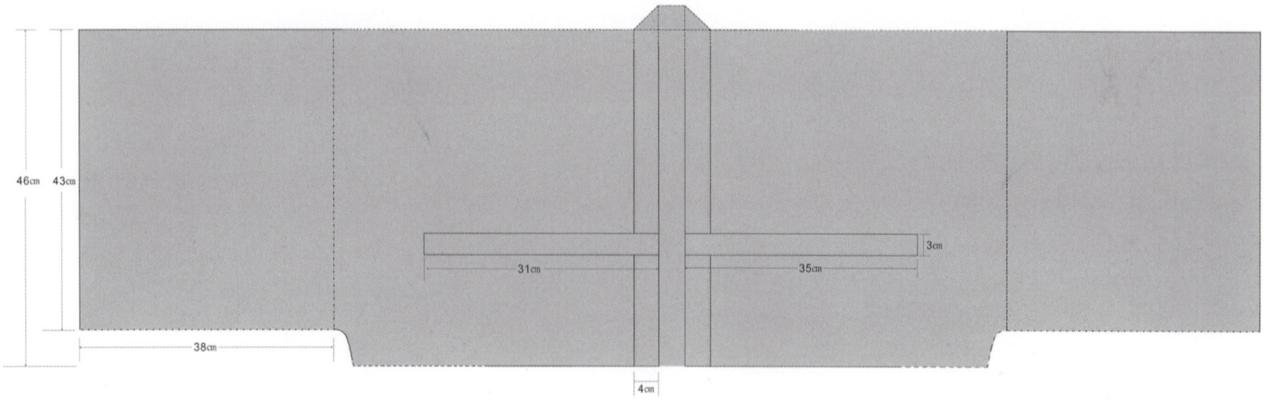

图2.2.31　T68-F裁剪示意图

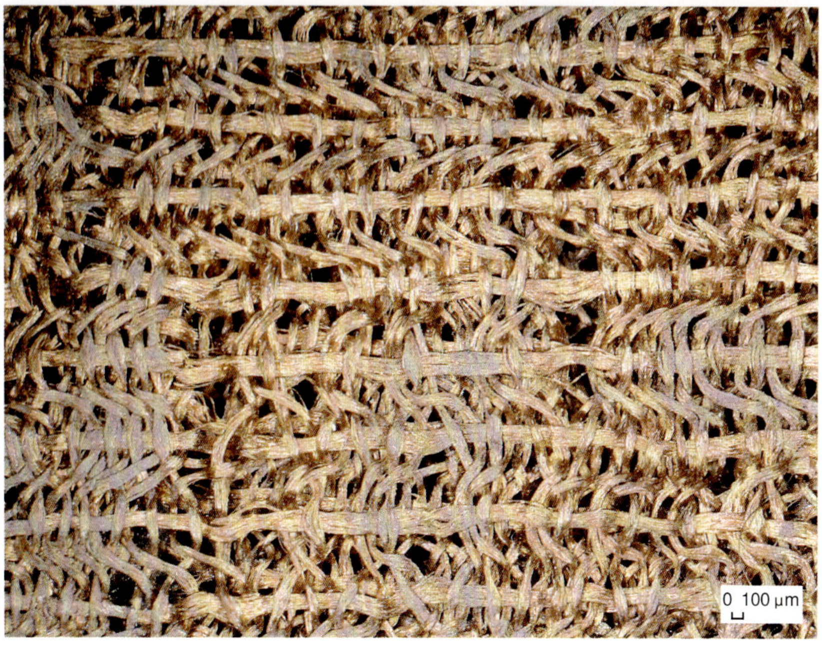

图2.2.32　T68-F表层罗织物

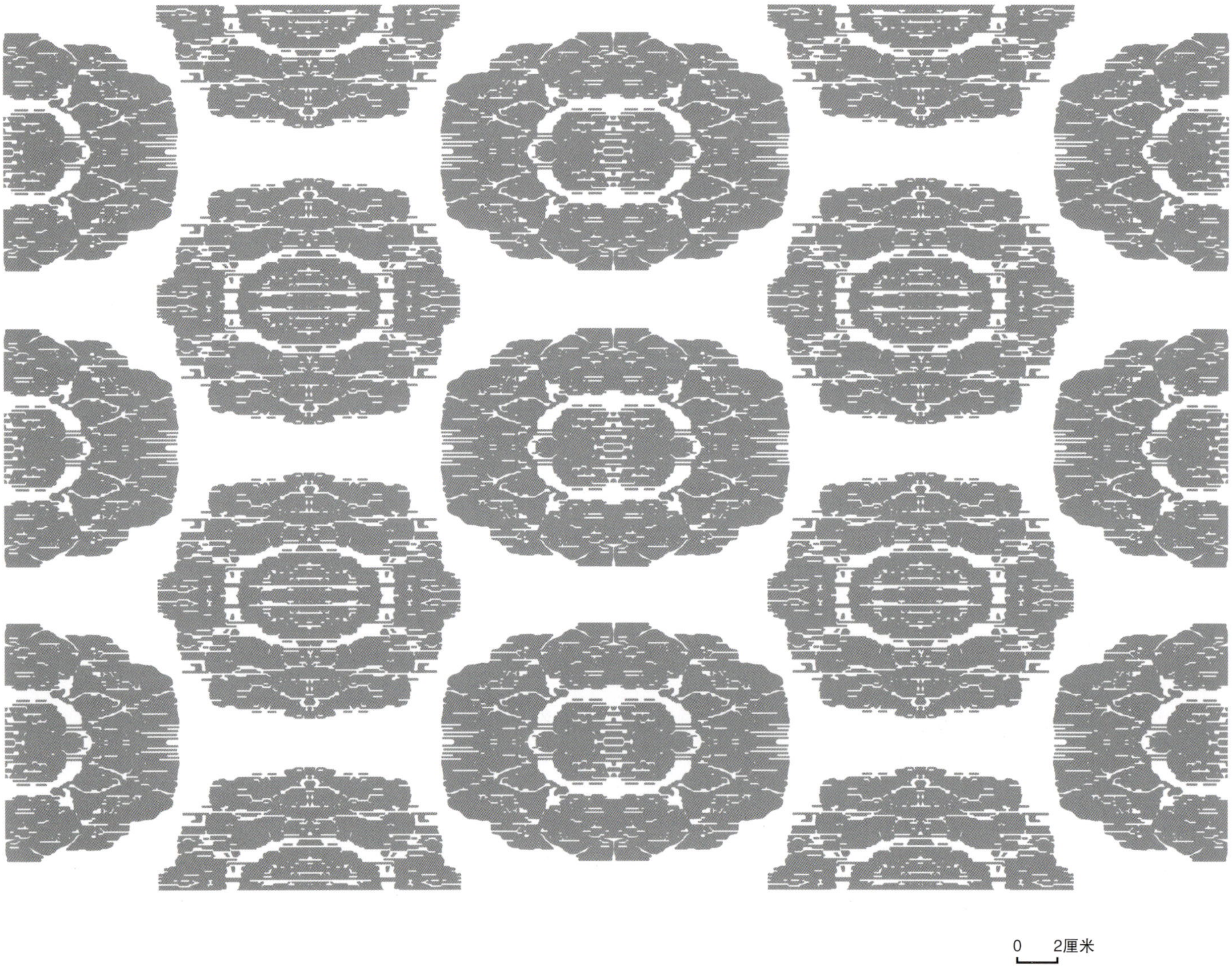

图2.2.33 罗织物纹样示意图

图2.2.34 T68-F绮织物局部

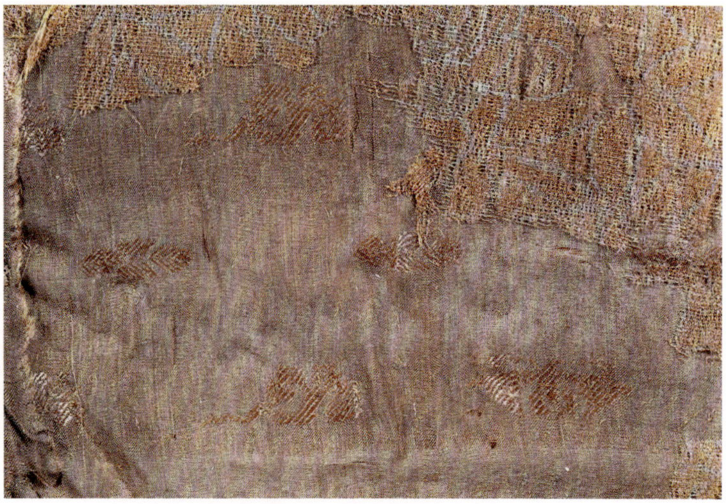

图2.2.35 T68-F绮织物局部

泥银纹饰。织物纹饰精美复杂，用球路纹组成六边形的底纹，六边形内装饰对鸭、朵花纹。装饰方法类似锦上开光式，六边形底纹下的织物呈红褐色，开光部分的织物呈棕色，纹饰内也有颜色变化（图2.2.37、图2.2.38）。开光部分的装饰有三种，其中两排为对鸭纹，周围装饰的朵花纹有一定差异，另一种是团花纹。球路纹间饰蜜蜂，蜜蜂翅膀及躯干部分颜色不同，朝向也有一定区别，与开光部分形成组合，使整个纹饰更加丰满。目前，仅银绘线条纹饰保存较好，前襟泥银纹饰有循环规律，循环单元在纬线方向长约12.8厘米（图2.2.39），经线方向由于织物断裂，循环尺寸不确定。根据裁剪示意，若前襟与后襟是一整片织物，可得到服饰的泥银纹样复原图（图2.2.40）。

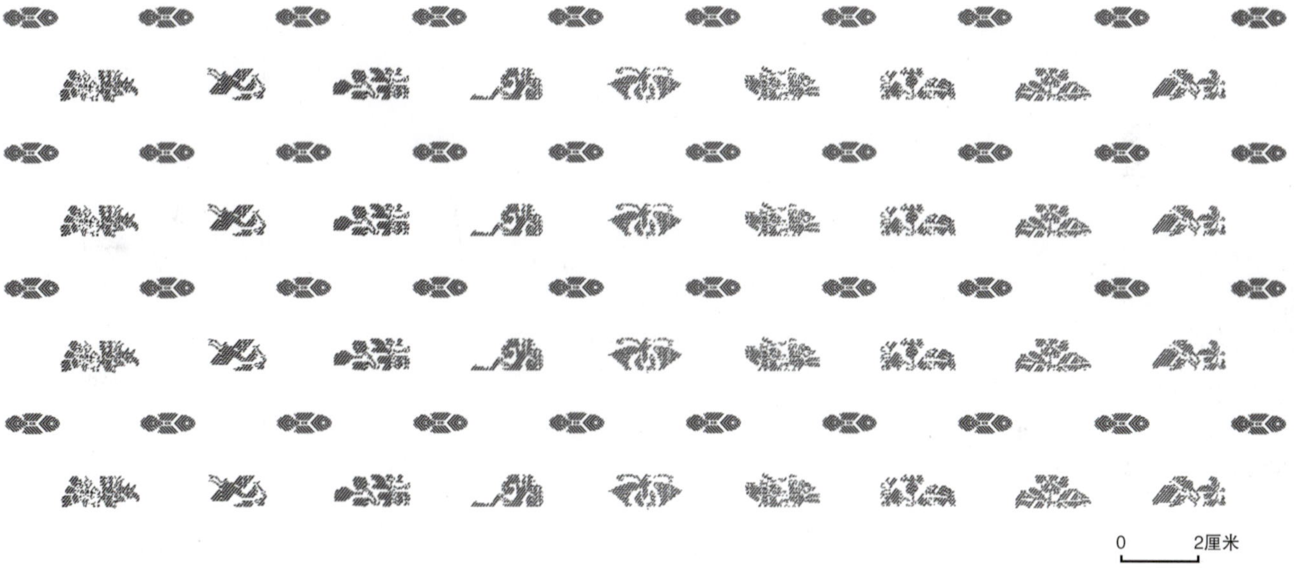

图2.2.36　绮织物纹样示意图

图2.2.37　球路纹纹饰局部

图2.2.38　织物表面的颜料

图2.2.39　T68-F纹饰单元

图2.2.40　表层泥银纹饰复原图

2.2.4 泥银菱纹罗织金腰裙

泥银菱纹罗织金腰裙

时代：唐

材质：丝

工艺种类：泥银、织金

尺寸：裙长137厘米，腰围104厘米，下摆宽约78厘米，系带残长93厘米

编号：T68-G/B1-G

目前已知法门寺地宫出土织金腰裙共2件，这件罗裙腰封表层为织金锦（图2.2.41），底

图2.2.41　T68-G泥银菱纹罗织金腰裙

层为平纹织物，腰封长约104厘米，宽约11.5厘米。织金锦纹饰精美，纹饰呈对称分布。腰封上有两道横栏，横栏内纹饰不清晰。从罗裙呈现出的一面来看，腰封主体图案为团花翔凤，翔凤周围分布6只鸿雁，不排除腰封向后延续的部分还有另外6只鸿雁围绕翔凤呈对称分布。腰封末端部位织金锦纹样为蝴蝶和鸿雁，6只鸿雁呈圆弧状排列，蝴蝶被围绕其中。若将腰封末端织物拼接，可知该部位的总体纹样为12只鸿雁构成扁圆状的外圈，圈内围绕4只蝴蝶，蝴蝶两两相对，对称分布。除这些纹饰外，腰封锦织物地部织出类似球路纹（图2.2.42），分布在两列鸿雁之间，靠近横栏处多呈墨绿色，中间区域呈棕色，可能因褪色引起。凤凰尾部织出绿色云气纹，配合凤凰纹饰形成更复杂的纹饰，织金锦表面使用墨绘线条勾勒出凤凰的两只眼睛（图2.2.43）。由于织物老化、褪色、变形严重，仅复原了织物表面织金部分的纹饰（图2.2.44）。

裙身腰部做成褶状（图2.2.45），保存不完整。腰带及裙身均使用菱纹罗Ⅰ型，腰带宽5.5厘米，缝合方式与T68-E的系带相同，裁剪成两片对折后于中线处缝合。

腰带织物为菱纹罗Ⅰ型，棕褐色，织物经线密度80—98根/厘米，纬线密度20根/厘米。腰封表层为1/2S斜纹织金纬锦（图2.2.46），锦织物使用的捻金线为Z捻，芯线似有2股S捻，捻金线未通梭使用。织物经线分为明经和夹经，比例大多1∶1，夹经有S捻，密度56根/厘米；

图2.2.42 锦织物地部纹饰

图2.2.43 凤凰眼睛局部

图2.2.44 织金纹饰复原

纬线密度34副/厘米，纬线大多褪色，目前可见的有褐色、墨绿色、棕色，褐色多用来勾勒织金纹饰边缘。底层棕色平纹织物，经线密度62根/厘米，纬线密度30根/厘米。裙身表层菱纹罗Ⅰ型（图2.2.47），经线密度88根/厘米，纬线密度28根/厘米，底层平纹织物，经线密度44根/厘米，纬线密度24根/厘米。另外，在衣物右上角附有一片织物，该织物应与衣物本身无关，可能为其他衣物的残片黏附于此，织物为四经绞花罗（图2.2.48），棕色，织物残存较少，未能复原纹样，经线密度40根/厘米，纬线密度18根/厘米。

泥银纹饰。腰带纹饰与T68-E相似（图2.2.49），纹饰除了朵花纹外，还添加了鸿雁纹，循环规律明显，单个完整组合纹样长约11.6厘米，宽约3厘米。裙身上泥银纹饰的装饰手法与前几件服饰相似，纹样更为精美复杂（图2.2.50），鸿雁纹不见，换以凤鸟纹替代，未发现蜜蜂纹饰。裙子残成多片，上半部分与下半部分纹饰有区别，下半部分的对凤之间有云纹，凤鸟纹部分也有区别。由于下半部分残缺较多，未能复原，仅展示部分纹饰（图2.2.51）。裙身右半部分中部的织物为四绞花罗，可能与T68-G无关，织物表面也装饰泥银，花纹为簇六球路纹，用朵花纹构成六角形，间饰菱形花卉，构成球路纹（图2.2.52）。

图2.2.45 裙身局部

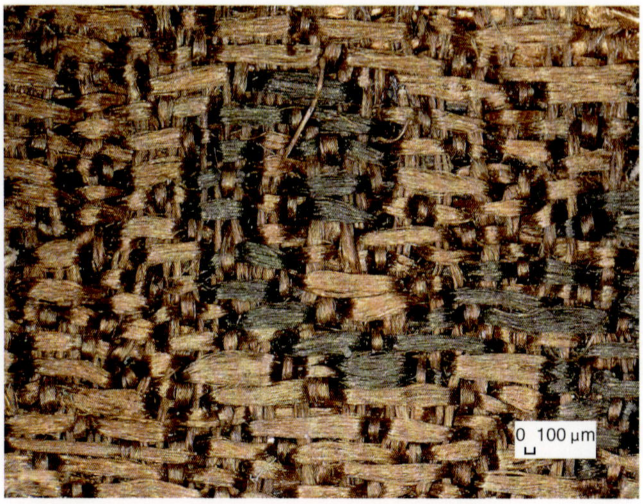

图2.2.46 锦织物局部

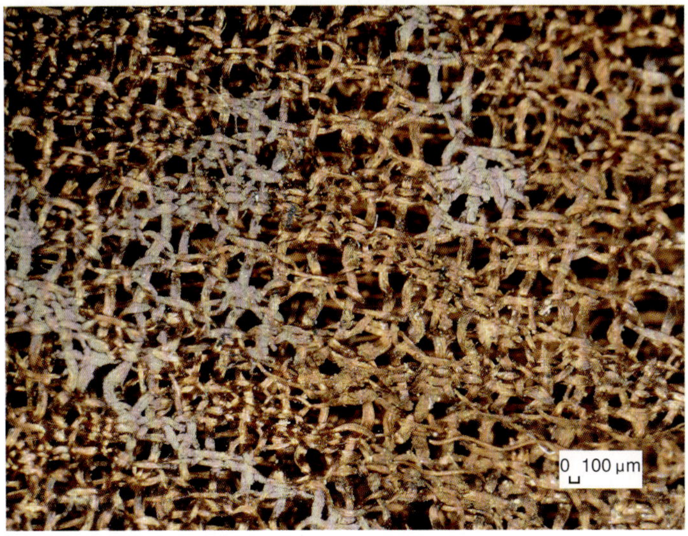

图2.2.47 表层菱纹罗Ⅰ型

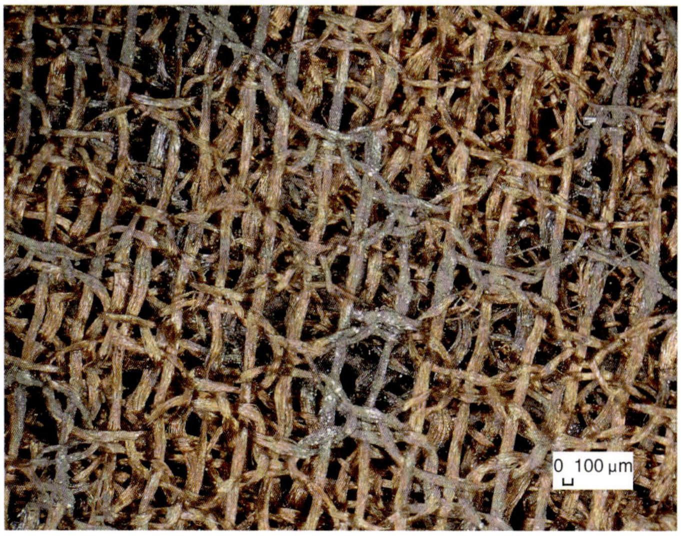

图2.2.48 四绞花罗

图2.2.49　腰带纹饰示意图

图2.2.50　裙身上半部分纹饰复原

图2.2.51　裙身下半部分纹饰示意图

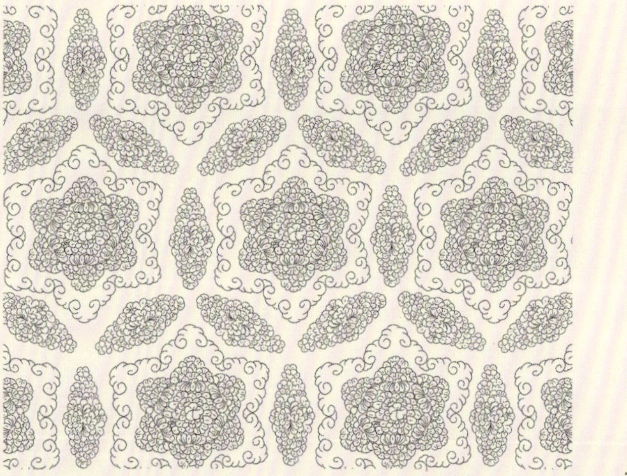

图2.2.52　花罗表面纹饰示意图

泥银菱纹罗织金腰裙

时代：唐

材质：丝

工艺种类：泥银

尺寸：裙长138厘米，腰围106厘米，下摆残60厘米，系带残长118厘米

编号：T68-H/B1-H

泥银菱纹罗织金腰裙（图2.2.53），腰封表层为织金锦，底层为平纹织物。织金锦边缘以捻金线和捻银线织出两道横栏，在地部织出蝙蝠纹，该部位的捻金线、捻银线通梭使用。

图2.2.53　T68-H泥银菱纹罗织金腰裙

腰封织物主体图案为麒麟，间饰云纹，以中部云纹为对称轴，左右各有两只麒麟，四只麒麟组成更大的循环单元，该循环长度约46厘米（图2.2.54）。腰封现存长约102厘米，宽约9厘米。腰带断成多节，通过拼接，可知其长度至少在118—122厘米或以上，宽约2.5—3厘米，裁剪缝合方式与T68-E相同。裙身表层与底层织物裁剪方式不同，在底层平纹织物上仅发现了一道缝合线，表层罗织物下摆发现了多道拼合线，说明表层织物被裁剪成多条，相互拼接后再进行缝合（图2.2.55）。裙身表层织物先经裁剪成宽约10厘米，长约130厘米的布料，再将布料拼接，表面手绘泥银纹样后与腰封缝合，腰部做成褶状。

腰带织物为菱纹罗Ⅰ型，棕色，经线密度114根/厘米，纬线密度22根/厘米。腰封表层织物为1/2S斜纹织金纬锦（图2.2.56），捻金线、捻银线（图2.2.57）均有使用，均为S捻，仅在边缘处的几道捻金线为通梭织造，其他均未通梭。织物经线分为明经和夹经，比例大多1∶1，明经有S向弱捻，夹经无明显捻向，密度52根/厘米，纬线密度35副/厘米。底层为棕色平纹织物，经线密度42根/厘米，纬线密度34根/厘米。裙身表层织物为菱纹罗Ⅰ型，经线密度82根/厘米，纬线密度20根/厘米，底层为平纹织物，经线密度52根/厘米，纬线密度34—48根/厘米，经纬线粗细变化较大。

图2.2.54　腰封纹饰复原图

图2.2.55　裙摆拼合痕迹

腰带纹饰与前几件相似，以大簇花朵为主，纹样单元的循环规律长约14.3厘米，宽约3厘米（图2.2.58）。裙身泥银纹饰的结构布局与T68-G相似，纹饰较为完整，以朵花纹形成菱形框架，内部装饰鸿雁围绕的朵花纹（图2.2.59），循环规律为纵向长约45.6厘米，横向宽约10厘米。

图2.2.56　锦织物局部

图2.2.57　锦织物捻银线

图2.2.58　腰带纹饰复原

图2.2.59　裙身纹饰复原

第3章 刺绣与钉金绣

法门寺丝绸中的刺绣品数量较多，多为地宫中供养道具的附件或包装，但大多保存不完整，推测可能多为包袱残片，年代大多在唐高宗至唐僖宗年间。刺绣图案丰富，纹样以写实风格为主，针法多变，其中相当数量的织物采用捻金线进行刺绣装饰，为目前已知的唐代捻金线装饰织物的最大宗。刺绣图案主要有两类：一类为与佛教相关的题材，主要包括宝相莲纹与折枝莲纹，另一类为花、鸟、动物题材，动物包括凤凰、鸿雁、鹦鹉、蝴蝶等。

法门寺丝线刺绣常见的针法有平针、接针、交针以及钉线绣，其中以平针和钉线绣为主。平针是根据花纹轮廓刺成针迹、边缘齐整的针法，是唐代常见的刺绣工艺，一般用来绣大面积色块，[①]主要应用于刺绣花瓣、动物翅膀等纹样。接针是依靠连续的直针形成线状形式，一针接在前一针的丝线中，主要用于花茎或大面积圆形图案。

钉线绣在法门寺刺绣中分为两种，一种把捻金银线缝钉在刺绣轮廓上，通常称之为压金彩绣。其大多和丝线刺绣配合使用，先在织物上用墨绘出花纹轮廓，再用丝线绣出图案，最后用捻金银线固定在轮廓或者刺绣花面的纹路上。另一种直接用捻金银线盘绕形成图案，常称为蹙金绣，蹙金绣大多与丝线、墨绘线条配合使用。用捻金银线盘绕缝钉后形成花纹，再以丝线或者墨绘线条在织物上形成一定的纹路结构，从而构成较为清晰的纹样轮廓。

因织物残破严重，形制不全，难以对其功用、结构特征、装饰工艺特点与其使用方式或所包裹的器物进行比对关联分析。通过调查分析发现，器物外所包裹包袱的装饰工艺可能存在一定的规律，例如在前室鎏金铜浮屠外所使用的包袱有两件，均未用捻金银线进行装饰，铜浮屠内的刺绣也未用金装饰，皆以普通丝线刺绣装饰。地宫后室出土的智慧轮壶门座盝顶银函外所使用的包袱可能有四层，均为压金彩绣织物。

3.1 丝线刺绣

3.1.1 四出绶带翔凤纹刺绣

时代：唐

材质：丝

刺绣种类：平针绣、接针绣、交针

尺寸：T5（37.5厘米×24.2厘米）、T40-A（26厘米×24.5厘米）

编号：T5（FD3：002-3f1②）、T40-A（FD3：002-3f1）、T54（FD5：042）

该刺绣织物残片较多，现存较为完整的有三片（图3.1.1—图3.1.3），织物因保存环境和老化程度不同而呈现不同色彩，但从织物结构、经纬线密度及刺绣纹样，可推断这几片织物原为一片。绣地织物共两层，表层为红色四绞花罗，背衬为红色平纹绢，刺绣在表层花罗上，背衬平纹绢起衬托作用。针法多为接针与平针，偶有交针使用。绣线以棕、褐、墨绿和橄榄色为主，现存主体图案为三重四出结花绶带纹，四周饰以翔凤、鸿雁。绶带花纹为接针绣，绣线可分为两组，每组绣线由一根深绿色三根棕色线组成，依次紧密排列，深绿色绣线靠内棕色绣线在外。从残存花纹来看，绶带纹应为对称图案，绶带纹中心结成朵花，朵花由棕色丝线刺绣而成，花梗部分采用并列直针。与四出绶带纹较为相似的花纹在唐代金银器上

① 赵丰：《中国丝绸艺术史》，文物出版社，2005年，100页。

图3.1.1　T5刺绣残片

图3.1.2　T40-A刺绣残片

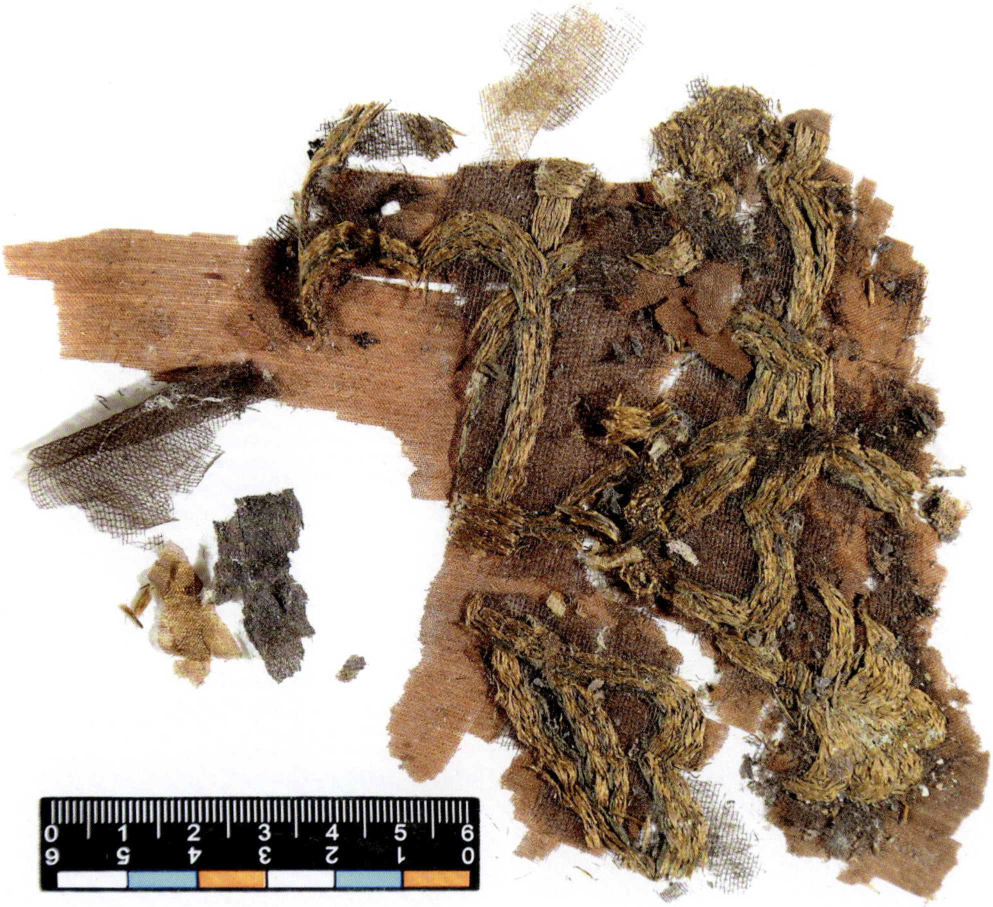

图3.1.3 T54刺绣残片

图3.1.4 唐代八瓣四出绶带纹银碗图案

多有发现，如蓝田杨家沟出土的唐代八瓣四出绶带纹银碗（图3.1.4），[①]团花和绶带的纹饰，在法门寺地宫出土的其他种类织物上也有发现。

绶带纹四周装饰的翔凤残破严重，从残存情况来看，四周原均对称刺绣凤凰及鸿雁，现存一只凤鸟的头部、翅膀以及尾羽保存相对完整，其他四只残存极少。凤凰头部形象较为写实（图3.1.5），以墨绿色绣线绣出轮廓及眼睫毛，棕色绣线绣出鸟冠，每个头部有两条翎羽，与绶带花纹相似，均为接针，中间为一根墨绿色绣线，两侧分别为两根棕色绣线。鸿雁线条简洁，以绣线绣出圆形代表眼珠，中间饰以刺绣短线，颜色有墨绿色和棕色（有褪色）两种。凤凰翅膀与脖颈连接处，由一根深绿色无捻丝线和一根棕色无捻丝线以S捻并合成花式绣线，捻数约800—1000捻/米。这种在翅膀前部使用加捻丝线刺绣的方式（图3.1.6），在敦煌出土的晚唐—五代刺绣凤鸟残片中也有体现，这种技法的最早应用发现于唐初织物，至辽代仍有使用。[②]四绞花罗为褐色，经纬线均无捻，经密48—56根/厘米，纬密16根/厘米。平纹呈深红色，经染料分析显示含有茜紫素、茜根

① 韩伟：《海内外唐代金银器萃编》，三秦出版社，1989年，24页。
② 赵丰：《敦煌丝绸艺术全集》，东华大学出版社，2007年，222页。

图3.1.5　凤凰刺绣局部

酸等色素成分，经密约40/厘米，纬密约35根/厘米。

按照织物经纬线方向对织物进行拼接，发现T5残存的凤凰刺绣，应是T40-A缺少的部分，因凤凰纹饰不完整而不能复原（图3.1.7）。织物的右侧为缝边，使用藏针将两层织物缝在一起，折叠的边宽约1厘米。缝线由两股无明显捻向的棕色丝线Z向加捻构成，缝线捻数约700捻/米，缝线针脚长约7毫米，间距5—7毫米。复原图上竖直虚线为表层罗织物拼接缝合位置，横向为纬线方向。

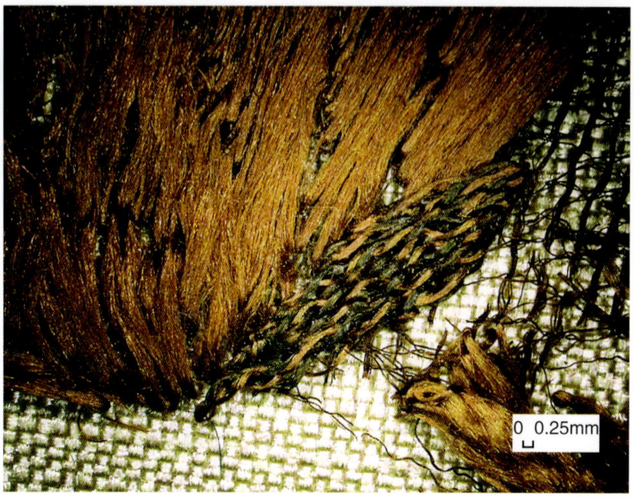

图3.1.6　凤凰翅膀刺绣

图3.1.7　四出绶带翔凤纹刺绣示意图（横向纬线方向）

3.1.2 石竹花绣袱残片

时代：唐

材质：丝

刺绣种类：平针绣、接针绣、交针

尺寸：52厘米×36.5厘米

编号：T7（FD5：042/87FD3：002-3-f1）

刺绣图案为石竹花鸟纹（图3.1.8），绣线色彩包括浅棕、棕、褐、橄榄绿、墨绿等。翅膀前部装饰手法与T40-A相同，使用了墨绿色和棕色两股无捻丝线S向加捻构成花线。针法包括接针、平针、交针。接针主要用于植物根茎及凤尾处，凤尾与翎羽处刺绣方式相似，由3种颜色绣线并列排布，中间为墨绿色绣线，两侧分别为橄榄色及棕色绣线（图3.1.9）。织物刺绣图案除凤凰外，多为石竹花纹（图3.1.10），其纹样风格与T5刺绣石竹花的花叶部分相同。T5、T7与T40-A织物出土位置相同，从织物风格和刺绣纹样判断，T7织物的刺绣花纹有可能为T5刺绣的边角花纹，但两织物的刺绣凤尾形式有所不同，若两织物为同一片织物，则其对角刺绣凤凰的花纹不完全相同。

绣地织物共两层，表层为四绞花罗呈褐色，底层为平纹绢，呈深红色，经染料分析显示含有茜紫素、茜根酸等色素成分。四绞花罗，经纬线均无捻，经密48根/厘米，纬密15根/厘米。平纹绢经密40根/厘米，纬密35根/厘米。T5、T7与T40-A所使用花罗织物的图案相同，经

图3.1.8 T7刺绣残片

过花纹拼合，发现其纹样为团窠宝花（图3.1.11），纹样通过不断交叠缠绕的莲茎构成，团窠宝花纹间饰菱形花纹。图3.1.11灰色区域为二经绞，白色区域为四经绞，花罗纹样面积大，结构复杂。因残留花纹不完整，难以确定团窠宝花为圆形还是椭圆形，团花中心残缺纹样也难以确定，图3.1.12所示复原图为经推测形成。菱形纹样呈中轴对称，花纹左右长约26厘米，上下约24厘米。

图3.1.9 T7刺绣残片局部

图3.1.10 T7刺绣残片局部

图3.1.11 T5、T7、T40-A罗织物花纹拼合后

图3.1.12 菱形纹样复原

3.1.3 四出十字花卉纹绣袱残片

时代：唐

材质：丝

刺绣种类：平绣、接针绣

尺寸：T9-1（41厘米×22.6厘米）、T13-F（18.2厘米×16厘米）、T63/B4（107厘米×107厘米）

编号：T9-1（FD3：002-3f1）、T13-F、T63/B4（FD3：002-3）

四出十字花卉纹绣袱残片（图3.1.13）为铜浮屠的附件，可能为包裹铜浮屠的包袱类的包裹物，现存包袱刺绣物面积较大，残破为多块。经织物全面调查分析发现，现存于其他文物盒的织物残块T9-1（图3.1.14）及T13-F（图3.1.15）均属于该刺绣包袱的组成部分。分析显

图3.1.13 T63织物残片

图3.1.14　T9-1织物残片

图3.1.15　T13-F织物残片

示，包袱绣地织物共三层，表层为浅黄色菱纹罗Ⅰ型，中层为棕褐色平纹织物，底层为菱格纹绮织物（T9-1）。其中T13-F为包袱刺绣的边缘织物，上存花卉枝蔓刺绣，该残块织物层结构相对保存完整，刺绣绣线穿过表层花罗及中层平纹织物，底层菱格纹绮起衬托作用，菱格纹绮花纹面朝外。刺绣绣线颜色主要包括浅棕、棕、褐、橄榄绿、墨绿等，褪色明显，针法以平针、接针为主。

刺绣图案为四出十字花卉纹（图3.1.16），图案呈对称分布。花朵的四个角及四边夹杂的花朵边缘，均用接针制作卷曲纹（图3.1.17），卷曲方向无规律，与包袱四角花朵上的卷曲纹饰相呼应。花瓣及叶的颜色均层层递进（图3.1.18），花瓣分两种，一种中间为墨绿色，向外依次为橄榄色、棕色，一种中间为棕色，向外依次为深棕色、褐色。表层罗织物有拼接，

图3.1.16 T63刺绣花纹复原

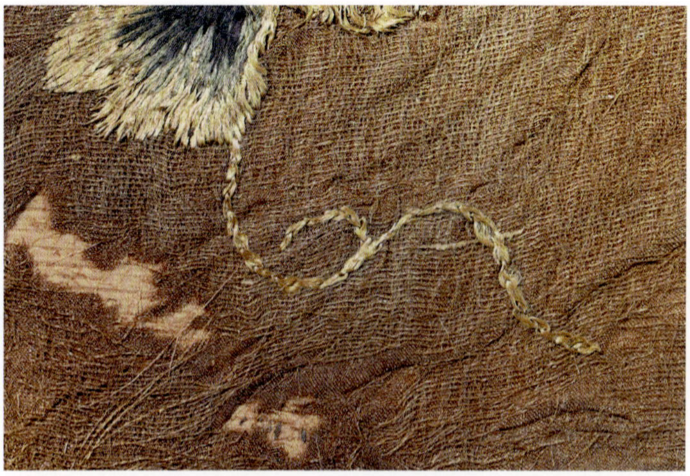

图3.1.17　T63刺绣局部

图3.1.18　T63刺绣局部

可能因幅宽不够，按照织物尺寸来计算，这件刺绣表层罗织物的幅宽大于等于50厘米。另外，织物刺绣图案有一定规律，中间的花纹呈四边形，尺寸36厘米×36厘米，四周三角形花纹两条斜边大约36厘米。刺绣图案边缘距离缝边左右各3厘米，上下各6厘米，整件织物复原后左右宽约100厘米，上下长约105厘米。

该件刺绣的表层是菱纹罗Ⅰ型，在法门寺罗织物中很常见，呈浅黄色，经线密度约70根/厘米，纬线15根/厘米。中层平纹织物的经线密度44根/厘米，纬线密度36根/厘米。法门寺出土的菱格纹绮织物较少（图3.1.19），织物在平纹地上2-2并丝显花，形成菱形斜纹，棕色，经纬线均无捻，经密55根/厘米，纬密40根/厘米。部分纬线粗细变化较大，较粗的位置密度约30根/厘米，较细的位置密度约40根/厘米。其他菱格纹绮织物残块的经纬线密度也有不同，经密60根/厘米，纬密45根/厘米，经线密度变化较大。织物图案沿纬线方向循环，图案以基础菱纹（图3.1.20）为主，在经线方向产生小菱纹的变化纹样（图3.1.21），在现存织物上共发现了四处，从其间隔距离来看，无明显规律。有一处较为特殊（图3.1.22），菱形纹样不完整，仅在纬线方向循环，可能有错织现象。

图3.1.19　T9-1局部

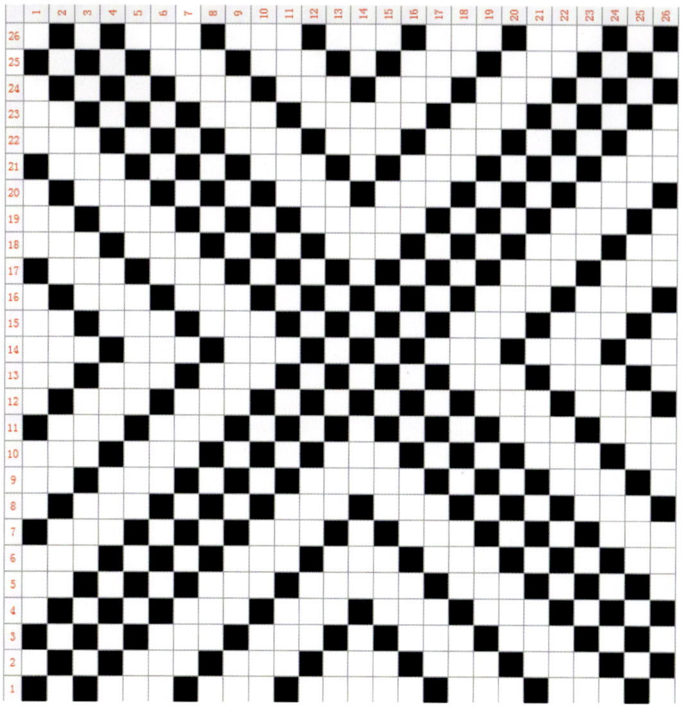

图3.1.20　T9-1基础花纹意匠图

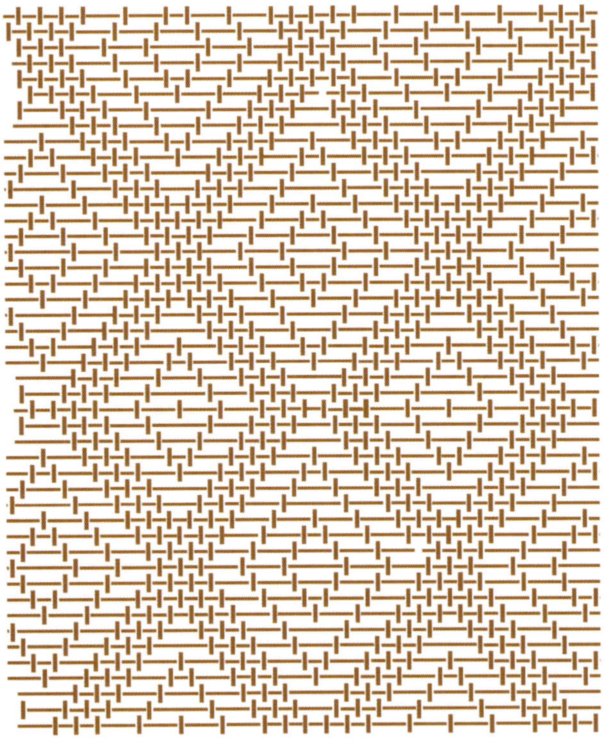

图3.1.21　菱格纹绮变化

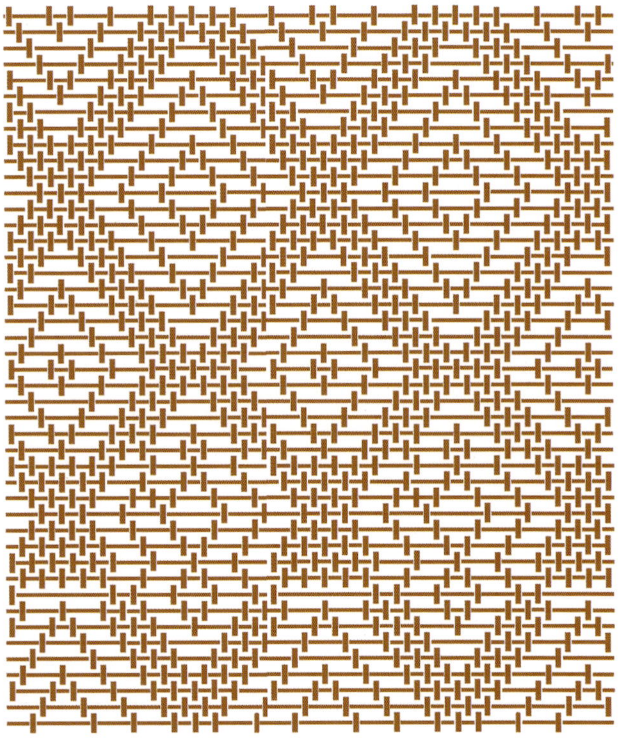

图3.1.22　菱格纹绮变化

3.1.4　石竹花纹绣镜衣残片

时代：唐

材质：丝

刺绣种类：平绣、接针绣

尺寸：15.5厘米×10.1厘米、5.5厘米×2.5厘米

编号：T26-A[FD5：104-f1（1）]、T26-B（FD5：105-f1）、T80-A（FD5：104）、T80-B（FD5：105）

石竹花纹刺绣为铜镜FD5：104镜衣残片（图3.1.23），残损严重，铜锈大面积污染。刺绣以棕、褐等色丝线采用接针、平针技法绣成，绣线均无捻。残存织物边缘有一道间距为2厘米的接针组成的边框线条，接针每组2—3道，线条内以平针绣出花瓣。镜衣中心以石竹花、叶为主，花瓣分为三层，颜色有过渡，整体花纹疑似对称。另一件刺绣残片为铜镜FD5：105镜衣残片，刺绣花纹为小鸟（图3.1.24），鸟眼以墨点缀。法门寺地宫出土平脱镜有两件（图3.1.25、图3.1.26），其中T80-B镜纽上栓系呈束丝线挽的丝绦，[①]丝线多为两股Z捻，颜色有棕色及黑色，染料分析显示黑色丝线中含有靛蓝、靛玉红。T80-A镜衣上的纺织品板结、酥粉、断裂较多，保存状况极差。刺绣织物绣地共两层（刺绣穿透两层织物），表层为棕褐色四绞素罗，经纬线均无捻，经密60根/厘米，纬密20根/厘米。底层棕色平纹绢经密55根/厘米，纬密30根/厘米。

① 陕西省考古研究院：《法门寺考古发掘报告（上）》，文物出版社，2007年，265页。

图3.1.23　T26-A石竹花纹绣镜衣残片

图3.1.24　T26-B镜衣刺绣残片

图3.1.25 T80-A鎏金银平脱镜及镜衣

图3.1.26 T80-B鎏金银平脱镜及镜衣

3.1.5 刺绣残片

刺绣残片

时代：唐

材质：丝

刺绣种类：平绣、接针绣

尺寸：9.8厘米×10厘米、4.6厘米×5厘米、7.5厘米×6.2厘米

编号：T16-2a（FD3：002-3）、T16-2b、T16-3

织物为铜浮屠内残片，绣地织物共三层，表层织物为浅绿色大型菱纹罗，经染料分析显示含有微量靛红玉，中层为浅黄色的平纹织物，含有少量小檗碱、靛红玉等色素成分，底层为红棕色的平纹织物，刺绣绣线穿透表层花罗及中层平纹织物，底层红棕色平纹织物起衬托作用。绣线颜色主要有褐、橄榄绿、墨绿等色，针法为平针和接针。此件为目前所知法门寺唯一一件带有刺绣汉字的织物（图3.1.27），以棕褐色丝线绣出“服”字，采用接针，绣线下有墨迹书写痕迹，揭示其工艺为先以墨书写出字体，再以绣线绣成文字。在物帐碑碑文中，未发现带有“服”字的捐赠物或人名，因此难以推断“服”字的意义和性质。这几件刺绣的底衬织物均为同一织物，因此该带字刺绣织物与带有刺绣纹样（图3.1.28、图3.1.29）的织物可能为同一织物。其他两块织物的刺绣纹样为花瓣纹，颜色由内至外过渡，与宝相莲纹花瓣相似。

刺绣表层织物为菱纹罗，经纬线均无捻，经密70根/厘米，纬密16根/厘米。中层平纹绢经密65根/厘米，纬密45根/厘米。底层平纹织物，经密45根/厘米，纬密35根/厘米。对表层菱纹罗进行复原，发现菱纹罗以小菱纹为地，表面装饰大型菱格纹，纹样沿菱形中轴线基本对称（图3.1.30）。

图3.1.27 T16-2a

图3.1.28 T16-2b

图3.1.29　T16-3

图3.1.30　T16-2a罗织物花纹复原

刺绣残片

时代：唐

材质：丝

刺绣种类：平绣、接针绣

尺寸：T26-G（15厘米×8.7厘米）

编号：T26-D[FD5：104-f2（2）]、T26-E[FD5：104-f2（3）]、T26-G[FD5：104-f2（5）]、T26-H[FD5：104-f2（6）]

花卉纹刺绣残片，织物残成多片。根据现存纹样未能发现织物残块之间的相互联系，其中四件刺绣织物残块纹样较为特殊（图3.1.31—图3.1.34）。绣线以棕、褐、浅绿、绿等色

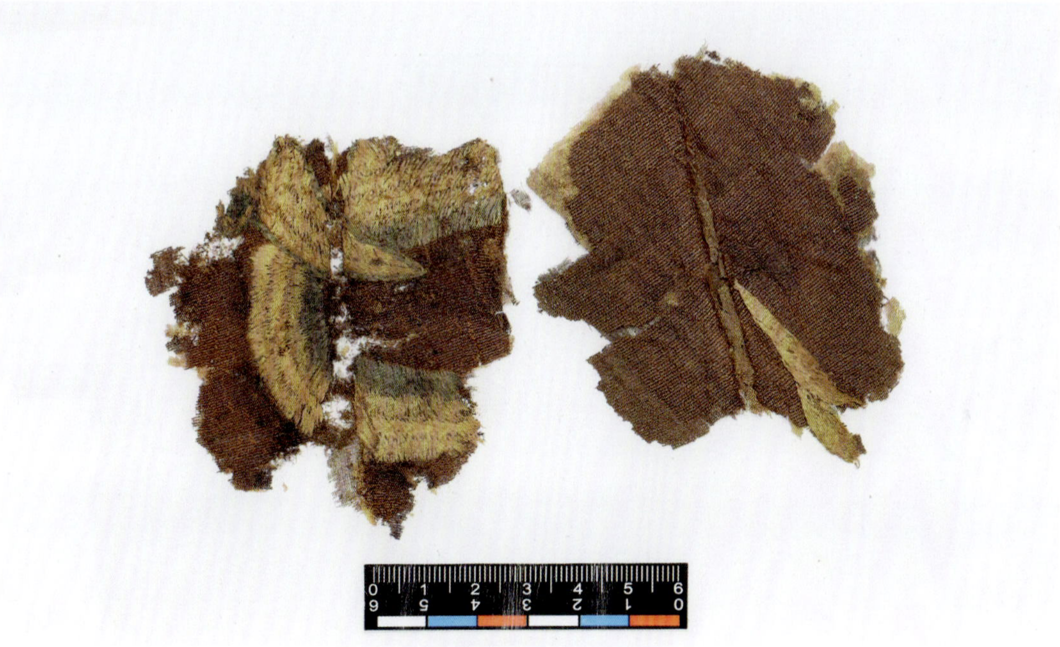

图3.1.31　T26-D织物

图3.1.32　T26-E织物

图3.1.33　T26-G织物

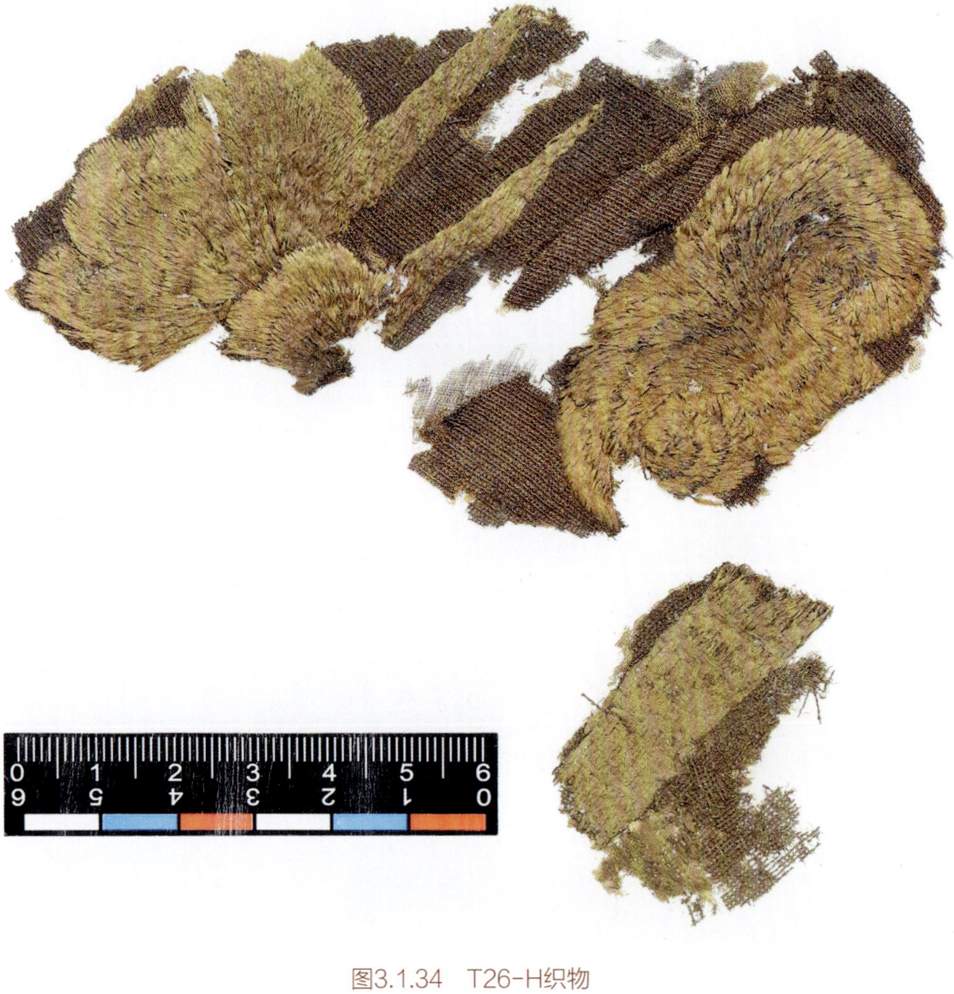

图3.1.34　T26-H织物

丝线为主，有明显褪色。针法以平针为主，接针为辅（图3.1.35、图3.1.36）。表层为褐色素罗，经纬线均无捻，经密55根/厘米，纬密16根/厘米。中层织物为棕色平纹织物，经密50根/厘米，纬密28根/厘米。底层平纹织物为褐色方目纱，经密48根/厘米，纬密40根/厘米。

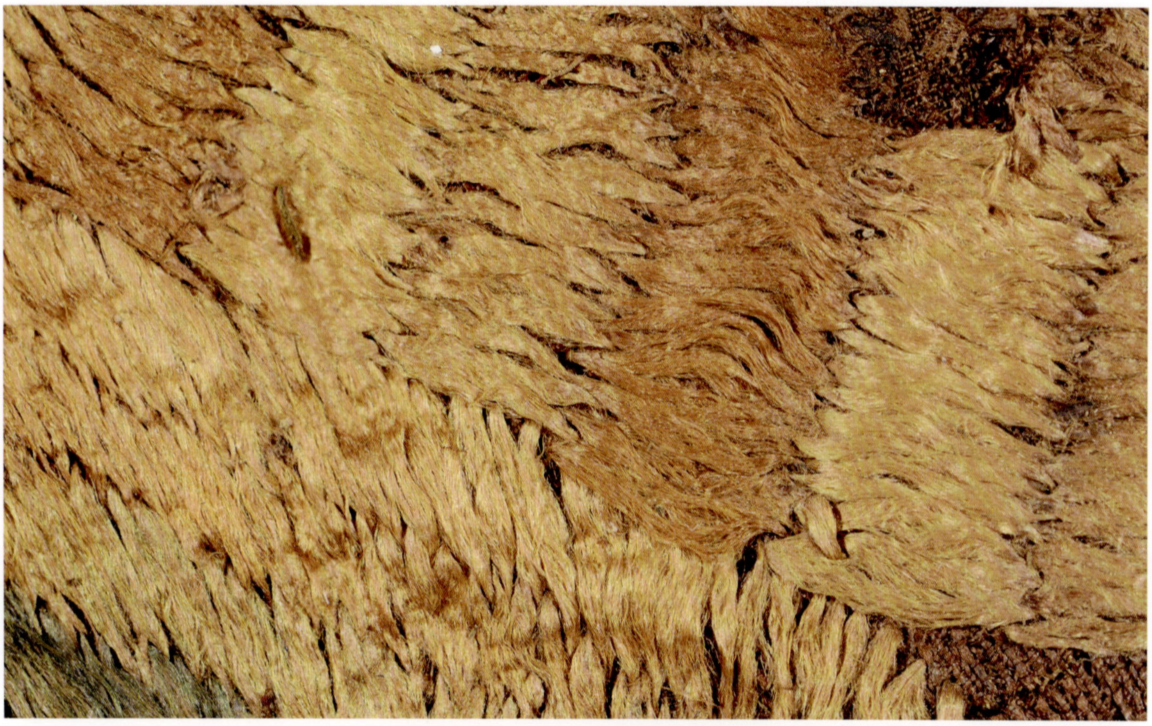

图3.1.35　T26-G织物刺绣局部

图3.1.36　T26-H织物刺绣局部

3.2 压金彩绣

3.2.1 罗地宝相莲纹刺绣

罗地宝相莲纹刺绣

时代：唐

材质：丝

刺绣种类：平绣、接针绣、交针、钉线绣

尺寸：63.5厘米×46.7厘米、33.9厘米×30厘米

编号：B15-1（地宫后室）、T6（原编号：87FD5：042-1b）

织物为智慧轮壸门座盝顶银函外的刺绣残片，花纹为宝相莲纹（图3.2.1），宝相莲纹外分布有折枝莲纹（图3.2.2）。绣线颜色丰富，主要有墨绿色、绿色、橄榄色、棕色、浅棕色等，针法有平针、交针、接针、钉线绣等。整体图案外圈为莲花瓣，中间为圆形莲蓬，莲蓬边缘的内圈以单根捻银线盘绕呈葵花纹。葵花纹内部区域为棕色接针绣，绣线沿葵花纹外圈盘绕排列绣成，直至布满除莲子位置外的整个区域。莲子位置以墨绿色绣线填补，莲子外圈

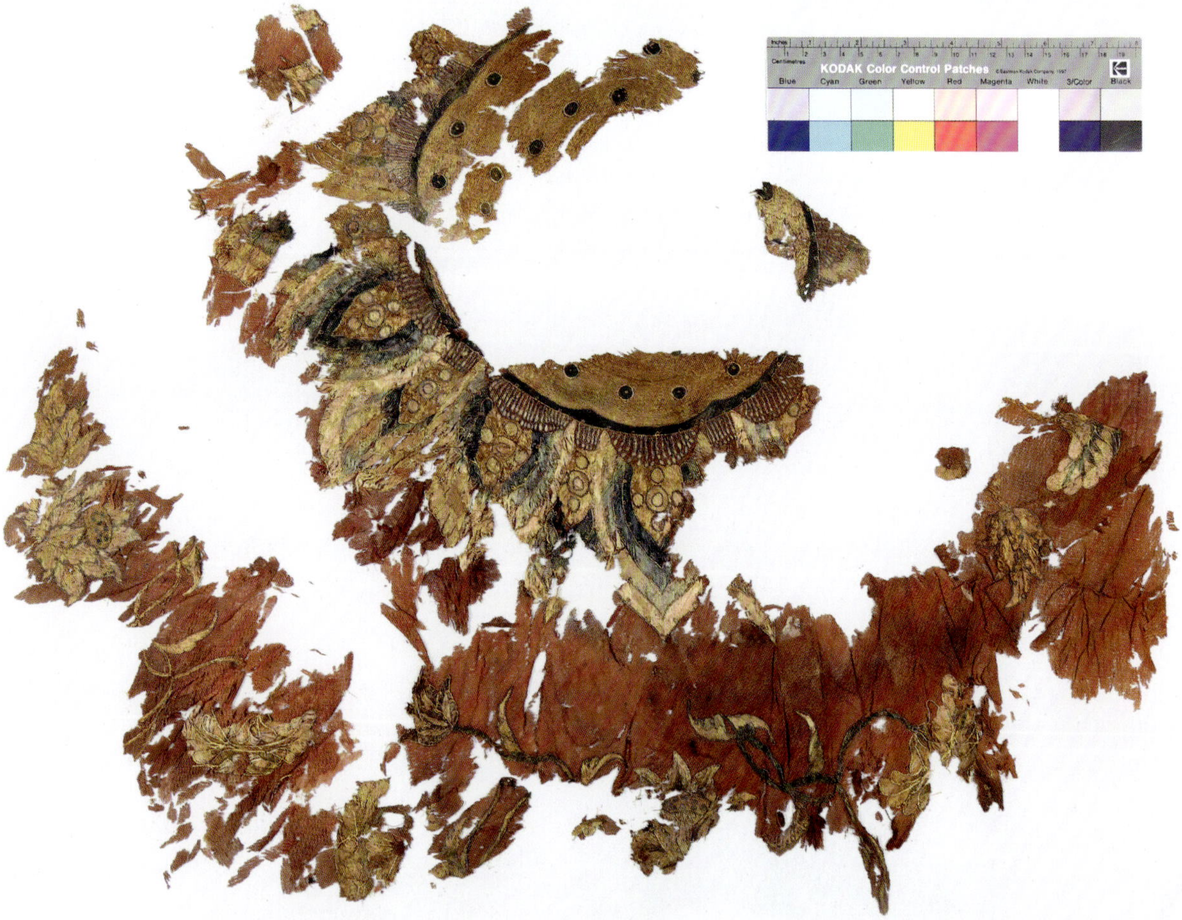

图3.2.1　B15-1刺绣残片

图3.2.2 T6刺绣残片

以捻金线盘绕两圈钉绣固定，莲子的直径约0.8厘米。莲蓬外圈以单根捻金线盘绕钉绣，内外圈之间区域以墨绿色绣线排针填满，最宽处约1厘米，最窄处约0.5厘米。莲蓬外装饰有莲蕊及莲瓣，莲瓣部分先用接针做出了莲蕊形状，以捻银线呈连续的8字形装饰，然后沿莲蕊外轮廓绣出莲瓣。根据复原图（图3.2.3）来看，莲瓣分为上下两层，共16片，下层莲瓣在上层相邻两个莲瓣之间的空隙处暴露。每个莲瓣由内至外共有5个颜色的绣线区域，颜色分别为棕色、墨蓝色、绿色、浅绿色及浅棕色，在每两个绣线区域的边界处以捻金线盘绕形成轮廓线装饰。在靠近莲瓣中心的棕色刺绣区，以捻银线盘绕圈出圆形花纹，中间为一个同心圆，同心圆上下左右各有一小圆，圆环内的刺绣绣线方向与莲瓣区域绣线不同。

在宝相莲纹外，分布有折枝莲纹，主要包括莲花、莲叶以及花苞等。不同部位的纹样所使用的金属线装饰有一定区别，莲花及花苞主体纹样采用捻金线装饰时（图3.2.4、图3.2.5），莲径通常使用捻银线装饰，而莲花及花苞主体纹样采用捻银线装饰时，莲径则使用捻金线装饰。莲叶和莲径的金属线装饰相对统一，残留的莲叶刺绣均用捻金线装饰，与莲叶相连的莲径均使用捻银线装饰。

图3.2.3 B15-1宝相莲纹复原

折枝莲纹（图3.2.6、图3.2.7）的莲蓬外围也有莲蕊，莲蕊共6根，与宝相纹手法相同，以单根接针绣线表示，轮廓外以捻银线钉绣，无论是以捻金线还是捻银线装饰的折枝莲纹，其莲蕊和莲子轮廓均以捻银线装饰，只是莲瓣有所区别。莲蓬底部以接针环状刺绣，以短直针在棕色刺绣地上绣出圆形代表莲子，莲子轮廓以单根捻银线环绕装饰。莲子的数量不固定，有8颗，也有9颗，颜色也不相同，有棕色及深绿色。几块刺绣织物均由两层织物组成，分别为红色花罗及红色绢。罗织物的经纬线均无捻，经密82根/厘米，纬密18根/厘米。红色平纹绢的经纬线均无捻，经密42根/厘米，纬密38根/厘米。

红色花罗的花纹以12根纬线为一组沿经向方向循环，纬线以菱纹罗Ⅱ型（见第2章织物部分——简单菱纹罗纹样构成单元）为基础，沿纬线方向形成变化花纹。T6织物保存面积较大，表层织物虽断裂成几块但整体相对完整，几块织物之间在纬线方向有一定关联。在现存织物上共发现7处在纬线方向上的连续变化纹样，7处纹样的长度共12.8厘米。因第七处图案横向循环长度大，其图示难以在单张图片中展示，仅对前6个变化纹样进行分区绘图示意

图3.2.4　B15-1莲叶刺绣局部

图3.2.5　B15-1莲叶刺绣局部

图3.2.6　B15-1折枝莲纹局部

图3.2.7　T33-7f折枝莲纹局部

（图3.2.8）。循环a至b之间（从a右下位置至b左下位置，以此类推）、b至c之间、c至d之间、d至e之间、e至f之间、f至g之间分别间隔7、9、9、9、10、6个四经绞。其中，纹样单元c中出现了特殊的不规则纹样，与其他单元的规则纹样相比有明显差别，不排除为织物错织现象。

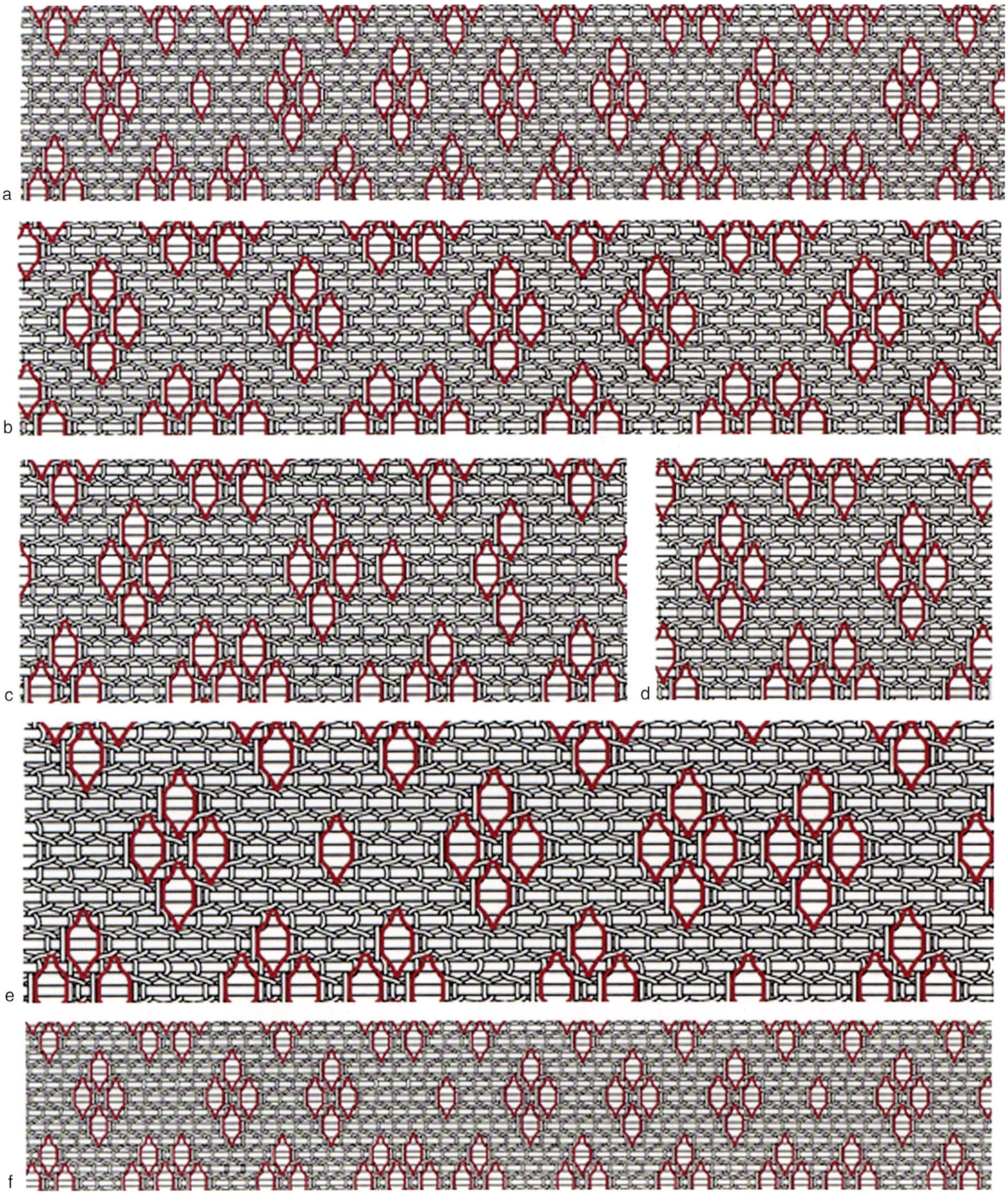

图3.2.8　T6菱纹罗Ⅱ型为基础的变化纹样

罗地宝相莲纹刺绣

时代：唐

材质：丝

刺绣种类：平绣、接针绣、交针、钉线绣

尺寸：11.9厘米×14.2厘米、13.7厘米×10.5厘米、19.8厘米×20.7厘米、15.3厘米×22厘米、18.3厘米×16.2厘米

编号：T33-F、T69-B、T8-a（原编号：FD5：042-f2.a）、T8-b（原编号：FD5：042-f2.b）、T33-K1

与3.2.1的罗地宝相莲纹刺绣织物相同，该片织物也是智慧轮壸门座盝顶银函外的刺绣残片，现存共有5个残片（图3.2.9—图3.2.13）。中间为宝相莲纹，宝相纹外分布有折枝莲纹。刺绣绣线颜色有墨绿色、绿色、橄榄色、棕色、浅棕色等，针法主要有平针、交针、接针、钉线绣等。通过钉线缝钉捻金线，捻金线有纸背层（图3.2.14、图3.2.15）。织物中间为圆形莲蓬，采用橄榄色绣线以接针工艺朝同一方向刺绣，绣线大多褪色呈棕色。莲蓬分为内外两圈，内圈使用两根捻金线，外圈以3根捻金线并列环绕装饰，内外圈间距0.2厘米，之间用接针刺绣填满，接针为墨绿色和棕色绣线共5组。莲蓬表面用墨绿色绣线接针刺绣两圈形成莲子（图3.2.16），莲子轮廓外用捻金线盘绕两圈固定，莲子的直径多约0.6厘米左右，形状和大小不均匀，圆形椭圆形均有，刺绣绣线连续使用，刺成多个莲子。莲蓬外为莲蕊及莲瓣，

图3.2.9 T33-F刺绣残片

图3.2.10　T69-B刺绣残片

图3.2.11　T8-a刺绣残片

图3.2.12 T8-b刺绣残片

图3.2.13 T33-K1刺绣残片

图3.2.14　捻金线局部

图3.2.15　捻金线局部

莲蕊由单根棕色绣线接针绣成，每组之间留有缝隙。莲蕊每组长约1厘米，共5针，前4针为褐色，最后一针为棕色，莲蕊有部分覆盖在莲瓣之上，揭示莲蕊在莲瓣之后绣成。在距离莲蓬约0.4厘米的位置，以单根捻金线盘绕形成花纹，捻金线下方有明显的墨迹，莲瓣刺绣同样沿墨线绣制。莲瓣分两层，表层莲瓣较大，底层较小，在莲瓣的轮廓上以捻金线盘绕装饰（图3.2.17），莲瓣和莲蕊的捻金线有明显的叠压关系。刺绣表层莲瓣每瓣相邻，因织物扭曲形变导致刺绣图案变形严重。表层莲瓣的颜色由内至外分别为棕色、绿色、4种深浅不同的棕色或浅棕色、深棕色、褐色（由浅至深），底层莲瓣为绿色、深棕色、褐色、棕色、浅棕色（由深至浅）。

宝相莲纹外分布有折枝莲纹，从残存的花纹来看，在宝相莲纹的四个角，各分布有一丛折枝莲纹，虽然轮廓大致相同，但每丛莲纹的颜色、花瓣大小、细节等都有差别。莲纹主要采用平针来表现层次，莲蓬及叶子绣线颜色的明显差异，使莲花纹更为生动形象。折枝莲纹的莲蓬一般为椭圆形，打底的刺绣颜色有橄榄色及棕色，棕色可能为褪色后的色彩。莲蓬边缘先以接针盘绕一圈固定，然后再以捻金线盘绕两圈，接针的颜色为墨绿色或橄榄色。莲蓬上的莲子约11个，其颜色与莲蓬边缘处接针绣线颜色搭配使用，分为四种，墨绿色、棕色、墨绿色和棕色、棕色和深棕色。不排除棕色有褪色情况。从装饰手法来看分为两种，一种是莲子没有固定的形状，以直针随意缝出莲子形状（图3.2.18），另一种是先用直针打底绣出圆形（图3.2.19），圆形外以另一种颜色绣线接针装饰固定。

刺绣绣地织物共三层，表层为棕色素罗织物，中层为平纹地起1/3、1/5暗花的斜纹织物，底层为棕色平纹织物。罗织物的经纬线均无捻，经密72—80根/厘米，纬密20根/厘米。斜纹织物是棕色，平纹地起1/5Z向斜纹，经纬线均无捻，经密60根/厘米，纬密46根/厘米。平纹绢的经纬线均无捻，经密60根/厘米，纬密55根/厘米。在T8-a织物中还有一些绉纱，因污染变色，织物的经线1根，无明显捻向，密度约65根/厘米；纬线1根，有强捻，按照SSZZ排列，密度约50根/厘米。

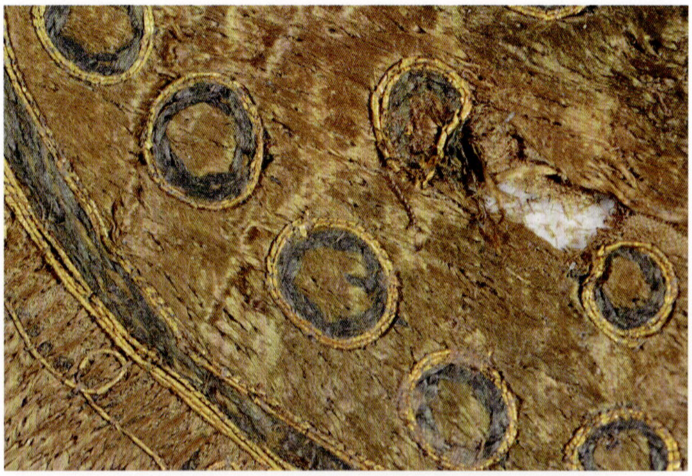

图3.2.16　宝相莲纹局部

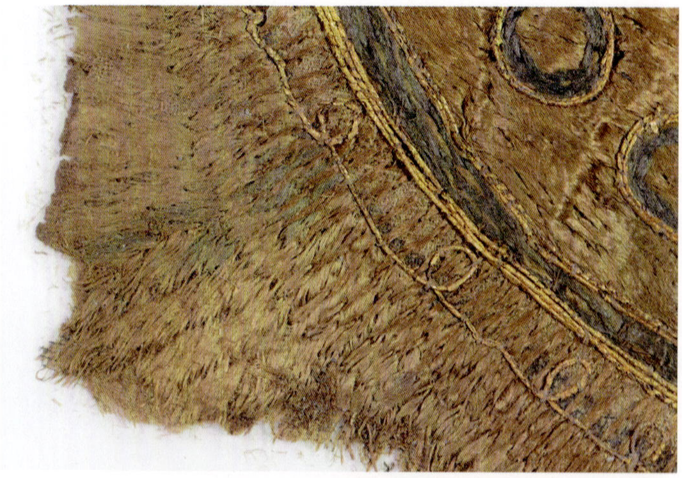

图3.2.17　宝相莲纹局部

图3.2.18　折枝莲纹局部

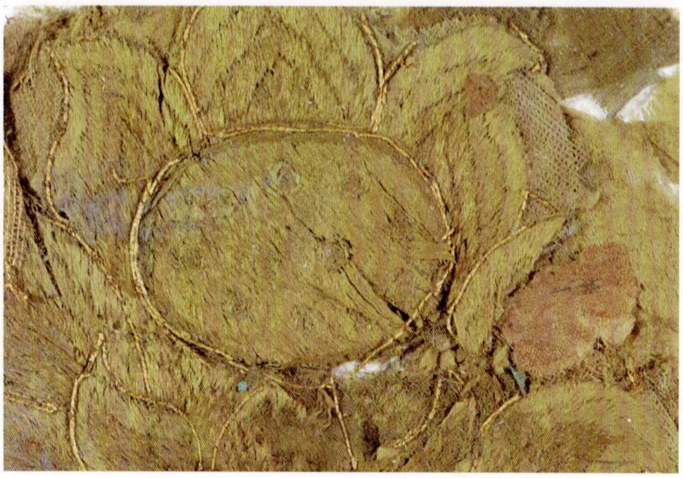

图3.2.19　折枝莲纹局部

罗地宝相莲纹刺绣

时代：唐

材质：丝

刺绣种类：平绣、接针绣、交针、钉线绣

编号：T69-A1（FD5：042-f4）、T71-B-3（FD5：097）、T28（地宫后室临34）

压金彩绣残片（图3.2.20—图3.2.22），根据出土器物编号来看，该织物也是智慧轮壶门座盝顶银函外的包袱残片，刺绣花纹也是宝相莲纹。刺绣绣线配色以及针法与前几块刺绣织物风格一致，但花纹有明显差别。宝相莲纹的莲蓬以褐色绣线接针打底，莲蓬内外圈均以单根捻金线盘绕固定而成，内外圈间距约0.7厘米，之间以橄榄色绣线填满。莲子以墨绿色绣线接针绣出圆形，也有先以直针绣出圆形后再在轮廓外以同色系丝线勾边，最后所形成的莲子图案外轮廓均以单根捻金线盘绕缝钉装饰。该刺绣的莲蕊风格与其他几件不同，莲蕊接针刺绣图案外装饰有捻金线，但捻金线并未像B15-1莲蕊部位的捻银线那样经扭转呈8字形，莲蕊刺绣约6针，最后一针的绣线颜色和前几针有区别。织物残存莲瓣不完整，从残留花纹看，其花瓣颜色虽不及前几种丰富，但刺绣层次感更强，内外层莲瓣都有莲蕊，均以捻金线装饰。该织物宝相莲纹四周所装饰的花纹与其他刺绣织物也不相同，所用捻金线和捻银线较多（图3.2.23）。

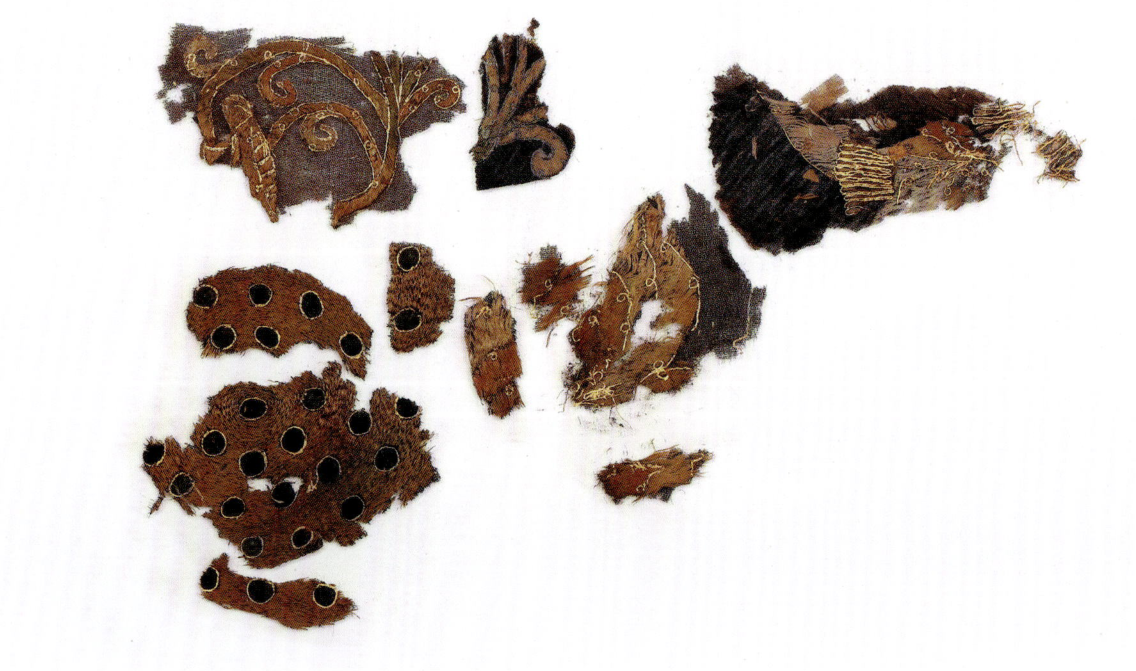

图3.2.20 T69-A1织物残片

图3.2.21 T71-B-3织物残片

图3.2.22　T28残渣

图3.2.23　T69-A1刺绣局部

刺绣表地织物共三层，自上而下分别为菱纹罗Ⅳ型（见第2章织物部分——简单菱纹罗纹样构成单元）、绮织物和平纹织物。菱纹罗织物，黑色，经纬线均无捻，经线密度80根/厘米，纬线密度17根/厘米，罗织物花纹（图3.2.24）在经线方向以20根纬线为一组上下循环，在纬线方向以28根经线为一组左右循环。绮织物，深褐色，经纬线无捻，经密66根/厘米，纬密60根/厘米。平纹织物，经纬线无捻，经密64根/厘米，纬密42根/厘米。

图3.2.24　T69-A1菱纹罗Ⅳ型

3.2.2 团凤蝴蝶纹绣袱

时代：唐

材质：丝

刺绣种类：平绣、接针绣、交针、钉线绣、墨绘

尺寸：51厘米×50.5厘米

编号：T1/B1（FD5：042-f3）

方形刺绣残片，也是智慧轮壶门座盝顶银函外的包袱残片（图3.2.25）。绣片以褐、棕、浅棕、浅绿、橄榄、深绿（墨绿）等色丝线，采用接针、平针、交针、钉线绣等技法绣出图案。现存图案以翔凤为主，刺绣中心图案为一对翔凤组成的团花，织物四角各饰一只翔凤，四只翔凤的整体色彩纹样结构相对统一，但其翅膀背部的配色稍有细微差别。在织物的四条边缘部位，每两只翔凤之间各绣有一只小蝴蝶（图3.2.26），蝴蝶的触须使用捻银线表示，有的为单根，有的为双根，刺绣纹样整体呈现出写实风格。凤尾羽毛色彩分层过渡，色彩保存较好（图3.2.27）。刺绣图案的外轮廓以及内部纹路均以捻银线勾勒，捻银线银箔条呈S捻，表层银箔大部缺失，仅残留纸背层，芯线为由两股Z向加捻的褐色丝线组成。刺绣先在织物上以墨线勾勒纹样线稿，再用绣线刺绣，最后使用捻银线勾勒轮廓及内部纹路装饰（图3.2.28）。绣地织物共有两层，表面为红褐色花罗，经纬线均无捻，经密72根/厘米，纬密19根/厘米，底衬织物为红色平纹绢，经密68根/厘米，纬密44根/厘米，两层织物染料分析显示均含有茜紫素、茜根酸等色素成分。在绣袱边缘处，罗织物及平纹织物边缘经折叠约1厘米，采用藏针将边缘缝合在一起。

图3.2.25 T1刺绣残片

图3.2.26　T1蝴蝶纹刺绣

图3.2.27　T1凤凰刺绣局部

图3.2.28　T1刺绣复原图

3.2.3 罗地花鸟纹刺绣

时代：唐

材质：丝

刺绣种类：平绣、接针绣、交针、钉线绣

尺寸：36.8厘米 × 33.1厘米

编号：T19（FD4：028捧真身菩萨上丝绣织物）

压金彩绣残片（图3.2.29），织物可能原为正方形，现存较大的残片有3片，其中最大的

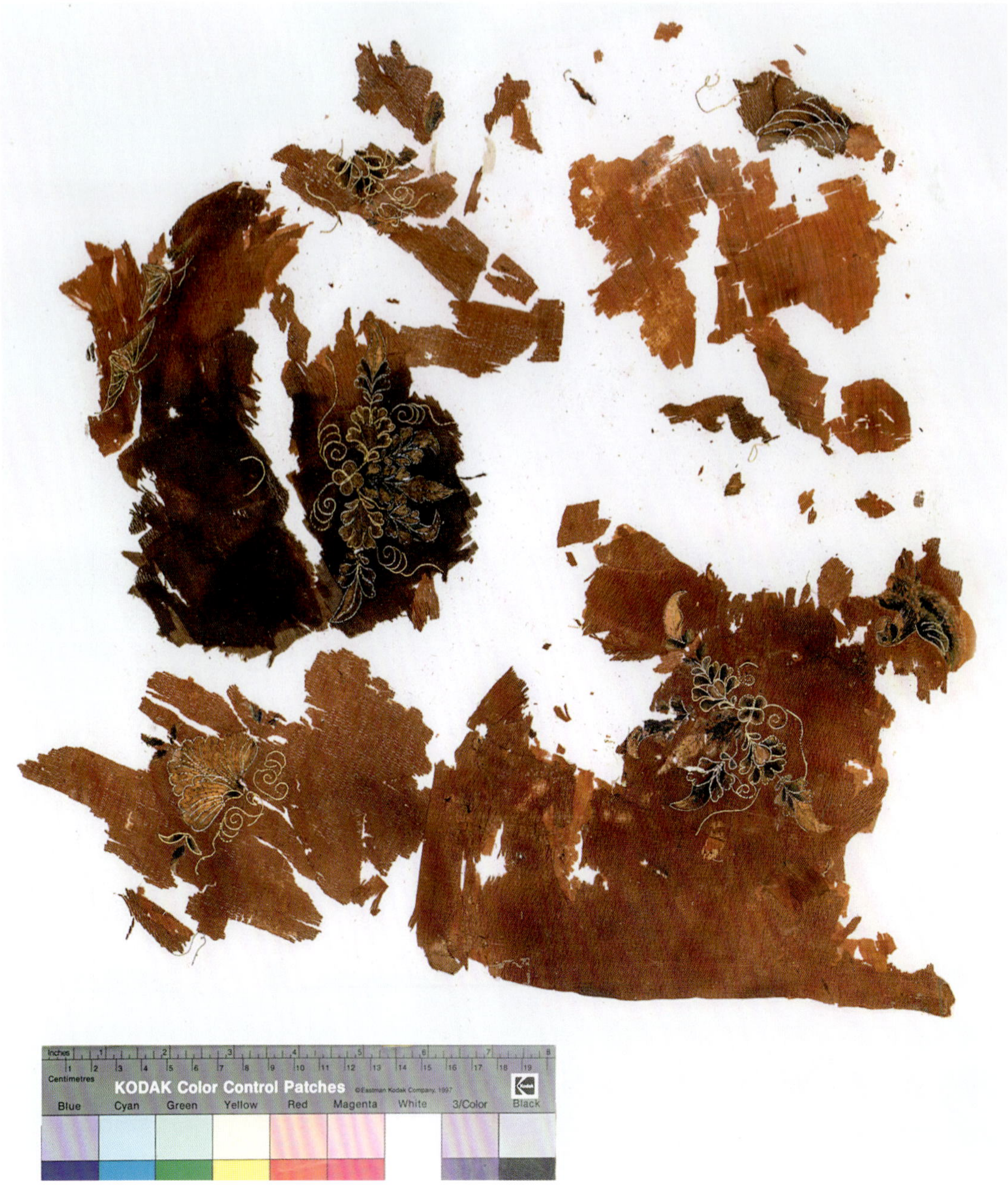

图3.2.29　T19刺绣残片

一片上有两道缝边，缝边相互垂直构成直角边。刺绣针法主要有平针、接针、钉针等，绣线颜色多样包括墨绿色、绿色、橄榄色、棕色、褐色等，刺绣外轮廓及纹样内纹路以捻金线和捻银线装饰，保存较好，金银线均无背衬。

刺绣纹样有鹦鹉、蝴蝶、花叶等，鹦鹉绣线颜色丰富（图3.2.30），翅膀和身体以墨绿色、橄榄色绣线为主，脖子下方和喙以棕色绣线装饰，层次分明。刺绣蝴蝶翅膀外轮廓以捻金线装饰（图3.2.31），其形象与已发现的其他法门寺蝴蝶纹饰有明显区别。织物上的折枝花刺绣（图3.2.32）保存较好，每簇花朵均有捻金线、捻银线交叉使用，勾勒出类似羽毛的形状。花卉纹（图3.2.33）的花朵有三个花瓣，在花瓣上及轮廓外用捻银线装饰，叶子以捻金线装饰。根据罗织物经纬线以及缝边结构来看，折枝花可能分饰在织物四角，中间装饰图案为动物或者花卉纹，因织物不完整目前不确定每两个折枝花之间的距离。

刺绣绣地织物共两层，表层织物为红色菱纹罗，底层为红色平纹绢，经染料分析显示，两层织物均含有茜紫素、茜根酸等色素成分，罗织物经线密度约80根/厘米，纬线密度约16根/厘米。平纹绢，经线密度50根/厘米，纬线密度40根/厘米。罗织物残破严重，经观察可见

图3.2.30 T19刺绣鹦鹉图案

图3.2.31 T19刺绣蝴蝶图案

图3.2.32 T19刺绣花卉

图3.2.33 T19刺绣花卉

其花纹比较复杂，织物以菱纹罗Ⅲ型（见第2章织物部分——简单菱纹罗纹样构成单元）为基础，沿纬线方向形成变化花纹（图3.2.34）。其中循环a至循环b是连续的，间隔11个四经绞，循环c至循环g在纬线方向上连续变化，循环c至d之间（从c右下位置至d左下位置，以此类推）、d至e之间、e至f之间、f至g之间分别间隔6、11、13、15个四经绞。

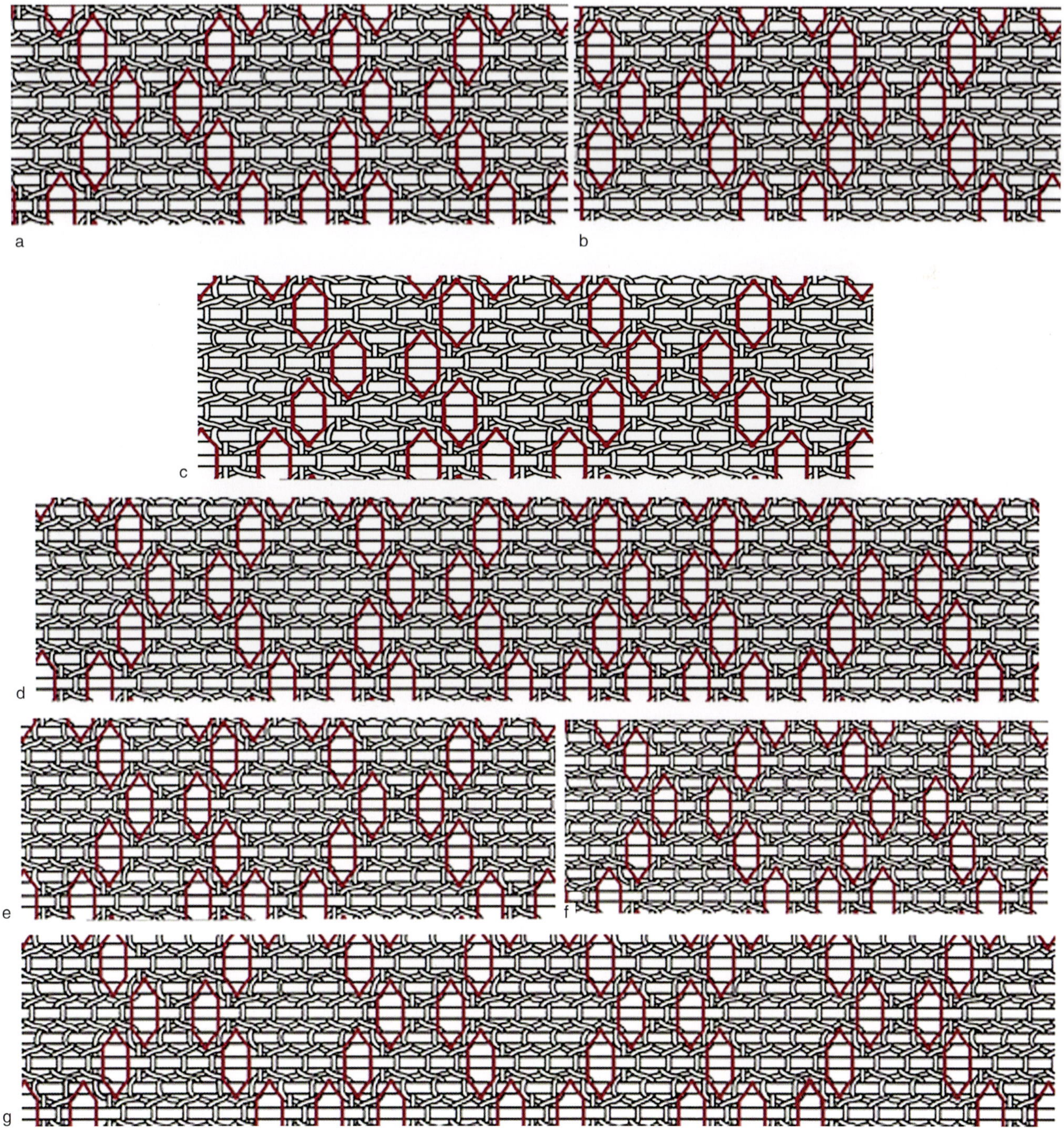

图3.2.34　T19菱纹罗Ⅲ型为基础的变化纹样

3.2.4 罗地翔凤纹刺绣

时代：唐

材质：丝

刺绣种类：平绣、接针绣、钉线绣

尺寸：17.3厘米×13.6厘米、12.9厘米×9.4厘米

编号：T13-A-1a（87FD5：004木函外织物）、T13-A-1b（87FD5：004木函外织物）

刺绣残片（图3.2.35、图3.2.36），针法主要以平针、接针、钉针为主，以棕、红褐、深褐等色丝线在织物上绣出凤鸟，凤鸟双翅展开，呈飞翔状。翅膀、背部及尾巴部分采用平针，身体和头部采用接针绣成。T13-A-1b织物上绣出的图案可能是凤凰的尾部或者花卉纹。刺绣图案的轮廓线以捻银线饰成，捻银线的芯线保存相对完整，银箔片老化严重，多成暗灰色碎屑散落

图3.2.35 T13-A-1a刺绣残片

于捻银线芯线周围（图3.2.37、图3.2.38），芯线的某些位置呈现金色。凤凰左侧翅膀的捻银线有少量纸背层残存，说明此捻银线由带纸背层的银箔条捻绕而成。刺绣织物绣地共有三层，表层为褐色素罗，经纬线均无捻，经密64根/厘米，纬密17根/厘米。中层为褐色平纹绢，经密40根/厘米，纬密30根/厘米。底衬织物为棕色平纹绢，经染料分析显示含有茜紫素、茜根酸等色素成分，经密55根/厘米，纬密30根/厘米。

图3.2.36　T13-A-1b刺绣残片

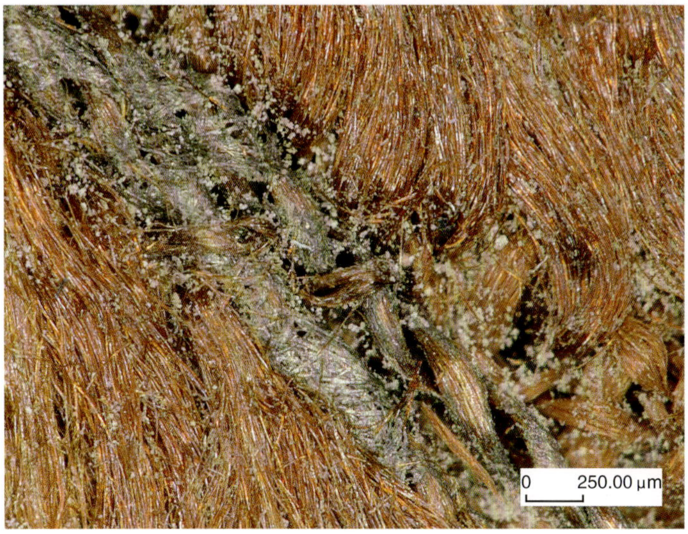

图3.2.37　T13-A-1a捻银线

图3.2.38　T13-A-1b捻银线

3.3　蹙金绣

3.3.1　凤纹蹙金绣

时代：唐

材质：丝

刺绣种类：蹙金绣

编号：T44（临14，金花丝织物残片）

蹙金绣织物，纹样可能为龙凤纹，先以刺绣绣出圆形轮廓，再以单根捻金线圈出两只眼睛（图3.3.1）。刺绣织物面料为褐色四经绞花罗，织物劣化褪色严重，纹样难以确定，经线密度约150根/厘米，纬线密度15根/厘米。先以绣线绣出纹样外轮廓，在轮廓内以捻金线盘蹙出花纹，再以绣线及墨绘在蹙金绣面上绣出或绘出似羽或鳞片纹路（图3.3.2、图3.3.3）。

图3.3.1　T44蹙金绣残片

图3.3.2 T44蹙金绣局部

图3.3.3 T44蹙金绣局部

织物捻金线的芯线两股Z捻，大多老化严重，呈深褐色。捻金线的金箔条呈S捻，金箔条宽窄不均，无背衬。捻金线直径约281.72—457.5微米，金箔条宽度约194.72—958.37微米，蚂蚁脚宽度约0—410.5微米，金箔条捻绕角度约41°—57°，捻金线每厘米长度内的金箔条捻绕圈数约5-20。

3.3.2 宝相莲纹蹙金绣残片

时代：唐

材质：丝

刺绣种类：蹙金绣

尺寸：92厘米×40.3厘米

编号：T65/B5（FD4：25-2）

该织物经考古发掘现场提取后保存在木箱内，但因保存状况差，难以对其结构进行细致观测研究，因而尚不清楚其结构型制。该织物大面积以蹙金绣装饰，其蹙金绣纹样是法门寺蹙金绣织物中最复杂、保存也相对完整的一件（图3.3.4）。纹样由捻金线、墨绘、刺绣三种工艺组合而成，先用捻金线盘蹙出花纹，在蹙金绣花面上以墨绘、针线形成线条（图3.3.5）。织物中部为宝相莲花，与法门寺压金彩绣宝相莲纹造型相似，莲蓬的内圈做成葵花形，莲蓬内有墨绘圆形莲子，莲子大多呈扁圆形，或因手绘难以控制所致。莲蕊经墨绘而成，呈穗状，与B15-1的莲蕊相似。莲瓣分为表底两层，根据莲蓬排列的弧度推断，表层和底层的莲瓣各有16瓣，表层莲瓣依次相邻相接，上下两层莲瓣的纹样相同，莲瓣以墨线勾勒图案（图3.3.6），中间为同心圆，其左右及下方各饰一小圆环。

宝相莲纹外围绕的花纹丰富多样（图3.3.7、图3.3.8），大部分为花卉，叶茎和花瓣形状分明，有一块形状类似芭蕉叶（图3.3.9），以浅墨绿色丝线形成轮廓，轮廓内盘蹙金线，表面以墨绿色丝线缝钉形成细部装饰线条。部分区域蹙金绣的捻金线残缺，仅残留黑色丝线勾勒的轮廓（图3.3.10）。刺绣底衬织物劣化严重，呈土红色，仅右下角部分织物能看出其组织结构为红色菱纹罗Ⅱ型（见第2章织物部分——简单菱纹罗纹样构成单元）。

图3.3.4　T65蹙金绣残片

图3.3.5　T65蹙金绣局部

图3.3.6　T65蹙金绣局部

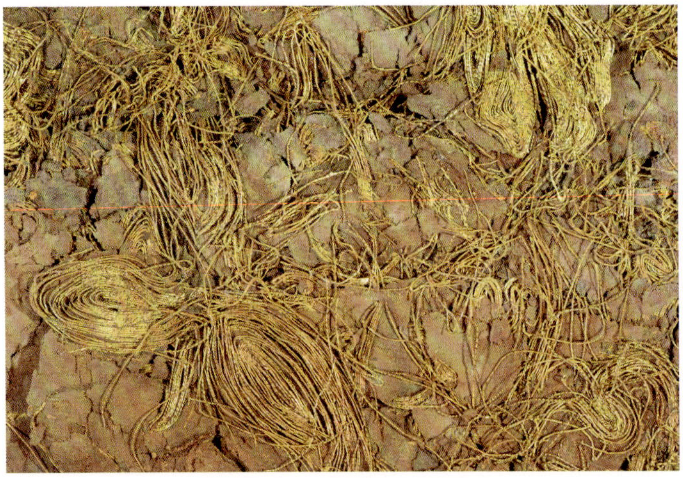

图3.3.7　T65蹙金绣局部

图3.3.8　T65蹙金绣局部

图3.3.9　T65蹙金绣局部

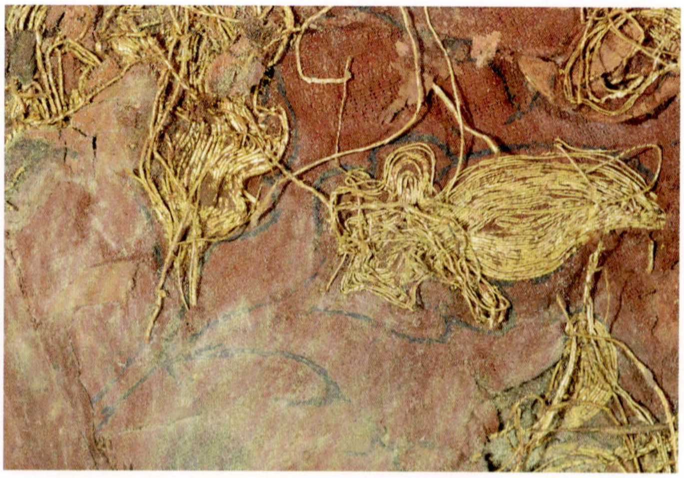

图3.3.10　T65蹙金绣局部

3.3.3　蹙金绣残片

蹙金绣残片

时代：唐

材质：丝

刺绣种类：蹙金绣

尺寸：16.5厘米×8.3厘米、13.1厘米×7.5厘米

编号：T13-D-1a、T13-D-1b

蹙金绣残片（图3.3.11、图3.3.12），花纹为花卉纹。织物仅残留一层罗织物，罗织物呈

图3.3.11　T13-D-1a蹙金绣残片

现比较复杂的菱形花纹。织物呈红色，经密75根/厘米，纬密25根/厘米。刺绣装饰方法和前几件蹙金绣相同，先用墨绿色丝线在织物上以接针勾出图案轮廓，然后以捻金线在绣线内盘绕出花纹。这块织物上的蹙金绣所用捻金线色彩存在明显差异，应该至少使用了两种金属材质组成比例不同的捻金线（图3.3.13、图3.3.14）。经扫描电镜能谱分析，发现金黄色捻金线的金箔中金银比例约9∶1，而银白色的捻金线的金箔中金银比例约6∶4，金银合金比例不同导致金箔颜色的较大差异。

图3.3.12　T13-D-1b蹙金绣残片

图3.3.13 T13-D-1b捻金线

图3.3.14 T13-D-1b捻金线

蹙金绣残片

时代：唐

材质：丝

刺绣种类：蹙金绣

尺寸：13.3厘米×10厘米

编号：T13-D-2

蹙金绣残片（图3.3.15），绣地织物共两层，分别为棕色素罗织物和棕色平纹织物。罗织物经密56根/厘米，纬密12根/厘米。平纹织物经密65根/厘米，纬密60根/厘米。刺绣花纹为花朵或折枝花，先以墨绿色丝线勾出花纹外轮廓（图3.3.16），在轮廓内以捻金线盘蹙出花纹，有的还在刺绣内轮廓处以棕褐色接针装饰（图3.3.17）。

图3.3.15　T13-D-2刺绣残片

图3.3.16　T13-D-2捻金线局部

图3.3.17　T13-D-2捻金线局部

蹙金绣残片

时代：唐

材质：丝

刺绣种类：蹙金绣

尺寸：12.7厘米×12.1厘米

编号：T18-1（FD4：25蹙金绣残片）

花卉纹蹙金绣残片（图3.3.18），发现于地宫中室。捻金线的盘绕方式揭示其存在明确的叠压关系（图3.3.19），先通过墨绿色绣线接针打底，再以捻金线盘蹙花纹，顺序为先花叶

图3.3.18 T18-1蹙金绣残片

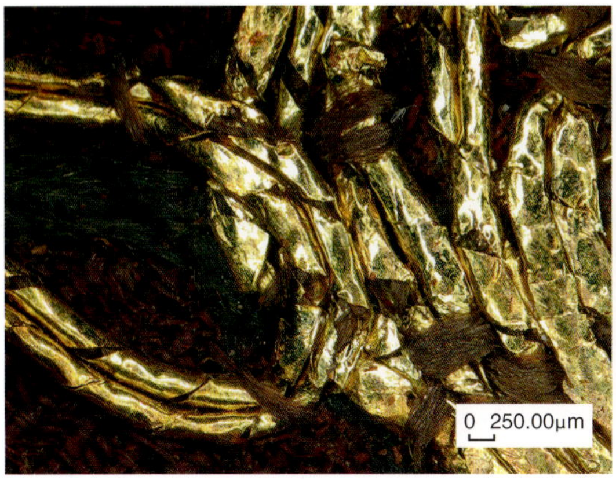

图3.3.19 T18-1捻金线

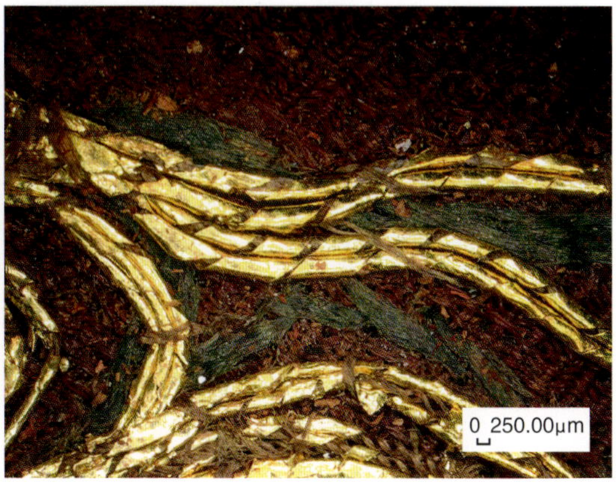

图3.3.20 T18-1捻金线

后花茎。通常情况下，盘蹙花纹时多以单根捻金线或者双根捻金线为主，但这块刺绣存在同时并排使用三根捻金线的情况（图3.3.20、图3.3.21），三根捻金线并非均匀排布在织物上，而是存在较多扭曲，可能先将三根捻金线拧成一股然后盘蹙花纹。捻金线金箔条的拼接位置有较多发现，捻金线表面有墨绘痕迹（图3.3.22）。

表层织物为红色花罗，与T6罗织物的纹样相同（图3.3.23），以菱纹罗Ⅱ型（见第2章织物部分——简单菱纹罗纹样构成单元）为基础在纬线方向形成变化花纹，在经线方向每12根纬线一组循环。织物经纬线均无捻，经线密度80根/厘米，纬线密度20根/厘米。

图3.3.21 T18-1捻金线

图3.3.22 T18-1捻金线

图3.3.23　T18-1菱纹罗Ⅱ型为基础的变化纹样

蹙金绣残片

时代：唐

材质：丝

刺绣种类：蹙金绣

编号：T55

根据捻金线的色彩、外观、形貌及蹙金绣图案风格，可将这一批蹙金绣残片分类A、B、C三类。蹙金绣花纹种类较多，有云纹、动物纹饰以及折枝花纹。

A类：

尺寸：12.4厘米×9.4厘米、9.1厘米×6.2厘米、6.9厘米×5.2厘米、12.2厘米×8.2厘米、14.6厘米×10厘米、10.3厘米×8.8厘米、16.8厘米×8.5厘米

编号：T55-A、T55-B、T55-C、T55-D、T55-F、T55-G、T55-H（图3.3.24—图3.3.30）

图3.3.24　T55-A蹙金绣残片

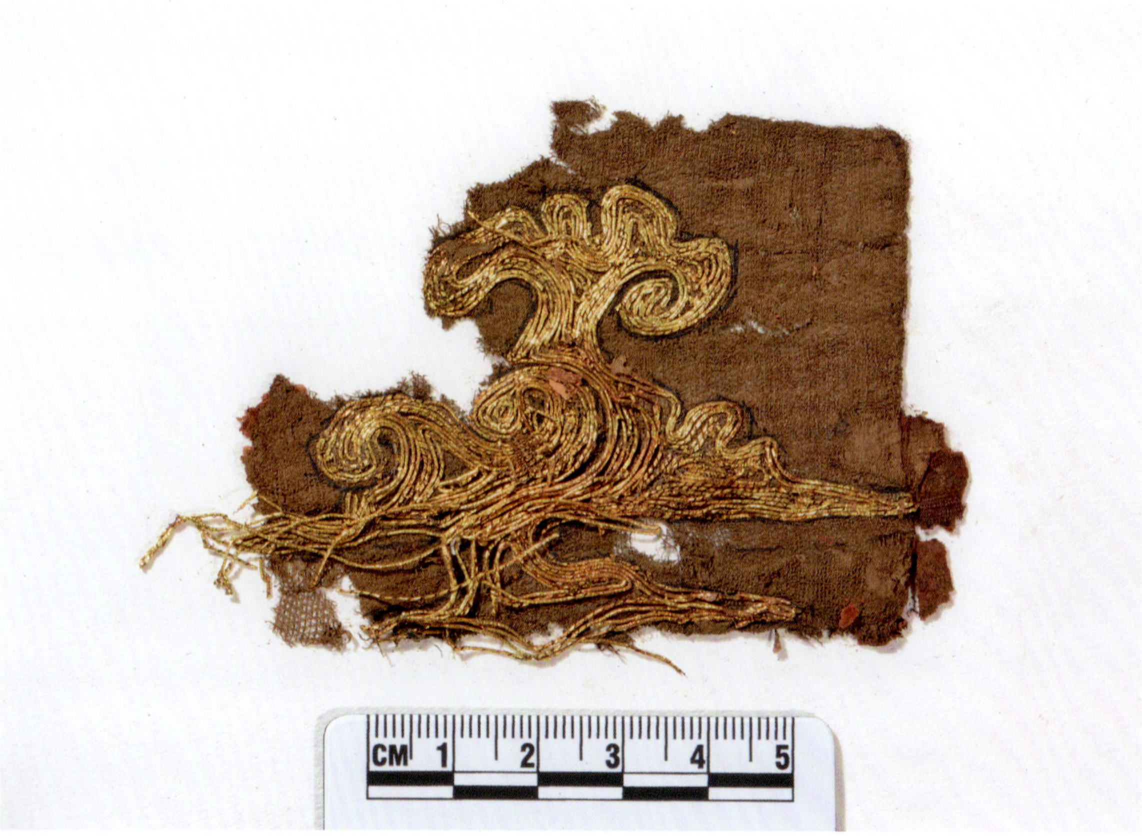

图3.3.25　T55-B蹙金绣残片

图3.3.26　T55-C蹙金绣残片

图3.3.27　T55-D蹙金绣残片

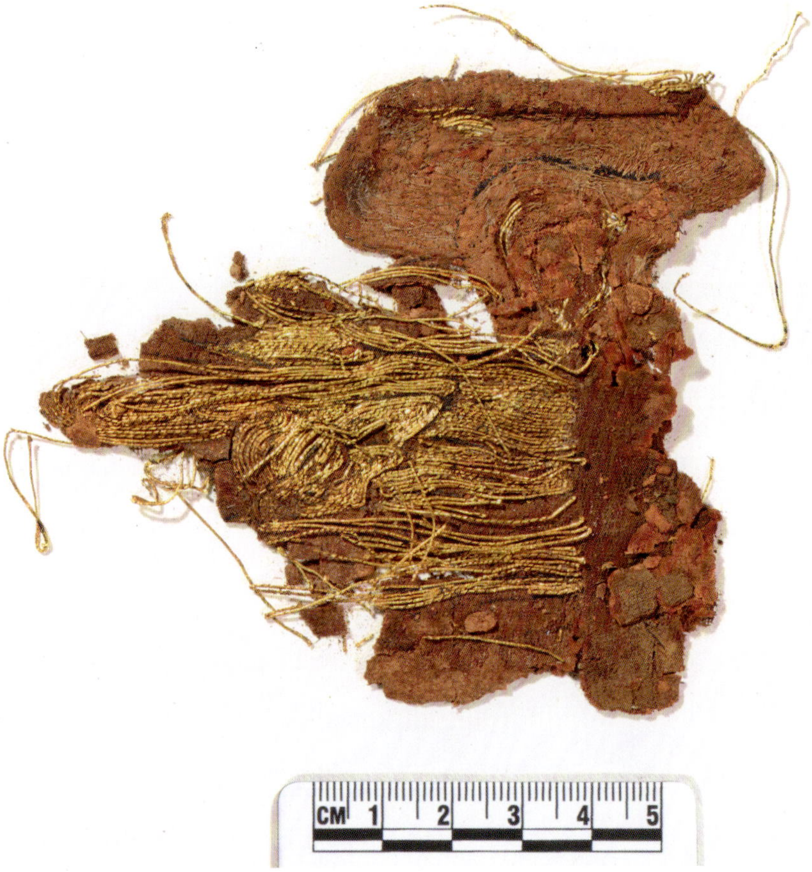

图3.3.28　T55-G蹙金绣残片

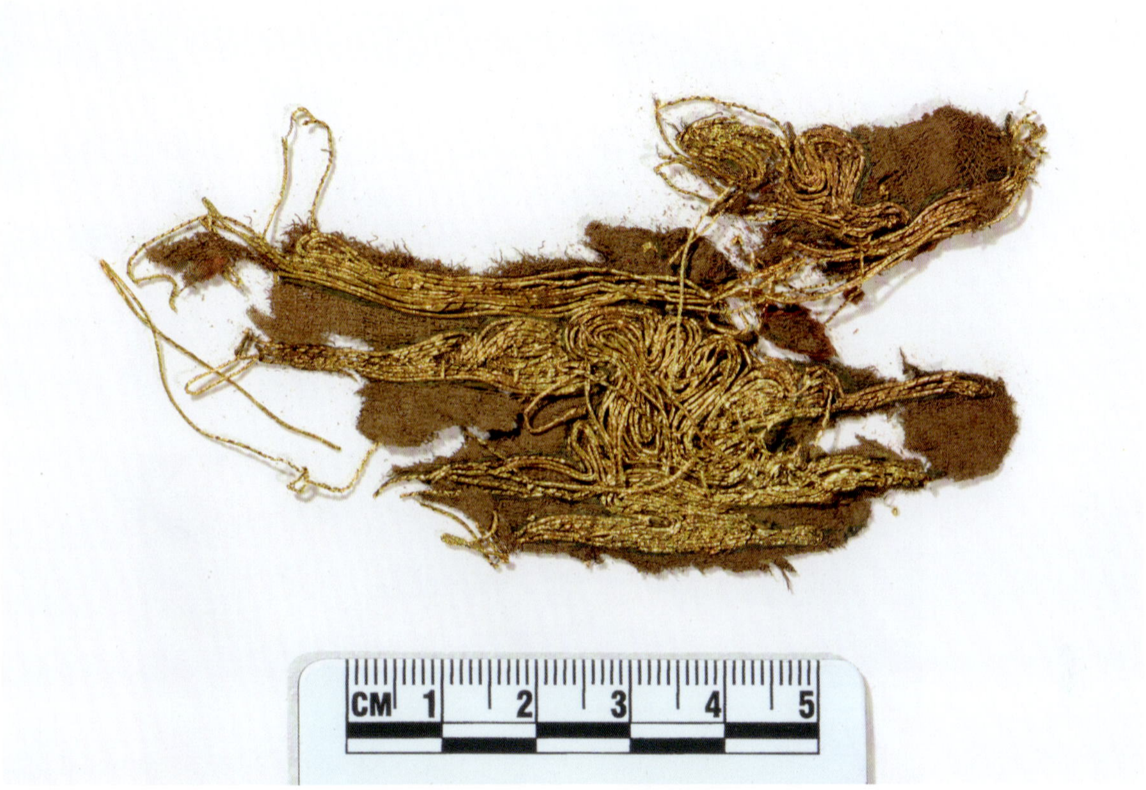

图3.3.29 T55-H蹙金绣残片

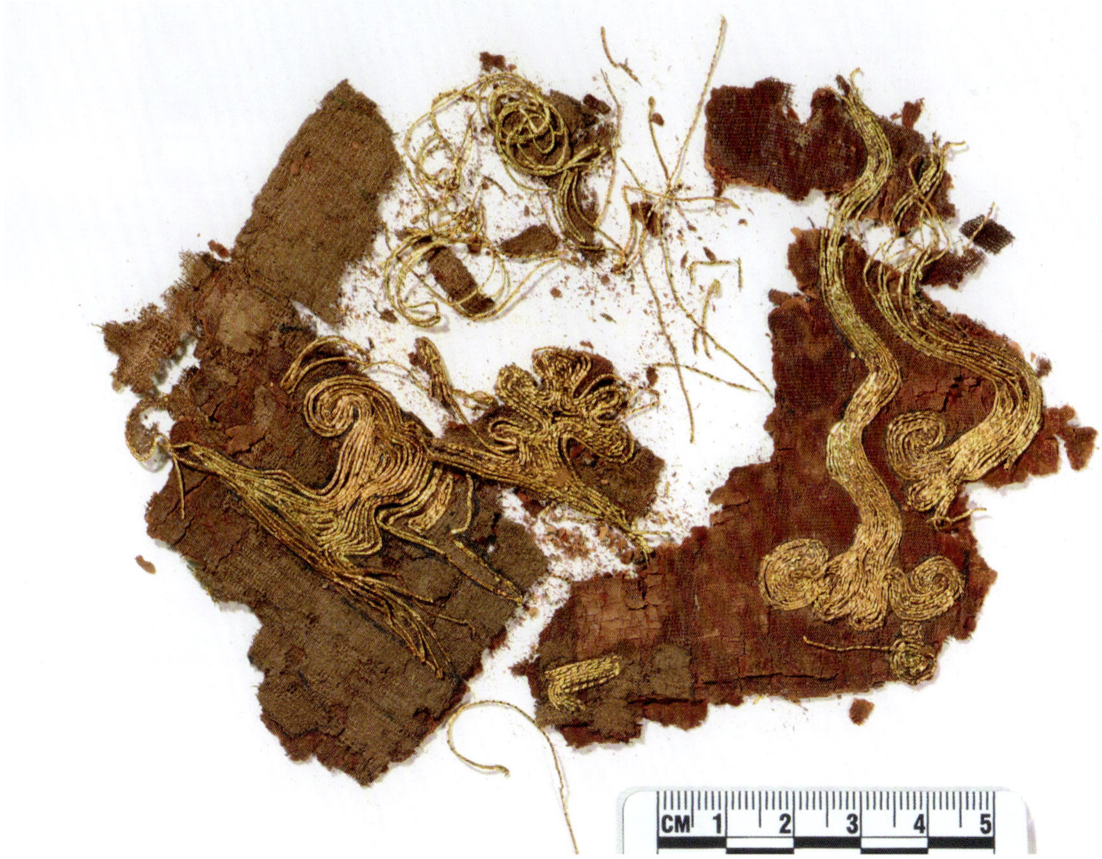

图3.3.30 T55-F蹙金绣残片

A类蹙金绣的花纹类型主要为云纹，云纹和花卉纹是隋唐流行的纹饰，多用于花鸟、动物纹样的边饰。云纹分为两种，一种有云尾，一种无云尾，无云尾的大多纹样形式相对固定。根据底衬织物的不同，可以分为两种，一种为T55-A、B、C、D、H以及F的一块无云尾的刺绣，其底衬织物均为棕色花罗，织物可能有褪色，织物经密约60—70根/厘米，纬密约16根/厘米，棕色平纹绢经密55—65根/厘米，纬密40—45根/厘米。而T55-G以及F的一块有云尾的刺绣，其绣地织物均为红色菱纹罗Ⅱ型（见第2章织物部分——简单菱纹罗纹样构成单元），经密约100根/厘米，纬密约20根/厘米。织物所饰捻金线上金箔条的加工痕迹明显（图3.3.31），在蹙金绣表面有墨绘痕迹残留（图3.3.32）。

图3.3.31　T55-C捻金线

图3.3.32　T55-G表面墨迹

B类：

尺寸：4.2厘米×3.8厘米、2.6厘米×2.3厘米

编号：T55-E

B类蹙金绣花纹为动物纹饰，仅发现一件，可能为鱼、蛙或者其他动物（图3.3.33）。装饰手法和其他蹙金绣基本相同，先在织物上用墨绿色绣线缝出花纹的形状，然后用捻金线在花纹里盘绕固定，最后在蹙金绣表面用墨线绘制图案（图3.3.34、图3.3.35）。刺绣的绣地织物共有2层，红色菱纹罗和红色平纹绢，罗织物经密约100根/厘米，纬密约22根/厘米，绢织物经密约60根/厘米，纬密约50根/厘米。

图3.3.33　T55-E蹙金绣残片

图3.3.34　T55-E捻金线上的墨绘

图3.3.35　T55-E蹙金绣局部

C类：

尺寸：19.9厘米×17.4厘米、20.8厘米×11.4厘米

编号：T55-J、T55-I

C类蹙金绣花纹类型主要为花卉纹（图3.3.36、图3.3.37）。刺绣绣地织物共2层，表层是红色菱纹罗Ⅱ型（见第2章织物部分——简单菱纹罗纹样构成单）（图3.3.38），染料分析显示含有茜紫素、茜根酸等色素成分，底层为红色平纹绢。罗织物经密80根/厘米，纬密20根/厘米。平纹织物经密45—50根/厘米，纬密40根/厘米。以捻金线盘蹙出折枝花，线条流畅，纹样最突出清晰可辨的为三个大花瓣，每瓣以捻金线盘蹙出花瓣的形状后，再在花瓣上以墨绘出脉络，在织物T55-J上还有一些折枝花花纹的印痕（图3.3.39），可能与织物相互接触叠压有关。

图3.3.36　T55-J蹙金绣残片

图3.3.37　T55-Ⅰ蹙金绣残片

图3.3.38　T55-I罗织物组织结构

图3.3.39　T55-J织物上印痕

第4章 印绘与贴金

中国纺织印花技术初成于秦汉，转折于魏晋，至唐代进入成熟期，后受抑于元明，俗化于清代。目前已知最早的纺织印花工艺实物为长沙马王堆一号墓出土金银色印花纱、印花敷彩纱[①]以及广州南越王墓出土的两件铜制印花凸版。[②]东汉至魏晋时期蜡缬和绞缬印花纺织品实物，多出自西北地区。例如，在新疆民丰北大沙漠东汉墓出土的“人物蓝白蜡缬棉布”以及几何纹蜡缬棉布，于田屋于来克古城北朝遗址出土的毛、棉蜡缬残片，吐鲁番阿斯塔那前秦第305号墓出土大红地防白菱形纹缬绢，阿斯塔那墓出土西凉时期蓝白蜡缬绢、绞缬绢，和田洛浦山普拉1号墓出土一件几何纹蜡缬棉布等。另外，甘肃武威市磨嘴子汉墓出土苇筐装裱面，据推测为镂空版涂料直接印花。

考古出土隋唐及至宋元时期印花纺织品实物也多出自新疆吐鲁番阿斯塔那墓群以及甘肃敦煌莫高窟，其中在莫高窟K130洞窟前发现的单色拓印织物极为少见。另外，青海都兰热水、夏日哈吐蕃墓出土了夹缬、蜡缬印花纺织品，陕西法门寺唐代地宫也出土了印花纺织品。唐代之后，辽、金、夏、宋、元的印花纺织品实物主要来源有山西应县木塔、内蒙古赤峰阿鲁科尔沁旗耶律羽之墓、内蒙古巴林右旗辽庆州白塔塔顶、内蒙古察右前旗土城子原集宁路遗址、宁夏银川拜寺口西夏双塔、黑龙江阿城金代齐国王墓、福建南宋黄升墓、江西德安南宋周氏墓等，以上墓葬遗址均出土了不同类型的印花纺织品。

印花纺织品可以理解为通过不同技术手段在织物上留下染料或颜料（含泥金、泥银）纹样的织物。从织物染色的角度，分为染单色织物和染花纹两种类型。其中，染单色织物的工艺包括浸染和涂刷两种工艺。染花纹的工艺，则分为直接印花、防染印花和染地留花三种类型。直接印花分为手绘和型版印花，防染印花分为受外力作用阻染以及使用防染剂防染，染地留花分为浸染和涂刷两种类型。

五代王定保的《唐摭言》、北宋王谠的《唐语林》、北宋欧阳修的《新唐书》、清代董诰的《全唐文》等均有唐代印花织物的记载，与此同时唐代织物用金装饰工艺和技术也高度发展，考古出土唐代织物用金装饰的工艺主要包括织金锦、压金彩绣、蹙金银线绣、泥金、贴金等。

印金是印花技术的一类，具体包括泥金、描金、贴金、洒金印花等。泥金印花是将金银粉末与黏合剂调和成泥状，涂刷在纹版上直接在织物上印出花纹轮廓，再在花纹块面上敷彩绘制成花卉纹饰[③]；描金印花又称为勾金，先通过色胶版印出枝干花叶，再以泥金描绘勾边，其用金的技术方式实际上属于手绘；除版印外，金粉、银粉可当作颜料用于书写作画，例如用泥金抄写经文等，金粉、银粉也可以直接在织物上进行书写或绘画；洒金印花又称撒金印花，是用金箔碎屑撒在涂刷在织物上的胶黏剂之上，经压实干燥后，抖掉未黏附的金屑，此工艺形成的纹样呈现时有间断、斑块点缀的闪色效果。

贴金工艺使用的是连续完整的金箔而不是金箔碎屑，借助黏合剂将金箔与织物黏合，其常规工艺一般通过在花版上涂刷胶黏剂，在织物上印制纹样，待黏合剂稍干后，将金箔敷贴在花纹处，经研光使金箔压实紧贴于花纹处，待其干燥后，去除未涂刷黏合剂区域的金箔，经黏合剂黏固于织物上的金箔则呈现出花版所刻纹样。早期贴金，金箔厚度通常较大，多通过将黏合剂涂刷在织物相应位置或直接涂刷在剪切成形的金箔上，然后黏附于织物的工艺来

---

① 湖南省博物馆：《长沙马王堆一号汉墓》，文物出版社，1972年。
② 吕烈丹：《南越一墓出土的青铜印花凸版》，《考古》1989年2期。
③ 陈朝志：《古代纺织品中的印金技艺及金织技艺》，《纺织史话》1995年1期。

呈现简单纹样。1995年，新疆文物考古研究所在罗布泊西北缘的营盘发掘32座汉晋时期墓葬，出土了大量精美、珍贵的丝、毛织物，部分织物上发现有贴金印花，为目前所知年代最早的贴金考古出土织物。其工艺为，将锤打的极薄的金箔，按所需形状、尺寸切割（金箔边缘十分整齐，切割工具应非常锋利），然后用黏合剂粘贴在织物上，从织物上金纹印痕四周留下的白色黏合剂残迹看，当时贴金箔后曾在金箔表面进行按压，以使其粘贴更牢固。

法门寺唐代印绘丝绸包括泥银、泥银与彩绘、墨绘与彩绘、墨绘（图4.0.1、图4.0.2），四种类型或工艺组合形式。纹样有花卉和动物纹，花卉有团花、绶带花、折枝花、卷草纹，动物纹有飞鸟、蝴蝶等。手绘所用地织物包括平纹、平纹地暗花织物、绞经织物等类型，其中以平纹地暗花织物为背衬泥银的，只发现一块小残片（图4.0.3），其余多为菱纹罗Ⅰ型（图4.0.4），这一类型在法门寺服饰中极为常见。贴金则通过将金银箔裁剪成一定的形状后，贴敷于织物表面，部分将金箔拼接后，再在金箔表面以墨线绘制纹路。法门寺贴金箔的花纹有蝴蝶、花树、几何纹饰等，其地织物以罗为主，另外还有绉纱、平纹等。

图4.0.1　T75-8墨绘

图4.0.2　T75-8墨绘

图4.0.3　T44泥银残片

图4.0.4　T75-8泥银残片

印金技艺在两宋时期流行，《东京梦华录》记载："北宋首都漂染的印金铺、染金铺、销金铺等很是兴旺发达，仅大相国寺一条街上就有印金铺十二家。"①考古出土宋代实物也多见印金装饰工艺在纺织品上的应用，因装饰用金成本高，过于奢靡，历史上多有法令颁布以禁止平民使用金饰织物，如《宋史·舆服志》中载，宋真宗咸平七年，"禁民服销金，及拔遮那撷"。除因法令禁止用金装饰织物外，少量用金装饰的织物极有可能被回收再利用，因此在考古出土物中极少发现。从实用性和耐用性的角度看，金粉黏附于织物后，不耐摩擦，经不起洗涤，牢度不好，因此泥金、描金织物在历史上很有可能未曾广泛制作，强度和耐用性稍优的捻金线、片金线等则相对应用较多。

4.1 泥银与墨绘

4.1.1 佛幡残片

时代：唐

材质：丝

工艺：泥银、墨绘

尺寸：20厘米×57厘米、30厘米×20.5厘米

编号：T3-1（原编号FD3：001-1上f1）、T3-2（原编号FD3：001-f1上）

图4.1.1 T3-1佛幡残片

佛幡主要出土于地宫前室的石函中，函盖上刻有"开元廿九年……"字样，佛幡的年代大致应该也在同一时期（741），佛幡在物帐碑里无明确记载。因在石函内折叠存放，出土时已处于严重劣化状态，残破断裂严重。佛幡现存残片多块，经展平、比对、拼接，推断出土佛幡的数量至少有3件，其中编号为T3-1（图4.1.1）和T3-2（图4.1.2）的佛幡相对较为完整。唐代佛幡的基础结构主要包括悬袢、幡头、幡干（竿）、幡手、幡身、幡足、悬板（图4.1.3）。

经测量，佛幡T3-1的幡面长6厘米，幡身虽不完整，但从花纹以及幡身缝边可推断出幡身长约66厘米。T3-1的幡足现已不存，但在幡身缝边处可见原来缝有幡足的痕迹残留，根据幡身及幡足的宽度比例可以推断幡足有四条，从T3的其他残块中可找到保存最长的幡足长约11.2厘米，而悬板长4厘米，故法门寺这几件佛幡的长度至少在87.2厘米以上。

悬袢。织物经至少两次折叠后，呈长条状缝钉在幡头顶端，用于悬挂。幡头上有两道明显的缝钉痕迹，残存悬袢长约2厘米，宽约2.8厘米。悬袢残存少量墨迹。

① 孟元老：《东京梦华录注》，中华书局，1982年。

图4.1.2　T3-2佛幡残片

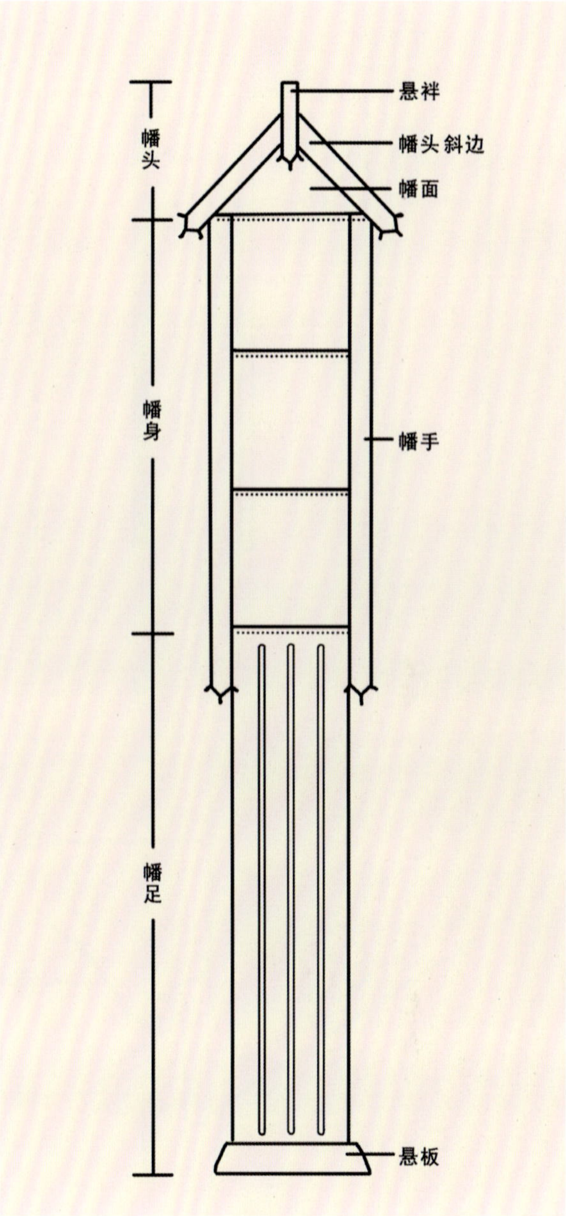

图4.1.3　佛幡基本结构①

幡头。幡头分为幡头和幡面斜边。幡面由一整块织物对折而成，呈近似半圆形，底部长约16厘米，高6厘米左右，边缘使用藏针固定。幡面中间有一段宽约0.5厘米倾斜的折痕。T3-1和T3-2残存佛幡织物中未发现幡面斜边，疑似残存幡面斜边的位置大多严重残缺。在现存T3残片中，有一片可能为幡头斜边，宽约3厘米，藏边约0.6—0.7厘米，对折后进行缝合。该织物整体较薄，三角形折叠处约有织物四至五层，三角形整体高度约1.5厘米，在三角形中间位置发现缝线痕迹，此处应为斜边缝合固定的位置，其折叠缝合方式见示意图（图4.1.4）。

幡干（幡竿）包裹在织物中，其折叠包裹方式及相关部分织物叠压关系见示意图（图4.1.5、图4.1.6）。幡干仅在织物边缘处可见，宽约1厘米，残存长度约16厘米，幡干一面光滑，另一面纹路清晰，似为竹质。

① 王乐、赵丰：《敦煌幡的实物分析与研究》，《敦煌研究》2008年1期。

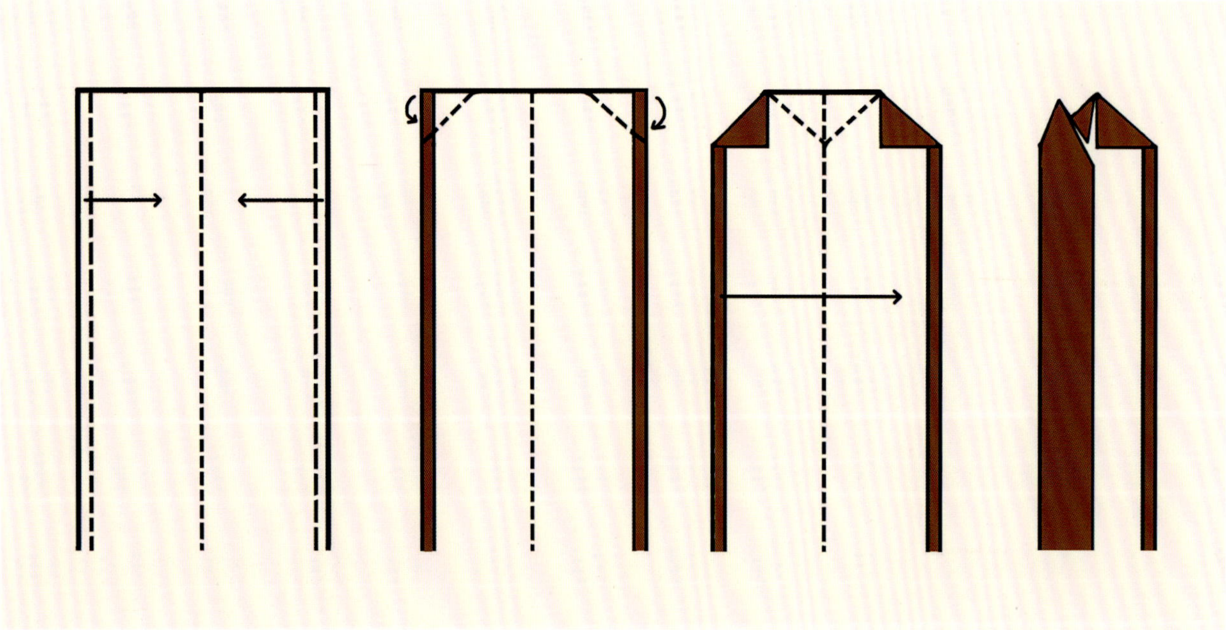

图4.1.4　幡头斜边缝合示意图

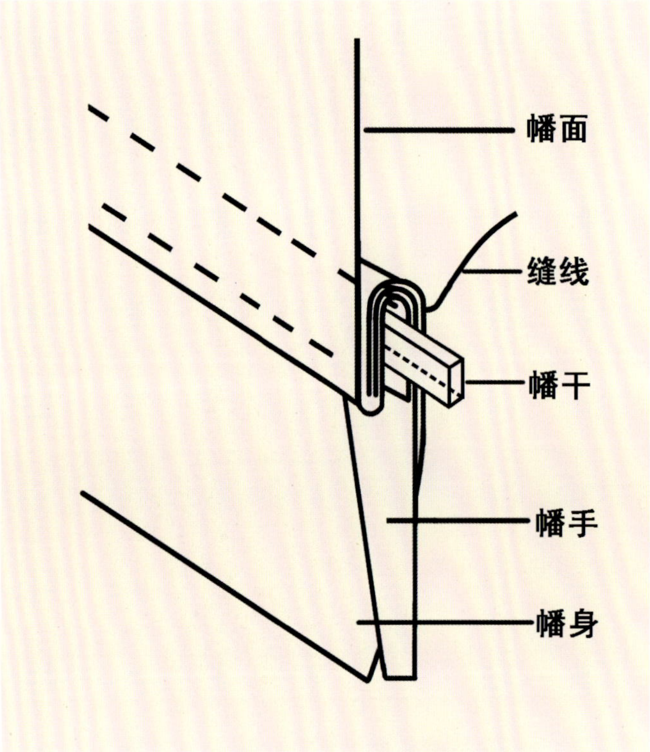

图4.1.5　包裹幡干织物叠压关系侧视示意

图4.1.6　幡干周边织物叠压关系

幡手置于幡身两侧，残长约15.8厘米。幡手上下两层织物经裁剪成5厘米宽的长条，织物边缘折叠后采用藏针缝合，缝合后幡手宽度约4厘米。

经过对各残片结构形制特点以及缝线或裁剪痕迹的观察，参考一般佛幡的结构和形制资料，推测复原出法门寺佛幡的结构，并将其各部分所使用的织物进行位置对应（图4.1.7）以及织物组织结构分析和信息提取记录。

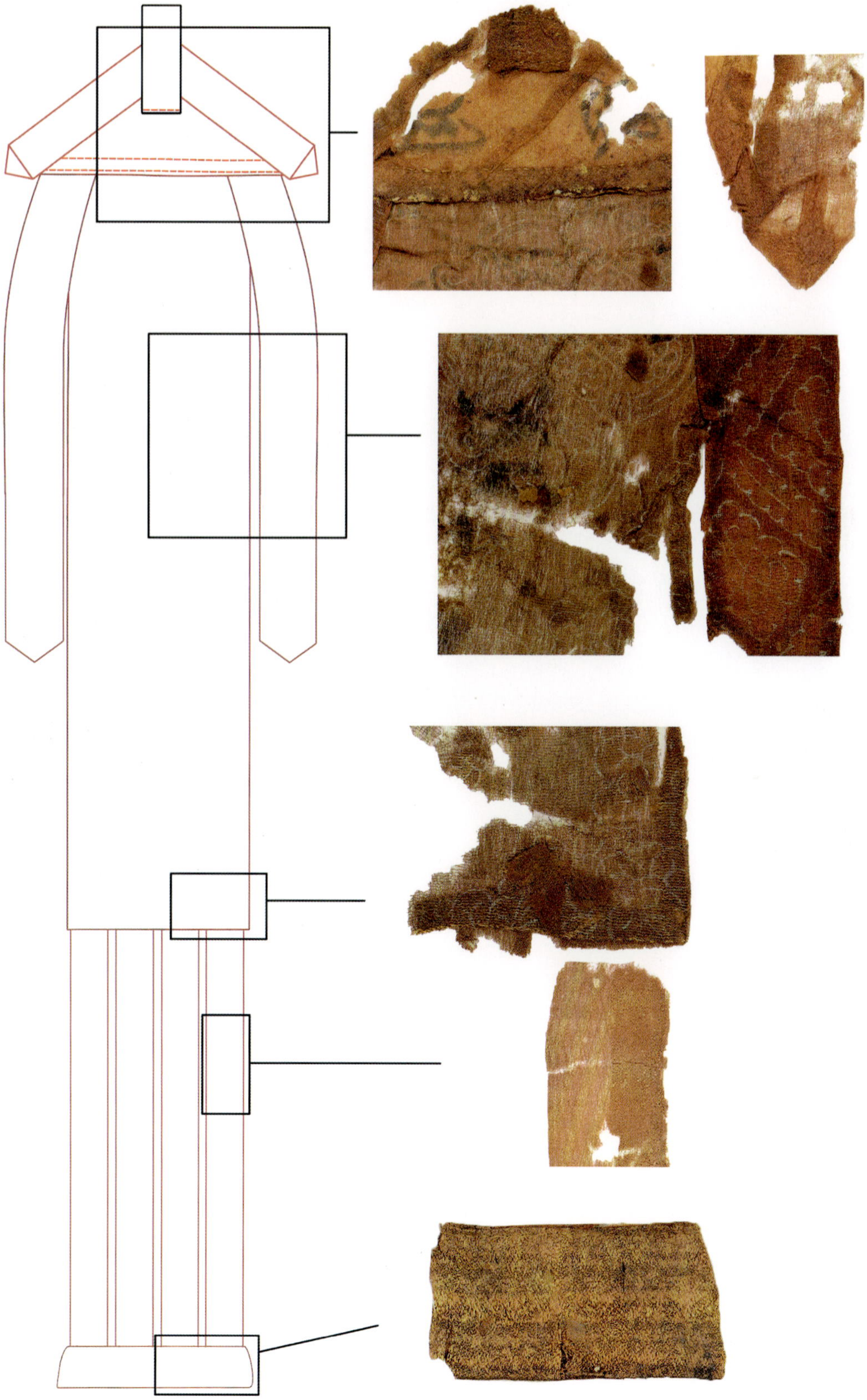

图4.1.7　佛幡结构复原及其各部位所用织物示意图

幡身。褐色花罗，残缺严重，可辨识其由一整块织物折叠缝合而成，藏边宽约0.6厘米，缝合后幡身宽约12.3厘米。幡身尾部折叠约1厘米，幡足直接夹入折叠处缝合。幡身织物表面绘有较复杂的花纹，综合T3-1和T3-2织物的花纹循环和连续特点可知，两幡织物花纹呈一体延续，织物先经印绘花纹后再裁剪缝制。

幡足。依据幡身和幡足的宽度比例推算，幡足可能有4根。幡足残破严重，大多混杂在T3织物残片中，宽度不均，约2—3.5厘米，不同幡的幡足宽度区别可能较大。幡足残片中有一片较长，长度大约11.2厘米。幡足织物为菱纹罗Ⅰ型，与幡手表层织物的组织结构相同。

悬板。在T3残片中有一块锦织物，其中一条边缝合完整，另一侧边缘里有菱纹罗夹缝其中，从可见罗织物的宽度及组织结构来看，其与幡足织物极为接近，因此可推断此块缎纹纬锦织物即为佛幡悬板，悬板残长9.6厘米，宽4厘米。

T3-1佛幡，幡手表层及幡足均为菱纹罗Ⅰ型（见第2章织物部分——简单菱纹罗纹样构成单元），幡手表层褐色，无捻，经线密度80根/厘米，纬线密度20根/厘米；幡手底层土红色素罗，无捻，经线密度72—80根/厘米，纬线密度15根/厘米；幡身，棕褐色花罗，经纬线无捻，经线密度70—80根/厘米，纬线密度18根/厘米；幡足，棕褐色花罗，经纬线无捻，经线密度100根/厘米，纬线密度25根/厘米；根据其他残块，悬板应是五枚缎纹纬锦，经线无捻，分为明经和夹经，比例是1∶2，棕褐色，62根/厘米，纬线无捻，一幅有3根，分别呈棕色、暗棕色、褐色，30根/厘米。

幡面和幡身上有墨绘字迹，幡面墨书文字仅可确认第一个为“心”字底（图4.1.8），幡身上的墨书（绘）保存差，疑似为“爲”字（图4.1.9）。

幡手表层织物及幡身织物均以泥银装饰（图4.1.10），泥银线条粗细不均，常见有超出边界的情况，手绘痕迹明显，银粉已老化成灰白色。幡手表层纹饰以菱格纹为主（图4.1.11），呈近似对称分布，因纹样为手绘，纹样细微之处稍有差别。泥银纹样线条内的织物颜色存在差别，有棕色、红棕色等。幡身的泥银纹样较复杂（图4.1.12），纹样有两种单元，一种近似椭圆形，纹饰长约15.5厘米，宽约6.4厘米，构图方式与幡身呈45°夹角，相邻

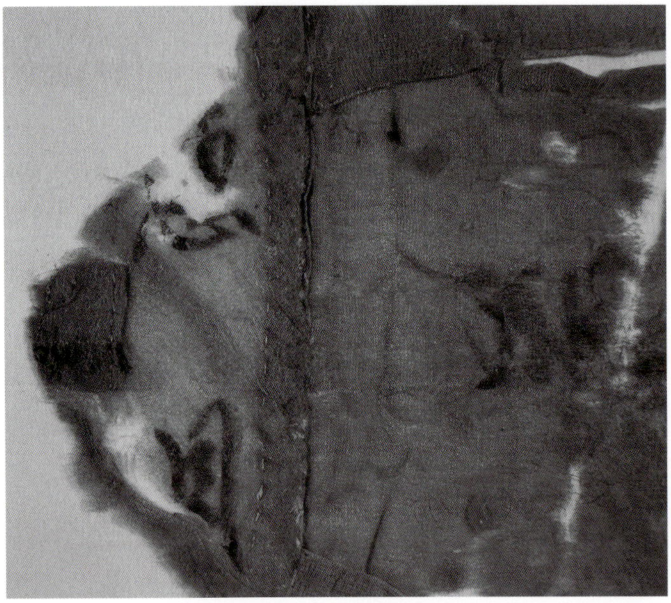

图4.1.8 幡面墨绘字迹

图4.1.9 幡身墨绘字迹

纹饰间距为1.2厘米，其纹样由几何纹、花卉、绶带三部分构成，最外层为绶带纹，将各部分连接起来，中间空白区域以花卉纹填满，泥银纹饰内织物表面也有墨绘痕迹。另一种纹样由花卉纹组成，分布在由椭圆形纹样围成的区域内，其整体纹样与同时期出土服饰上的泥银花卉纹相似。

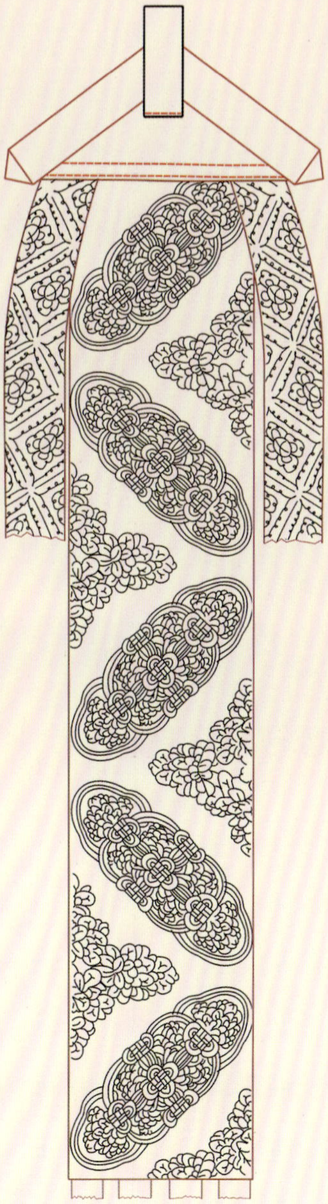

图4.1.10 佛幡泥银纹样分布示意图

图4.1.11 幡手表面泥银纹样示意图

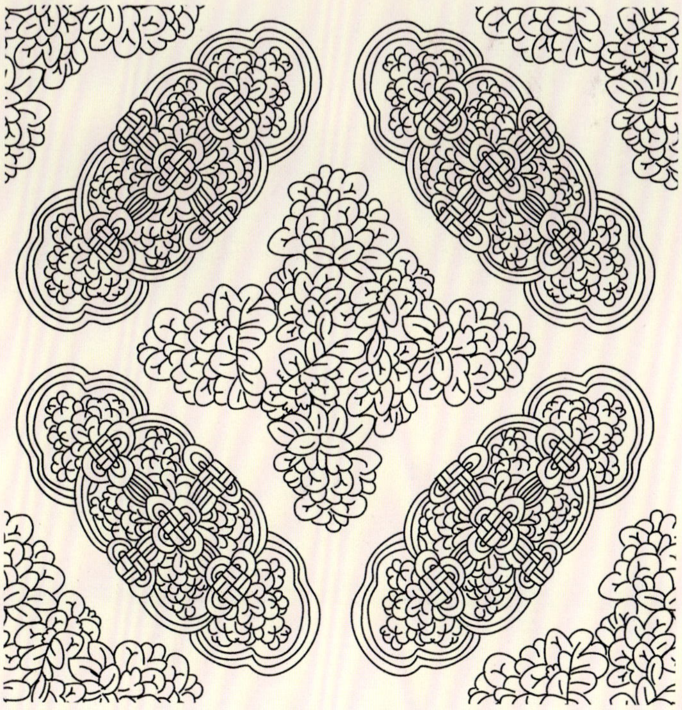

图4.1.12 幡身泥银纹样推测（展开后）

4.1.2 泥银彩绘织物残片

时代：唐

材质：丝

工艺：泥银、彩绘

尺寸：27.3厘米×32.4厘米

编号：T33-6

织物残成多片，型制功用不清，通体泥银彩绘装饰（图4.1.13），其中较为完整且有缝边的残块仅两片（图4.1.14）。织物有两层，表层织物为黄色菱纹罗Ⅰ型（见第2章织物部分——简单菱纹罗纹样构成单元），底层为土黄色平纹绢。菱纹罗经纬线均无捻，经线密度

图4.1.13 T33-6泥银彩绘织物残片

80根/厘米，纬线密度20根/厘米。平纹织物经纬线无捻，经线密度40根/厘米，纬线密度30根/厘米。织物在缝边处折叠约1.2厘米后使用藏针缝合，缝线为两股Z捻的棕褐色丝线。织物中部的一处残片有明显拼接痕迹（图4.1.15），表层罗织物沿经线方向折叠约0.5厘米后进行缝合，拼接处的纹样大多不完整，揭示罗织物纹饰先制作，而后再裁剪拼接。

泥银彩绘纹饰。银粉老化呈深灰色，纹样不清晰，通过红外影像能较好地观察到泥银纹样（图4.1.16—图4.1.19）。泥银纹饰线条流畅，有明显的粗细变化，大多出现在彩绘纹样边缘，泥银线条下的彩绘有三种颜色，墨绿色、褐色、棕色，通过墨绿色纹样判断，整体纹饰为缠枝纹，装饰方法类似“锦上开光式”，以墨绿色缠枝纹为地，开光部分呈褐色及棕色。

图4.1.14　T33-6部分泥银纹饰示意图

图4.1.15　罗织物拼接痕迹

图4.1.16　T33-6纹样局部

图4.1.17　T33-6纹样局部红外影像

图4.1.18 T33-6纹样局部

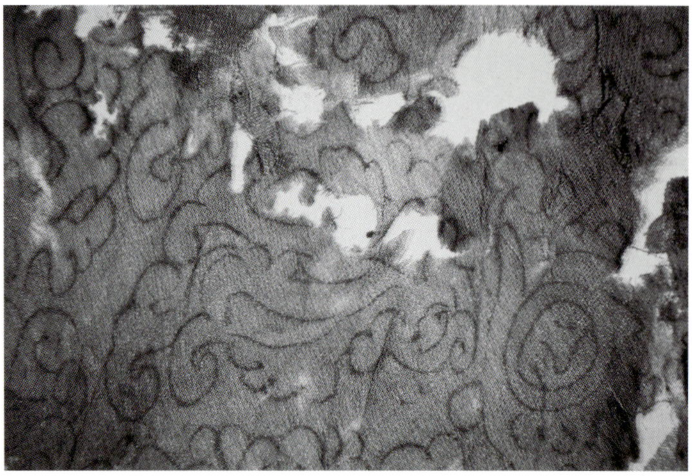

图4.1.19 T33-6纹样局部红外影像

4.1.3 墨绘花卉纹绮残片

时代：唐

材质：丝

工艺：墨绘、彩绘

尺寸：30厘米×34厘米

编号：T4（原编号FD3：002-3-f1③）

墨绘花卉纹绮残片（图4.1.20），织物分为上下两层，表层织物为平纹地起斜纹变化织物，底层为平纹织物。织物左侧有一条缝边，将上下两层织物的边缘各向内折叠约1厘米后，采用藏针将两层织物缝合。在缝边右侧约26厘米的位置，有一条拼接边，通过缝线将两块织物拼接，两片织物的边缘各向内折叠约0.5厘米后用藏针缝合。缝线均为由两股黄褐色丝线组成的Z捻丝线，捻数约700捻/米。表层织物为土黄色，经纬线均无捻，经线密度65根/厘米，纬线密度50根/厘米。纹样为缠枝莲纹团花，纹样纬向长约17厘米，经向宽约13厘米。纹样错落排布，横向间距约1厘米，纵向间距约14厘米（图4.1.21）。平纹织物，黄褐色，经纬线均无捻，经线密度30根/厘米，纬线密度28根/厘米。

墨绘纹饰。从图案构成和分布角度看，推测该织物原本可能为正方形。织物四个角可能均绘有花枝，两个花枝之间绘一只蝴蝶，中心图案为绶带团花，绶带延伸出的花朵上有装饰线条。墨绘图案内部织物存在不同颜色的过渡，靠近花纹边缘区域的颜色较深，因织物老化严重，肉眼难以确定其原始颜色。线条粗细不均，描绘比较随意，有的线条经多次重复描绘，花纹为手绘（图4.1.22、图4.1.23）。从织物拼接处的图案连续情况看，可知织物为先缝制后手绘。由于织物残缺严重，残留墨绘纹样不完整，通过对现有纹样的描摹，可见其中间分布团花纹样，对角位置分布花枝纹样，对侧分布蝴蝶纹样的结构布局，结合法门寺其他织物纹样的设计特点，推测出该织物的完整纹样（图4.1.24）。

图4.1.20　T4墨绘花卉纹绮残片

图4.1.21　T4绮织物纹样复原图

图4.1.22　T4墨绘花纹局部

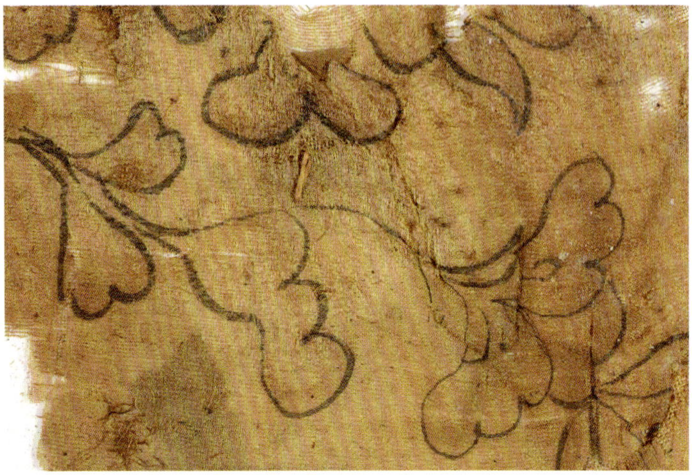

图4.1.23　T4墨绘花纹局部

图4.1.24　T4墨绘纹样复原图

4.1.4 墨绘残片

时代：唐

材质：丝

工艺：墨绘

尺寸：25.3厘米×9.5厘米

编号：T13-N

墨绘织物残片（图4.1.25），织物有两层，表层为平纹织物，表面有墨绘花卉纹样，底层为菱格地花朵纹绮织物（图4.1.26）。平纹织物，土黄色，经纬线均无捻，经线密度40根/厘米，纬线密度32根/厘米。绮织物，土黄色，1/1平纹地上并丝织法显花，经线密度60根/厘米，纬线密度38根/厘米。

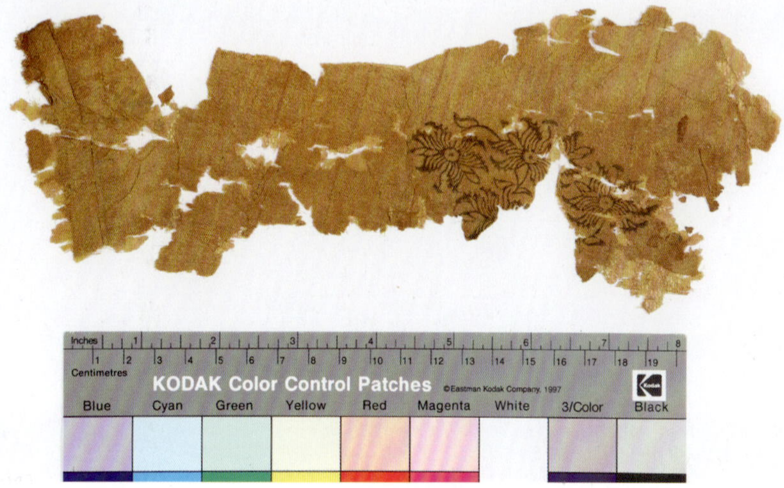

图4.1.25 T13-N-a墨绘织物残片

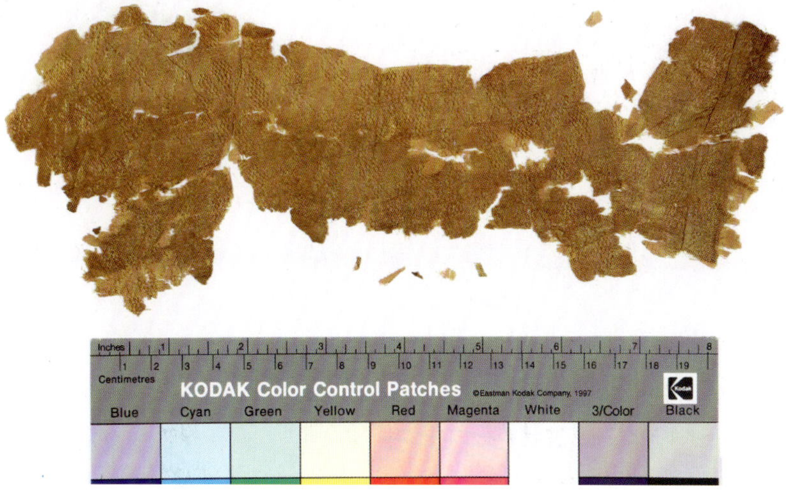

图4.1.26 T13-N-a底层菱格地花朵纹绮织物

墨绘花卉纹，一簇约有五六朵，墨色较淡，花纹边缘处颜色较深，线条粗细变化较大，未见线条交叠或重复描绘情况（图4.1.27）。特殊的是，本应在织物上连续完整的图案却出现规则间断，形成空白条状区域（图4.1.28），推测该图案是在织物有褶皱的情况下绘制而成，结合纹样线条的连续、流畅、规则及准确布局等特点，推断此纹样为印绘。该纹样在织物上分布不多，仅占织物面积的小部分，也暗示此纹样可能经凸版印绘。

菱格地花朵纹绮织物（图4.1.29），分地部和花部，以1/1平纹地为基础，花部运用并丝织法织出菱格地纹，其上装饰八瓣花朵纹样。相邻两列花朵的纹样不相同，图案经向循环约

图4.1.27　T13-N-a纹饰局部

图4.1.28　T13-N-c纹饰局部

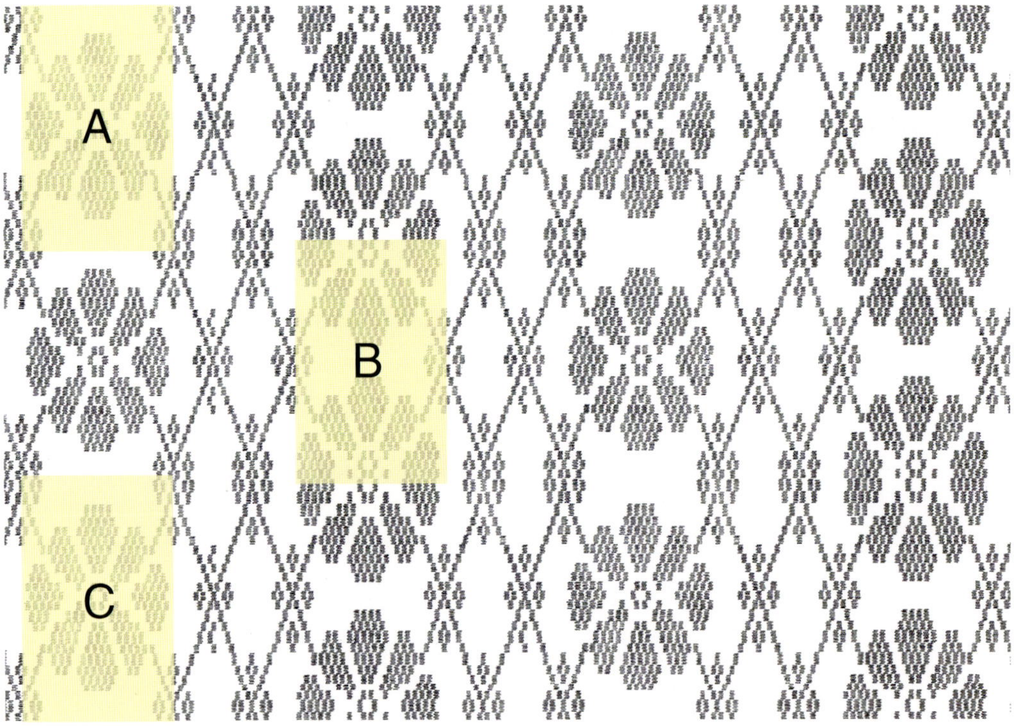

图4.1.29　T13-N-a底层绮织物纹样复原

为5厘米，纬向循环约为10厘米。织物以4-6并丝显花技术构成纹样，但因织物保存不佳，未能在织物上发现全部由常规4-6并丝显花组成的纹样，经过构想复原得出其基础纹样的组织图（图4.1.30），蓝色组织点表示经组织点，白色和黄色组织点表示纬组织点。但实际上，在T13-N-a这件残片中，纬线由于多织入或少织入几纬，就在织物上呈现出不同的变化。例如A区出现的4-8、4-4、4-10（图4.1.31），B区的4-8、4-8（图4.1.32），C区的七处4-8，4-4等（图4.1.33）。这说明在织造花纹的时候，在纹样大致相同的情况下，花纹会发生细微变化

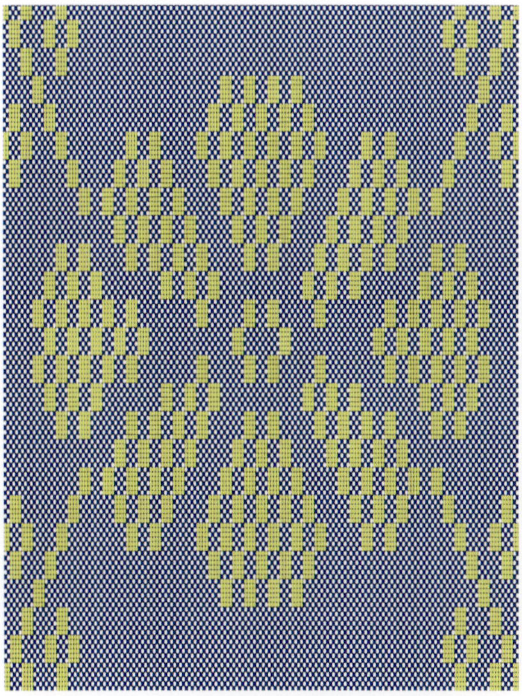

图4.1.30　4-6并丝显花纹样示意图

图4.1.31　A区：4-8、4-4、4-10组织图

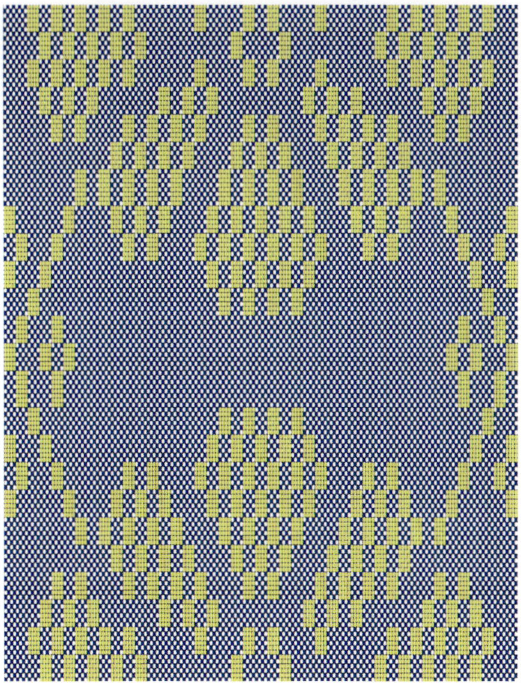

图4.1.32　B区：4-8、4-8组织图

图4.1.33　C区：4-8、4-4组织图

且位置不固定。该织物纹样的这一现象与敦煌出土绮织物MG26721B-2的上机图一致，其研究认为在织造时提花综的运动规律不变，纬线的基础规律也不变，但在织造过程中因织工疏忽，同一运动规律的纬线多织入几纬，就会在织物上产生不同的细微变化。①

4.2 贴金

4.2.1 贴金织物残片

贴金织物残片

时代：唐

材质：丝

工艺：贴金

尺寸：6.6厘米×4.9厘米、5.8厘米×6.1厘米、6.8厘米×4.9厘米

编号：T13-P-1、2、3

图4.2.1 T13-P-1贴金织物残片

① 鲁佳亮：《敦煌出土的绮的生产技术研究》，《丝绸》2014年8期。

图4.2.2 T13-P-2贴金织物残片

图4.2.3 T13-P-3贴金织物残片

贴金织物残片（图4.2.1—图4.2.3），T13-P-1织物共两层，表层为黑色绉纱，底织物为绮织物。织物左侧有一道缝线，将绉纱缝缀在绮织物上，缝线由两股无明显捻向的褐色丝线呈Z向捻成，丝线的捻度约800捻/米，相邻缝线间距3—4毫米。绉纱经线无捻，黑色，密度约55根/厘米，纬线为SSZZ相间排列，密度约45根/厘米。绮织物经纬线均无捻，经线密度约60根/厘米，纬线密度约26根/厘米。

金箔大多被裁切成条块状，拼接出纹样（图4.2.4），金箔裁切痕迹明显，裁切后的宽度约0.3厘米。金箔有几处表面变色（图4.2.5），有可能与金箔相互叠压、污染或特殊表面处理等因素有关，具体原因有待进一步分析。

图4.2.4 T13-P-1金箔

图4.2.5 T13-P-1金箔

贴金织物残片

时代：唐

材质：丝

工艺：贴金

尺寸：1.9厘米×1.7厘米

编号：T23-5

贴金织物残片，织物较小，地织物为褐色平纹织物（图4.2.6），经纬线均无捻，经线密度52根/厘米，纬线密度35根/厘米。金箔条宽窄变化较大，宽度在87.52—679.74微米之间，应为根据装饰线条的尺寸形状需要而裁切（图4.2.7）。金箔颜色不均匀，有黄白颜色变化，表面粘有褐色点状物（图4.2.8）。

图4.2.6　T23-5贴金织物残片

图4.2.7　T23-5金箔局部

图4.2.8　T23-5金箔局部

贴金织物残片

除上述背衬织物残存的面积较大的贴金织物外，还有部分小面积金箔贴饰于小块织物，混杂于严重残破的织物碎渣中，其形制及织物功用不清，根据金箔花纹以及背衬织物的不同，区分为以下四类。

A类：文物编号T24（图4.2.9）

图4.2.9　T24贴金织物残片

织物上的金箔较薄，颜色有两种，一种呈金黄色，一种呈红铜色，金黄色金箔表面有墨迹，可能为墨绘纹样的局部残留（图4.2.10）。金箔被裁剪成宽窄不一的条状（图4.2.11），宽度在262.15—1042.93微米之间，贴在织物上，形成纹样。地织物大多老化严重，折叠扭曲，难以揭展，织物可能为平纹。

图4.2.10 T24金箔局部

图4.2.11 T24金箔局部

B类：文物编号T30

织物残破严重，贴金织物面积小（图4.2.12），仅约1厘米×1厘米左右，花纹类似蝴蝶、蜂或蛾，其身体和触须均为条状，翅膀由裁切成三角形的金箔片拼接而成，图案左右对称（图4.2.13、图4.2.14）。翅膀上还有墨绘线条，呈放射状。该贴金织物的地织物可能为素罗织物，经纬线均无捻，经线密度约90根/厘米，纬线密度约20根/厘米。

图4.2.12 T30贴金蝴蝶

图4.2.13　贴金蝴蝶局部

图4.2.14　贴金蝴蝶局部

C类：文物编号T48、T71-F、T75-9

T48（图4.2.15）、T71-F（图4.2.16）以及T75-9（图4.2.17）贴金织物的地织物均为褐色菱纹罗Ⅰ型（见第2章织物部分——简单菱纹罗纹样构成单元），织物老化褪色严重（图4.2.18）。T48的金箔也有一片类似蝴蝶纹，金箔表面墨绘线条（图4.2.19），其形状与T30的蝴蝶纹不同。其他位置的金箔大多裁剪成长条状，多在织物缝边处粘贴。从残存痕迹细节看，有的金箔上墨痕超出金箔边缘，揭示其工艺为先在织物表面贴金箔，然后在金箔表面墨绘纹样。

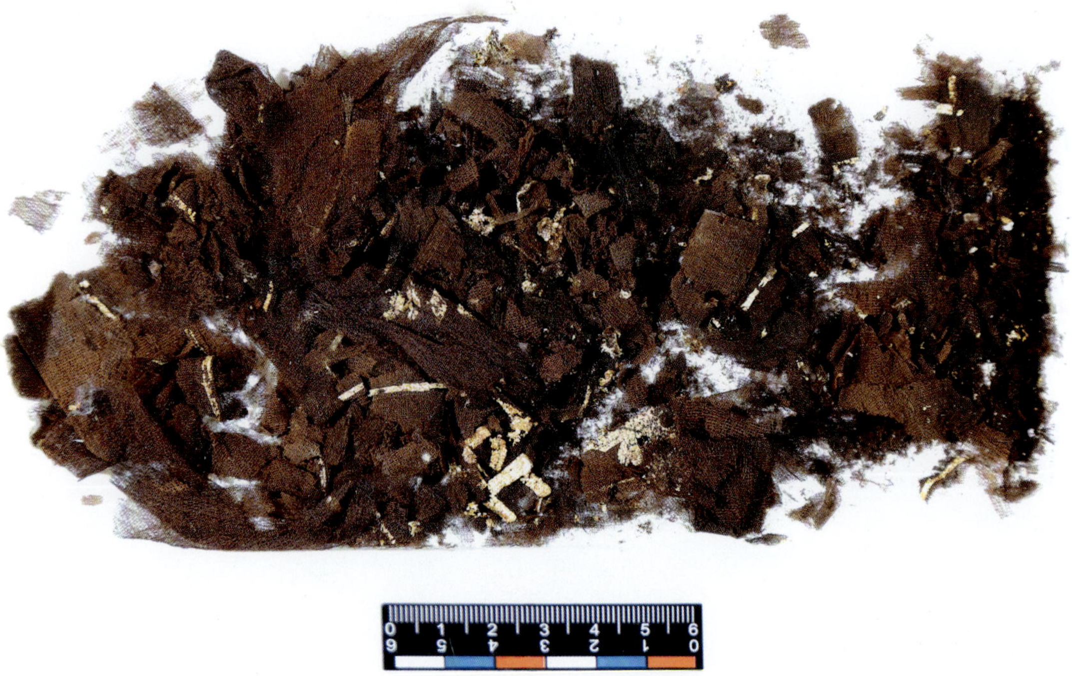

图4.2.15　T48织物残片

图4.2.16　T71-F织物残片

图4.2.17　T75-9织物残片

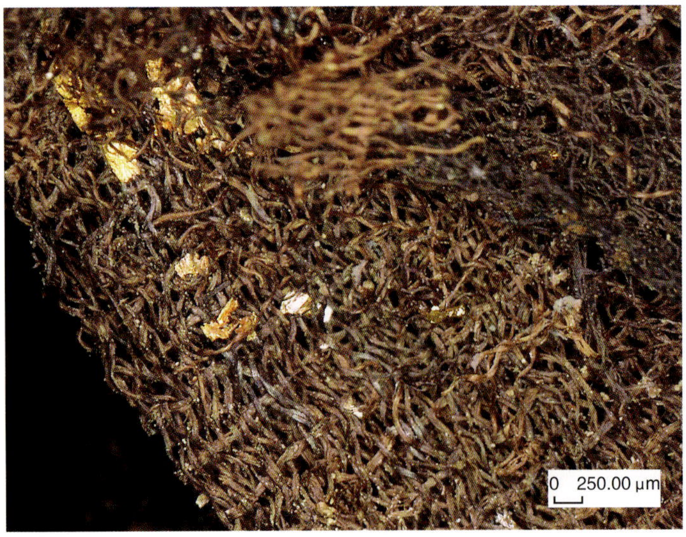

图4.2.18 T71F背衬罗织物

图4.2.19 T48贴金蝴蝶花纹局部

D类：文物编号T37、T52、T75-12

金箔大多被裁剪成所需纹样的形状，表面施以较多墨绘线条。金箔条边缘裁切比较整齐，金箔片呈三角形或长条形（图4.2.20、图4.2.21），应为根据纹样设计需求把金箔裁切成不同的形状，再在织物上粘贴拼接。金箔表面的墨绘线条大多延伸至地织物上，说明墨绘为金箔片贴敷于织物之后再行绘制。纹样主要有两种，一种类似树叶形，将金箔裁切成菱形，在菱形的一个角贴上细长金箔条做出叶柄，最后在金箔表面用墨线绘制纹样，细线有三道，靠近叶柄处的线条较粗。另一种金箔面积较大（图4.2.22—图4.2.24），在金箔上用墨线绘制的线条也较多，其纹样可能为树或者花卉，边缘裁切出形状。

扫描电镜能谱分析结果显示，法门寺丝绸贴金箔中多含有少量的银元素，部分金箔颜色变暗或出现变色，除与金箔含有的银元素有关外还可能与表面污染等其因素有关。金箔暴露在空气中的位置大部分呈红棕色或暗灰色等，而金箔与织物紧贴的一面则少见变色，两层金箔叠压的位置罕见变色，这都揭示金箔变色与其暴露于空气环境的时长有关。

图4.2.20 T37金箔

图4.2.21 T37金箔

图4.2.22　T52金箔

图4.2.23　T52金箔

图4.2.24　T75-12金箔残片

对金箔取样包埋于树脂，剖样观察测量，结果显示金箔的厚度多在1.29—3.45微米之间（图4.2.25）。对其中一块红棕色金箔取样，在数字显微镜下观察其截面，发现此金箔为双层结构，单层金箔的厚度在1.08—2.8微米之间，双层金箔现象可能与金箔拼接或者金箔多次重叠敷贴有关（图4.2.26）。

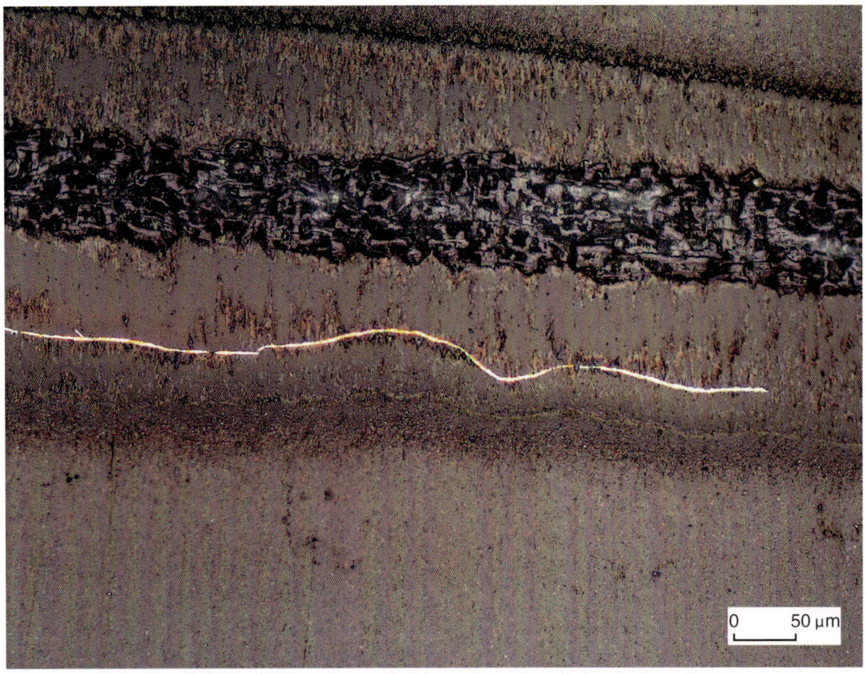

图4.2.25　T37金箔剖面

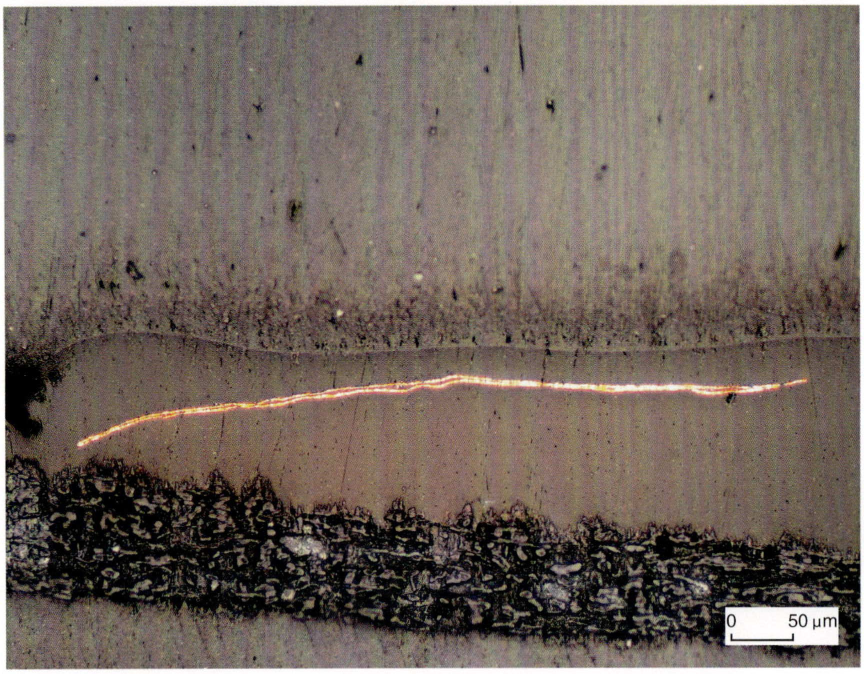

图4.2.26　T37金箔剖面

4.2.2　贴金银织物残片

时代：唐

材质：丝

工艺：贴金、贴银

尺寸：4.1厘米×2.8厘米

编号：T42-2

贴金织物残片，地织物为深褐色平纹织物（图4.2.27），经纬线均无捻，经密60根/厘米，纬密40根/厘米。金箔、银箔均有使用，被裁切成条状或菱形，金属箔条宽度约424.78—464.42微米。菱形金属箔片长约0.21厘米，高0.14厘米，夹角60°。每四个小菱形金属箔片排列成大的菱形花纹，每两个菱形金属箔片上下间距0.08厘米，左右间距0.31厘米，两个大的菱形花纹之间间距1.5厘米。除了菱形纹饰外，还有条纹型装饰，金、银箔条交替使用（图4.2.28）。

图4.2.27　T42-2织物残片

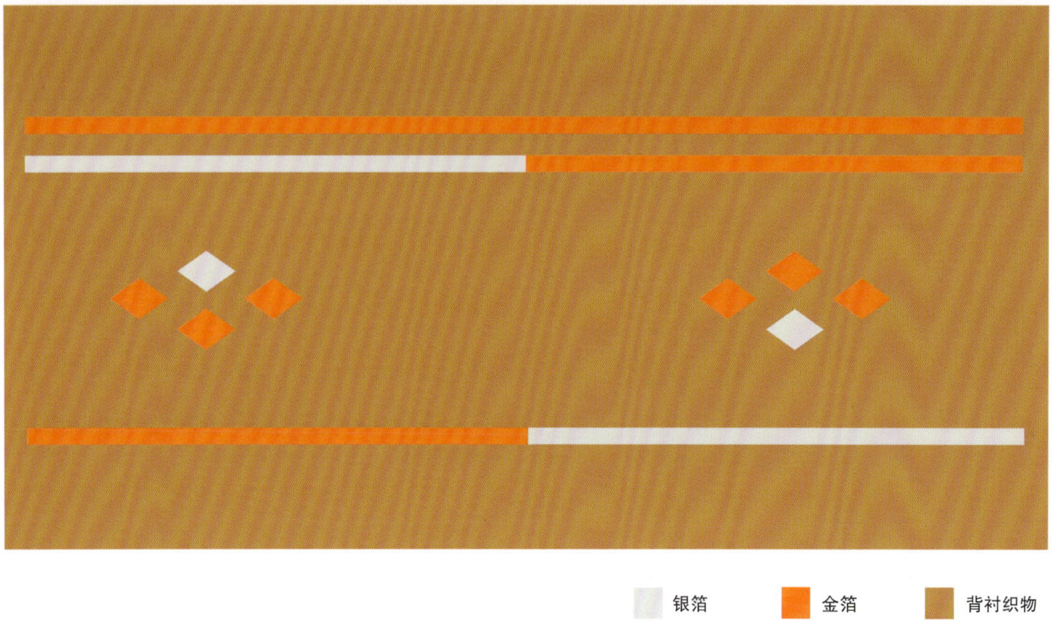

图4.2.28　T42-2贴金示意图

第⑤章

材质分析与工艺研究

第2—4章介绍了法门寺丝绸的织物种类、组织工艺、纹样类型以及刺绣、钉金绣、蹙金绣、印绘和贴金等工艺信息，以上研究主要从纺织及装饰工艺角度展开。其实，在文物材质分析和工艺研究过程中，同样也离不开科学仪器分析、实验室考古等综合手段的应用。本章通过采用数字显微镜、扫描电镜能谱分析、傅里叶变化红外色谱、金相显微技术、高效液相色谱－质谱联用等技术手段对法门寺丝绸捻金线、捻银线、黏合剂、金箔、染料等附带材质及其工艺进行科学研究。

法门寺丝绸织物中，有相当比例的织物使用捻金线装饰，小部分织物以捻银线装饰，或由捻金线与捻银线组合使用进行装饰，金箔贴饰织物偶有保存，印绘、泥银、墨绘工艺也偶有使用。在贴金箔及泥银工艺的使用过程中，需要通过黏合剂将金箔贴敷于织物或将银箔与黏合剂的混合物绘于织物。在色彩和染料方面，法门寺丝绸现存颜色总体上以棕褐色为主，少量为大红色，刺绣绣线颜色变化相对较多。对以上除织物纤维以外的各类附属材质的形貌结构、成分分析以及加工工艺的研究，均需要通过技术分析手段进行，以下为相关材质的科学分析研究结果。

5.1 捻金线

利用数字显微镜对法门寺捻金线的形貌结构进行观察，对其相关构成部位的尺寸进行了测量，利用扫描电镜能谱分析仪对捻金线金箔条的金属成分组成进行了分析测量，以上信息的提取对法门寺捻金线的整体形貌、结构特征和金属成分进行了全面分析，奠定了探究法门寺捻金线加工工艺的基础，也为研究法门寺捻金线形貌材质特征与其装饰工艺、纹样风格、织物级别与功用之间的相互关系奠定了重要基础。

通过对法门寺织物装饰金属线的全面调查，发现所用金属线包括以无背层金银箔条捻绕在芯线外的捻金线、带有有机质背层的金银箔条捻绕在芯线外的捻金银线以及金属丝三种类型。在所调查的44个金属线样品中，35个为无背层金箔条捻绕在芯线外的捻金线，占比达80%，6个为无背层银箔条捻绕在芯线外的捻银线，占比14%，2个为带有有机质背层的银箔条捻绕在芯线外的捻银线，占比4%，金属丝只有1例，占比2%。带有有机质背层的捻金线残存量极少，未能取样进行分析。法门寺丝绸装饰金属线中，未发现平金线或平银线。

5.1.1 捻金线形貌结构

对捻金线形貌分析所采集的信息主要包括：捻金线直径，金属箔条宽度、厚度，金箔条在芯线外的捻绕方向，纤维芯线的捻向、颜色和材质，金箔条平行边缘与纤维芯线之间形成的夹角度数，两个相邻的捻绕金箔条之间的间隙尺寸，以及捻绕在芯线外的金箔条在单位长度内的捻绕次数（圈数）。捻金银线的总体结构相似，但在形貌尺寸等细微特征方面存在较大差异。

法门寺捻金线的直径粗细均匀度不高，捻金线粗细均匀度反映了制造水平和技术成熟度，甚至可能揭示某一组捻金线由不同或相同的加工作坊或匠人生产。在T67服饰上发现了直径最小的捻金线（130.13微米），在捻银线钉金绣装饰的大红罗地刺绣夹袱T1上发现了直径最大的捻银线（698.87微米）。将捻金线直径与织物类型和装饰工艺结合后综合分析，发现所使用捻金线的直径呈现一定的规律性，暗示在法门寺捻金线的选用过程中，存在因装饰织物类型和装饰工艺的不同而针对性地选用不同规格或级别捻金线的现象。

金箔条的宽度从85.37微米到1152.71微米不等，这一宽度变化范围很大，说明法门寺捻金线由不同宽度的金箔条制作而成。在蹙金绣织物（T55-D）上发现了宽度最小的金箔条，其宽度为85.37微米，该金箔条的宽度至金箔条末端处变得越来越小。最大宽度的金箔条（1152.71微米）在蹙金绣织物（T55-I）上测得。一般情况下，相邻金箔条的宽度相对接近，但也存在相邻金箔条宽度存在较大差异的情况（图5.1.1），以上特征均说明了金箔条的不规则加工现象。金箔条宽度的均匀度在一定程度上影响捻金线的直径均匀度，通过大量数据的统计发现，不同级别的金箔条宽度均匀度与织物的等级、装饰工艺也存在一定的关联，揭示出因织物级别、类型和装饰工艺不同而选用不同质量和技术等级金箔条的现象。在金属箔条剖面测量其厚度，发现法门寺捻金银线所用金银箔的厚度均匀度低，这也印证其多样的加工或质量等级，已测得的金属箔的厚度变化范围0.77—39.59微米（图5.1.2）。

捻金线的直观形貌与金箔条与芯线形成的夹角、相邻金箔条之间的空隙（俗称蚂蚁脚）大小以及单位长度内金箔条捻绕的圈数等均有直接关系，其基本结构和有关数据因素如图所示（图5.1.3）。夹角、蚂蚁脚、捻绕圈数、金箔条宽度和纤维芯线直径之间可能存在复杂的相互影响关系。从原理上可以推断，金箔条宽度与芯线直径之比直接影响金箔条与芯线之间的夹角，进而影响相邻金箔条之间的空隙，即蚂蚁脚，通过蚂蚁脚暴露的芯线尺寸和单位长度内金箔条捻绕的圈数则由上述因素综合决定。由于法门寺捻金线本身并非经标准技术制作而成，因此存在较大的变化浮动范围，加之使用或埋藏等因素的影响，所测得的数据与真实

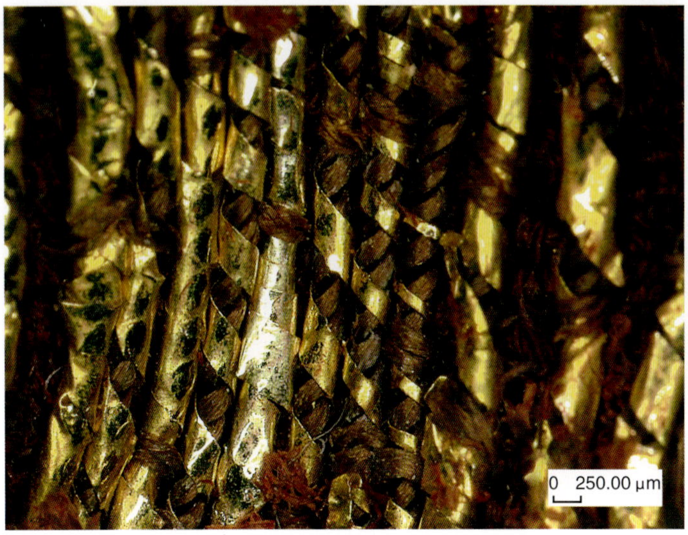

图5.1.1 宽度不均匀的金箔条（T55-I）

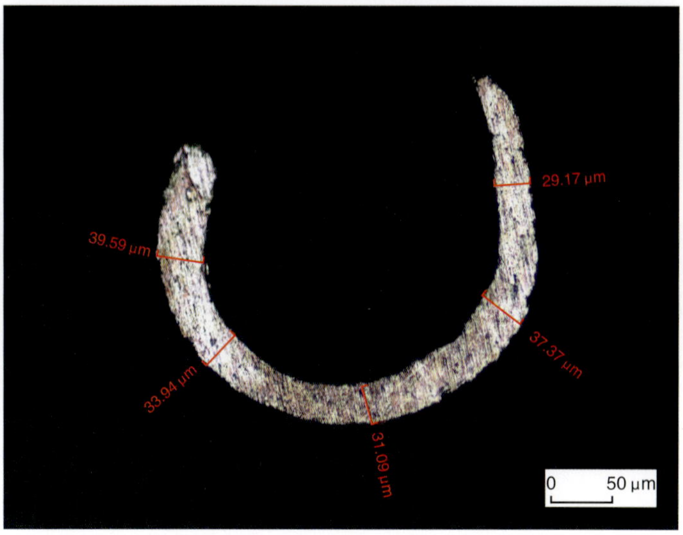

图5.1.2 法门寺银箔所测最大厚度（39.59微米，T19-5）

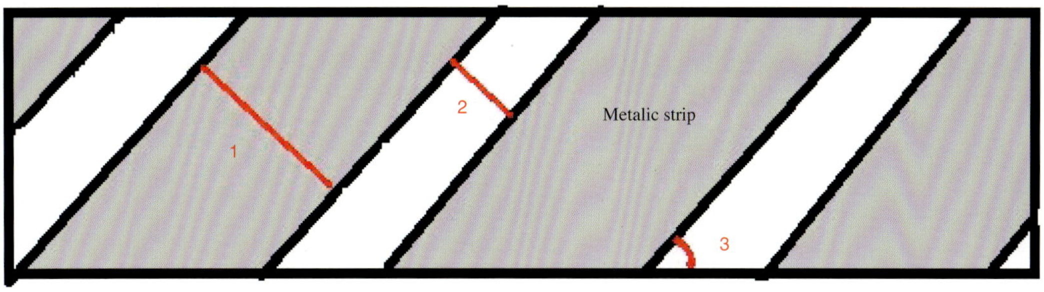

图5.1.3 捻金线基本结构及有关数据因素（1-金箔条宽度，2-蚂蚁脚，3-金箔条与芯线的夹角）

图5.1.4 金箔Z向捻绕芯线S向加捻（T68G）

数据之间可能存在偏差，虽然如此，通过大量的捻金线数据测量基本上了解了法门寺捻金线的结构形貌数据概况。法门寺捻金线的蚂蚁脚测得尺寸在0—867.16微米之间，金箔条与纤维芯线之间形成的夹角在10°—73°之间，金箔条在芯线外单位长度内的捻绕圈数在5—30之间。

通过对捻金线芯线的观察，发现其芯线均为蚕丝，颜色为深棕色或红棕色。芯线均由两股丝线捻成，除T68G裙腰织金锦所用捻金线的芯线为S捻向外，其余织物捻金线的芯线捻向均为Z向。所有芯线捻向为Z的捻金线的金箔条捻绕方向均为S向，而T68G捻金线的金箔条捻向则为Z向（图5.1.4）。这些信息揭示了法门寺捻金线的芯线捻向总是与金箔条捻绕方向相反的规律，这一技术特征为研究法门寺捻金线加工工艺提供了重要的技术线索。

5.1.2 技术特征

考察捻金线的加工痕迹或者与加工技术有关的形貌特征，是研究捻金线加工技术的重要途径和证据，金箔条在芯线外的捻绕技术是捻金线加工技术考察的核心。通过对法门寺捻金线与加工技术有关的形貌分析，发现与加工技术有关的特征主要包括金箔条宽度、金箔条边缘裁切痕迹、金相特征、金箔条长度、金箔条续接以及金箔条与芯线的捻绕方向规律等。

对金箔条的技术考察重点在于区分由拉拔金属丝辊压而成的金箔条以及由捶打金箔片上裁切而来的金箔条两种技术类型。由拉拔金属丝辊压而成的金箔条边缘较为规则，金箔条宽度相对均匀，而裁切成的金箔条宽度均匀度较差，边缘相对尖锐，偶有裁切不彻底或多次裁切的痕迹残留。法门寺捻金线金箔条的宽度变化较大（图5.1.5），与由拉拔金属丝辊压而成的金箔条特征不符，另外还发现了金箔条边缘裁切残留（图5.1.6），甚至发现了裁切压痕或工具痕迹（图5.1.7）。

图5.1.5 宽度逐渐缩小的金属箔条

金相特征是反应金属加工技术和加工过程的重要证据，本课题对法门寺金箔条样品也进行了金相特征观察。金硬度低，金箔剖面样品制备难度较大，经北京科技大学陈坤龙教授协助，对少量金箔样品进行了制备。将金箔样品包埋入环氧树脂中，经王水和铬酐溶液刻蚀，利用徕卡DM4000金相显微镜观察金箔剖面，观察其金相特征。发现所测T55-B和T68H捻金线的金箔样品均呈现α等轴晶和孪晶（图5.1.8），揭示金箔经过退火和热加工，或冷加工和退火。说明法门寺金箔经锻打而成，这一金相证据与在法门寺金箔条边缘观察到的切割形态特征结论相吻合。

金属箔条的长度也是揭示其制作工艺的重要特征，由拉拔金属丝辊压而成的金属箔条的长度均比较长，而由裁剪而成的金属箔条则受捶打金属箔片面积大小的限制，长度一般都不大。通过对法门寺捻金线金箔条的观察，发现其金箔条长度最大约在20厘米左右。沿着长度较大的捻金线观察，发现了两条金箔条的重叠续接位置（图5.1.9），更加证明了法门寺捻金线由裁切而成的金箔条续接捻绕而成。

图5.1.6　金箔条边缘裁切残留

图5.1.7　金箔条裁切压痕或工具痕迹

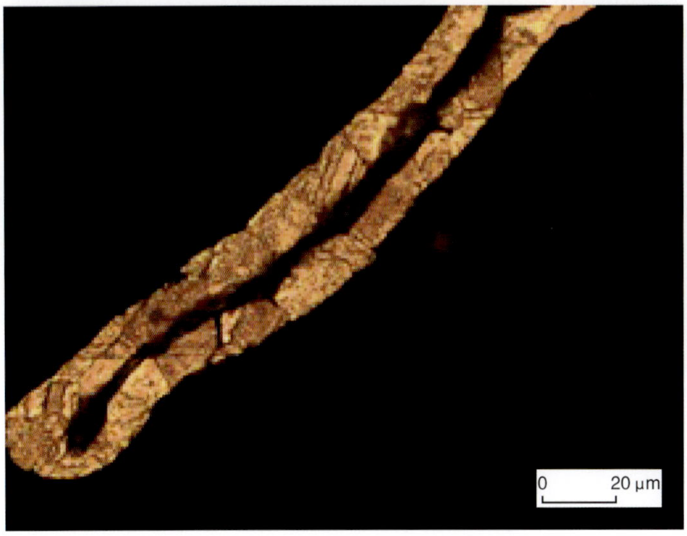

图5.1.8　金箔样品α等轴晶和孪晶

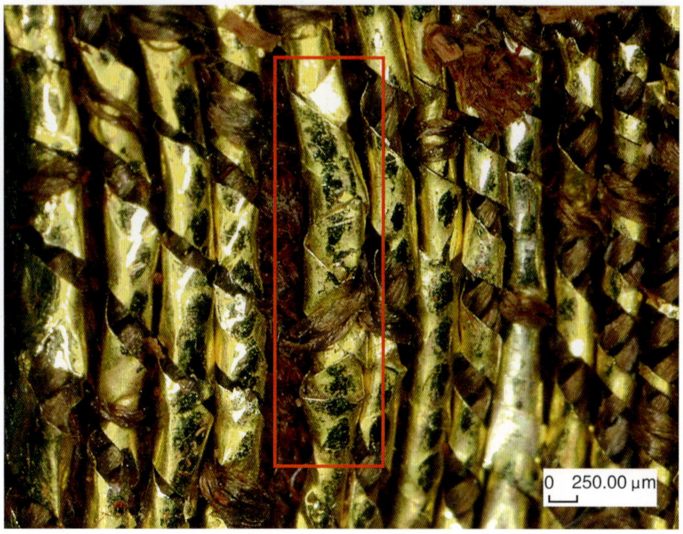

图5.1.9　金箔条的缠绕连接位置

5.1.3　捻金线捻制工艺

关于古代捻金线制作工艺的研究，尤其是金箔条在纤维芯线外的捻绕技术研究尚未有明确科学结论，已开展的研究均依据文献记载或捻金线的形貌进行推断所得。例如，很多学者认为捻金线的加工方法是将纤维芯线和金属箔条的一端夹紧合在一起，然后搓捻而成。经过笔者的实验验证，发现采用这类方法几乎不可能将金属箔条均匀地捻绕在芯线外。可以确定法门寺丝绸文物上使用的捻金线不是采用这一方法制作的。另外，也有学者认为法门寺捻金线的金箔条可能是缠绕在芯线外的，并提出法门寺捻金线应为“缠金线”的观点。①笔者曾就捻金线的命名问题撰文，认为称此类金属线为“捻金线”是恰当的。②以往开展的法门寺捻金线的研究主要关注了捻金线的材质、尺寸、芯线和金箔条的捻向问题，③未能对捻金线制作工艺的核心即金箔条是如何捻绕在芯线外的提出明确观点。本课题以法门寺捻金线的结构形貌特征和材质科学分析为基础，结合中国传统捻金线制作工艺技术调查，分析“捻”金线的相关历史文献证据，对比世界其他地区已知的捻金线加工技术，通过实验室模拟验证，综合分析得出法门寺捻金线的制作工艺结论。

5.1.3.1　法门寺捻金线工艺特征

捻金线是法门寺丝绸装饰的主要金属线类型，对捻金线制作工艺的考察主要包括两方面，一是金箔条的加工工艺，二是金箔条呈螺旋状均匀捻绕到芯线外的技术。金箔条捻绕技术是捻金线制作工艺的关键技术。

金箔条的加工方法主要包括两种类型。一是对拉拔圆金丝进行辊压或捶打而成金箔条，二是通过将金捶打成金箔片，然后裁剪成细条而得。将金属条拉拔通过金属板上尺寸逐渐缩小的圆孔，可制得非常细的圆金属丝。吉林榆树老河深鲜卑墓（年代约相当于西汉末东汉初）所出的金银丝呈现明显的拔制流线痕迹。④拉拔圆金属丝的长度可长达几百米，经过辊压或捶打后可制得金属箔条，其金属箔条宽度均匀、边缘呈现出圆润弧状，而经过裁切的金属箔条长度较小，边缘较为尖锐平直，常见裁切工具痕迹。利用显微镜及扫描电镜对法门寺捻金线的金箔条形貌及工艺特征观察显示，法门寺金箔条为裁剪而成，而非经过辊压拉拔金属丝而成，支持此推论的工艺特征主要包括，金箔条宽度不均匀、变化范围较大，部分金箔条边缘位置发现因裁剪不完全而留下的不规则残留，部分边缘发现裁切压痕线及裁切痕迹（图5.1.10）。另外，法门寺捻金线的金箔条长度大概在20厘米以下，这一长度也与从捶打金箔上裁切下金箔条的技术特征吻合。

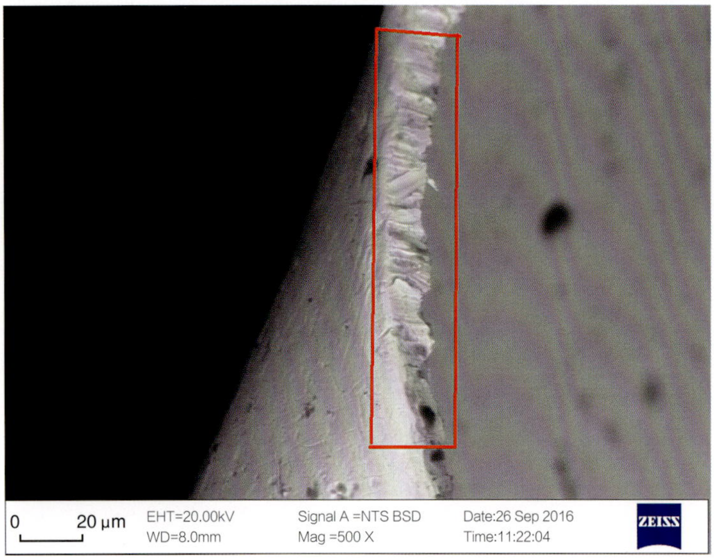

图5.1.10　金箔条断面裁切痕迹

观察发现，绝大部分法门寺捻金线金箔条呈S向捻绕、芯线呈Z向加捻，金箔条呈Z向捻绕、芯线呈S向加捻的捻金线仅发现一例。金箔条捻向与芯线捻向呈相反规律这一形貌特征与其加工工艺可能有密切联系。仅从捻金线的形貌和金箔条、芯线的捻向规律并不能直接推断出金箔条的捻绕技术。目前，南京尚有捻金线作坊在使用传统工艺制作捻金线，对其工艺调查有助于发现捻金线的制作工艺线索。

---

① 杨军昌等：《法门寺地宫出土唐代丝芯缠金线制作工艺研究》，《法门寺博物馆馆刊》（第4辑），三秦出版社，2012年。

② 路智勇：《试论“捻金线”命名的合理性》，《文博》2014年1期。

③ 杨军昌、张静、姜捷：《法门寺地宫出土唐代捻金线的制作工艺》，《考古》2013年2期。

④ 巩文：《两汉时期出土的金丝与金粒细工装饰品》，《中国文物报》2010年12月24日。

5.1.3.2 传统捻金线工艺调查

笔者在南京开展的传统捻金线制作工艺调查，除金箔的捶打、打纸、做胶以及金箔条的裁切工艺调查外，重点对金箔条的捻制技术进行了调查。廉海萍、①管秋惠②等也曾开展过金箔的打制工艺调查，但其调查未关注金箔条捻绕到芯线上的工艺。经笔者调查，传统捻金线是通过对芯线加捻，在芯线高速旋转的过程中将金箔条捻绕在芯线外的。其技术装置如下：芯线线轴通过支架固定在台面上，芯线的一端从固定在高处的金属环穿过后垂下，连接在纺轮上。先将金箔条的一端在下垂的芯线外缠绕2—3圈后用手指捏紧，另一只手将纺轮在绑在大腿外侧的鞋底上搓转，通过搓转纺轮带动连接在纺轮上的芯线高速旋转，在芯线旋转的同时，稍松开捏紧金箔条的手指但继续保持手指对金箔条在芯线外的围压姿势，在芯线旋转的过程中金箔条能够自动旋转并捻绕在芯线外。随着金箔条在芯线外的不断捻绕，手指继续保持将金箔条围压在芯线外的姿势并沿悬垂的芯线不断上移，金箔条将不断自动捻绕在芯线外，捻绕完一根金箔条后再续接新的金箔条，继而制得长度很长的捻金线。通过这一技术制作的南京传统捻金线的金箔条捻向与芯线捻向相同，这与法门寺捻金线的金箔条捻向与芯线捻向呈相反规律的特征不同。因此，直接采用南京传统捻金线捻制技术不可能制作出法门寺捻金线。但南京传统捻金线捻制技术所呈现的金箔条捻向与芯线捻向相同的特征，暗示着其与法门寺捻金线的捻制工艺可能存在着一定的技术关联性，并为模拟实验法门寺捻金线的捻制技术提供了技术思路。

5.1.3.3 模拟实验

对南京传统捻金线捻制工艺进行实验模拟，从中寻找制作法门寺捻金线的技术线索，进而进行法门寺捻金线模拟捻制是本实验的目的。法门寺捻金线的金箔条捻向与芯线捻向呈相反规律，而南京传统捻金线的金箔条捻向与芯线捻向呈相同规律，这是两者的核心区别。利用南京捻金线的搓捻技术，所产出的捻金线的金箔条与芯线均呈现出相同的捻向规律。在实验室内，笔者参照南京捻金线捻制技术装置，利用自制的捻制工具（图5.1.11），顺利模拟出了与南京捻金线形貌和捻向规律相同的捻金线。在反复试验中，发现通过搓转纺轮可以给芯线加强捻，在松开芯线后，这些外加的强捻会自动松捻，带动芯线反方向旋转。在芯线反方向旋转的过程中，如果将金箔条提前以与芯线原有捻向相反的方向在芯线外捻绕2—3圈，也同样可以将金箔条连续捻绕在芯线外，且捻绕后金箔条的捻向与芯线捻向呈相反的规律。借助这一技术线索，本实验利用裁切的铜箔条替代金箔条，采用捻向分别为S和Z的两种线绳作

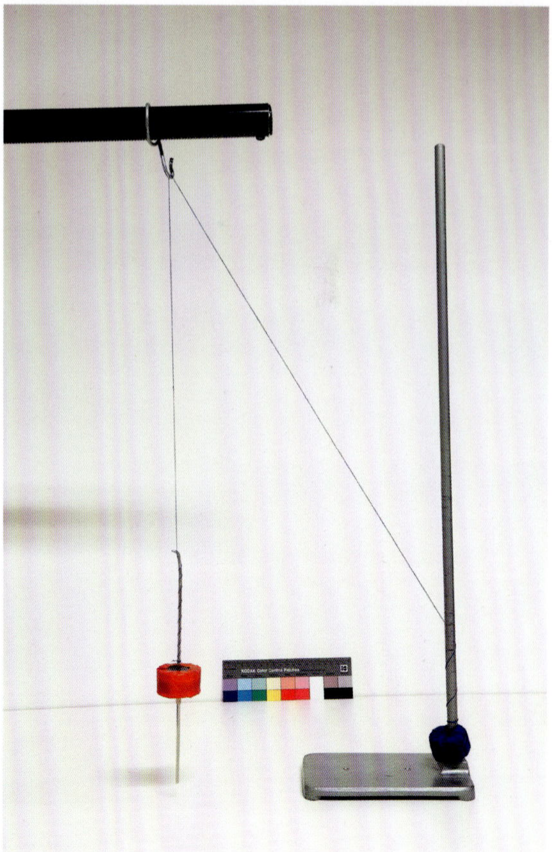

图5.1.11　实验室模拟制作捻金线的简易装置结构

① 廉海萍：《传统金箔制作工艺调查研究》，《文物保护与考古科学》2002年S1期。

② 管秋惠：《南京金箔》，江苏人民出版社，2009年。

为芯线，对利用该技术制作法门寺捻金线的可行性进行了验证。

第一组实验材料为铜箔条、S向加捻的蓝色芯线。具体操作方法如图5.1.11所示，将蓝色芯线的一端缠绕在线锭上并固定，另一端通过高处的金属环扣后下垂并连接在纺轮上。将铜箔条的一端在芯线上按照Z向捻绕2—3圈，用左手手指将铜箔条捏紧。用右手搓转纺轮，使其逆时针旋转（从纺轮的上端俯视），从而继续给芯线按照S向加强捻。松开纺轮，芯线上的强捻将逐渐释放，带动芯线按照顺时针（从纺轮的上端俯视）方向旋转，在芯线旋转的过程中，将带动铜箔条继续按照Z向螺旋捻绕在芯线外，在此过程中稍松开左手手指但仍保持手指对铜箔条的一定压力，以使铜箔条能够紧密地贴着芯线均匀捻绕。随着铜箔条在芯线上自下而上的不断捻绕，左手手指跟随捻绕位置不断上移，待一条铜箔条完全捻绕在芯线上后，用手捏住纺轮，停止芯线回旋，将另外一条铜箔条续接在上一条铜箔条末端，松开纺轮使芯线继续回旋，则铜箔条可继续捻绕。待芯线上的外加强捻松捻完毕后，可再对纺轮按照逆时针方向搓捻，重复上述操作，可不断将铜箔条捻绕在芯线上。利用此技术捻制出的捻铜线，其铜箔条的捻向呈Z向捻绕，其芯线为S捻向（图5.1.12），所制得的捻铜线呈现出铜箔条均匀螺旋捻绕在芯线外，且在相邻铜箔条之间留有均匀的空隙（俗称“蚂蚁脚”），这些形貌特征与法门寺捻金线相同。第二组实验材料为铜箔条、Z向加捻的白色芯线。利用类似的技术原理，可将铜箔条保持S向均匀捻绕在Z向加捻的白色芯线上（图5.1.13），同样可以制得与法门寺捻金线相貌特征相同的捻铜线。除了铜箔条之外，采用同样的技术，利用带有金色及银色镀膜的非金属薄条也成功制作出了具有相似形貌的捻金线和捻银线（图5.1.14、图5.1.15）。可见，采用这一技术，可以将多种类型的金属箔条、非金属箔条或纸条均匀捻绕在纤维芯线外，且金属箔（纸）条的捻向与芯线的捻向保持相反的规律。

图5.1.12　模拟制作的捻铜线：铜箔条Z向捻绕，芯线S向加捻

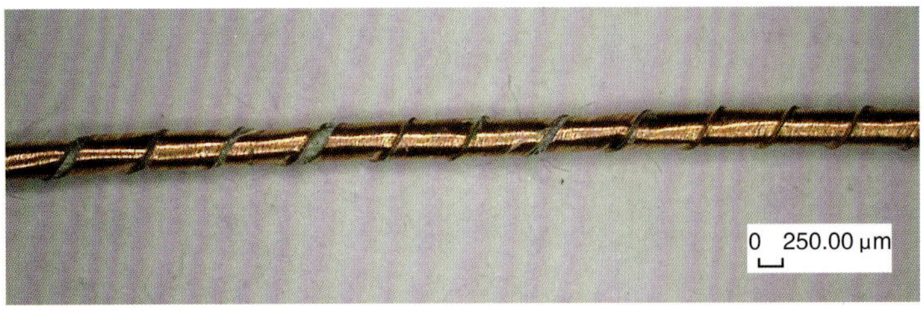

图5.1.13　模拟制作的捻铜线：铜箔条S向捻绕，芯线Z向加捻

图5.1.14　金色假金箔条（带有纸背层）
S向捻绕在Z向加捻的白色芯线外

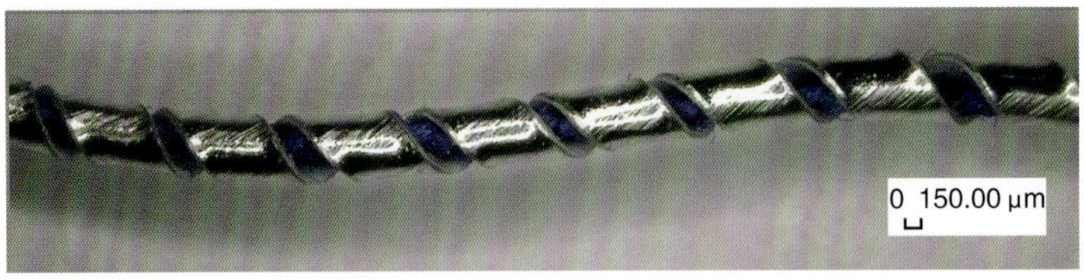

图5.1.15　银色假金属箔条（带有纸背层）
Z向捻绕在S向加捻的蓝色芯线外

本实验采用的操作技术原理，可以通过示意图表示（图5.1.16）。根据芯线的原有捻向不同，选择不同的纺轮搓捻方向，达到按照芯线原有捻向继续加捻的目的，以使其能够在纺轮松开后高速回旋，在芯线回旋的过程中可将铜箔条按照与芯线原捻向相反的

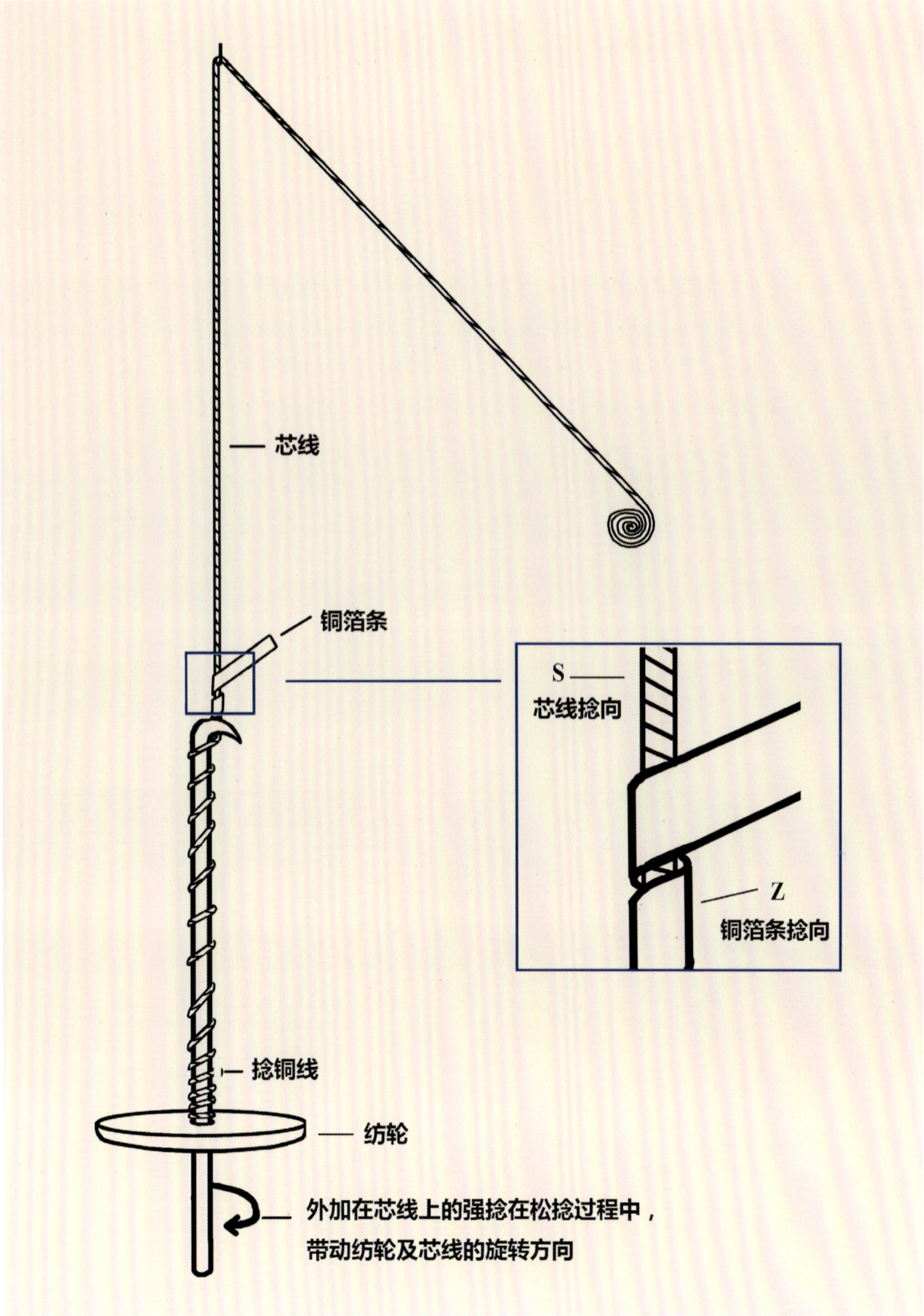

图5.1.16　将铜箔条Z向捻绕在S向加捻的芯线上的技术原理示意图

方向均匀螺旋捻绕在芯线外，制作出与法门寺捻金线形貌特征相同的捻铜线。虽然模拟实验成功制作出了与法门寺捻金线具有相同形貌特征的捻铜线，但这不足以断定法门寺捻金线一定是利用这项技术捻制的，还有必要对利用其他技术制作法门寺捻金线的可行性进行分析和排除。

5.1.3.4 其他技术可能性分析

除南京传统捻金线捻制技术以及本文推测并模拟实验的捻金线捻制技术外，就笔者已开展的技术调查和文献梳理显示，还有另外两种技术与捻金线的捻制工艺相关。对应用这两种技术捻制法门寺捻金线的可行性进行分析，有助于增加本文对法门寺捻金线捻制工艺推断结论的可靠性。

在1711年制作的一个欧洲雕版画中，展示了搓捻捻金线的工作场景（图5.1.17）。[①]目前，尚没有关于该雕版画所示操作技术的解释和推断。从画面来看，操作者的右手在搓转纺轮，纺轮金属杆长度方向上连接着的长线条应该是芯线，芯线通过悬挂在高处的金属环垂下并固定在低处，这一结构与南京传统捻金线以及本文模拟实验所采用的技术装置基本相同。所不同的是，雕版画中还有一条线，来自悬挂在操作者头顶上方的线锭，这条线与另外一条线相交，并攥在操作者的左手中。根据操作的原理，操作者头顶上方线锭上缠绕的可能是金属箔条线。右手的作用是搓捻纺轮带动芯线旋转，左手的作用是将金属箔条均匀地搓捻到芯线上。从图上看，金属箔条线的长度非常长，法门寺金箔条的长度最长不过20厘米，从这一点可以判断法门寺捻金线不可能利用雕版画所示技术进行制作。

图示技术所采用的长金属箔条应该是通过对拉拔金属丝进行辊压而制成的。意大利文艺复兴时期的画家、雕刻家、建筑学家莱昂纳多·达·芬奇（1452—1519）曾经绘制过一个早

图5.1.17 欧洲捻金线捻制操作雕版画

图5.1.18 欧洲16世纪金属箔条辊压装置

① Braun-Ronsdorf M. Gold and silver fabrics from medieval to modern times. C. I. B. A Review, 1961(3): 2-16.

期的辊压设备。[①]在1550年左右，另一位画家J. A. Pantheu重绘了这个装置（图5.1.18）。[②]它通过旋转连接在两个金属圆柱体上的把手，带动金属圆柱旋转，进而将金属丝挤压通过两个金属圆柱间的空隙，将金属丝挤压成金属箔条，将金属箔条不断挤压通过金属圆柱间更小的空隙可以降低金属箔条的厚度。大概在15—16世纪，利用辊压技术将圆金属丝挤压成金属箔条的技术在欧洲开始出现。[③]目前，尚无资料证明利用辊压技术将拉拔金属丝挤压成金属箔条的技术已经在唐代出现，加之法门寺金箔条边缘形貌符合裁切而非辊压加工的特征，这均从侧面印证了法门寺捻金线不可能采用欧洲版画所示技术进行制作。

除上述技术外，在伊朗还有一种传统捻金线制作技术。[④]该技术通过相对复杂的装置实现将金属箔条捻绕在芯线外的操作（图5.1.19）。装置的核心部分是一个可以旋转的中空圆柱体线锭，线锭上缠绕着金属箔条线（图5.1.20）。芯线从线锭的中空部分穿过。线锭的外端固定着一个弓形支架，金属箔条的一端从弓形支架的一端绕过后在芯线上捻绕几圈。通过手摇木柄传动，带动线锭和弓形支架旋转，同时芯线不断地从线锭中空穿过。在弓形支架旋转的过程中，金属箔条线从线锭上绕下并绕在不断移动的芯线上。通过这一操作，实现了将金属箔条均匀螺旋捻绕在芯线上的操作。与欧洲铜版画上展示的技术类似，伊朗传统捻金线技术使用的也是长度很长的金属箔条，这与法门寺金属箔条的长度同样存在很大区别。因此，法门寺捻金线也不可能采用类似于伊朗传统捻金线技术的装置来制作。

通过对已知捻金线制作技术的分析可知，无论是利用欧洲铜版画所示技术还是伊朗传统技术以及南京传统捻金线捻制技术，都不可能制作出法门寺捻金线。这些相关技术所采用的

图5.1.19　伊朗传统捻金线制作装置

图5.1.20　缠绕金属箔条线的可旋转线锭

① Ogden J. The Technology of Medieval Jewelry. In: Scott, D. A., Podany, J. and Considine, B. B. eds. Ancient and Historic Metals: conservation and scientific research, Proceedings of a Symposium organized by the J Paul Getty Museum and the Getty Conservation Institute, November 1991, Singapore. Singapore: the Getty Conservation Institute, 1994: 153-182.

② Singer C. and others. A History of Technology. Vol. Ⅲ. Oxford: Claredson Press, 1958: 47.

③ Stone G C. A glossary of the construction, decoration and use of arms and armor: in all countries and in all times. New York: Brussel, 1961: 306.

④ Wulff H E. The traditional Crafts of Persia (2nd ed). Cambridge: The M. I. T. Press, 1976.

金属箔条线的长度差异，是不同技术之间相互区别的关键要素。以上分析进一步增加了本文所推断的法门寺捻金线捻制工艺的可靠性。

5.1.3.5 历史文献中的“捻”与“捻金线”

除上述技术证据外，“捻金线”字面含义所反映的技术信息也能旁证上述技术推断结论的可靠性。在历史文献中，“捻金线”以及由“捻金线”织造或刺绣而成的织物常被提到。《宋史・车服志》：（大中祥符）八年，诏：“内庭自中宫以下，并不得……金线捻丝装著衣服，并不得以金为饰……”。宋人王栐的《燕翼诒谋录》记载的宋代金加工的19种技艺中，即包含有缕金、捻金、盘金、织金、金线这些与织物织造和刺绣有关的金属线工艺。[①]宋词中也多次提到“捻金线”，例如“翠袖盘花金捻线”“裁罗捻线花枝袅”[②]等。南宋初年洪皓在《松漠纪闻》中记述了：“回鹘自唐末浸微……又善捻金线别作一等背织……”。[③]宋朝常年向金朝输出的岁币中就包含有“捻金线”织物，[④]可见“捻金线”这一名称至迟在宋时已经广为使用。一个名称或术语的产生及延续使用一般都与其技术、历史和文化背景有关。“捻金线”之所以称作“捻金线”，与其制作工艺及形貌特征有密切关系。“捻”的汉字释义为“用手指搓”，这与传统手工艺人所称的“搓金线”相近。本文所推断的法门寺捻金线制作工艺为搓转纺轮，给芯线加捻，随着芯线松捻回旋，金箔条自动捻绕在芯线上形成“捻金线”。“捻金线”名称中的“捻”恰恰揭示了这一技术核心。

另外，明代杨慎引《唐六典》提到唐代用金的14种方法，其中即包含与金属线及织金织物有关的“织金”和“拈金”技术，而宋元时期则出现了“拈金番缎”以及众多的与“捻金线”相关的名称[⑤]。汉字“拈”的释义是“用两三个手指夹住”，这与“捻”所指的“用手指搓”以及在捻金线自动捻绕在芯线上的过程中需要用“两三个手指轻夹住正在捻绕的金箔条与芯线的接触点，并随金箔条在芯线上的自动捻绕而向上移动”有很大相似性。因此，在纺织领域，唐宋时期的“拈金”和从宋代开始文献上大量出现的“捻金”之间很有可能指的是同一技术。除了汉语发音相同之外，“拈”与“捻”的本义都与“捻金线”的搓捻技术核心和工艺过程吻合。在欧洲，也有文献零星记载了，在罗马时代晚期利用在大腿上搓捻纺轮，将金属箔条捻绕在纤维芯线外的工艺[⑥]。这些文献证据也旁证了本文所推断的法门寺捻金线制作工艺结论的可靠性。

5.1.3.6 小结

本文通过对法门寺捻金线的形貌和技术特征分析，结合中国传统捻金线制作工艺考察结论，得到了法门寺金箔条从捶打金箔片裁切而来，并可能经搓捻芯线而捻绕在芯线外的工艺推论。模拟实验验证了所推断技术的可行性。对现有其他技术的分析，排除了法门寺捻金线可以利用其他技术加工的可能性。捻金线术语历史文献的梳理、“捻”字释义及其所揭示的技术信息与本文所推断的法门寺捻金线捻制技术核心高度吻合，这也旁证了本文所做技术推

① 彭州市博物馆、成都市文物考古研究所《四川彭州宋代金银器窖藏》，科学出版社，2003年，243页。

② （宋）张孝祥：《菩萨蛮（立春）》。

③ （宋）洪皓：《松漠纪闻》，南昌，1915年。

④ （唐）《齐东野语 淳绍岁币》卷二十，中华书局，1983年。

⑤ 中国大百科全书总编辑委员会、《纺织》编辑委员会：《中国大百科全书・纺织》，中国大百科全书出版社，1984年。

⑥ Wild, J. P. Textile Manufacture in the Northern Roman Provinces. Cambridge: Cambridge University Press, 1970: 39, 40.

论的可靠性。

对法门寺捻金线的捻制工艺概括如下，金箔条由经捶打而成的金箔裁切而成，将金箔条一端在芯线上缠绕2—3圈，缠绕方向与芯线原有捻向相反；搓捻纺轮以按照芯线原有捻向继续给芯线加捻，释放纺轮使纺轮与芯线回旋；用手指夹住金箔条与芯线的结合点，使金箔条自动捻绕在芯线上，金箔条所呈现出的捻向与芯线的原有捻向相反。

除法门寺地宫出土唐代捻金线外，后世各代均有捻金线出土。推断捻金线捻制工艺需要先区分其所用金属箔条是裁切而成的短金属箔条还是经过辊压而成的长金属箔条。基本可以确定，由裁切金属箔条制成的捻金线，采用搓捻纺轮的技术进行捻制而成的可能性很大。金属箔条的捻向与芯线捻向呈相反规律的捻金线，均有可能采用本文所推断技术捻制而成。金属箔条捻向与芯线捻向相同的捻金线，采用南京传统捻金线捻制技术进行制作的可能性大，即在搓捻纺轮带动芯线旋转的同时将金属箔条直接捻绕在芯线上，而不似法门寺捻金线那样在纺轮和芯线回旋的过程中捻绕金箔条。采用辊压拉拔金属丝而成的长金属箔条捻制的捻金线，利用欧洲1711年铜版画所示技术或伊朗传统技术进行制作的可能性很大。伊朗传统技术没有利用芯线搓捻技术，其所制作捻金线的金箔条捻向可以与芯线捻向相同也可以相反，甚至芯线可以不经专门加捻。利用欧洲铜版画所示技术制作出的捻金线的金箔条捻向与芯线捻向相反的可能性比较大，其真实情况尚需更多实验研究。

5.2 有机质背层捻银线

调查分析显示，绝大部分法门寺丝绸装饰用的捻银线以无背层银箔条捻绕而成，仅在两件刺绣织物上发现了由有机质背层银箔条捻绕成的捻银线，其中一件为绛红罗地刺绣夹袱，另一件为大红罗地刺绣莲花夹袱。在这两件织物上，由有机质背层银箔条捻绕而成的捻银线作为刺绣图案外轮廓和内部结构线条使用（图5.2.1、图5.2.2），捻银线的保存状况极差，银箔老化脱落严重（图5.2.3），有机质背层残留相对较多，长条状有机质背层形貌清晰可辨（图5.2.4），从形貌判断该背层的材质为纸，银箔与有机质背层完好保存贴合的部位极少。无背层捻银线多用于织金锦和刺绣轮廓。

图5.2.1 纸背层捻银线作刺绣轮廓

图5.2.2 捻银线作为刺绣内部结构线条

图5.2.3 银箔老化产物覆盖有机质背层

图5.2.4 长条状有机质背层

5.2.1 形貌结构

纸背层捻银线的银箔条以S向捻绕于捻向为Z的双股芯线外围，芯线为深棕色蚕丝。捻银线直径为425.16—698.87微米，纸背层宽度为519.98—964.54微米，在银箔样品剖面上测得银箔厚度为1.64—4.42微米（图5.2.5），银箔样品剖面未发现镀金层，银箔为单层。现存的相邻捻绕的纸背层条之间的空隙即蚂蚁脚为0—251.55微米，纸背层条与芯线形成的夹角为32°—66°，在每厘米长度内纸背层条捻绕圈数约5—10圈。

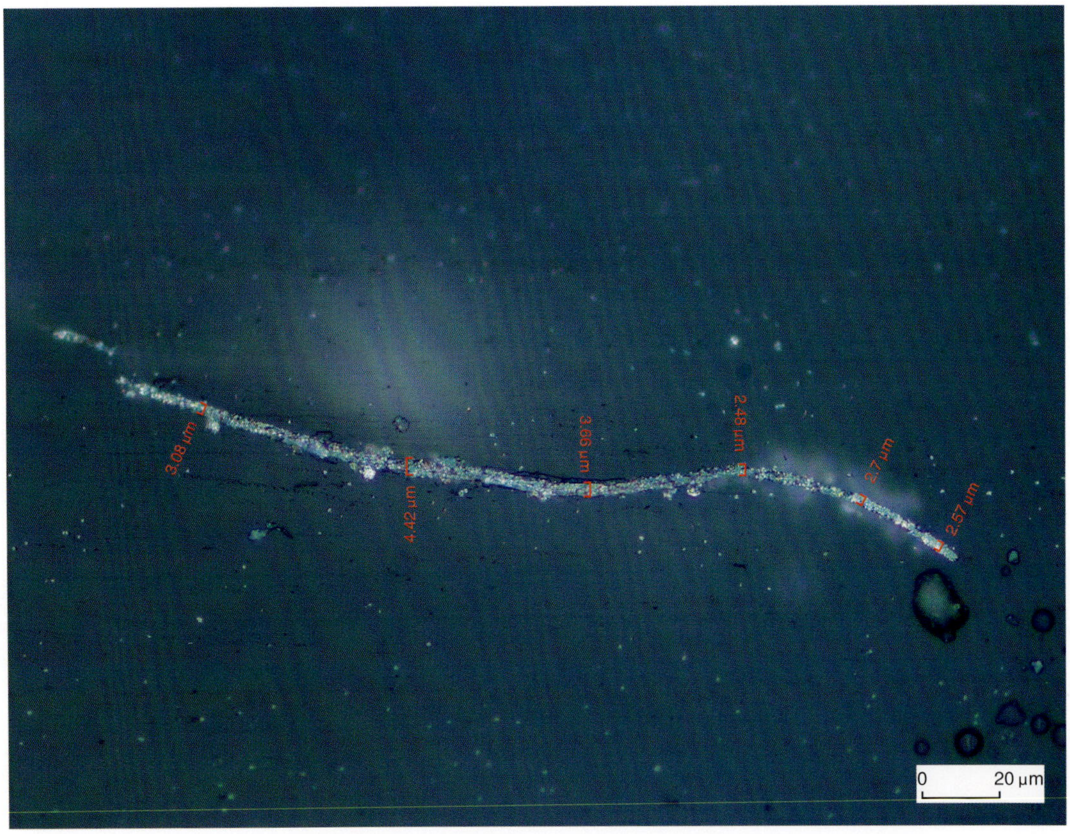

图5.2.5 银箔层厚度（1.64—4.42微米）

5.2.2 保存状况与材质分析

银箔锈蚀严重，残存极少，在刺绣图案周围形成暗灰色锈蚀残留物线条（图5.2.6）。脱落银箔散落于织物表面，多劣化成粉末（图5.2.7），未脱落银箔表面粉化锈蚀严重，芯线保存相对较好，形貌较为完整。采集散落的银箔残片，利用扫描电镜能谱分析仪对银箔形貌、保存状况、劣化特征进行观察，对银箔金属成分进行能谱分析。结果显示，银箔表面裂隙较多（图5.2.8），裂隙通透银箔本体，导致银箔断裂，表面布满粉化锈蚀产物（图5.2.9），锈蚀粉末黏附在纤维状背层之上（图5.2.10）。将散落银箔残块样品包埋于树脂，磨制样品剖面，对剖面的显微观察显示银箔为单层结构（图5.2.11），不存在其他金属镀层。金属成分分析结果显示，银箔的金属成分为金、银、铜，银箔表面分析显示银含量在63.8%—75.8%，银箔剖面分析显示银含量在69.87%—82.34%，在剖面测得银含量较表面含量高。银箔表面及剖面均发现氯元素的显著存在，在银箔表面测得较多硫元素，银箔剖面未测得硫元素，硫元素的分布特点显示了其在银箔中的劣化深度分布特点，氯和硫的存在揭示了银箔的严重劣化状况。

图5.2.6 捻银线老化后的整体光泽及形貌

图5.2.7 银箔脱落及散落状况

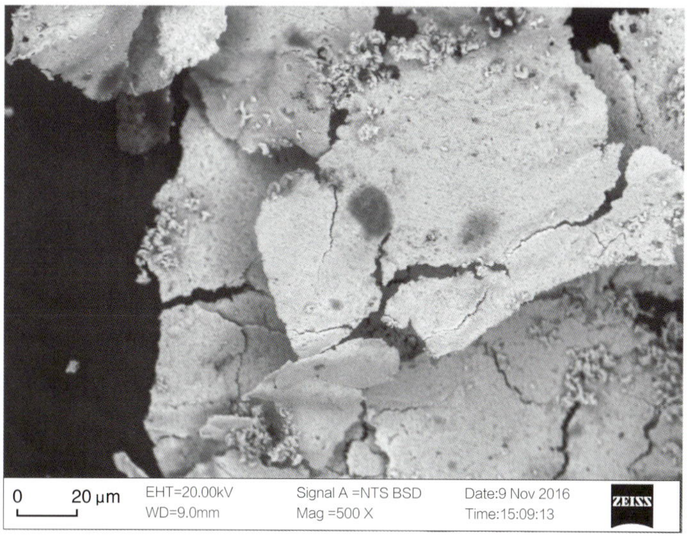

图5.2.8 银箔劣化导致裂隙及断裂

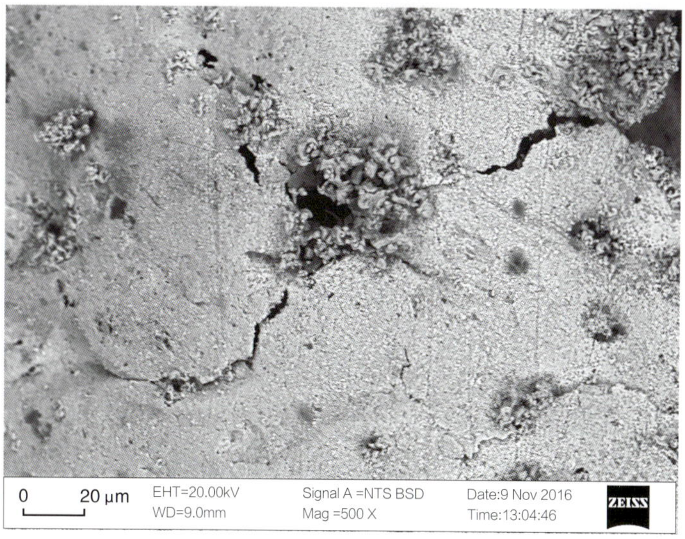

图5.2.9 银箔劣化导致孔洞病害

从捻银线各组成部分的保存状况优劣顺序来看，芯线保存最佳，有机质背层其次，银箔保存状况最差（图5.2.12）。由于有机质背层保存量少，仅存的有机质背层较为完整地捻绕在芯线外围，为不破坏文物，本研究仅对残断捻银线的有机质背层进行了观察分析。结果显示，有机质背层明显由纤维构成，纤维错综交叉，组成层状结构（图5.2.13），生物显微镜观察显示纤维形貌为植物类纤维，加之有机质背层呈明显的长条状外形和裁切特征。因此，可以断定法门寺唐代捻银线明确存在有机质背层，背层材质为纸。

图5.2.10　银箔粉化锈蚀产物

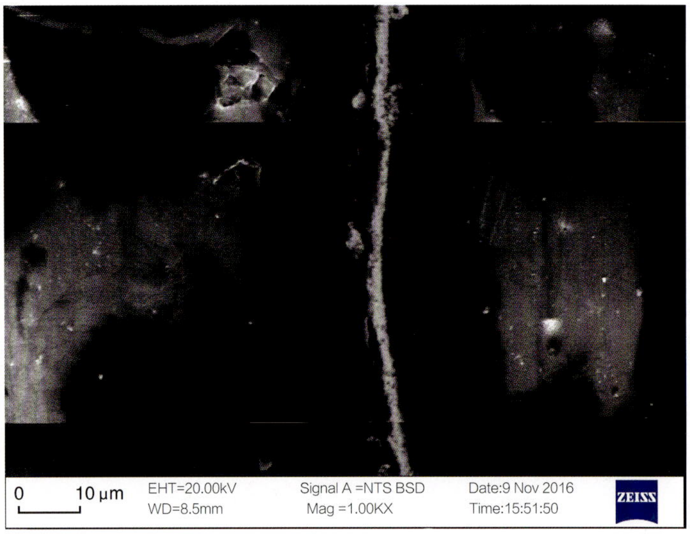

图5.2.11　银箔剖面（白色长条位置）

图5.2.12　芯线及纤维质背层形貌

图5.2.13　组成背层的植物性纤维形貌

5.2.3　加工工艺

捻银线以及带纸背层的捻银线与捻金线的整体结构和形貌、技术特征相似度高，因此其制作工艺也应大体一致，在此不再赘述。对纸背层捻银线加工工艺的考察，除了捻金银线常规技术考察外，还需重点关注纸背层与银箔条的结合技术问题。

由于纸背层保存量极小，为不破坏文物，本研究未对纸背层进行破坏性取样，仅在捻银线周边采集了散落的纸背层，对纸背层可能残留的胶黏剂进行分析研究。实验利用三氟乙酸溶剂提取样品中可能存在的胶黏剂残留物，通过凝胶电泳技术分离提取到的物质，进行胶内酶解后抽提出肽段，再运用质谱技术得到这些肽段的质谱图，最后与蛋白质数据库比对，鉴定结果表明样品中存在人的角蛋白，可能来源于保存过程中人体与文物的接触，未发现胶黏剂相关成分。这一结果说明，所分析的样品上未发现胶黏剂残留，但并不能因此直接断定法门寺捻银线的银箔层与芯线层之间未曾使用胶黏剂。

图5.2.14　熬制牛骨胶

关于纸背与银箔之间是否有黏合剂层的问题曾有很多讨论，但因捻银线的银箔和可能存在的黏合剂老化程度一般都比较深，样品存量小，取样及科学分析测试的难度较大。从常理上推断，纸与金属箔之间不借助黏合剂，难以牢固紧密贴合，因此使用黏合剂的可能性很大。文献方面，有众多证据证明在纸背层与金属箔层之间使用了黏合剂。Elena Mikolaychuk指出捻金银线金属箔的构成除了金属层之外还有纸背层、动物肠膜层以及黏合剂层，[①]Reyer de D.也指出在背层金属箔的制作过程中可能使用了黏合剂。[②]Darrah J. A.指出有学者在香港看到了在纸背层表面涂虫胶，在虫胶表面黏附金箔或银箔的传统加工方法，[③]指出中国传统背层金属线多由桑皮纸上涂黏合剂层然后贴附金属箔层做成。对日本阿依努族服饰金属线的研究则发现了将赤铁矿混合在天然漆里面作为黏合剂以黏合金属箔层和纸背层的工艺。[④]另外，笔者对传统工艺调查的结果显示，在中国传统纸背层捻银线的制作过程中，使用了牛骨胶以使银箔层与纸背层牢固黏合（图5.2.14—图5.2.19），以增强其稳定性和耐久性。虽然，

图5.2.15　混合搅拌胶料与填料

① Mikolaychuk E., Pinyagina N. Comprehensive Approach to Textile Problems in the Hermitage. Canadian Conservation Institute. ed. Fabric of an Exhibition: An Interdisciplinary Approach, Preprints of a Conference Textile Symposium 97. Ottawa: Canadian Conservation Institute, 1997: 77-80.

② Reyer de D, and others. Les Lamelles des Fils Metallique Organiquesdans les Textiles Medievaux: Apprche Methodologique de leur Origine Biologique. Studies in Conservation, 2002(47): 122-133.

③ Darrah J A. The Microscopical and Analytical Examination of Three types of Metal Thread. Járo, M. ed. Conservation of metals, Problems in the Treatment of Metal-organic and Metal-inorganic Composite Objects. Istvan ERI, 1989: 53-65.

④ Kohara N, and others. A Note on the Characterization of Metal Threads in Historic Textiles Handed down by the Ainu People. Studies in Conservation, 1998, 43(2): 109-113.

目前尚未从法门寺捻银线纸背层中发现胶黏剂残留物，但综合以上信息，基本可以推测法门寺捻银线的纸背层和银箔层之间很有可能使用了胶黏剂。因此，大致可推断，法门寺背层捻银线的制作过程如下：在纸背层表面涂刷黏合剂，将经过捶打的银箔黏附其上，将纸背层银箔片剪切成细条，经对纤维芯线搓捻并在芯线松捻过程中将纸背层银箔条自动捻绕[1]在芯线外做成。

5.2.4 工艺价值

在纺织品文物上，常见不同材质和形貌结构的金属线用于织造或刺绣装饰。目前，已知最早的初级形态的捻金线实物当属新疆山普拉墓地出土的三世纪中期到四世纪末棉布枕上所装饰的捻金线，[2]以及在库车县友谊路魏晋十六国墓出土的形态得到进一步发展的捻金线。[3]

图5.2.16 金箔拼接排布于台面

图5.2.17 纸背层涂刷胶黏剂

图5.2.18 纸背层涂胶面黏附金箔

图5.2.19 纸背层金箔悬挂干燥

---

① 路智勇：《法门寺地宫出土唐代捻金线的捻制工艺研究》，《华夏考古》2018年2期。

② 党小娟、郭金龙、柏柯、杨军昌：《新疆山普拉墓地出土金线结构形貌与材质特征研究》，《文物保护与考古科学》2014年3期。

③ 杨军昌、于志勇、党小娟：《新疆库车魏晋十六国墓（M15）出土金线的科学分析》，《文物》2016年9期。

随后，在西安唐李倕（卒于736年）墓出土服饰织物痕迹上也残留有捻金线，①法门寺丝绸捻金线（不晚于874年）则在时代上紧随其后。法门寺丝绸中利用捻金线形成的成熟织金锦和蹙金绣工艺，是现存也是保存最好的早期中国织金锦和蹙金绣实物。捻金线这一织物装饰金属线类型在唐代集中大量出现后，在宋、元、明各时代逐渐发展，技术类型和应用工艺不断丰富，一直到云锦、清代宫廷服饰以及当代服饰面料中也常有应用，并出现了利用现代化工技术制作的假金线。可见，唐代捻金线技术的发展及其装饰工艺的成熟对后世金属线类型的发展及丝绸用金装饰工艺的多样化均具有重要意义和贡献。

在捻金线出现和应用的同时，捻银线在同时使用，只是因为银更易受环境因素影响，导致劣化而难以保存，所以在考古发掘中很难发现，法门寺捻银线应该是目前所知最早的中国捻银线实物。本研究证实了纸背层捻银线实物的存在，利用纸背层捻银线技术也可以制作出纸背层捻金线。因此，可知在中国晚唐时期（不晚于874年），已经出现了纸背层捻金线与捻银线技术。从法门寺纸背层捻银线的结构形貌规整度以及加工痕迹来看，其技术在当时已经相当成熟，从纺织品装饰金属线技术发展的角度看，纸背层金属线技术的发明具有重要的技术和工艺价值。

5.2.4.1 极大降低金属线成本，促进金属线普及与发展

早期金属线均由较厚的单层金银箔条组成，例如青海都兰热水吐蕃墓出土的龟甲纹织金锦带所用金属箔条线即属此类，其贵金属使用成本高，装饰后织物重量大，使用稳定性和耐久度不高，不利于金属线装饰技术的普及应用。纸背层金属线技术发明以后，通过引入纸背层，在纸背层表面贴敷金银箔而做成表面同样呈现金银色的金银箔条线，进而可以用作平金银线或捻制捻金银线，金银箔可以经过捶打至极薄的厚度再行贴敷于纸背层。因而，此技术创新极大地降低了生产同样长度金属线所需的贵金属成本，进而促进了金属线的普及及其在纺织装饰领域的发展。

5.2.4.2 有效提高金属线韧性，丰富金属线装饰纹样形式

纸具有良好的柔韧性，作为金属线的背衬基层使用，贴敷极薄的金银箔后，其柔韧性仍然得以较好地保存，相对于单层的厚金银箔条其柔韧性更具优势。因柔韧性差，单层金属箔条不适于制作成弯曲或有较大弧度的线条，因而其在织物上的装饰纹样均为平行长条状，例如青海都兰热水唐墓出土的龟甲纹织金锦带使用了单层金箔条织入织物，构成简单几何纹。纸背层金银箔条具有较好的柔韧性，较为适宜弯曲做成具有弧度的线条，可以通过钉金绣工艺来装饰植物花鸟纹样。例如瑞士阿贝格基金会收藏辽代金属线刺绣织物，即使用了具有纸背层的金箔条弯曲装饰花鸟刺绣纹样，纹样更为生动形象②。纸背层金银箔条捻绕于纤维芯线外做成捻金银线后，在使用极少贵金属的情况下，利用纤维芯线及背层金属箔条的螺旋形成稳定结构，显著加大了金属线的强度，相邻捻绕纸背层金属箔条之间的空隙（蚂蚁脚）则给捻金（银）线的弯曲折叠提供了更大的灵活空间，保证了捻金（银）线的柔韧性，加大了其在刺绣和织造中的操作性、耐久性和实用性，满足了更为复杂精美纹样的织造和设计需要。

① 路智勇：《法门寺地宫出土唐代丝绸用金装饰工艺研究》，《考古与文物》2015年6期。

② Schorta R. ed. Dragons of Silk, Flowers of Gold a Group of Liao-Dynasty Textiles at the Abegg-Stiftung. Riggisberg: Abegg-Stiftung, 2007.

5.2.4.3 显著增加金属线长度，催化金属线装饰工艺升格

单层金属箔条由捶打金银箔片裁剪而成，金银箔条的长度受捶打金银箔尺寸的影响，因而其长度有限，一般长度不超过20厘米。由于纸背层的引入，可以通过在长度更大的纸背层上拼接黏附金银箔而延长纸背层金银箔条，因而可以得到长度达90厘米的平金线，来满足复杂纹样以及大面积纹样的织造需要。例如，宋辽金时期的织锦以及后世的云锦等织物均大量使用带有纸背层的平金银线装饰。纸背层金银箔条经捻绕于纤维芯线做成捻金银线，则通过无限延长的纤维芯线而进一步延长了金属线的长度，进而可以连续织造更为复杂和大面积的纹样，或者通过钉金绣盘绕成连续大面积蹙金绣纹样，例如法门寺丝绸的大面积蹙金绣图案。

5.2.5 小结

除法门寺唐代纸背层捻银线之外，笔者曾考察收藏于大英博物馆出土自敦煌藏经洞的唐代刺绣织物（MAS.857），发现其使用了纸背层捻金线通过钉金绣工艺用于刺绣纹样外轮廓装饰。在宋金时期，皮背层贴金箔条线在织物上开始较多出现，在美国大都会博物馆收藏的南宋缂丝织物以及日本收藏的部分南宋织金织物上都有发现，美国克利夫兰博物馆藏的元代织金缎织物，图案为虎和鹰，风格深受伊朗东南部地区特色影响，该文物出土于中国北方，同时采用捻皮背层鎏金银箔条线和皮背层鎏金银箔条线装饰[①]。河北隆化鸽子洞出土元代织物使用了纸背层平金线以及捻金线，新疆乌鲁木齐南郊盐湖元墓中出土服饰的肩、领、袖、襟由织金锦装饰，其中使用了捻金线及平金线，其平金线为金箔粘附在宽度约0.5毫米的皮子上做成。[②]江西南昌明代宁靖王夫人吴氏墓出土服饰也使用了纸背层平金线，[③]西藏萨迦寺遗址出土明代织物使用了无背层捻金线以及纸背层平金线进行装饰，[④]明清及近代织物上使用的金属线无论是捻金银线还是平金银线均普遍使用纸背层技术。

由此可见，自晚唐时期以后纸背层金属线及皮背层金属线在中国织物上均有使用，纸背层金属线实物时代早于皮背层金属线。与纸背层金属线技术类似，皮背层金属箔条线是通过在皮子表面黏附金属箔而成。《元史·舆服志》中对质孙宴中所用质孙服有详细说明，虞集《道园学古录》也有记载“纳赤思者，缕皮傅金为织文者也”，“缕皮傅金”指的就是皮背层金箔条线，《天工开物》记载“造皮金者，硝扩羊皮使最薄，贴金其上，以便剪裁服饰用”。皮背层金箔条线俗称“羊皮金”或“皮金”，纸背层金箔条线则俗称“纸金”。

文献显示，欧洲学者认为欧洲早期背层金属线均来自东方，且以此类金属线的来源地为之命名，古称塞浦路斯金线或拜占庭金线，两地均处于欧洲与亚洲交界处的交通和经贸要道，可能恰为来自东方的背层金属线的集散与交易地。在元朝，中国北方的织金技术对伊朗东部地区也有影响，比如用背层金箔条线织造图案的技术，很有可能就是从元朝西传进入中亚地区的。从意大利以及欧洲西部地区现藏的14世纪的织物上，能够清楚地看到中国皮

---

① James C. Y. Watt, Anne E. Wardwell, When Silk was Gold. Central Asian and Chinese Textiles. The Metropolitan Museum of Art, in: cooperation with the Cleveland Museum of Art, 1997: 135.

② 王炳华：《盐湖古墓》，《文物》1973年10期。

③ 周旸、汪自强：《南昌明宁靖王妃墓出土纺织品平金线的SEM分析》，《中国文物保护技术协会第三次学术年会论文集》，紫禁城出版社，2005年。

④ 路智勇、惠任、韩淑敏：《三组明清织物装饰捻金线的技术分析与比较研究》，《文物保护与考古科学》2017年4期。

背层金属箔条线在当地织物上直接作为纬线织造形成精美图案的风格呈现。[①]少数西方学者认为，背层金属线技术在东方产生的时间不早于11世纪，[②]更多西方学者则持更晚甚至晚至13—14世纪背层金属线才开始在东方出现的观点。本文的研究结论，明确将纸背层金属线技术在中国出现的时间提前至不晚于874年。综上研究，更指向于背层金属线技术最早产自中国，且该技术在欧洲具有广泛的传播和深远的影响。可能受此技术的影响，自13世纪起，欧洲开始出现了以非常薄的动物肠膜替代纸、皮背层做成金属线的技术，这类金属线的表面金属箔多以鎏金银箔为主。[③]动物肠膜背层金属箔条常捻绕在亚麻纤维芯线外，作为捻金（银、铜）线在刺绣上使用，但其使用量和留存实物量都很少，可能与其表面金属箔层与肠膜的结合牢固程度不佳，在穿用过程中比较容易磨损有关。目前，还未发现中国曾生产此类金属线的文献或实物证据。

不同时代不同材质结构的金属线实物揭示，织物装饰金属线的材质、类型和工艺在不断发展演变，其演变趋势遵循了成本逐渐降低，金属线长度、强度、韧性逐渐增加，线条形貌更精美，立体感更强，更易于折叠弯曲，装饰工艺更复杂，更适于织金锦、蹙金绣等复杂精美织造和刺绣纹样设计需要的基本规律。在此过程中，纸背层金属线技术的发明起到了至关重要的作用，无论在中国还是在欧亚大陆范围内，该技术均具有重要发明创造价值，在纺织品装饰金属线发展过程中具有里程碑式的价值和意义。

5.3 金属丝

除捻金银线外，金属丝在法门寺织物服饰中也有使用，但仅发现一例，应用于银丝结绦鞋的制作，由银丝编织的网与织物相结合而制成（T22）。金属丝直径为143.11—379.23微米，截面为圆形。金属丝整体外观相对圆滑（图5.3.1），但细微处观察可见直线型凹槽（图5.3.2）或螺旋型线性凹槽（图5.3.3），虽然该金属丝上的螺旋凹槽看似与捻金线的金箔条捻绕螺旋状相似，但实质上具有本质区别。金属丝捻绕位置的线条宽度为143.46—354.08微米（图5.3.4），捻绕螺旋凹槽与金属丝长度方向形成的夹角范围为19°—34°（图5.3.5）。虽然金属丝不似捻金线那样直接织入织物或钉绣于织物表面，但其应用方式与织物直接缝钉结合，属于非常罕见的实物，可能为目前所知的唯一实物。

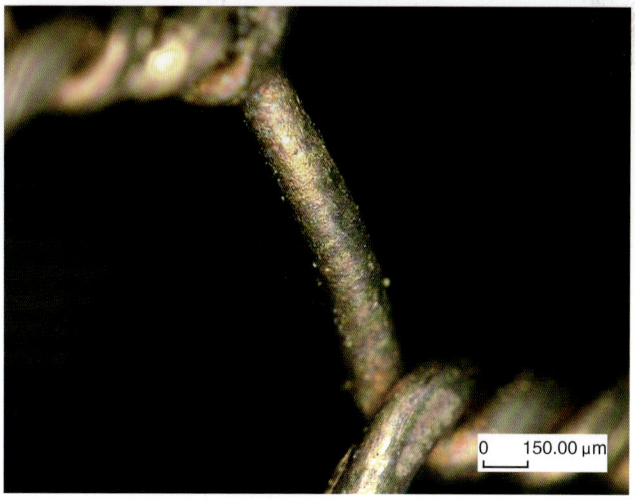

图5.3.1 金属丝的部分圆滑规则部位

虽然T22金属丝远观均呈近似圆形，但通过显微

① Braun-Ronsdorf M. Gold and Silver Fabrics from Medieval to Modern Times. C. I. B. A Review, 1961(3): 2-16.

② Járó M., Gondár E., Tóth A. L. Technical Revolutions in Producing Gold threads Used for European Textile Decoration. In: Eluère, C. ed. Outils et ateliers d' orfèvres des temps anciens, Antiquités nationales mémoire 2, Société des Amis du Musée des Antiquités Nationales et du château de Saint-Germain-en-Laye, 1993: 119-124.

③ Jaro M., Gondar E. Mediaeval Membrane Threads Used for Weaving and Embroidery, In: M. Jaro and L. Kolto (eds), Archaeometrical Research in Hungary, National Centre of Museums, Budapest, 1988: 255-266.

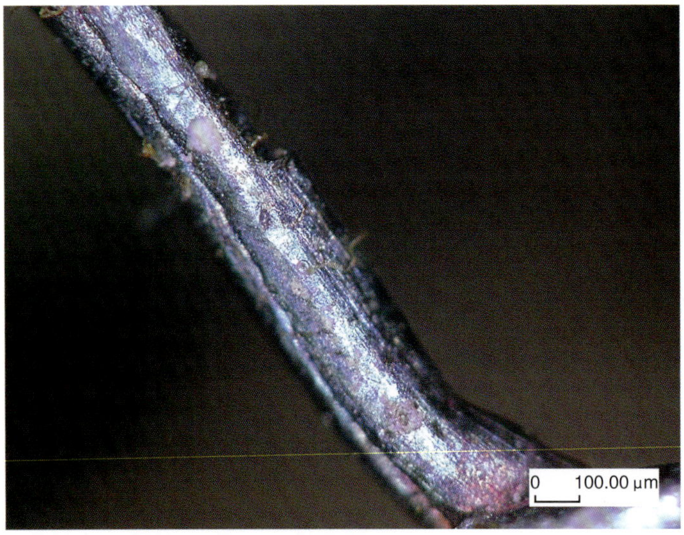

图5.3.2　金属丝表面的直线型凹槽线

图5.3.3　金属丝表面螺旋型凹槽线

图5.3.4　金属丝捻绕位置的线条宽度
（143.46—354.08微米）

图5.3.5　捻绕螺旋凹槽与金属丝长度方向形成的夹角
（19°—34°）

镜下的全面细致观察，却可见金属丝的不同形态，这些形态应与金属丝加工技术的不同加工阶段有关（图5.3.6）。根据常规金属丝加工技术的研究成果推断，该法门寺金属丝应该由截面呈矩形的金属条旋转扭曲而成，待金属条扭转成型后再进行表面光滑圆润技术处理。

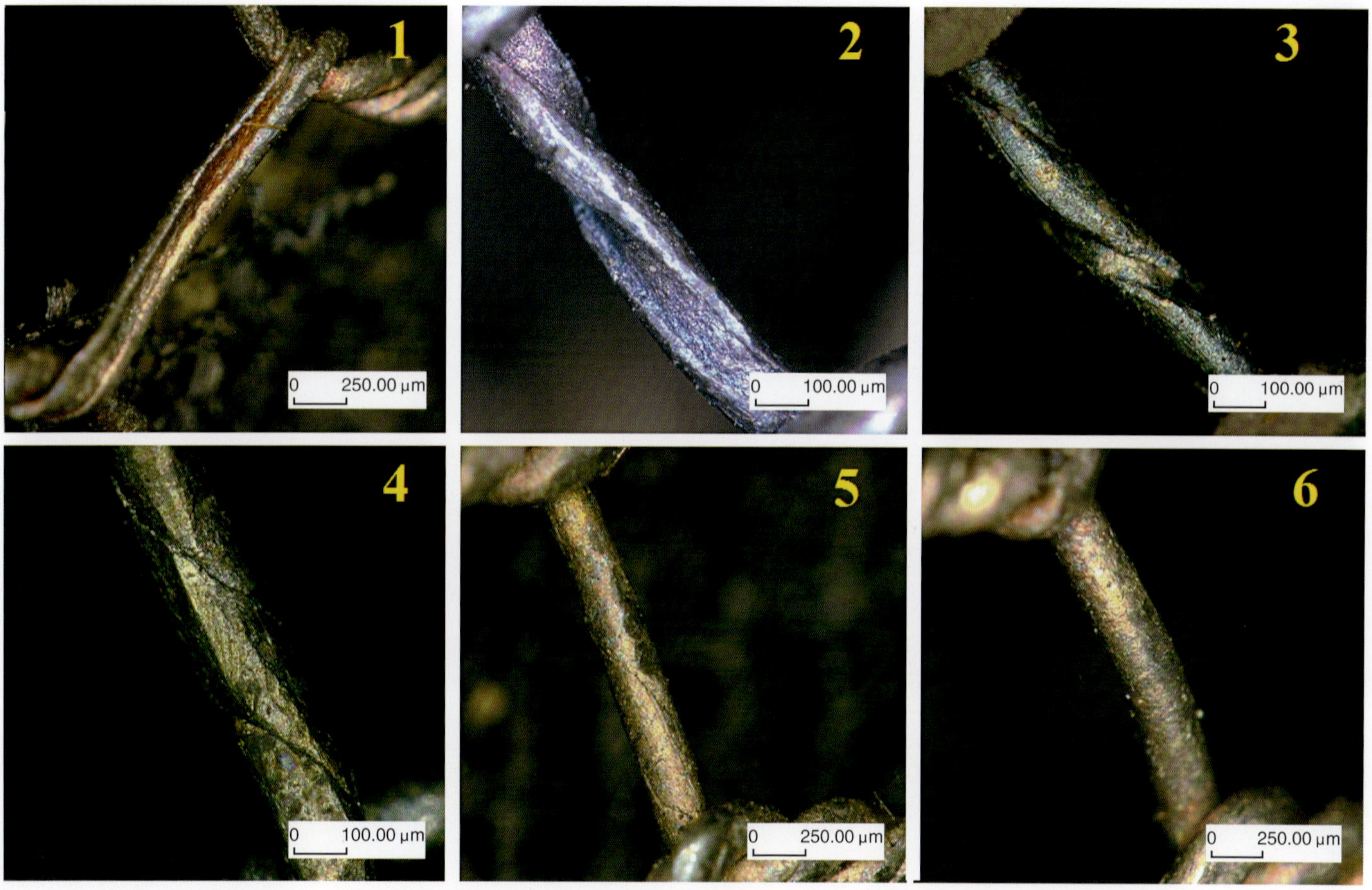

图5.3.6 法门寺圆金属丝的不同形貌部位揭示其由截面为矩形的金属条捻转而成的加工过程

1.矩形金属条经扭转的初始阶段 2.矩形金属条经扭转的早期阶段 3.矩形金属条被进一步扭转 4.矩形金属条被扭转成近似圆条形（表面粗糙、螺旋线可见） 5.矩形金属条被扭转成圆条形（表面较为光滑、螺旋线几乎不可见） 6.矩形金属条扭转完成圆条形后再经表面处理（表面光滑圆润、螺旋线不可见）

5.4 染料①

唐代中国的政治实力和社会经济迅速发展，同时织染技术也不断提高。据《唐六典》记载，“凡染，大抵以草木而成。有以花叶，有以茎实，有以根皮。”到唐代，织物染色已经主要以植物染料为主。唐朝少府监下设立的“掌供天子皇太子及群臣冠冕”的织染署内共设有25作，其中练染之作有六：“一曰青、二曰绛、三曰黄、四曰白、五曰皂、六曰紫。”②可见当时的练染技术已经发展出了十分明确而细致的作业分工。染匠对染色材料的认知和使用也不断扩大，据相关专家对唐代出土织物染料的测定分析，唐代染材检测出的有茜草、红花、靛蓝、栀子、黄芩、黄檗、槐花、紫草、木犀草等近十种。可以通过与不同助剂搭配、套色等方法获得色谱色阶数十种。

① 唐代染料文献信息由东华大学金鉴梅及中国丝绸博物馆刘剑提供。

② 《唐六典》，明刻本，卷二十二。

5.4.1 唐代染料

5.4.1.1 红色系染料

唐代染红色的染料主要有茜草和红花两种。红花又名红蓝、红蓝花、黄蓝等，是菊科红花属植物。我国在北魏时期就将红花作为经济作物种植，到唐代红花的种植已经遍及全国。唐代李中还用："红花颜色掩千花，任是猩猩血未加"[①]的诗句来形容红花颜色的鲜艳。红花中含有两种色素，一种为红花红色素（Carthamine）一种为红花黄色素（Safflorgelb）。红色素易溶于碱性溶液不易溶于水和酸性溶液，而黄色素易溶于水和酸性溶液不溶于碱性溶液。新鲜采摘的红花需要通过反复清洗、捶捣、绞汁等步骤尽量的去除黄色素，储存时可制成"红花饼"或"干红花"进行长期存放。《齐民要术》就有去除黄色素方法的记载："摘取即碓捣使熟，以水淘，布袋绞去黄汁。"被称为"杀花法"。[②]习凿齿的《与燕王书》中有记载："山下有红蓝，足下先知不？北方人探取其花染绯黄。"[③]红花亦有"黄蓝"之称，可推断早期红花染得的色相可能具有一定的橙黄色调。到了唐代，这种染色技术更加普遍成熟，白居易的《红线毯》一诗有："红线毯，择茧缲丝清水煮，拣丝练线红蓝染。染为红线红于蓝，织作披香殿上毯。"[④]的描绘，可推断，当时人们已经可以用红花染得十分鲜艳的红色。茜草是茜草属多年生草质攀援藤木，是我国古代使用最广泛的红色染料。《诗经》中就有多处茜草染服装的诗句，如《诗经・郑风・出其东门》："缟衣茹藘，聊可与娱。"[⑤]就是对茜草所染红色的描写。西汉时茜草开始大面积作为经济作物种植。茜草色素主要为茜素和茜紫素，茜草根煎煮后与明矾反复媒染可得到多种红色调，与铁媒染可得到绛紫色。新疆吐鲁番出土的唐代绮片上的红色和绛紫色部分经检测即茜素染色。[⑥]

5.4.1.2 蓝色系染料

能够提取制作含靛染料的植物主要有蓼蓝、木蓝、菘蓝、马蓝、吴蓝五种。其中蓼蓝在我国应用最早，使用得最为频繁。靛蓝染料由蓝草的茎、叶发酵而成，其发色基团羰基能够被发酵还原为隐色酸，溶解于碱性溶剂中形成隐色盐即靛白，靛白上染纤维后在空气中氧化即形成靛蓝。我国早在周代就有对靛蓝使用的记载，《诗经》中有："终朝采蓝，不盈一襜。"[⑦]描写采集蓝草的诗句。《礼记・月令》有："仲夏之月，令民毋刈蓝以染。"说明从周朝到汉代，蓝草已经被大量种植使用。唐代青、蓝色应用范围甚广，皇后的袆衣，八九品官员朝服，平民的婚礼服、常服等，都有青色衣裳出现。

---

① 《全唐诗》，李中《红花》，清文渊阁四库全书本，卷七百四十八。

② 《齐民要术》，四部业刊景明抄本，卷第五。

③ 《史记》，习凿齿《与燕王书》，清乾隆武英殿刻本，卷一百十。

④ 《全唐诗》，白居易《红线毯》，清文渊阁四库全书本，卷四百二十七。

⑤ 《毛诗注疏》，郑风・出其东门，清嘉庆二十年南昌府学重刊宋本十三经注疏本，卷第四。

⑥ 武敏：《吐鲁番出土丝织物中的唐代印染》，《文物》1973年10期，37—47页。

⑦ 《毛诗注疏》，采绿，清嘉庆二十年南昌府学重刊宋本十三经注疏本，卷十五。

5.4.1.3 黄色系染料

唐代染黄色的染料众多，栀子、黄檗、黄栌、荩草、郁金、槐花、柘木等都有应用记载。杜甫的《江头四咏·栀子》一诗有："于身色有用"之句，说明栀子在唐代已经用于染色。《補注杜诗》第二十三卷有云："色有用，洙曰蜀人取栀子色以染帛。"[①]《汉官仪》记载有："染园出卮、茜，供染御服。"[②]可见当时浸染皇室用织物也用到栀子，栀子的果实可以水煎得到鲜亮的黄色染料。郁金为姜科多年生草本植物，可用其根煎煮染得明亮的黄色。汉代的《急就篇》有记载："郁金半见缃白勬，自此以下皆言染缯之色也，郁金染黄也。"[③]可见在当时郁金所染的黄色已被作为特定的色名使用。《樊川诗集注》有记载："郁金芳草也，染妇人衣最鲜。"[④]唐代时对这种鲜艳黄色颇为喜爱。柘木为落叶灌木或小乔木，芯材可以染黄色。《補注杜诗》三十六卷有："柘黄，天子之服也。"[⑤]之句，柘木所染黄色有隐约红光，自隋唐以来就是帝王专用的服色。黄檗又名黄柏，早期黄檗常用于染纸张，《齐民要术》卷三中有记载："染潢及治书法。"[⑥]其中所提及的"染潢"即为一种将纸放入黄檗汁中浸染的方法，可以起到防虫的作用。宋代《类说》卷四十七有记载："古人写书皆用黄纸，以檗染之所以辟蠹，故曰黄卷。"[⑦]可见用黄檗染纸已经应用十分广泛。黄檗也可以染丝绸，南北朝鲍照的《行路难》一诗有："锉蘗染黄丝，黄丝历乱不可治。"[⑧]的记载。此外唐代已经掌握了丰富的套色技术以染得更多的色相，如黄色与靛蓝套染可得到丰富的绿色，如吐鲁番出土的唐代绿地狩猎纹纱，经分析推断为槐花和靛蓝套染而成。[⑨]

5.4.1.4 紫色系染料

唐代时实行官品服色制度，《旧唐书·舆服志》有记载："五品以上通著紫袍，六品以下兼用绯、绿，胥吏以青，庶人以白，屠商以皂，士卒以黄"。[⑩]可见唐代时以紫色为贵族服色。常见的紫色染料为紫草，为多年生草本植物，其色素主要为萘醌衍生物紫草醌和乙酰紫草醌。春秋时，紫草就被作为染料使用，《管子》中有记载："昔莱人善染。练茈之于莱纯锱。"[⑪]"茈"即为紫草，用于染"纯锱"之色。唐代皇帝更有对臣僚"赐紫"之俗，以示对臣子嘉奖。如《资治通鉴》卷二一六："屡走帑藏充牣，古今罕俦，故上帅群臣观之，赐钊紫衣金鱼以赏之。"[⑫]即为唐玄宗天宝年间八载二月戊申对杨钊赐紫衣的记载。黄滔的《奉和翁文尧员外文秀光贤昼锦之什》诗句："君王面赐紫还乡，金紫中推是甲裳。"[⑬]可见当时官员受赐紫衣是至高的荣誉也是身份地位的象征。

---

① 《補注杜诗》，栀子，清文渊阁四库全书本，卷二十三。
② 《广雅疏证》，清嘉庆元年刻本，卷十上。
③ 《急就篇》，四部业刊续编景明抄本。
④ 《樊川诗集注》，清嘉庆德裕堂刻本，诗集卷二。
⑤ 《補注杜诗》，清文渊阁四库全书本，卷七。
⑥ 《齐民要术》，四部业刊景明抄本，卷三。
⑦ 《类说》，清文渊阁四库全书本，卷四十七。
⑧ 《古乐府》，鲍照《行路难》，明嘉靖刻本，卷十杂曲歌辞。
⑨ 武敏：《吐鲁番出土丝织物中的唐代印染》，《文物》1973年10期，37—47页。
⑩ 《旧唐书》，清乾隆武英殿刻本，卷四十五志第二十五。
⑪ 《管子》，四部业刊景宋刻本，卷二十四。
⑫ 《资治通鉴》，四部业刊景宋刻本，卷二百一十六唐纪三十二。
⑬ 《全唐诗》，清文渊阁四库全书本，卷七百五。

5.4.2 法门寺丝绸染料分析

5.4.2.1 实验仪器与方法

采用高效液相色谱-质谱联用技术进行检测，染料萃取采用三元溶剂在80℃加热样品纱线30min，萃取液经氮气干燥后用甲醇/水重溶，离心后取上清液进样10μL。

5.4.2.2 结果分析

实验检测分析样品颜色多为深红色、棕色、土黄色、绿色等，经过1100余年的地宫内存放，染料出现了一定程度的褪色。染料检测结果显示法门寺丝绸主要的色素有蒽醌类、吲哚类和小檗碱类化合物（见附表四）。

红色类丝织品的染料均由茜草属植物染色。图5.4.1为T1织物染料的高效液相色谱图，在450nm检测波长下发现有两个主要的色谱峰分别位于13.92min和14.26min。二极管阵列检测器（PDA）显示它们的最大吸收峰分别为258nm、495nm和291nm、481nm。负离子模式下，一级质谱图显示化合物1的分子离子峰[M-H]-为m/z 255，并伴随有m/z 283（化合物4），说明14.26min的色谱峰包含有两个色素成分。通过与文献比对，并结合植物标准品的比较，确认化合物1和4分别为茜紫素和茜根酸。此外，化合物2的紫外可见吸收光谱和多级质谱图显示的数据证实其为伪茜紫素（图5.4.2）。对T1的染料检测可推测该纱线可能为东南茜草（*Rubia argyi*）染色，这种茜草分布在陕西南部、长三角地区、华中和华南地区，是较为常见的茜草品种。该品种易与茜草（*Rubia cordifolia*）混淆，比较明显的特征是R. cordifolia染色的丝织品可以发现有微量的茜素存在。东南茜草染色的法门寺丝织品较多，但是它们的高效液相色谱图显示的蒽醌类成分的含量区别较大，例如图5.4.3显示T3-1纱线上的茜根酸较为丰富，很可能是染色工艺不同（如浸染次数、媒染剂、pH值）导致丝纤维对不同蒽醌类化合物的吸收能力不一样，最终表现为织物的色彩也有明确的区别。

蓝色和深绿色纱线由靛青染料染色。图5.4.4为T80B纱线2的高效液相色谱图，在600nm检测波长下发现有一个较强的色谱峰位于14.34min，紫外可见吸收光谱显示最大吸收峰为

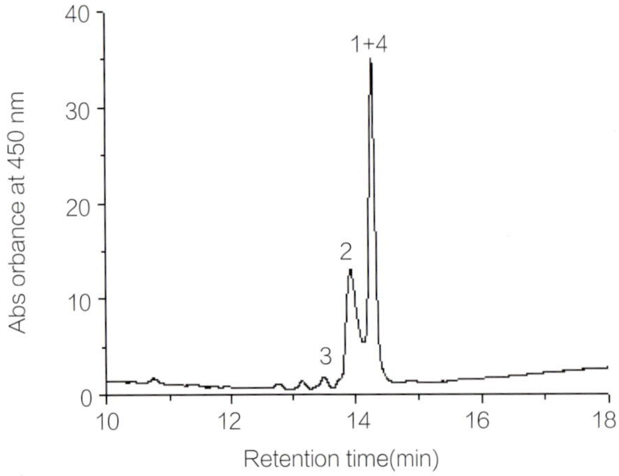

图5.4.1 T1织物染料高效液相色谱图

化合物1为茜紫素（m/z 255），化合物2为伪茜紫素（m/z 299），化合物3为6-羟基-甲基异茜草素（m/z 269），化合物4为茜根酸（m/z 283）

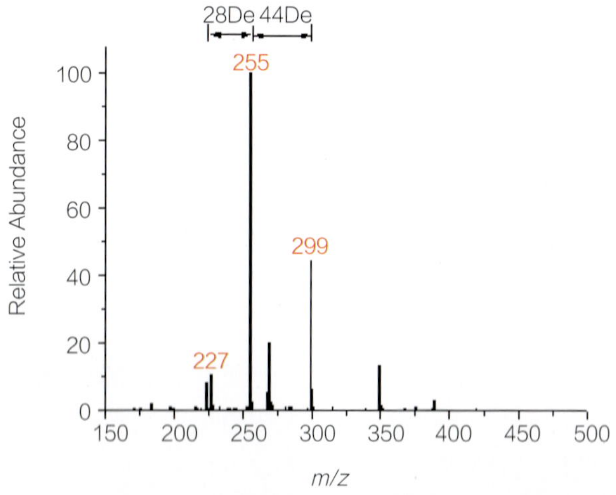

图5.4.2 T1织物染料中化合物2的质谱图

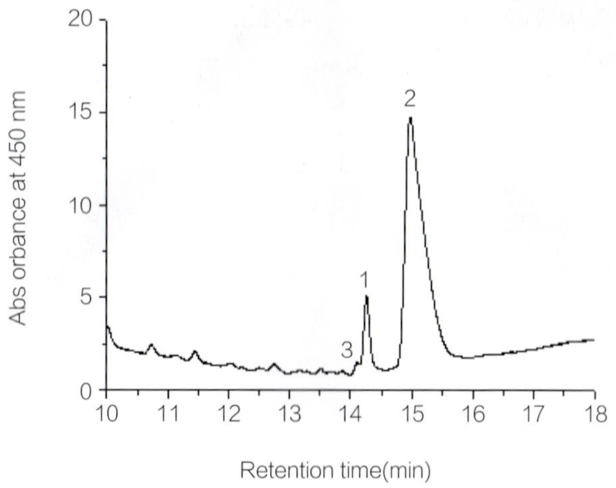

图5.4.3 T3-1织物染料的高效液相色谱图

化合物1为茜紫素（m/z 255），化合物2为茜根酸（m/z 283），化合物3为6-羟基-甲基异茜草素（m/z 269）

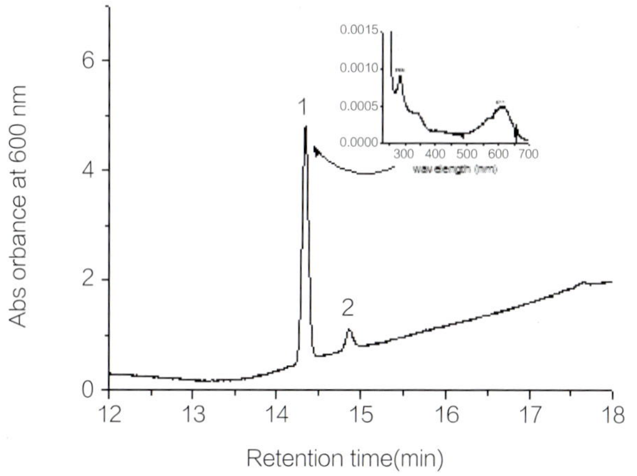

图5.4.4 T80B纱线2的高效液相色谱图

化合物1和2分别为靛蓝和靛玉红。内插图为化合物1的紫外可见吸收光谱图

285nm和611nm，在正离子模式下质谱图显示化合物1的分子离子峰$[M+H]^+$为m/z 263，与标准品比对的结果说明该色素为靛蓝。化合物2的保留时间为14.86min，其紫外可见吸收光谱和质谱图的数据证实为靛玉红。靛蓝和靛玉红是靛青染料的主要色素成分，纱线中这两种色素的含量比值不同（图5.4.5和图5.4.6）将导致外在颜色的不同。

有一个值得关注的现象，在350nm检测波长下，不少蓝色和深绿色纱线的高效液相色谱图上还发现一系列色谱峰（图5.4.6内插图），目前无法确认这些化合物的具体分子结构，推测可能因制靛工艺不成熟，导致少量杂质出现在染色纱线上。

靛青染料的来源一般有四种，蓼蓝（*Polygonum tinctorium*）、菘蓝（*Isatis tinctoria*）、马蓝（*Baphicacanthus cusia*）和木蓝（*Indigofera tinctoria*）。当这些植物发酵成靛青后主要成分均为靛蓝和靛玉红，因此根据上述检测结果无法判断蓝色和深绿色属于哪一种含靛植物所染。不过，四种蓝草的生长区域不同，马蓝和木蓝生长在南方，菘蓝主要是欧洲的靛青来源，所以，法门寺地宫出土的丝织品由蓼蓝染色的可能性较大。

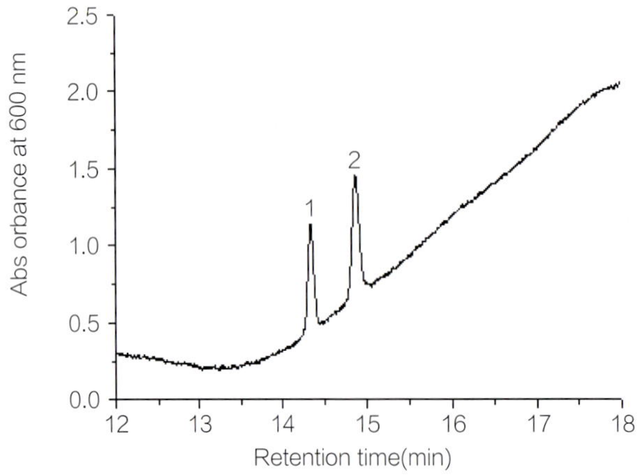

图5.4.5　T10表锦的高效液相色谱图

化合物1和2分别为靛蓝和靛玉红

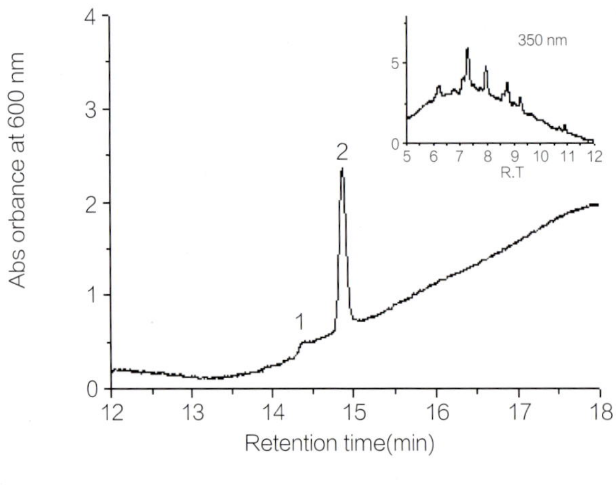

图5.4.6　T63蓝色（内）纱线的高效液相色谱图

化合物1和2分别为靛蓝和靛玉红。内插图为检测波长350nm时的高效液相色谱图

这批丝织品文物中出现频率最高的颜色是黄色和褐色，高效液相色谱-质谱联用技术检测的结果显示一部分黄褐色纱线中存在小檗碱，可以在T33-6表罗（黄色）纱线上看到这个色素（图5.4.7）。在正离子模式下，小檗碱的分子离子峰[M+H]$^+$为m/z 336，紫外可见吸收光谱图上该化合物的最大吸收峰为259nm和342nm。小檗碱是黄檗的主要色素成分，汉晋以来广泛地应用于丝织品的染色。黄檗和靛青套染可以得到绿色，法门寺的丝织品中也有这类样品（见附表四）。另外一部分黄色纱线上未发现明显的染料遗存，可能是白色丝绸老化后变黄。

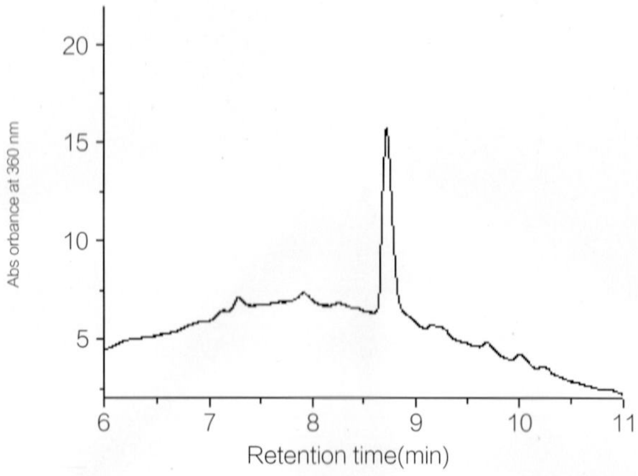

图5.4.7　T33-6表罗（黄色）的高效液相色谱图

主要成分为小檗碱

5.4.2.3　小结

采用高效液相色谱-质谱联用技术对法门寺出土的近百个丝织品样本进行染料分析，发现三种植物染料分别为东南茜草、靛青和黄檗，这三种染料单独染色的丝织品对应的颜色分别为红色、蓝色和黄色，即三原色，通过套染可以得到各种色系的颜色。也就是说，至迟在唐代染色匠人已经清楚地认识到这一科学原理。本次实验中，黑色纱线上并未发现明显的染料残留，推测可能是采用大漆加工的漆纱，有待于采用热裂解-气相色谱-质谱联用技术进行分析。

第⑥章

保护修复与技术研究

纺织品文物由天然纤维组成，易受环境因素影响而劣化。与无机质类文物相比，纺织品文物的保存、保护和修复技术难度更大，要求更高，进度更为缓慢。也正因这一缘故，法门寺纺织品文物在发掘之后，少有保护修复及研究工作开展。法门寺纺织考古及纺织品研究工作，因文物保护修复工作进展的影响而停滞不前。因而，在法门寺纺织品文物的整个研究工作中，文物预防性保护、文物保护修复及技术研究工作占很大比重，纺织研究离不开保护修复技术的支持。正因如此，保护修复技术也是本课题研究工作的重要组成部分。

6.1 出土状况

根据前述内容可知，在唐代，为供养真身舍利，地宫曾经多次开启，直至874年最后一次封存，至1987年地宫考古发掘期间历经1113年。在这漫长的历史时期，地宫环境遭受多种因素的影响，导致地宫密闭不严，环境不稳定。纺织品文物在此环境中长期保存，织物纤维、染料、捻金（银）线等材质发生了严重劣化。期间，历史上的几次地震，导致地宫顶石受挤压，碎石下落砸到织物，地面铺石挤压起翘，导致地表摆放的文物倾倒、砸压、压覆；塔基周边地下水位的变化，导致地宫内的环境相对湿度时高时低，甚至不排除地宫浸水，遗物遭受浸泡的可能。因此，地宫原有环境非常不利于纺织品文物保存，这决定了法门寺纺织品文物出土时的强度和韧性均极差的现状。

考古发掘过程中，中国社会科学院王㐨先生及其助手王亚蓉女士，受邀参加了纺织品文物的提取保护工作。王㐨先生在其工作报告中提到，法门寺丝绸出土时的保存状况很差，比湖南马王堆汉墓、湖北江陵马山楚墓以及辽宁、新疆等地出土的丝绸文物的强度和耐折度都要小得多，很多织物在干态和湿态的耐折度都为零。[①]王亚蓉在法门寺地宫考古发掘简报的纺织品附录中，提到“由于地宫封闭条件千余年来时有变化，多数织物及其箱箧已炭化朽败，仅存残迹，丝绸织物多堆积龟裂，表层粉化，严重的腐朽如灰烬或结块状”。发掘项目负责人韩伟先生以及丝绸研究专家赵丰先生均表述到，法门寺丝绸大多已经朽烂，所存者十去其七。所存者多相互叠压，粘连成块，极难剥离。由此可见，发掘之初考古专家及丝绸研究学者均认识到法门寺丝绸的保存状况极差，这将直接影响到织物分析研究以及考古资料整理公布，当时的预判与法门寺丝绸保护研究课题组所面临的境况是一致的。

6.2 前期保护

在地宫考古发掘的开始阶段，现场文物保护工作由陕西省考古研究所文物保护技术室的冯宗游等技术人员承担。随着珍贵脆弱有机质文物的发现，考古队邀请王㐨、王亚蓉、胡继高等指导考古现场文物保护工作。专家们实地察看了已经提取存放于现场化学保护实验室的文物标本，指出要注意对漆木器文物进行防霉处理。看到从后室清理出的铜镜后，推断地宫内应有铜镜的镜衣，对铜镜镜纽所系的条带拟定了保护措施。看到装捧真身菩萨的宝函底下的蹙金绣冥衣，认为采取适当措施可以妥善保存这批衣物，要求购置盛放小件文物的纸质包装盒。

① 王㐨：《法门寺织物揭展后的保存状况和已揭展部分的初步研究》，《王㐨与纺织考古》，艺纱堂/服饰工作队（香港），2001年。

在中室灵帐内西北角，王矜等技术人员采用硬纸或绝缘板将一双金银丝编织鞋取出，后又陆续取下多条宝函系带，解下宝函银锁与锁上系得丝绳，解开包裹纯金四门塔的黄色绢布上的三个系结。对于部分需要回潮的纺织品文物，则运回扶风县文化馆西庑房进行回潮处理后，再行揭展。

现场文物保护的工作记录现已难以查阅，但从实验室所存纺织品文物的原有包装、照片以及后来零星发表的文章，可以推断当时所采取的提取、保护和包装措施。现场保护中使用的材料主要有三合板、硬纸板、绝缘薄板、宣纸、卡纸、包装纸盒和木盒，主要采用了薄板托底的方式来提取大型块状织物包袱，小竹签、宣纸、黏合剂组合剥离质薄的脆弱质织物，以及卷纸筒旋转松解织物系扣的方式进行了现场提取。存放方式根据织物的大小和类型不同，也有所区别。经提取的大块织物被存放在三合板或五合板制成的木盒中存放，部分残碎织物存放在玻璃皿、医用铝盒和医用针剂纸盒中，部分经初步展平的织物被夹持在双层玻璃板或有机玻璃板中存放，玻璃板和有机玻璃板四周用透明胶带或医用胶布黏合密封。保存状况较好的平整单层织物被夹在两片宣纸和卡纸板中存放。

以上是对法门寺纺织品考古发掘现场提取技术、初步保护修复以及存放方式的大致推断和总结。应当说，当时的考古和文物保护技术专家尽了最大的努力，选用了当时可得的最好材料对织物进行了提取和保存。但由于条件所限，大部分材料的稳定性都比较差，恒温恒湿保存环境更是难以营造。织物运回西安后，为营造适宜的保存和工作环境，初步整理及保护工作在人防地下室进行，后因天气炎热加之地下室相对湿度较高，织物发生了大面积的霉害。

查阅当时的工作日志可知，工作人员对霉害污染的织物进行了环氧乙烷熏蒸处理，有的织物甚至经过多次熏蒸处理。环氧乙烷熏蒸处理大大减缓了织物霉害发生的频率和程度，经过长期的维护和处理，霉害基本得到了控制。①但有研究表明，环氧乙烷气体对染料及丝绸纤维的不利影响是存在的。在经过了多次反复环氧乙烷气体熏蒸后，织物的保存状态究竟受到了多少影响，有待进一步评估。

为杜绝织物霉害隐患，部分难以揭展保护处理的织物被存放在冰柜内低温冷藏保存。但在冰柜内保存的织物也时有霉害发生，工作人员采用75%的乙醇溶液对冰箱内表面和织物表面进行了喷淋处理，以期达到杀菌和减少霉害发生的目的。然而，以实现低温保存为目的冰柜也并非保存丝绸文物的理想环境。在保存过程中，由于种种原因导致织物的含水量较高，冰柜内常有冷凝水生成。早期工作记录显示，冰柜内的织物在保存初期曾发生过较大面积的霉害，工作人员不得不再次采用环氧乙烷气体熏蒸来杀灭和预防霉菌的生长。另外，由于早期条件所限，停电现象时有发生，或是由于冰柜工作故障，无法实现温度恒定控制，甚至出现了冷凝水结冰的现象。这样的保存条件显然无法为纺织品文物提供适宜的保存环境，尤其是冰柜的工作原理决定了冰柜压缩机具有反复启动的特点，实际上难以维持恒定的温湿度水平。通过对冰柜内环境条件的持续记录，发现其相对湿度在7%的范围内波动，温度也有3℃范围的波动，这与冰柜压缩机的反复启停有关。环境条件在较小范围内规律性的反复波动对纤维及纺织品文物附属材质的具体影响，尚需进一步研究。但至少可以肯定，冰柜压缩机的工作原理决定了冰柜内很难形成真正意义上的恒定环境。部分法门寺纺织品文物在冰柜内存放时间超过20年，必定经历了复杂的劣化过程。其余的织物则保存在普通木盒或存放在环氧

---

① 杨忙忙：《法门寺塔唐代地宫出土丝织品的灭菌剂选择》，《考古与文物》2004年4期。

乙烷熏蒸处理时制作的密封塑料袋内。这批织物没有存放在冰柜内低温保存，而是直接存放在普通房间内的柜架上，房间密封性差，未做光线遮挡和防尘处理，温湿度不可控。这批织物在这样的环境下保存时间超过15年，在此期间文物劣化是必然存在且难以估计的。

法门寺纺织品文物出土时保存状况极差，加上后期织物保存条件的不利影响，最终导致纺织品文物纤维的强度和韧性极差，这是开展法门寺纺织品文物保护修复所面临的关键难题和不利因素。另一方面的难度，则与衣物在地宫中的存放方式有关，法门寺纺织品多经折叠、叠压存放，导致织物紧密叠压粘连或折叠扭曲，形成织物包块。由于织物的强度和韧性都很差，在这种条件下要实现织物层与层之间的安全揭展十分困难，这是法门寺纺织品区别于其他纺织品文物的独特病害类型，也是其保护修复的主要难点所在。

由于法门寺丝绸保护修复难度大，织物又极其珍贵，保护修复初期，技术人员基本上只进行了保守的养护处理，未进行实质性的保护修复操作。应当说，从1987年考古发掘到2002年纺织品文物保护实验室建成之前的15年间，除了王矜先生在现场采取了简单的提取和包装，在西安人防地下室整理揭展了部分织物以及后来进行的环氧乙烷熏蒸处理之外，几乎没有其他保护修复工作开展，而对丝绸文物的研究也仅限于考古现场文物保护专家早年整理的织物分析报告。

6.3 保存环境

经考古现场提取和初步清理后，法门寺丝绸曾在西安市人防地下室短暂存放，后被运往陕西省考古研究所存放。其后，受限于当时的保存条件，小部分纺织品文物在冰柜内低温保存，大部分在普通室内环境存放。自此，法门寺纺织品被存放于两种不同的环境。2004年起，在普通室内存放的纺织品文物被转移到恒温恒湿环境存放，在冰柜内存放的纺织品文物仍在冰柜内保存。从法门寺纺织品文物自874年密封于地宫起，先后经历了地宫和人防地下室两个存放阶段，这两个保存环境相对一致。因此，可以认为法门寺纺织品在这个阶段中所经历的保存环境条件是相同的，环境条件对纺织品文物的老化影响也可以认为是近似的。自1988年起，法门寺纺织品一部分在冰柜低温保存，另一部分在普通室内环境及恒温恒湿环境内存放，法门寺丝绸在这两种环境内存放时间长达30年。法门寺纺织品文物在这两种环境下的保存状况如何，有无明显优劣之分，低温保存环境是否有利于纺织品文物的保存，对纺织品文物老化的影响是否存在差异等均是值得关注的问题，也是课题组关心的问题。为此，课题组分别从两种环境下保存的法门寺纺织品中选取了3个织物残片样品，运用显微形貌分析、全反射傅里叶红外光谱仪、X射线衍射分析技术手段对样品进行综合分析，对分析结果所揭示的保存状况信息进行讨论，对比在低温环境与实验室恒温恒湿条件下保存的丝绸样品的保存状况，评估法门寺丝绸的保存现状，以期为改善保存环境条件提出科学数据指导意见。

6.3.1 研究方法

对6件丝绸织物小残块样品（表6.3.1）进行系列形貌观察与分析对比。首先，利用超景深显微镜对样品的外观形貌和表面老化特征进行表面观察，放大倍率在20—200倍之间，通过多组照片叠加的方式对丝绸样品全貌及纤维老化特征进行分析对比。同时，利用具备更大放大倍率的扫描电子显微镜对丝绸纤维的老化细部特征进行对比观察分析。所用扫描电镜为VEGA-3-XM钨丝灯型扫描电镜，对纤维样品喷碳处理以使其具备一定的导电性能，便于形成稳定的二次电子扫描电镜形貌图片，测试条件为真空模式9×10^{-3}Pa，高压10—15Kv，工作距离为43—49mm。在每个样品中选取一部分纤维，利用全反射傅里叶红外光谱仪分别对每个样品的五个不同点进行分析，然后应用OMNIC软件处理获得原始光谱、二阶导数光谱和傅里叶去卷积光谱原始数据，应用Origin完成曲线拟合，得出二级结构的相对百分含量，用于分析6个纤维样品结晶度的相对高低。

表6.3.1 取自不同保存环境的法门寺丝绸纤维样品

样品编号	文物名称	文物编号	保存环境
FM-LH-1	刺绣织物残片	T40	恒温恒湿环境
FM-LH-2	蹙金绣织物残片	T13-g/2	恒温恒湿环境
FM-LH-3	银丝鞋织物残片	T22	恒温恒湿环境
FM-LH-4	蹙金绣裙残片	T65	冰柜低温保存
FM-LH-5	丝绸残片	T81-A+B	冰柜低温保存
FM-LH-6	铜镜镜衣残片	T50	冰柜低温保存

另外，利用X射线衍射分析法对样品丝绸纤维的结晶度进行分析对比，结晶度的不同可以反映丝绸纤维的老化程度。由于丝素分子中有结晶区存在，分子的规则排列可产生X射线衍射图像，根据衍射图像可以研究分子的结构排列以及取向度和结晶度等。丝素分子中同时又存在非晶区（也称无定形区），故在衍射图中同时存在结晶区造成的衍射和非晶区造成的散射。对于利用X射线衍射分析法分析老化丝织品结晶度的研究而言，衍射角$2\theta=20°$的峰为衍射峰，由于丝绸文物纤维老化严重，所产生衍射谱图的衍射峰形不明显，加之因丝织品附带环境无机物所产生的衍射干扰峰较多，对老化严重的法门寺丝绸纤维若采用衍射峰强度与散射谷与谷平滑的曲线连接的比值来计算，得出的结晶度准确性较差，参考价值不大。因此，在本研究中采用与空白丝绸的衍射结晶度对比的方法，来估算法门寺丝绸不同样品的结晶度更为可行可靠。在此次分析中，扫描速度为5°/min，记录得到$2\theta=0°$—$50°$之间的衍射强度曲线测出其结晶度。

由于法门寺丝绸纤维老化严重，其强度韧性很差，难以使用常规织物纤维强度测试仪进行强度测试，因此在本研究中未能对法门寺丝绸纤维样品的抗拉强度进行测试。另外，法门寺丝绸所包含的材质除了蚕丝纤维外还有染料与捻金线，理论上对法门寺丝绸保存状况的评估应该包括对纤维、染料与捻金线的全面评估，但法门寺丝绸的主体材质仍然是蚕丝纤维，加上对染料及捻金线的老化状态评估涉及更为复杂的理论与技术，因此本研究仅对蚕丝纤维的老化状况进行了对比评估。

6.3.2 环境条件

两组样品分别来自两种保存环境，一类是先在普通室内保存后在恒温恒湿条件下保存的织物，另一类是在冰柜内低温保存的织物。法门寺恒温恒湿环境内的温湿度基本相对稳定，相对湿度在55%左右，温度在20℃左右。冰柜内的低温环境在长时间段内相对较为稳定，温度在4—5℃，相对湿度在85%左右。这一相对湿度值看似很高，其实应当注意在温度为4℃、相对湿度为80%的环境中所含绝对水蒸气的量为5.12g，而普通室内温度为20℃、相对湿度为55%的环境中所含绝对水蒸气的量为9.515g①。关于低温高相对湿度保存环境对丝绸文物的劣化影响，笔者曾做过专门分析，不能简单地认为高相对湿度环境就一定比低相对湿度环境对丝绸文物的劣化影响大②。

虽然冰柜内低温环境从长时间段看相对稳定（图6.3.1），但在短时间内相对湿度其实是随着冰柜压缩机制冷系统的反复启动而频繁波动的（图6.3.2）。这一相对湿度频繁波动的环境对丝绸文物的劣化可能存在复杂影响。受自动温控装置调控的环境，一般都存在温度调节设备随环境温湿度条件变化而频繁启动，进而导致环境温相对湿度在小范围内的长期频繁波动的现象，这对丝绸等有机质文物的保存有一定的不利影响。

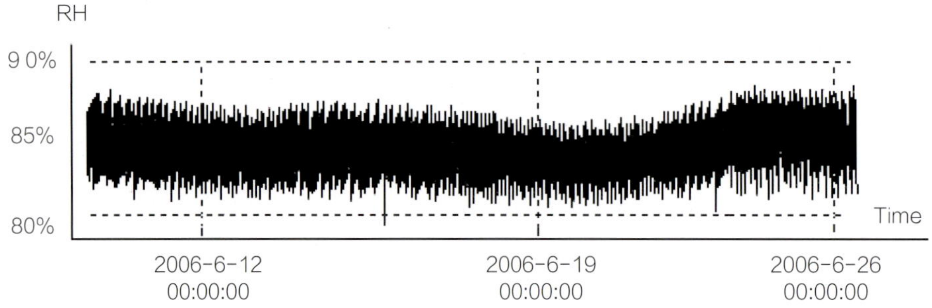

图6.3.1　冰柜低温保存环境两周内相对湿度变化趋势

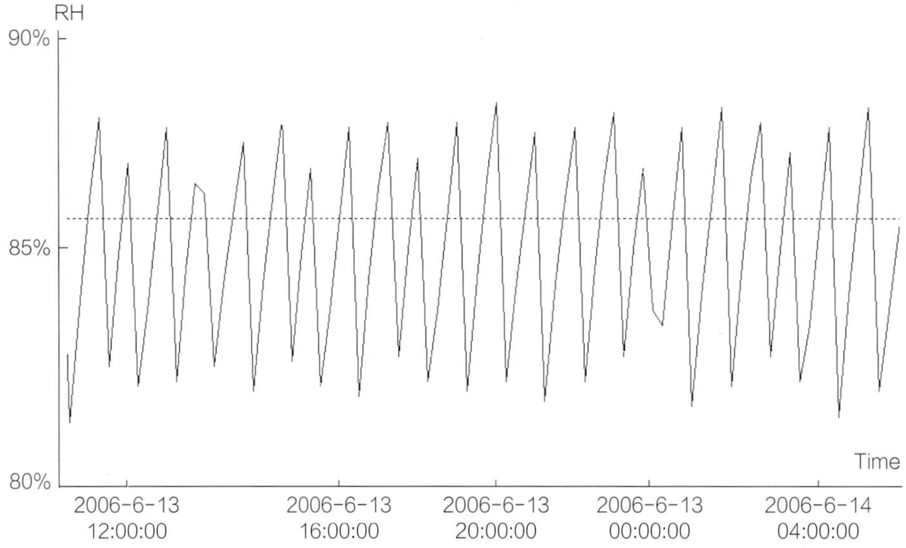

图6.3.2　24小时内冰柜中相对湿度的波动图

① 郭宏：《文物保存环境概论》，科学出版社，2001年，52页。

② 路智勇、张静：《试论丝绸文物保存中的相对湿度问题》，《文博》2016年2期。

6.3.3 形貌观察与科学分析

6.3.3.1 纤维老化形貌显微观察

从超景深显微镜对样品织物的形貌观察来看（图6.3.3—图6.3.8），与现代样品相比，1-6#样品均发生了较深程度的老化，5-6#样品总体老化程度比1-3#样品深。与1-3#样品出现龟裂纹类裂痕不同，4-6#样品出现较多的表面片状剥蚀，呈斑驳状，进而出现表面酥粉，粉化老化产物

图6.3.3 1#样品的扫描电镜形貌

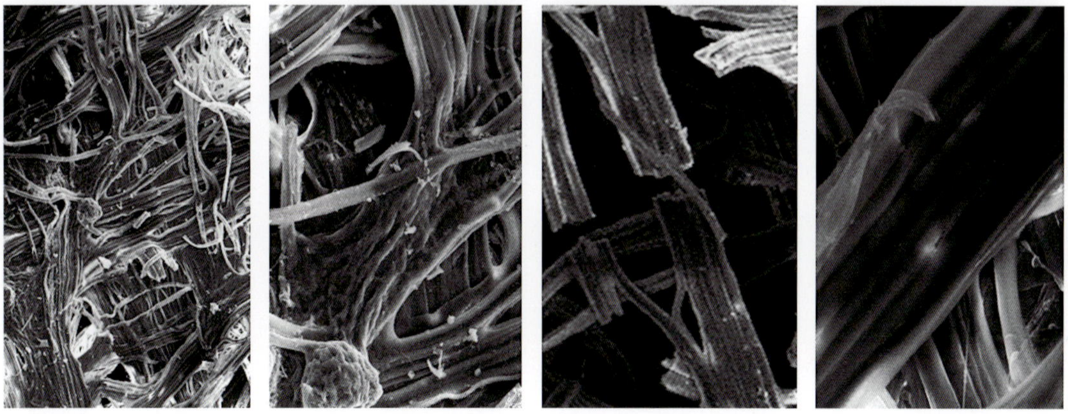

图6.3.4 2#样品的扫描电镜形貌

图6.3.5 3#样品的扫描电镜形貌

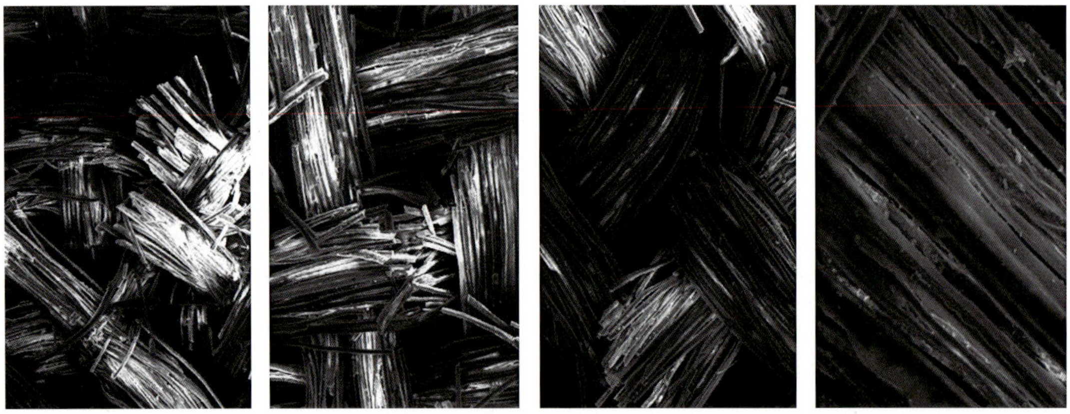

图6.3.6　4#样品的扫描电镜形貌

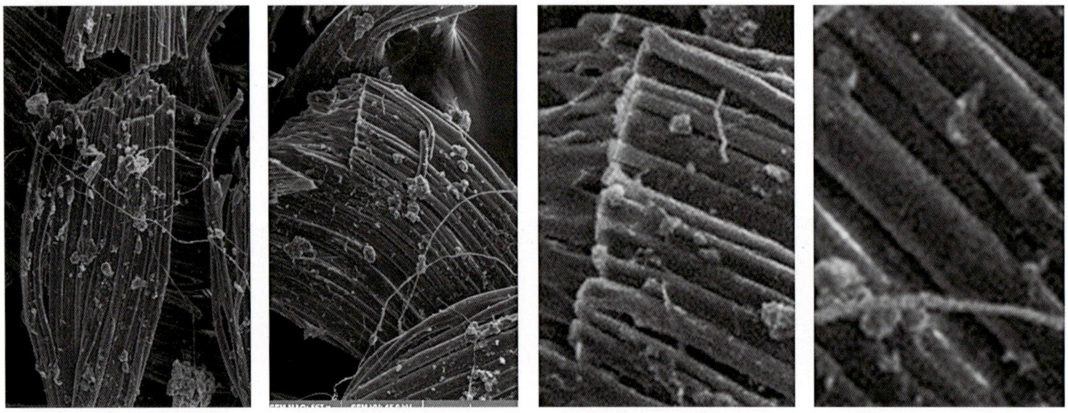

图6.3.7　5#样品的扫描电镜形貌

图6.3.8　6#样品的扫描电镜形貌

在纤维表面呈板结状覆盖，除了对纤维本体的材质破坏外，对纤维外观形貌影响严重。

对每一个丝线样品均选择了多个位置拍摄了多张扫描电镜图片，受篇幅所限对每个样品只选用了一张照片（图6.3.9—图6.3.14）。总体而言，丝线样品细部与织物样品扫描电镜形貌观察所显示的特征接近。1-3#丝线样品在各自的老化特征上存在一定差异，但大部分老化为表面老化，纤维存在较多断裂和表面纵向裂隙，纤维之间存在一定的粘连现象。4-6#样品的老化则更多的发生在纤维相对较深的位置，纤维表面多见片状剥离，出现较多凹陷。表6.3.2为样品织物残片和丝线纤维扫描电镜形貌观察结果的对比信息汇总。

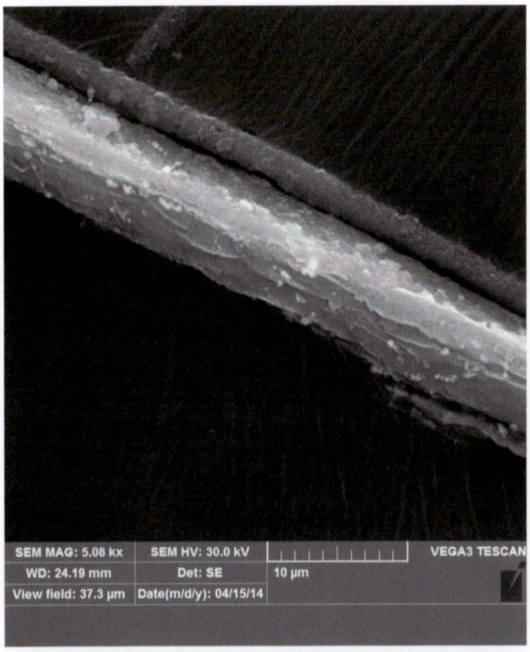

图6.3.9　1#样品纤维的扫描电镜形貌

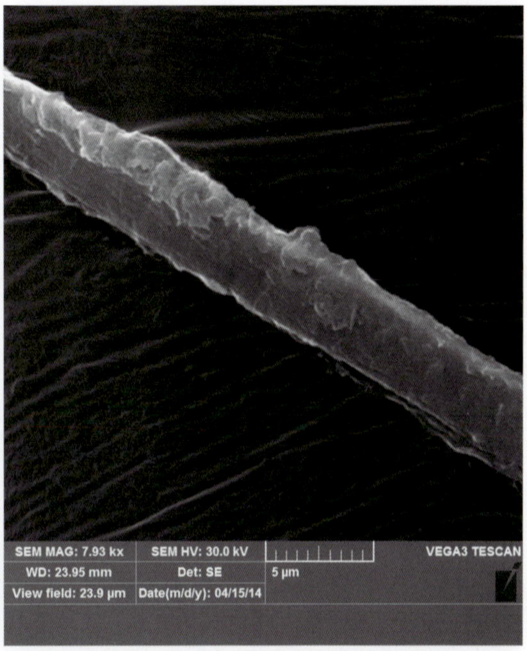

图6.3.10　2#样品纤维的扫描电镜形貌

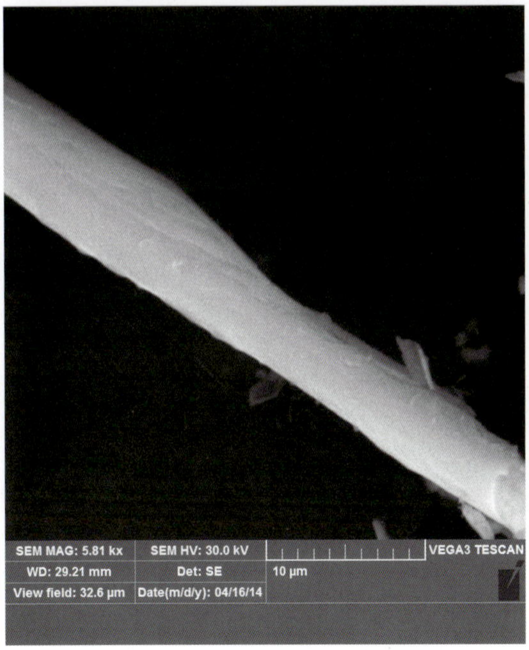

图6.3.11　3#样品纤维的扫描电镜形貌

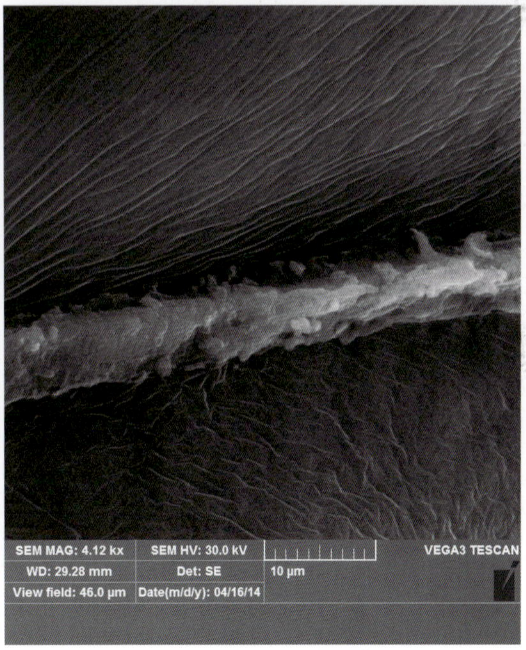

图6.3.12　4#样品纤维的扫描电镜形貌

表6.3.2　法门寺丝绸样品织物与纤维扫描电镜形貌观察结果

样品编号	光泽度	纤维粗细	纵向裂痕	表面龟裂	表面凹陷	剥蚀	粘连
FM-LH-1	差	相对均匀	较多	较少	较少	少	较少
FM-LH-2	差	不均匀	较少	较少	较少	少	较多
FM-LH-3	较差	相对均匀	少	少	少	无	粘连板结
FM-LH-4	极差	不均匀	少	少	较多	较多	较少
FM-LH-5	极差	不均匀	较少	较少	较少	较少	粘连板结
FM-LH-6	极差	不均匀	较少	较少	较多	较少	粘连粉化

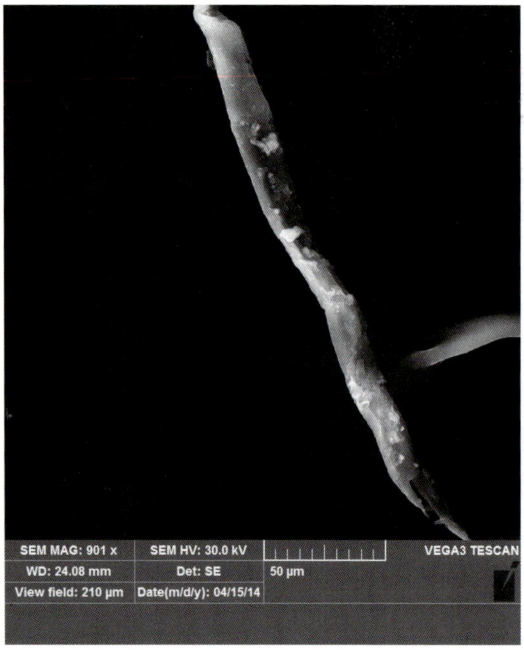

图6.3.13　5#样品纤维的扫描电镜形貌

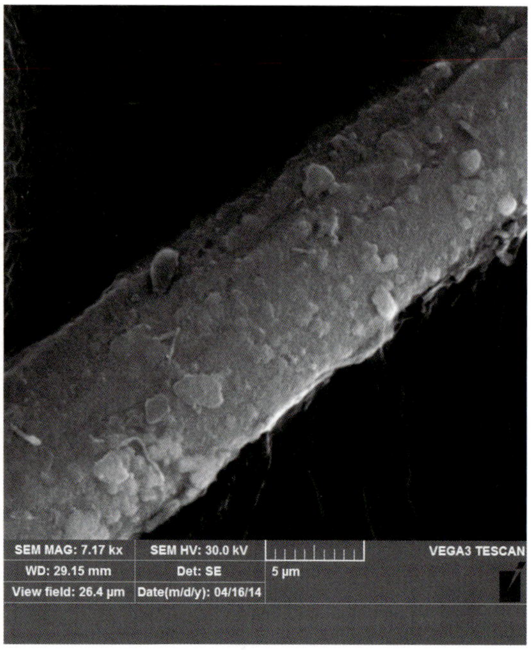

图6.3.14　6#样品纤维的扫描电镜形貌

6.3.3.2　全反射傅里叶红外光谱分析

利用全反射傅里叶红外光谱仪对1-2#样品和4-6#样品以及1个现代丝绸空白样共6个样品进行了分析测试，对每个样品均随机取五个不同的点进行测试，应用OMNIC软件处理获得原始光谱、二阶导数光谱和傅里叶去卷积光谱原始数据，应用Origin完成曲线拟合，得出的二级结构相对百分含量数据如下（表6.3.3）。

表6.3.3　法门寺丝绸样品蛋白质二级结构相对百分含量数据

样品编号	β-折叠	无规卷曲	β-转角	α-螺旋
空白样	26.9	40.9	6.44	25.76
FM-LH-1	8.76	42.16	32.71	16.37
FM-LH-2	10.24	43.3	26.34	20.12
FM-LH-4	11.75	45.18	24.71	18.36
FM-LH-5	18.79	40.4	28.34	12.47
FM-LH-6	9.69	43.73	29.22	17.36

β-Sheet、α-helix二级结构主要分布在丝绸蛋白质的结晶区，而Random、β-Turn主要分布在非结晶区，由上表的数据可知：5#、4#、2#样品的β-Sheet、α-helix相对百分含量较高，而2#、4#、6#样品的α-helix相对百分含量较高，从这个角度看2#、4#样品的结晶度较高。所测5个样品的β-Sheet与α-helix的含量都比空白样的含量低，说明法门寺丝绸纤维样品老化严重，其结晶区所受损伤较大。但因为不能说明β-Sheet、α-helix全部分布在结晶区，

因此利用全反射傅里叶红外光谱仪不能划分具体的结晶区和非结晶区，所以上述数据不能作为定量结果，测量纤维较为可信的结晶度需要借助X射线衍射分析。

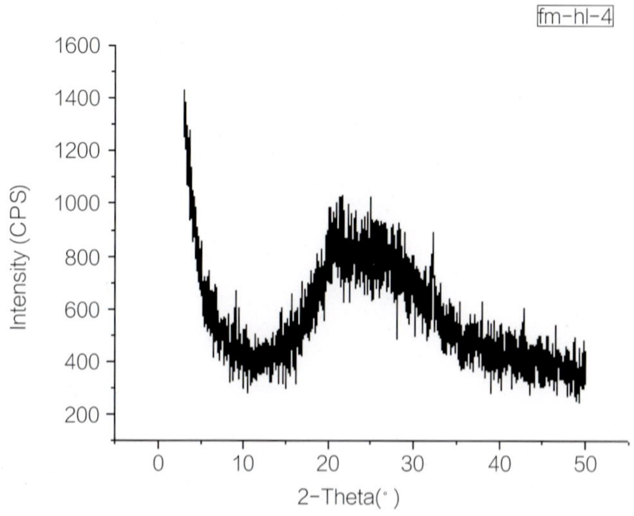

图6.3.15　4#样品纤维X射线衍射谱图

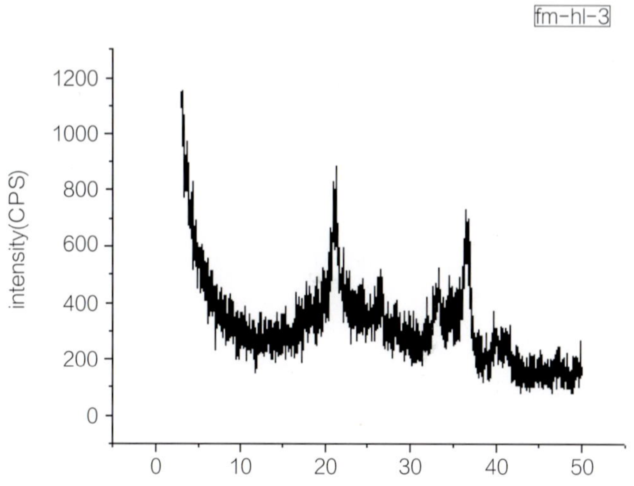

图6.3.16　3#样品纤维X射线衍射谱图

6.3.3.3　X射线衍射分析纤维结晶度

对纤维的结构研究认为纤维的微细结构是由结晶区和非结晶区组成。[①]在结晶区中纤维大分子排列致密有序，在非结晶区纤维大分子为杂乱无序排列状态。结晶度指纤维微观结构中结晶区所占的比例，结晶度是纤维的重要结构参数，结晶聚合物的物理机械性能、光学、电学等性能在相当程度上都受其结晶度的影响。[②]纤维老化后，分子中结晶区与非结晶区含量发生变化。所测得纤维结晶度越大，说明纤维老化程度越小，纤维强度越高，抗弯能力越强；反之，纤维分子内部非结晶区含量越高，则纤维越柔软，机械强度越低，保存状况越差，更易受到外部环境因素的侵蚀。当X射线照射到纤维样品上时，结晶区将产生一系列独立的衍射环或衍射弧，而非结晶区则产生弥散的连续晕圈。[③]因此，利用X射线衍射可以测出纤维结晶度。通过测定空白丝绸的结晶度，衍射角2θ=20°的峰较为明显，其结晶度为20%；把各样品与空白丝绸的衍射图相比较可知，比较衍射峰强度可估算1-6#样品的结晶度分别为5%、6%、11%、4%、9%和5%。从所测结果可见，4#样品的结晶度最低（图6.3.15），结晶区老化最严重，其次为1#、6#、2#样品，其结晶区老化较为严重，5#和3#样品的结晶度较高，3#样品结晶度最高（图6.3.16），其丝绸文物老化程度较小。

6.3.4　保存状况对比

法门寺丝绸样品的形貌观察以及结晶度测试结果与现代丝绸空白样相比均可见明显的劣化特征，可见法门寺丝绸的老化程度较深，保存状况极差。对两组分别来自普通室内及恒温恒湿条件与冰柜低温保存环境的样品的形貌观察及结晶度分析结果来看，并不能简单得出两组样品保存状况的优劣结论。

从样品纤维形貌的不同老化特征看，在普通室内环境保存过，现在恒温恒湿条件下保

① 杨晓慧：《糟朽丝绸的老化评估和加固保护研究》，陕西师范大学2002年硕士论文。

② Telem Gok, Bulent Ozipek, Ning Pan. Comparing Dynamic and Static Methods for Measuring Thermal Conductive Properties of Textiles. Textile Research Journal, 1998, 68(1): 47-56。

③ 赵华山、姜胶东、吴大诚等：《高分子物理学》，中国纺织出版社，1995年，226页。

存的丝绸样品的光泽度优于在冰柜内低温保存的丝绸。两种环境下保存的丝绸样品的纵向裂隙老化特征没有明显区别。在冰柜低温环境内保存的丝绸样品表面出现了较多片状剥蚀，产生了较多凹陷损伤。从纤维粘连的角度看，两组样品均有比较重的粘连现象，其中6#样品的纤维表面出现较多的粉化现象，纤维外观形貌特征损失较多。总体上，在纤维老化的某些特征方面，在冰柜内低温保存的丝绸比在室内恒温恒湿环境下保存的丝绸文物的劣化程度稍严重，但这一差别并不明显。

从样品纤维结晶度的角度看，恒温恒湿条件下保存的三个样品的结晶度总和为22%，大于在冰柜低温保存环境下保存的3个样品的结晶度总和18%。这也说明，总体上在室内普通环境及恒温恒湿环境内保存的丝绸文物保存状况稍优于在冰柜内低温保存的丝绸文物。同一环境下三个样品的结晶度也各不相同，说明各织物的劣化状态也存在差异，这可能与各织物的展开折叠程度、包装方式、保存微环境等因素的差异有关。在所测6个样品中，结晶度最高的是在恒温恒湿环境下保存的3#样品，结晶度最低的是低温保存在冰柜内的4#样品。3#样品是由银丝编织网装饰的丝履，在1987年考古发掘中即被现场提取，提取后保持原状在木质文物盒内存放，先在普通室内存放后在恒温恒湿环境存放。4#样品是一件蹙金绣裙，在考古发掘现场提取后不久即经展开平放，后因发霉等病害曾经历过环氧乙烷熏蒸处理，直到后来在冰柜内低温保存。相对于未被揭展的织物，揭展过的织物更多的暴露在环境中，更容易受环境因素的影响而出现更深程度的劣化。

二十余年前，文物保护工作者决定将霉害频发、粘连严重的法门寺丝绸存放于冰柜内以控制霉害，并希望利用低温环境给丝绸文物营造较好的保存环境。但本课题所开展的纤维样品老化形貌观察与结晶率测试结果显示，冰柜内丝绸文物的保存状况并不比在恒温恒湿环境内存放的丝绸的保存状况好。冰柜低温保存环境对控制织物霉害有明显作用，给丝绸文物保存营造了低温、避光、防尘和隔绝有害气体的环境，这些都是低温冰柜环境有利于丝绸文物保存的积极作用。另外，由于冰柜环境的低温高相对湿度条件，保存其内的粘连丝绸织物的层结构保存地较为清晰，有利于控制粘连织物的粘连板结病害程度。另外，低温冰柜环境理论上对丝绸染色的稳定性保存也可能有积极作用。简单总结，冰柜低温保存环境虽然在某些方面有利于丝绸文物的保存，但在蚕丝纤维的形貌保存和老化程度控制方面，与恒温恒湿保存环境相比没有明显的积极作用甚至有更深的不利影响。

6.3.5　小结

理论上讲，较低的环境温度有助于使文物的活性处于较低状态，使文物老化速度处于较低水平。从这一角度讲，在冰柜低温环境内保存的法门寺丝绸文物的纤维形貌和结晶度应该处于较好的状态，但实际测量结果却并非如此。造成这一结果的原因，可能与冰柜内温湿度的频繁波动有关。

冰箱自动温度控制系统决定了其所控制的环境存在小范围内温度与相对湿度规律波动的特点，蚕丝纤维经历反复的吸放湿过程会造成纤维的深度老化。丝绸文物随环境相对湿度频繁波动而发生的劣化，与其蚕丝纤维在环境相对湿度变化时吸收和释放水分的能力和反应时间有关。老化状态不深、表面装饰简单、结构疏松、较为轻薄的织物，在环境相对湿度频繁规律波动时，纤维吸收和释放水分并达到一定平衡所需的反应时间较短，随外部环境湿度变化而相应吸收、释放水分的呼应比较充分，因而受到此类相对湿度频繁波动劣化影响的程度较大。而老化严重、吸湿能力差、达到回潮平衡需时较长的纤维，则有可能因为自身吸收、释放水分的反应速度比较慢，随外部环境相对湿度变化而相应变化的能力较差，因而受其影响而劣化的程度和概率则相对较小。因此，纤维保存状况较好的丝绸文物应尽量避免在冰柜内低温保存。

本研究的测试结果显示法门寺丝绸的老化程度较深，因而其蚕丝纤维在冰柜相对湿度频繁波动时快速吸放湿的能力比较差，可以认为当前因为环境频繁波动对法门寺丝绸造成的劣化影响处于比较低的水平，更多的劣化应当是发生在法门寺丝绸被放入冰柜的早期阶段。但从法门寺丝绸的长久保存考虑，在冰柜内存放的丝绸应尽早转入常规恒温恒湿环境存放。考虑到部分法门寺丝绸已在冰柜内长期保存，文物材质对这一环境条件已经具备了稳定的适应能力，因此在转入常规恒温恒湿环境存放前，需要做好文物保存环境过渡和材质适应调节的详细技术方案，确保从冰柜内取出的丝绸文物有充足的时间在稳定梯度变化的环境条件下逐渐适应新的常规恒温恒湿环境。这是一项看似简单却存在一定风险的复杂技术操作，需要大量的理论和技术试验数据支撑才能开展。

对于丝绸文物的保存而言，应尽可能地利用建筑内部环境自然控制来实现环境的稳定控制，应更多地在库房建设和包装设施方面进行提升。①利用恒温恒湿设备进行环境控制来保存丝绸文物并非绝对安全，因为空调设备控制的环境同样存在短时间段内的温湿度频繁波动现象，这一问题与冰柜低温环境类似，也同样会引起丝绸纤维形貌和结晶度方面的劣化，本研究所测试样品的结果已经证实了这一现象的存在。

6.4 病害类型

法门寺纺织品绝大多数为丝绸，其病害类型表现出严重糟朽劣化的特征。前文已经提到，因地宫保存环境不佳，丝绸文物出土时已经处于严重劣化状态。自1987年考古发掘到2004年实验室建成恒温恒湿环境，在这一时间段内丝绸文物必定经历了复杂的劣化过程。

对法门寺丝绸整体保存状况的初步梳理可见，除了蹙金绣冥衣、宝函系带、四门金塔包袱以及项目组新近揭展出地衣物结构相对完整外，其他法门寺丝绸中几乎没有完整器物，绝大部分织物均残缺严重，难以辨识型制功用。在考古发掘之后，织物曾经简单初步保护修复，对有些能够展平的织物进行了展平处理，对于保护修复处理难度大的织物，则采取了保守手段，进行了整体包装保存。早期展平的织物，仍现存大量的褶皱和扭曲形变。早期发生过严重霉害的织物，表面残留有霉菌残留物，霉菌层与织物紧密结合，霉菌嵌入织物经纬线空隙以及纤维之间，因为法门寺丝绸的保存状况极差，不能像其他考古出土纺织品那样进行湿洗、干洗，因此彻底清除法门寺丝绸上的早期霉菌污染也存在较大的技术难度。

在地宫内原经折叠存放的衣物包块，织物多层紧密叠压在一起，叠压后形成织物块体，干态的如牛肉干状，湿态的则如烂泥，层层之间粘连结合紧密牢固，加上纤维强度很低，韧性极差，分离揭展这些糟朽脆弱的粘连织物层难度很大。有的织物多层叠压黏合十分紧密，达到了板结成块的状态，更为严重的是体量较大的板结织物块出土时处于扭曲、断裂状态，更增加了织物揭展保护修复的难度。

除了以上宏观的病害外，从微观角度看蚕丝纤维可见明显的劣化特征。蚕丝纤维的光泽

① 罗曦芸、吴来明、张文清、夏玮、曹嘉冽：《馆藏文物保存环境调湿材料研究进展》，《文物保护与考古科学》2009年S1期，11—14页。

度较一般考古出土丝绸纤维低，出现了明显暗化现象。纤维出现大量纵向裂隙老化，表面出现较多片状剥蚀及凹陷损伤。部分纤维粉化酥粉严重，纤维间粘连普遍，织物染色普遍褪色严重。

正如王㐨先生在工作报告中所言，法门寺丝绸的出土保存状态比其他中国北方和南方地区考古出土纺织品的保存状况都要差，法门寺丝绸的韧性和强度极差，耐折度为零。因此，法门寺丝绸文物保护不同于常规纺织品文物保护工作，也正因保护难度大，法门寺丝绸文物一直存放多年，除日常保养外，未曾开展实质性保护工作，这也是课题组近年来一直开展糟朽丝绸文物揭展等系列保护技术研究的原因。

6.5 保护技术

因保存状况极差，织物糟朽劣化严重，加之特殊的粘连板结病害，法门寺丝绸不同于一般考古出土纺织品，照搬常规的保护修复工艺难以确保文物安全，也难以取得良好的保护效果。针对法门寺丝绸的保存状况和病害特点，课题组进行了系列技术筛选和实验研究，取得了一定的技术创新和突破，攻克了法门寺丝绸保护的部分难关。

6.5.1 形变恢复与揭展

在纺织品文物保护修复中，常见到织物存在扭曲、褶皱、折叠等类型的形变甚至织物层层紧密粘连的病害，织物形变处的纤维长期处于扭曲形变状态，织物纤维在形变位置所承受的压力很大，纤维长期处于这种疲劳状态将导致纤维强度降低、断裂、酥粉等病害，所产生的形变若不及时处理将最终形成不能自行恢复的形变。因而，形变织物矫正以及粘连织物揭展对织物的稳定保存具有十分重要的意义。纺织品文物常见粘连等各类型形变病害。在考古出土纺织品上，这些形变有的与埋藏时折叠存放有关，有的与出土后保存或展览使用不规范有关。另外，还有一部分形变与织物本身的功用结构有关，不属于织物因受外界扰动而产生的形变病害，对这一类形变的去除要慎重对待。

本节介绍课题组开展的丝绸文物形变及其恢复技术相关研究内容，主要涉及织物形变的产生类型、织物形变机理、织物形变恢复机理、形变恢复技术、粘连织物揭展技术、形变恢复技术选用评估方法以及形变恢复技术的应用规范等。

6.5.1.1 形变及形变恢复机理

丝绸文物所呈现的形变是众多丝绸纤维形变的综合体现，其形变规律也遵从丝绸纤维形变的机理。常见的丝绸文物形变包括，织物折叠、褶皱、卷曲、扭曲、粘连、挤压和拉伸变形等。丝绸文物在墓葬埋藏时，可能经折叠存放，出土时织物已长期处于不可自行恢复的折叠型塑性形变状态。例如，法门寺地宫出土的丝绸衣物，经折叠后层层摞放，存放在箱箧内，出土时折叠粘连现象较为普遍，折叠处纤维老化严重，强度和韧性较差。另外，有些墓葬曾遭盗扰，织物碎片经扰动后，随意折叠卷曲，散落在墓葬内，出土时织物的折叠、扭曲、卷曲现象较多。丝绸文物在出土后的保存过程中，受保存空间或保存方式的影响，出现折叠扭曲的现象也较多。由于丝绸文物的老化导致纤维的回弹能力显著下降，这类织物形变也不可能自行恢复。织物和服饰在展览过程中，由于包装、支撑和固定手段不规范，展品长期不更换，导致织物纤维长期处于疲劳状态，不断给敏感部位施加负荷，最终导致织物出现不可自行恢复的塑性形变。有些织物受外力拉扯或挤压，导致纤维在拉扯方向伸长，直至断裂，或在挤压方向上产生尺寸紧缩，经纬线紧密靠拢，此类形变的出现除了导致织物的形状变化外，还有可能导致其纹样图案发生扭曲和形变，影响到织物的外观呈现。

（1）织物形变机理

绝大部分的织物形变是由于织物纤维形变引起的，少数形变是由于织物纤维以外的其他附属材质或结构影响所致，例如金属线的扭曲变形导致的织物形变，织物刺绣及表面贴饰变形导致的织物整体形变等。了解织物纤维形变机理是解决织物形变问题的核心，其他非常规类的形变应该探寻针对性的方案分类解决。

根据纤维科学理论可知，丝绸纤维属于线性高分子链，在无定形区中，高分子链的构象变化是不自由的，分子链段的变形受到相邻分子链间次价键力的作用，纤维受外力影响后的形变主要发生在无定形区。在取向性和结晶度高的区域，纤维的强度大，形变能力小，纤维受外力后的形变在这些区域发生的比较少。纤维具有在外力负荷作用下产生形变，并在负荷去除后全部或部分恢复到原来尺寸和形状的能力，这种性能称为回弹性。可恢复的弹性变形是拉伸分子内或分子间结合键的作用，不可恢复的塑性变形是由于结合键在外力作用下断裂，后又在新位置上形成新的结合键，新形成的次价键对纤维回弹有一定阻滞作用，因而导致纤维无法恢复到原来的状态（图6.5.1）。[①]从弹性恢复时间的角度，可以将纤维的形变分为急弹性形变、缓弹性形变和塑性形变三种类型。

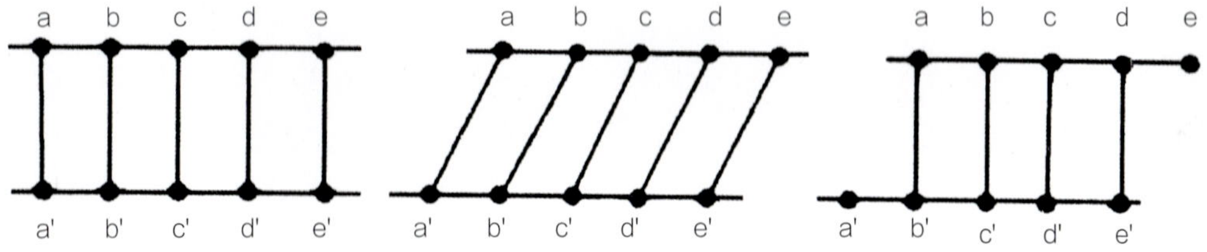

（a）初始构型　（b）弹性变形　（c）在新位置形成连接键的塑形变形

图6.5.1 弹性和塑性形变的分子机理示意图

在外力作用下，组成纤维的大分子单基间平均距离将会增大，即分子内主价键或分子间的次价键发生距离和角度变化，在此过程中外力所做的功以形变能存储在纤维内部。当外力去除后，形变能可以使纤维分子中各个原子间的距离恢复到原来的平衡位置，纤维的形变全部消失，这一过程会在外力去除后5秒或30秒之内发生，对纤维的外形影响很小，这类形变称为急弹性形变。老化严重的丝绸纤维的急弹性形变能力一般较差。

非结晶区的大分子链，在外力作用下，将会发生从弯曲至伸展，并沿外力场方向进行配置的变化。在这一过程中，需要克服分子间和分子内的远程和近程的次价力，因而过程相对缓慢。在外力去除后，大分子链通过链节的热运动而重新取得卷曲构象，分子链的链段也同样需要克服各种远程和近程的次价力，这一过程也同样缓慢。若部分伸展的分子链之间形成了新的次价力，在外力消除后形变恢复的过程中，需要切断这部分作用力，其形变恢复的过程会更长。这一类的形变可称为缓弹性形变。在30秒到2分钟之内，能够恢复的纤维形变，可

① 于伟东、储才元：《纺织物理》，东华大学出版社，2002年，113页。

称为缓弹性形变。

当外力强度过大或作用时间足够长时，丝绸纤维大分子链之间就会形成不可逆的位移，分子间的原有氢键大部分断裂，新的氢键在新位置上形成，在新位置上形成的氢键其结合力大于因链节的热运动而卷曲的回缩力，这时就会在大分子间形成不可恢复的形变，可称为塑性形变。在2分钟或30分钟或更长时间内都不能自行恢复的形变，可称为塑性形变。褶皱、扭曲等形变都是丝绸文物上常见的塑性形变类型，纤维老化越严重，其发生塑性形变后恢复难度愈大。

（2）影响丝绸纤维形变的因素

影响纤维形变恢复能力的因素有很多，其中纤维结构是主要因素，温度和湿度对此也有复杂影响。例如，羊毛纤维大分子链呈α螺旋结构并有二硫键的作用使分子链间组成交联网络，不易发生塑性流动，因而弹性较好。在现实中也会发现毛织物的褶皱粘连现象要远远少于丝织物，而且其形变经回潮处理也比较容易恢复。蚕丝纤维在相对湿度60%条件下，弹性恢复率随伸长度的增加而降低的速率不像棉纤维那样显著，而且在相对湿度提高到90%时，在同样的伸长率条件下，其弹性恢复率要比相对湿度60%时显著提高。[①] 从这一点，也说明了蚕丝纤维可以通过提高环境湿度条件，而增加纤维的弹性恢复能力，即塑性恢复能力。在纺织领域，常用纤维弹性恢复率来表述纤维的形变恢复能力。弹性恢复率=纤维形变中可恢复的部分/纤维的总形变×100%。纤维在环境温度变化时，其弹性恢复率的变化没有一致性规律可循，过程和机理较为复杂。

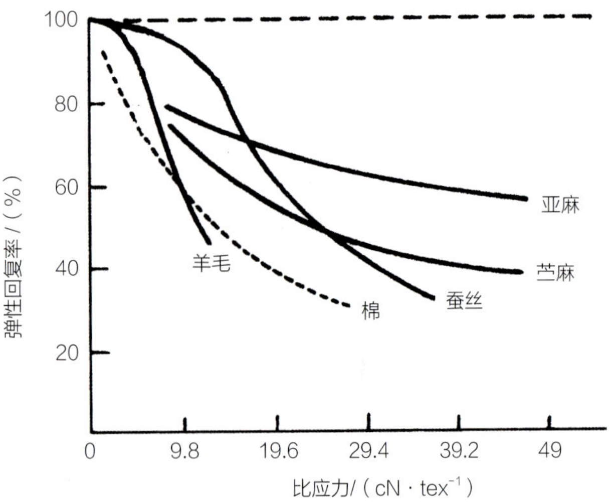

图6.5.2 纤维弹性恢复率与应力之间的关系[②]

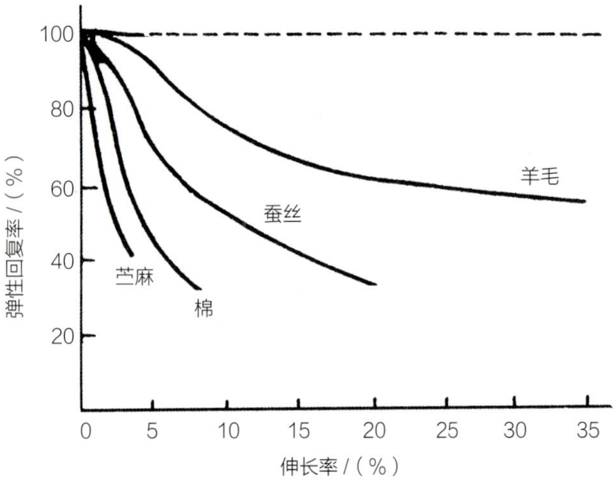

图6.5.3 纤维弹性恢复率与伸长率之间关系

丝绸纤维在受到外力作用时，所发生的形变不是单一的而是综合包含了急弹性形变、缓弹性形变和塑性形变。因而，在总形变中，各类形变所占的比例将决定纤维的弹性恢复能力大小。根据现代纺织科学领域测试的结果，可以知道纺织文物常见天然纤维在外力作用下，弹性恢复率的变化情况（图6.5.2、图6.5.3）。有学者在相对湿度65%、温度21.1℃的环境下，采用长度为12.7厘米的试样、设定实验条件为：拉伸速度12.7cm/min，达到一定伸长或负荷值后立即卸荷使试样夹头回复、停顿5min后进行第二次拉伸，测得不同应力条件下，几种纤维急弹性、缓弹性和塑性形变得百分比（表6.5.1）。这一结果，对了解纺织品文物上常见纤维尤其是蚕

① 李栋高、蒋蕙均：《丝绸材料学》，中国纺织出版社，1994年，358页。
② 于伟东、储才元：《纺织物理》，东华大学出版社，2002年，115页。

丝纤维在受外力条件下，所发生各类型形变尤其是塑性形变的比率及其在外力影响下的变化关系有重要参考价值。

表6.5.1 不同条件下，纤维急弹性、缓弹性、塑性形变的比例

纤维种类	在5%应变时			在10%应变时			50%断裂强度			50%断裂伸长			在断裂点时		
	急%	缓%	塑%	急%	缓%	塑%	急%	缓%	塑%	急%	缓%	塑%	急%	缓%	塑%
蚕丝	41	41	18	25	33	42	47	42	11	25	33	42	16	20	64
羊毛	56	44	0	40	48	12	64	34	2	28	50	22	16	44	50
棉	52	40	8	-	-	-	34	44	22	36	46	18	26	30	44

从图6.5.2可知，蚕丝纤维弹性回复率的变化规律在麻、毛、棉等天然纤维中属于中间水平。在同样的比应力作用下，蚕丝纤维的弹性回复率下降幅度要比亚麻、苎麻大得多，可见丝绸文物所受外力挤压，或多层织物叠压对蚕丝纤维弹性回复率的影响比较大，也就意味着丝绸织物长期处于这类型的外力负荷下，会产生较多的不可自行恢复的塑性形变。表6.5.1的数据也印证了这一点，在10%应变时，蚕丝纤维所产生的形变中有42%属于塑性形变。图6.5.3则反映出，在同样伸长率条件下，蚕丝纤维的弹性回复率下降速度比羊毛纤维快，但稍慢于棉麻类纤维。蚕丝纤维在0%—5%伸长率外力条件下，弹性回复率下降速度最快，体现出蚕丝纤维在初受外力牵扯拉伸阶段时所发生的形变破坏。在12%—13%伸长率条件下，蚕丝纤维的弹性回复率已经下降接近50%。表6.5.1则显示在50%断裂伸长率条件下，产生的形变中有42%属于不可自行回复的塑性形变。可见牵拉等拉伸力对丝绸文物纤维形变的影响也非常大，一些通过悬挂或简单支撑方式展览和保存的丝绸文物，在丝绸文物的受力固定点、织物的下垂和横向方向上都会因为织物自重而承受一定的拉伸力，若丝绸文物长期处于这类固定和支撑状态，将导致这些区域的纤维长期处于拉伸负荷累积阶段，最终将导致纤维疲劳，产生更大比例的塑性形变，直至产生脆性和韧性断裂等更为严重的劣化现象。

（3）丝绸纤维塑性形变恢复机理

在丝绸纤维的三类形变中，急弹性和缓弹性形变会自行恢复，只有塑性形变不能自行恢复，塑性形变是造成织物各类形变病害的源头。在纺织品文物保护中，若要对织物形变进行去除，就需要采用技术手段恢复纤维的塑性形变。根据蚕丝纤维的回弹性与相对湿度的关系，可以知道在相对湿度从60%升高到90%的过程中，蚕丝纤维的弹性恢复率明显提高。这也就证明可以通过提升蚕丝纤维外部环境的相对湿度，提升蚕丝纤维的含湿量，进而增加纤维的回弹性即塑性形变恢复能力。当然，不排除还有其他技术对织物纤维的塑性形变恢复同样有效，但考虑到在纺织品文物上应用的技术安全性，经课题组实验应用证明通过回潮增加纤维含水率的塑性形变恢复技术是较为理想的技术选择。

在通过技术手段增加了丝绸纤维含水量后，水分子进入纤维无定形区，阻止纤维分子链的紧密结合，加大无定形区的自由区域，从而使纤维在一定程度的吸湿回潮后柔韧性增加，纤维通过吸收水分而达到黏弹性物态，在这种状态下纤维内部分子链可以滑动，重新排列

组合并形成稳定结构①。这种纤维分子链间的滑动，需要借助外力才能实现，即借助外力将本属不可恢复的塑性形变，如褶皱、扭曲、卷曲等形变抚平消除。在塑性形变暂时消除后，丝绸文物纤维仍处于相对湿度较高状态，需要持续借助适当外力负荷使纤维维持在塑性形变消除后的状态。在此过程中，纤维内部所吸收的水分逐渐释放出来，直到与外界环境的相对湿度相互平衡，在此过程中会形成新的次级化学键，并阻止纤维重新回到原来的褶皱扭曲状态，因而将塑性形变消除后的状态保留下来，这就使得织物的塑性形变得以消除。从而使原本因纤维糟朽、干燥脆弱而不能开展的工作如皱褶抚平、折叠展开、粘连剥离、印痕去除及扭曲变形矫正等操作成为可能。纤维回潮后会发生一定的性能变化，但这些变化都是发生在纤维内部而且随着纤维含水量的改变这些变化都是可逆的。

纤维的老化程度越严重，纤维塑性形变恢复的难度就越大。此类形变，若不及时去除，会导致形变位置的纤维长期处于高负荷疲劳状态，最终导致纤维强度降低，韧性降低，脆性增加，更容易发生粉化和断裂等劣化。形变去除后，织物的经纬线处于相对宽松和舒适的位置，相互之间的挤压、拉扯和扭曲外力会大大降低，纤维所受外界应力会基本消除，这有利于降低纤维的劣化速度，提升织物的安全保存条件。另外，还会对织物的外形改善，纹样、织物组织工艺、服饰研究以及提升展览效果等有很大帮助。开展织物塑性形变恢复技术应用，需要对丝绸纤维塑性形变的恢复机理进行研究，对其具体恢复工艺技术进行试验。

（4）纺织品文物形变恢复技术

纺织品文物形变恢复技术包括所有改善或恢复纺织品文物纤维形变的技术，其中应用最多的是回潮及去湿技术。除此之外，在湿洗、干洗等其他与液体接触的保护技术操作过程中，也可以同时实现对织物形变的恢复操作，但这些技术并非单纯的织物形变恢复技术，主体的织物形变恢复技术仍然是回潮与去湿，即织物纤维的湿度调节技术，其中又以回潮技术应用最多。

纺织文物湿度调节技术，指对织物纤维含水量进行调节的技术，从技术方向上分为增加纤维的回潮技术以及减少纤维含水量的去湿技术。纺织品文物纤维的含水量直接影响文物的劣化速度和保存安全。纺织品文物纤维含水量的高低受很多因素制约，与其出土条件、保存环境的湿度条件以及文物纤维本身的吸水能力等均有关系。含水量过低，将导致纤维干燥脆弱，引起纤维的断裂破坏，纺织品文物的附带材质在干燥条件下也会发生进一步的劣化。纺织品文物在含水量过高、潮湿甚至饱水的情况下，会加速织物纤维的水解速度，也会对织物上的染色、金属线、黏合剂等附属材质的稳定性造成损害。造成湿度过高的情况一般分为，出土环境为高湿或被水浸泡、经湿洗或意外湿水和保存环境湿度过高三种类型。无论是织物纤维的含水量过高还是过低，对纺织品文物的材质保存都不利，都需要对纤维进行湿度调节，以使其含水量处于适宜的范围。在织物形变恢复技术领域，最常用的是回潮技术，通过回潮技术增加纺织品文物纤维的含水量，借助纤维含水量变化引起的性能变化，实现对织物形变的恢复操作。

（5）纺织品文物回潮操作机理

回潮法是纺织品文物保护修复中常用的方法之一，尤其适用于抚平皱褶、展开折叠、剥

① De Graaf A. J. 'Textile Properties and Flexibility of Textiles', Conservazione e Restauro dei Tessili (Conservation and Restoration of Textiles). Proceedings of the International Conference, Como, 1980, edited by F. Pertegato, CISST, Lombardy Section, Milan. 1980: 54-61.

离粘连、去除印痕及矫正扭曲变形等操作。回潮法具体可定义为，通过间接或直接的方式，借助一定的技术手段，以可觉察的湿气而非潮湿或饱和湿气为物态，来增加纺织品纤维含水量的技术操作。[①]以下主要论述纤维的回潮机理、影响回潮的环境因素、影响纤维回潮速率的因素以及回潮对纤维性能的影响，这些机理是理解和应用好纺织品文物回潮技术的基础。

① 纤维回潮的机理

关于纤维材料的回潮（吸湿）机理研究，从20世纪20年代末至今已有近百年的历史，学者们从不同角度对纤维吸湿的机理提出了许多不同的看法。纤维的吸湿是个复杂的物理化学现象。纤维大分子中，亲水基团的多少和基团极性的强弱对纤维的吸湿性有很大的影响。如羟基（$-OH$）、酰胺基（$-CONH$）、胺基（$-NH_2$）、羧基（$-COOH$）等都是较强的亲水基团，它们与水分子的亲和力很大，能与水分子形成化学结合水，或称直接吸收水。[②]蚕丝纤维因含有较多这类基团，所以具有一定的吸湿能力；纤维吸水的位置具有一定的规律。在纤维的结晶区内，纤维大分子排列紧密有序，亲水的活性基在分子间形成交键，水分子一般不能进入结晶区。在无定形区，纤维大分子排列不规则，水分子可以进入，所以纤维结晶度越低，吸湿能力越强；另外，纤维和其他固体一样，在固体表面也具有吸附某种物质以降低表面能的倾向即固体表面的吸附作用。纤维的比表面积越大，表面能也越多，表面吸附能力也越强，则纤维的吸湿性越好。根据水分与纤维结合方式的不同，分为直接吸收水、间接吸收水和毛细水。纤维具有吸湿性的特质是纺织品文物回潮处理的根本前提，纤维吸湿能力除与自身的结构组成有关外，其效果还受周围环境条件的影响。

② 影响纤维回潮效果的环境因素

纤维本身的吸湿能力与纤维的结构有关，是纤维吸湿回潮的本质因素，周围空气环境条件、吸湿放湿过程以及平衡时间长短等外界因素对纤维吸湿性能的影响也很大。空气环境条件主要有大气压力、温度和相对湿度三个方面。由于地表大气压力变化不大，所以温度和相对湿度是主要的讨论对象。

在一定温度条件下，相对湿度越高，空气中的水汽分压力越大，单位体积空气中的水分子数目越多，纤维的吸湿机会也较多。温度对纤维平衡回潮率的影响比相对湿度要小，一般规律是温度越高，平衡回潮率越低。原因在于，在相对湿度相同的条件下，空气温度越低，水分子活动能量越小，水分子与纤维亲水基团结合后不易再分离。空气温度高时，水分子活动能量大，纤维大分子热振动能随之增大，削弱水分子与纤维亲水基团的大分子结合力，从而使水分子容易从纤维内部逸出。

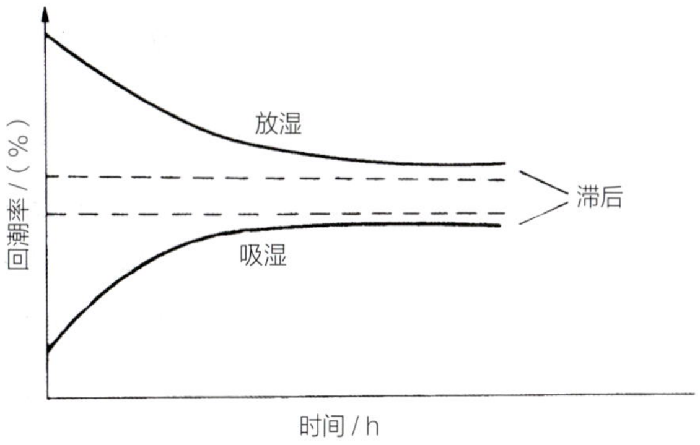

图6.5.4 纤维吸湿、放湿的回潮率与时间之间的关系[③]

另外，纤维材料需要一定时间才能与周围环境达到吸湿平衡，纤维或纺织品的吸湿速率除了受大气中的温度和相对湿度影响外，还受风速、材料的

① Hughes C, Wolf S. eds. Textile Conservation Catalogue: Humidification, AIC. 1993: 1.

② 姚穆、周锦芳：《纺织材料学》，中国纺织出版社，2009年，327、328页。

③ 于伟东、储才元：《纺织物理》，东华大学出版社，2002年，50页。

厚度、密度等因素的影响。图6.5.4即显示了纤维吸湿、放湿的回潮率与时间之间的关系。另外，纤维的回潮率除随大气条件变化外，还与纤维以前经历的吸湿放湿过程有关，也就是说与纤维的湿度变化历史有关，其最终回潮率有可能是吸湿等温线和放湿等温线间任何一个位置的回潮率。该过程较为复杂，纺织品文物所经历的吸湿放湿过程对再次回潮效果有怎样的影响，还有待于更多研究工作的开展。

③ 影响纤维回潮平衡速率的因素

纤维回潮速率关系到纺织品文物回潮时间的长短。在纺织品文物纤维获得一定量的水分并具备一定的塑形能力的前提下，回潮时间不宜过长。纺织品纤维在一定大气条件下会吸收或放出水分。在纤维吸收水分时，纤维分子和水分子相互吸引并结合，在此过程中，水分子的动能降低从而转化成热能，产生热量。随着时间的推移这一过程会达到一种平衡状态。这时，单位时间内从纤维中放出或蒸发出来的水分等于它从大气中吸收的水分，达到一种动态的吸湿和放湿的平衡状态。在此状态下，纤维材料中所含水分的质量占其干燥质量的百分率称为平衡回潮率。纤维回潮平衡速率除受扩散系数影响外，纤维吸湿后放出的热量是否容易驱散和环境的相对湿度是影响纤维集合体即纺织品文物回潮平衡速率的重要因素。图6.5.5显示了纤维在吸湿平衡过程中的回潮率、温度和蒸汽压的变化。在回潮过程的开始阶段，大气中的蒸汽压力较高，水分子进入纤维的回潮率增加，在此过程中放出热量，温度上升。此时，纤维中由于吸收了较多的水分，加之温度上升，使其内部获得了较高的蒸汽压，逐渐达到了和大气环境的蒸汽压相同的瞬间，即瞬态平衡。此时，如果纤维吸湿热不能及时排除，则纤维很难继续吸收水分。如果吸湿热能及时除去，纤维的温度降低，会进一步吸湿，回潮率继续增加，但纤维中的蒸汽压力会保持与大气蒸汽压近似持平，这一过程会在纤维中的温度与蒸汽压与大气完全相同时中止，从而达到最终的吸湿平衡。

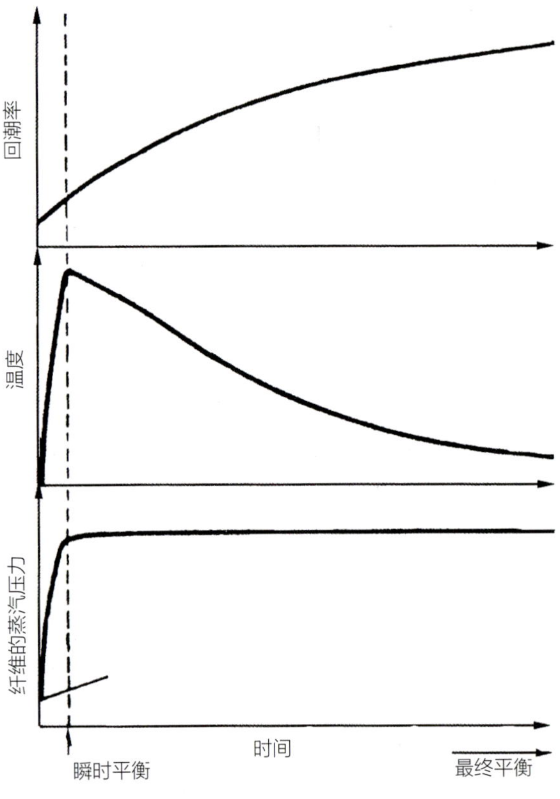

图6.5.5 纤维在吸湿平衡过程中的回潮率、温度和蒸汽压的变化[①]

达到吸湿平衡的速率与纤维种类、面积大小、形状、织物存放方式、温度和回潮率的大小都有关系。织物体积大，热传递的距离就大，调湿速度就慢。表面积增加，热传递速率就加快。吸湿平衡速率与织物密度成正比，密度大，吸湿平衡所需时间就长，反之则短。在纤维处于较低和较高回潮率时，水分子的扩散系数低，吸湿平衡较慢。温度高时，热量转移较快，平衡也较快，温度低时，则平衡较慢。另外，织物周围通风好有利于热量的驱散，平衡时间也会较短。

① 于伟东、储才元：《纺织物理》，东华大学出版社，2002年，58页。

在一定的温度条件下，纤维材料因吸湿达到平衡回潮率和大气相对湿度间的关系曲线，称为纤维的吸湿等温线。不同的纺织品文物纤维吸湿性能不同，但其吸湿机理本质上是一致的。相对湿度较小时，纤维中极性基团直接吸收水。当相对湿度在15%—70%左右范围内时，纤维内表面已被水分子所覆盖，再进入纤维的水分子活动性大，在动态平衡下吸着比较困难，此时水分子进入纤维速度减慢。当相对湿度很大时，水分子进入纤维内部较大的空隙，形成毛细水，特别是由于纤维本身的膨胀，使纤维内部空隙增加，会进一步增加回潮率上升的速度。

依据这些理论，在纺织品文物保护中，可以通过控制环境温度和相对湿度，主要是通过控制相对湿度，对纺织品文物进行回潮处理。进而在此基础上开展后续工作，例如抚平皱褶、展开折叠、剥离粘连、去除印痕及矫正扭曲变形等操作。在此，有必要了解为什么纤维吸湿回潮后便具备了开展上述操作的能力，即吸湿回潮后对纤维性能的影响。

④ 回潮对纤维性能影响

纤维吸湿后会在质量、体积、密度和物理机械性质等方面产生许多变化。纤维吸湿后质量增加、体积增大。纤维在纵向和横向均要发生膨胀，其中横向膨胀量大而纵向膨胀量小。纤维吸湿膨胀具有显著的各项异性，是由于纤维中长链大分子的取向决定的。水分子进入无定形区后，打开了长链分子间的联结点，使长链分子间距离增加，进而使纤维横向变粗。而在纤维长度方向，由于大分子的不完全取向，并存在有卷曲构向。水分子进入大分子之间后导致构向改变，使纤维长度方向有一定程度增加，但其膨胀率远小于横向膨胀率。因此，吸湿后的纤维会因直径变粗而使织物产生挤压收缩，使柔软织物变得粗硬。纤维吸收少量水时，其体积变化不大，水分子吸附在纤维大分子之间的孔隙，单位纤维体积和质量随吸湿量的增加而增加，使纤维密度增加。大多数纤维在回潮率为4%—6%时的密度最大，待水分子充满孔隙后再吸湿，纤维体积会显著膨胀，纤维密度反而降低。绝大多数纤维随回潮率的增加，纤维强力会下降，但棉、麻等天然纤维素纤维的强力会随回潮率的增加而增加。随着回潮率的增加，纤维的塑性变形能力会普遍提高，这一变化可以理解为因水分子进入纤维，尤其是进入纤维无定形区和长链分子间空隙后，加大了无定形区的自由区域，打开了长链分子间的联结点，使长链分子间的距离增加，进而改变了纤维内部分子的排列和结合状态，使其更易在外力影响下发生滑动、弯曲等形变。这一塑性形变能力的变化，在纺织品文物上的体现就是褶皱、扭曲、粘连等织物形变可以借助外力进行矫正和恢复。纤维回潮后塑性变形能力的增加是纺织品文物回潮操作的关键。

⑤ 纺织品文物回潮技术原理

可以说，织物能吸湿回潮，回潮后柔韧性加大是司空见惯的生活常识，在纺织品文物保护中的应用也较为普遍。但只有真正掌握上文提及的纤维回潮吸湿的机理、回潮效果的影响因素以及回潮对纤维性能的影响等知识，才能真正理解纤维在回潮后的性能变化以及这种变化给纺织品文物保护操作带来的可行性，科学地对其进行工艺改进和技术控制，使其更好地满足纺织品文物回潮处理的条件限制和特殊要求。

吸湿回潮是纺织品文物纤维的特质，是回潮操作应用的根本前提。回潮效果除了受纤维本身结构组成不同的影响而不同外，还受环境大气压、温度和相对湿度的影响，纺织品文物保护中的回潮操作也正是利用最便于控制的环境相对湿度来实现对纺织品文物纤维内部含水量的调节，从而达到使纤维获得一定性能进而实现其他操作的目的。纺织品文物回潮是通过一些特殊的方法将水分施加到纤维内部的，[①]这项操作具有一定的专业性，随着纺织品文物保护技术的发展，众多的回潮方法不断被开发出来，这些方法都各自具有一定的适用范围及使用规范。[②]

纤维回潮后会发生一定的性能变化，但这些变化都是发生在纤维内部而且随着纤维湿度的改变这些变化都是可逆的。在纤维回潮后的几种性能变化里面，纺织品文物回潮处理所利用的正是纤维塑性变形能力的增加这一特性，这一变化的原因在于水分子进入纤维无定形区后，阻止纤维分子链的紧密结合，加大无定形区的自由区域，从而使纤维在一定程度的回潮后柔韧性增加，这使得原本因纤维糟朽、干燥脆弱而不能开展的工作如抚平皱褶、展开折叠、剥离黏连、去除印痕及矫正扭曲变形等操作成为可能。这一过程中纤维通过吸收水分而达到黏弹性物态，在这种状态下，纤维内部分子链可以滑动、重新排列组合并形成稳定结构，以上这些操作需要借助一定的外力协助实现，在这些操作之后也就是纤维内部分子链的排列方式被重新排列之后，纤维内部因回潮操作暂时吸收的水分会逐渐释放出来，直到与外界保存环境保持平衡，在纤维内部水分逸出的过程中所形成新的次级化学键将起到阻止纤维重新回到原来褶皱扭曲状态的作用，这就使得纤维回潮处理后的效果得以保存，这就是纺织品文物回潮操作的基本机理。

6.5.1.2 回潮方法

回潮法是纺织品文物保护修复中常用的方法之一，尤其适用于抚平皱褶、展开折叠、剥离粘连、去除印痕及矫正扭曲变形等操作。纺织品文物回潮操作可以通过多种方法来实现将水分施加到纺织品文物纤维内部的目的。纺织品文物的不同材质及附带的其他材质、工艺、保存状况和保护目的是选择回潮方法的根本，另外回潮方法的选择还受工作条件等因素的限制。回潮方法可分为密闭式回潮与开放式回潮两大类。

（1）密闭式回潮模式

密闭式的回潮方法是利用一个封闭的空间来进行回潮的。这个空间可大可小，根据文物的尺寸以及处理区域的大小来决定。此空间可以是一个密闭的箱体或简易帐篷，例如从最简单的支架和聚乙烯塑料薄膜支撑起的帐篷，到由有机玻璃或玻璃密封组成的回潮箱，以及更高级的低压吸力操作台等。除了箱体和帐篷外，还可以通过半透膜等透水汽材料直接或间接接触被处理纺织品文物表面以达到回潮的目的。

① 简易帐篷式回潮间

帐篷式的空间是最简单易行的回潮方法，适用于工作条件较差、临时性处理、文物保存状况较好且不附带其他脆弱不稳定材质的纺织品文物的简单回潮处理。支架可以就地选用一些中性稳定材料，通过胶带粘连或捆绑等手段固定形成框架，外面加聚乙烯塑料薄膜来建成。在此过程中所选用的支架和捆绑固定等材料要保证清洁且不应在回潮期间发生锈蚀或霉变等危害纺织品文物安全的问题。同样是简单的帐篷式的空间，可以采用不同的加湿手段，具体可分为容器水挥发法、饱和盐溶液法、硅胶法、水含体释放法和超声波加湿器法。

A：容器水挥发法

容器水挥发法是最简单的方法。将纺织品文物安全摆放在帐篷内的底部平面，也可以根

---

① 路智勇、惠任：《纺织品文物回潮方法》，《文物保护与考古科学》2008年3期。

② 路智勇、惠任：《纺织品文物回潮应用规范初探》，《考古与文物》2009年2期。

据需要在帐篷内设置多层框架以放置多层纺织品文物从而达到一次回潮更多纺织品文物的目的。但这种做法在现实中并不常用，纺织品文物回潮到恰当程度时，需要及时处理，大量文物难以在同时进行快速处理。将盛有去离子水或蒸馏水的敞口容器放置在帐篷底部的一角或其他安全位置，通过水的挥发提高环境相对湿度和纤维内部水分。同时，在帐篷内放置湿度计以便查看帐篷内的相对湿度。此方法操作简单易于实现，但环境相对湿度不便控制，回潮速度慢，需要经常查看。一般不容易满足文物局部回潮处理的要求，需将文物整体放入环境内全部回潮。

B：饱和盐溶液法

相对于容器水挥发法，饱和盐溶液法更具可控制性。其原理是通过某种盐和水的静电吸引力实现某些特定的相对湿度值，饱和盐溶液具有维持其周围微环境相对湿度稳定的特性，当环境相对湿度低时，饱和盐溶液法中的水会挥发出来直到环境相对湿度到达特定值，同样，当环境相对湿度高时，饱和盐溶液法会吸收环境中的水分以维持其特定相对湿度值。[①]此方法需要根据回潮空间的大小计算饱和盐溶液的表面积，以保证帐篷式回潮空间内的相对湿度能够达到指定数值（参见表6.5.2：在不同温度下，不同饱和盐溶液周围微环境的相对湿度值）。其他更多饱和盐溶液在不同温度下的相对湿度值可以通过化学手册查询。在此过程中，只有水分在盐溶液与回潮空间和纤维之间进行交换，盐溶液的盐分不会转移到纺织品中。

表6.5.2 在不同温度下，不同饱和盐溶液周围微环境的相对湿度值[②]

温度℃	相对湿度（%）					
	一水氯化锂	六水氯化镁	二水铬酸钠	六水硝酸镁	氯化钠	四水硝酸钙
10	13.3	34.2	57.9	57.8	75.2	
15	12.8	33.9	56.6	56.3	75.3	
20	12.4	33.6	55.2	54.9	75.5	55.0
25	12.0	33.2	53.8	53.4	75.8	55.1
30	11.8	32.8	52.2	52.0	75.6	

C：硅胶法

硅胶是一种高活性吸附材料，属非晶态物质，其化学分子式为$mSiO_2 \cdot nH_2O$。不溶于水和任何溶剂，无毒无味，吸附性能高、化学性质稳定，可以反复吸收和释放水分。吸附水分后，可以用暴晒、焙烧、风干等方法再生。因此，可以利用硅胶这一性质，在回潮空间内缓慢释放水分。另外，硅胶种类繁多，各有不同的工作湿度范围，可以根据需要选择。但硅胶法因回潮速度慢且硅胶用量大成本高，在实际工作中应用不多。资料显示，控制一个一般的密闭帐篷式的回潮空间的相对湿度在35%—65%之间，需要大概20kg硅胶/立方米。

① CREAHN J. Controlling relative humidity with saturated calcium nitrate solutions. West. Assoc. Art Conservation. (WAAC) Newsletter, 1991 (13): 17, 18.

② LAFONTAINE R.H., Silica gel. Technical Bulletin, Canadian Conservation Institute, 1984 (10): 7.

D：水含体释放法

水含体可以理解为某些可以含纳水分且可以将其挥发到空间的材料，比如麻布、棉布、滤纸等。首先将这些材料用去离子水或蒸馏水浸泡湿润作为水汽来源，然后将其平放在桌面上，在这层含水体之上覆盖一层水汽隔膜，在隔膜之上放置纺织品文物。这层隔膜的尺寸要比含水体尺寸小但比纺织品文物的尺寸要大，以保证水汽可以从未覆盖的区域挥发出来但又不至于弄湿纺织品文物。此操作可以在帐篷式回潮间内进行，也可以通过塑料膜密封的方法进行，在纺织品文物之上放置一层滤纸，然后用大的塑料薄膜全部密封以避免水分挥发到空间，滤纸的作用是防止塑料薄膜上凝结形成的水滴落到纺织品文物上。这一方法的缺点在于其不可预见性，在操作过程中不便随时测量微环境的相对湿度，而且回潮效果受水质、水含体材质、水含体未被覆盖区域的大小和回潮时间长短等因素的影响。但此方法也有简单易行，适于在工作条件较差的情况下使用的优点。

E：超声波加湿器法

超声波加湿器的工作原理是通过超声波振动将水转化成均匀的水雾，水雾被排到帐篷式的回潮空间内，从而升高空间内的相对湿度，水雾落到纺织品文物表面进而达到纺织品文物回潮的目的。超声波加湿器提升回潮空间相对湿度的速度快且循环均匀。此操作对水质同样有要求，应为去离子水。因为一般水质中的钙镁离子会被转移到纺织品文物上造成潜在危害，另外，超声波加湿器也容易因水质太差而发生故障。因为超声波加湿速度快，所以回潮间内相对湿度会很快达到饱和点从而产生凝结水，因而需要经常查看以避免冷凝水滴落到纺织品文物上。超声波加湿器还可以和其他加热设备如回潮笔一同使用，将超声波制造排出的水汽加热到一定温度，用于某些纺织品文物的特殊操作，但温度需要严格控制。

② 湿度自动控制回潮箱

自制湿度自动控制回潮箱比以上所有帐篷式的回潮法都好控制，效果更好，更安全。自动控制回潮箱主要由密封回潮箱体、自动湿度控制器和空气循环风扇组成。回潮箱部分由玻璃密封组成，内设空气循环风扇以加强箱内空气流动，使空间内湿度更加均匀，回潮效果更快更好。自动湿度控制器由伸入回潮空间的相对湿度感应器和加湿器控制单元组成。在加湿器上设定相对湿度值后，控制器会自动控制加湿器的工作时间，维持回潮空间相对湿度在设定值（图6.5.6）。这种设备的优点在于可以长时间维持设定的相对湿度，并可以设定相对湿度升高或降低的梯度，使纺织品回潮更加量化。因玻璃箱体固定安装，所能处理的文物大小受箱体大小的影响。

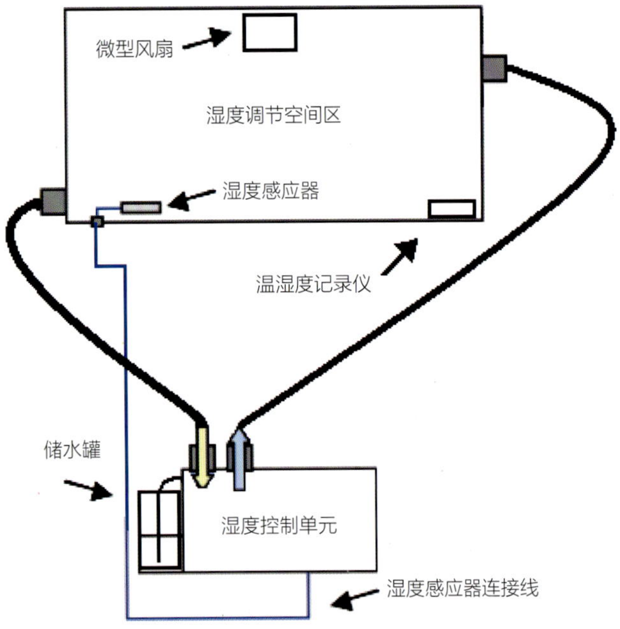

图6.5.6　回潮箱工作原理图

例如，利用湿度自动控制回潮箱在处理法门寺丝绸残块时得到了很好的处理效果。该残块面积不大且由多层织物叠压而成，织物之间粘连紧密，水气短时间难以进入织物残块内部，因而需要按照梯度缓慢升高湿度。利用湿度自动控制回潮箱湿度可设定的特点，将湿度首先设定在与织物原保存环境湿度相同的数值，然后按照每半小时升高3%的梯度，逐渐升高到75%，在此过程中不断检查残块外表及侧面织物断层处的纤维柔韧性，尝试分离揭展，发现在达到75%半小时之后，织物基本具备了揭展分离的可操作性。

③ 低压吸力操作台

相对于自制湿度自动控制回潮箱，低压吸力操作台是更加复杂先进的回潮设备。它具备密封罩（相当于回潮空间）、湿度自动控制系统、低压吸力装置、水回收装置以及霉菌、灰尘和有害气体过滤吸收装置。该装置具有多种功能，用于回潮是其中之一，设备体积大可以处理体量大的纺织品文物，湿度自动控制，回潮空间的空气可以被循环过滤清洁，避免霉菌发生。不同种类的低压吸力操作台在设计上稍有不同，但原理一样。有的设备密封罩上有操作孔，可以边回潮边操作。缺点在于价格昂贵，不易推广。

④ 半透膜回潮

半透膜回潮指的是通过某些特殊的可以使水汽通过但不透水的材料，将水汽施加到纺织品文物纤维内部的方法。目前，用于纺织品文物回潮的半透膜材料主要有Gore-Tex、Sympatex和Mipotex等类似材料，这些材料在工业和生活中主要用于制造服装鞋帽等户外运动用品，用于纺织品文物回潮的这些材料被做成一种非常薄的薄膜。一般使用方法是，在平整的桌面上铺上一层塑料薄膜，然后放置吸水的过滤纸作为水含体（水汽来源），然后放置半透膜材料，之后放置纺织品文物，最后用塑料膜覆盖密封（图6.5.7）。半透膜的尺寸可以根据要回潮文物的大小或区域的大小决定，但吸水滤纸的尺寸要小于半透膜的尺寸。同样的操作也可以在文物正面进行，即先将纺织品文物平放于桌面，然后在回潮区域放置半透膜材料，吸水滤纸和塑料膜密封。也可以采取不直接接触的方式，即将半透膜悬起固定，使其和文物表面之间保持一定的空间，再将整个区域密封，这样可以达到不同的处理效果。半透膜的优点在于回潮速度快，灵活简便，而且可以局部回潮，因而对于文物表面情况复杂如色牢度不好、有捻金银线、彩绘以及带有其他综合材质的情况比较适用。

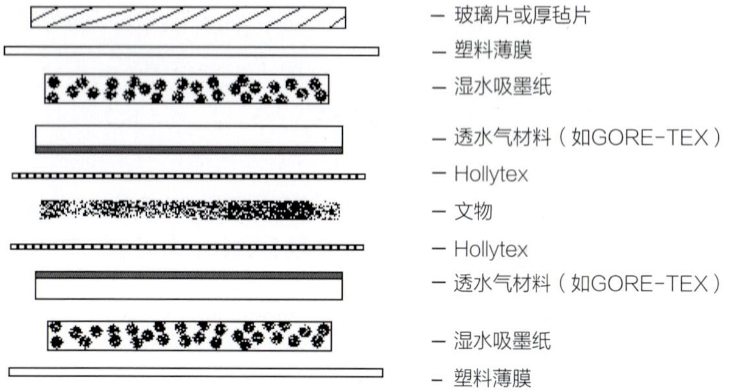

图6.5.7　标准式双面均匀回潮方案

该方法曾在明代织物的处理中得到充分应用。在织物揭展开之后，织物表面的小褶皱区域被覆盖在半透膜回潮组合层之下，由于织物的吸湿回潮速率较快，经过3分钟左右，揭开检查发现织物纤维已具备一定的柔韧性，利用手指和小型工具进行抚平后用载玻片平整压在褶皱区，自然干燥后褶皱基本被除去，效果良好。

（2）开放式回潮模式

与密闭式的回潮方法相比，开放式的回潮方法相对较少，且因在实际工作中难以控制回潮程度或对纺织品文物纤维存在较多的潜在危害而应用不多。主要有房间环境控制法、冷膏状含水体法、蒸汽法、加湿器法和化学试剂法等。房间环境控制法就是将要回潮处理的文物放置在湿度较高的房间，测量环境湿度，采取一定措施调节环境湿度如利用空调、去湿加湿机等设备，从而使纺织品文物获得一定回潮度；冷膏状含水体法是通过直接接触法实现回潮的，此方法因存在较大隐患基本很少使用；蒸汽法是比较常见的方法，无论在家庭和实验室都可使用，但存在热蒸汽对纺织品文物的伤害问题，如过多过快的纤维膨胀，可能激活文物表面水溶性的污斑和破坏彩绘文物的黏合剂等；化学试剂法主要用于处理植物性纤维。除了水之外，一些化学试剂如乙醇、脂肪族石油分馏物等可以用来整理植物性纤维，它们起到塑化水所不能塑化的那部分纤维组分的作用。对于某些糟朽严重，不能承受水分带来的过多纤维膨胀的纺织品文物，有机溶剂有一定适用范围，但应慎重使用。

另外，超声波加湿器直接回潮法是开放式回潮模式中应用最多的一种，即在普通房间内直接使用超声波加湿器将水雾喷射到文物表面上方空间，让水雾缓慢降落到文物表面以达到回潮的目的。该方法在法门寺丝绸残片的回潮操作中也有应用，当残块在湿度自动控制回潮箱内回潮到可揭展的程度之后，将其取出放置在工作台上进行接展，为了保持在揭展过程中纤维的含水量不降低从而保持纤维的柔韧性，利用超声波加湿器在织物周边进行加湿以维持织物工作区间的湿度水平，通过放置在织物附近的电子湿度仪来监测周边湿度值控制在75%左右和调节超声波加湿器的送湿量。此操作，保持了操作过程中织物的湿度水平，使揭展过程顺利完成。

6.5.1.3 回潮可操作性评估

在决定对纺织品文物进行回潮与否前，需要对文物进行综合评估。不经评估便贸然使用回潮操作会给文物带来损伤。经过精细专业的评估，可以将回潮操作的优越性为纺织品文物保护所用且损伤降到最低限度。综合评估包括很多方面，主要有：纺织品及其附带材料的不同湿敏感性、回潮中的发霉问题、织物表面污物与水汽的有害反应、织物外观的变化和文物信息丢失等问题。

（1）纺织品及其附属材料的湿敏感各异性问题

纺织品纤维吸收水分后会膨胀，且在纤维长度和横向的膨胀量不同，在此过程中会产生纤维间机械压迫力，造成某些部位受损。特别糟朽脆弱的纺织品纤维可能经不起这种机械压迫力，所以如果贸然进行回潮，可能会破坏纤维本身的稳定性；如果纺织品纤维表面有泥土等水溶性污迹，在回潮过程中，泥土可能会部分溶解迁移到纤维内部更深处，给以后的去除工作带来不利影响；如果仅仅对纺织品文物的局部进行回潮处理，则仅有被处理区的纤维膨胀，而其周围区域的纤维则不膨胀，纤维间的不同膨胀效果也会产生相应的机械压迫力从而造成挤压，产生褶皱或凸起等变化从而破坏文物表面的平整效果；某些有多种纤维组成的纺织品文物在回潮时会因不同纤维吸湿膨胀率不同而导致纺织品文物内部相互挤压，造成压力机械损伤和表面平整效果破坏；曾被回潮处理过的纺织品文物局部在再次被回潮时会较没有被回潮处理过的区域容易吸湿回潮，导致吸湿回潮速率和效果不同，从而引起不同的膨胀导致不必要的损伤。

纺织纤维尤其是桑蚕丝纤维在回潮后，虽然塑性变形能力增加，但纤维强度其实会下降。加之，纤维吸湿后重量增加，在这种情况下，对纤维进行处理操作需要格外小心，在技术不够娴熟，或纤维强度很低的情况下，不应贸然采取回潮处理操作。

纺织品文物内部的不同组成结构也会引起它们之间的相互挤压。实际工作中常见的情况包括：织物本身存在几种不同的组织结构，纬线密度不同或密度变化频繁，妆花或厚重的刺绣部分、捻金（银）线和其他各类存在内线芯和外包箔的组合线，甚至包括衣物上的与衣物本身材质不同的缝线在回潮时都存在不同的膨胀率，从而导致相互间的机械压力进而可能导致文物损伤或外形变化。

纺织品文物附带的其他材质如属水敏感性材料，则需要格外谨慎。例如，某些色牢度不高的染色纺织品，在回潮时可能会有掉色现象；纺织品文物上的附带金属等其他材质器件，在湿度较大的回潮空间内可能会存在锈蚀或进一步腐蚀的危险；织物上使用的黏合剂或黏结材料在湿度较大时可能会进一步溶解从而渗透到纤维深处，或进一步劣化导致被黏结物与纺织品表面之间结合力降低，因而对彩绘纺织品等文物回潮时需要格外慎重。另外，长时间处于高湿环境，也有可能导致部分黏结材料生霉。这些都是需要考察评估的内容。

（2）回潮中的发霉问题

在相对湿度高于64%—65%之间时，霉菌孢子或霉菌比较容易生长。回潮过程中的湿度一般较高，如不加控制比较容易发生霉害。霉菌的生长除了需要一定的湿度外，还需要营养源和霉菌孢子源等条件，因此在实际工作中需要尽量控制这些霉菌的发生条件以降低回潮过程中霉害发生的几率。对于那些表面污染严重极易引发霉菌的纺织品文物，在选择回潮时要特别慎重且尽量缩短回潮时间或进行前期适当处理。

（3）织物表面污物与水汽的有害反应问题

有些纺织品文物表面含有酸性污染物或灰尘，这些物质在水汽的作用下形成有害于纺织品纤维、染料及其他附带材质的物质，加剧织物劣化速度，使表面污物渗透到纤维深处，进而影响纺织品表面外观和整体效果。对于这类纺织品文物选择回潮时要特别慎重，应判定表面污物的酸碱性，必要时可对表面污物进行适当处理。

（4）织物的外观变化问题

在回潮过程中所需要使用的外力协助如载玻片或玻璃片等可能会在织物表面留下压痕或在操作临界块处形成边痕。有些织物因生产处理方法不同，可能会导致纤维回潮处理后变硬。如果织物特别容易形成此类痕迹、变硬或带有不平整的配饰，则需慎重选用回潮。

（5）织物的信息丢失问题

回潮操作可以去除折痕、皱褶、针孔和织物扭曲变形，而这些恰恰是织物很重要的历史信息，这些信息有助于说明文物的使用历史、使用方法和制作方法。一旦这些折痕、褶皱、扭曲等痕迹被回潮处理抚平消除，这些重要信息将会丢失。但完全保留这些折痕、皱褶痕迹以及扭曲变形等痕迹也存在弊端，因为在纤维褶皱扭曲处的强度压力较大，长时间处于这种疲劳状态会最终导致纤维脆硬断裂。在实际工作中，应根据具体情况权衡利弊，评估痕迹的信息价值，慎重选择是否采取回潮处理。

6.5.1.4 回潮方法选择

在决定对纺织品文物进行回潮处理之后，就面临如何选择具体的回潮方法的问题。恰当的回潮方法是有效回潮处理操作的前提，也是将回潮可能引起的纤维损伤降低到最低限度的保障。回潮方法的选择受很多因素的制约和影响，具体包括：文物的大小或需处理区域的大小、纤维的强度及回潮能力、附带材质稳定性以及回潮时间长短等因素，应根据具体情况选择某种或几种回潮方法组合使用。

（1）文物的大小或需处理区域的大小

例如简易帐篷式回潮间可以根据文物尺寸的大小搭建，但此法仅适用于文物整体全部回潮处理的情况。帐篷式回潮间内的湿度可以通过超声波加湿器、水含体释放法、饱和盐溶液法和容器水挥发等方法得到提高。湿度自动控制回潮箱以及低压吸力操作台可处理文物的大小受设备本身大小的限制，也是基本上用于整体处理的情况较多。对于局部处理的方法包括半透膜回潮法、超声波加湿器法以及水含体释放法等。

（2）纤维强度及回潮能力

如果纤维强度好、吸湿能力强，可以选择回潮速度较快的超声波加湿器、低压吸力操作台或半透膜回潮法以缩短回潮时间；如果纤维强度低、吸湿回潮能力差，则不宜采取上述方法以免引起织物表面凝结水现象。可以采取较为缓和的水含体释放法、饱和盐溶液法、容器水挥发法或湿度自动控制回潮箱以控制回潮的强度和速度，以避免过于激烈的纤维膨胀发生，但使用这类方法将使纤维回潮时间延长。

（3）附带材质的稳定性

部分织物的染色和彩绘色牢度不好或带有易腐蚀金属或其他材质，回潮时需要格外注意，可以采取仅对需要处理的且色牢度好的局部区域进行处理，例如采用半透膜回潮法或回潮笔，也可以采取保护措施将不稳定区域隔离后再进行回潮；部分丝绸文物或其附带材料容易产生回潮水气斑点，对于这种文物一般不宜采用超声波加湿器或低压吸力操作台；部分纺织品文物带有较厚的织物组织结构或本身为三维结构，不易回潮操作，可以采用低压吸力操作台。

（4）回潮时间

回潮方法的选择也受回潮时间长短的影响。纺织品文物需要回潮时间的长短受很多因素影响，例如纤维类型、老化程度、褶皱扭曲程度及处理区域吸湿空间大小、纺织文物厚度结构以及环境空气循环速度和温度等。应该综合考虑这些因素，评估回潮时间的长短，然后选择恰当的回潮方法。在达到一定纤维塑形变形能力的前提下，尽量缩短回潮时间。

回潮作为纺织品文物保护中的重要操作之一，其应用范围广泛，可以解决很多纺织品文物的常见问题，例如抚平褶皱，打开折叠，揭展粘连，矫正扭曲变形等；以及调节织物保存湿度，作为湿洗或其他操作的前处理，以及松软剔除不必要的黏合剂或污物等其他用途。但不恰当的回潮操作会给文物造成一定的损伤。因而，在做回潮决定之前，应考虑纺织品及其附带材料的湿敏感性、回潮中的发霉问题、织物表面污物与水汽的有害反应、织物外观变化和文物信息丢失等问题，以评估回潮操作的可行性。选择回潮方法时需考虑文物的大小结构、纤维强度及回潮能力、附带材质的稳定性以及回潮时间等问题。根据文物的实际保存状况、存在的问题和保护目的，考虑染色彩绘以及其他附属材质的强度和稳定性，特别是在遇水情况下的膨胀反应等内在因素，根据现实的工作条件和环境，选择恰当的回潮方法才是保证回潮操作效果且降低回潮可能给纤维带来的危害的根本，也是回潮操作规范的主要内容。除了做好以上两部分准备工作之外，还应注意尽量采用专业、安全和稳定的设备，以及优质的回潮用水例如去离子水，在回潮过程中注意监测纤维回潮程度，在纤维塑形能力恢复到一定程度且经得起操作的情况下，细心操作，及时处理并保存处理效果。

6.5.1.5 回潮操作具体应用

回潮操作的第一步是通过间接或直接的多种方式来调节纤维内部的含水量，具体的对织物纤维进行回潮加湿的方法已在上节文字中介绍。第二步是借助多种多样的外力协助手段来调整和保持被处理纤维的外观形态效果，具体可采用均匀压力法和单个重物法来实现。均匀压力法指的是通过低压吸力操作台或其他类似手段给织物回潮处理区域施加外力的方法。单个重物法指的是通过重物来压在织物表面的方法，种类繁多，一般可采用内包砂粒的小布袋、内装重物条的布条袋、玻璃板、有机玻璃板、载玻片等物品作为重物在纺织品文物需处理区域使用。用于制作布袋、布条的布必须是清洁密实的，保证内装砂粒或重物不会流漏，且不会划伤或破坏文物表面。所用玻璃板、载玻片必须是棱角经过打磨的，以避免划破织物表面。无论是选择使用均匀压力法还是单个重物法，都需要考虑文物的强度和表面具体情况，灵活选择恰当的方法，否则容易造成织物表面破坏。

在织物纤维的皱褶、折叠、粘连、压痕或扭曲变形被处理之后，所使用的均匀压力或单个重物可以在织物表面上保持一段时间，待纤维内部的含水量与周围环境相对湿度重新达到平衡之后再除去。在此过程中纤维内部会形成新的次级化学键，这些化学键将使纤维保持在均匀压力或单个重物外力控制下的状态，并阻止纤维内部已被重排的分子链重新恢复到回潮前的状态，这就使得纺织品文物回潮后的处理效果得以保存。

回潮操作应用范围广泛，可以用于糟朽、干燥脆弱纺织品文物的皱褶抚平、折叠展开、粘连剥离、压痕去除、扭曲变形矫正以及湿洗前含水量平衡预处理等操作。根据其应用性质的不同，可大体分为三部分：处理织物扰动、湿洗预处理和揭展粘连。

（1）处理织物扰动

考古出土的纺织品文物，大都不平整，褶皱、折叠、扭曲变形等是常见的织物扰动类型。褶皱、折叠和扭曲状态下的织物除了影响织物的整体完整效果外，还因这些区域的纤维长期处于紧张疲劳状态而容易断裂。因此，处理此类织物扰动也是纺织品保护中的主要工作之一。通过回潮控制织物纤维的柔韧度，借助外力协助对这些褶皱、折叠和扭曲区域进行抚平处理，并在此过程中使用均匀外力或单个重物来保持织物在回潮过程中及回潮后的处理效果，纤维将会保持在平整的状态。法门寺丝绸严重折叠扭曲的残片，经回潮展平后取得了较好效果（图6.5.8、图6.5.9）。但并非所有的织物扰动都需要除去，处理之前有必要对织物扰动的性质进行判断。大部分的褶皱、折叠和扭曲都是在埋藏环境内被挤压扰动，或在出土现场以及后期保存过程中形成的，这类织物扰动一般可以除去。但也有部分褶皱是因穿着、使用、折叠存放或其他原因形成，这些织物扰动痕迹遗存是非常重要的文物历史信息，有助于说明织物的使用方法和历史等一系列问题，一般应尽量保留，如需去除则应格外谨慎。

（2）湿洗预处理

湿洗是纺织品文物保护中常用的操作之一，湿洗前对纺织品的预处理十分重要。预处理包括很多方面，纤维含水量调节是其中一项。在普通环境中保存的纺织品文物，若不经纤维含水量调节而直接放入湿洗溶液进行清洗，则会引起纤维内含水量急剧增加，纤维在径向和长度方向快速膨胀，从而对脆弱纺织品文物的强度、稳定性和外观形状造成破坏。因而，在湿洗前需要通过回潮操作将纺织品文物纤维的含水量逐步提升到一定程度，然后再放入湿洗溶液进行湿洗操作。此类回潮一般需要在密闭环境内将文物整体回潮，所使用的方法主要有简易帐篷式回潮间、湿度自动控制回潮箱和低压吸力操作台等。

（3）揭展粘连

部分考古出土的纺织品文物存在多层织物紧密粘连的现象，在织物纤维糟朽的情况下，此类织物很难被揭展分离。因粘连原因的不同，粘连的种类也不同，在了解粘连机理的情况下，采用相应的手法，对织物的含水量进行调节，使其获得一定的韧性和强度，进而可开展多层粘连的糟朽纺织品文物的揭展。

有些传世和出土纺织品文物在历史修复过程中曾经使用过黏合剂用于裱糊托护或丝网加固，在这类文物的重新保护修复过程中，有时需要将这些裱糊材料或丝网去除，回潮法也适用于此类情况的处理。部分黏合剂可以通过普通的回潮操作来软化，回潮的同时也改善了纺

图6.5.8　T40残片处理前残破堆积状况

图6.5.9　T40其中一小残片回潮展平后

织品纤维的柔韧性，从而可以实现将黏合层分离的操作。对于那些对水没有反应的黏合剂，也可以采用类似方法，但所用的回潮水应该改成相应的化学试剂，此类方法主要通过半透膜等方法来实现。应用此法，需要综合考察纺织品及其附属材质的保存状况和具体情况，慎重选用合适的化学试剂，避免化学试剂对文物的可能损坏。纺织品文物揭展与织物纤维形变恢复技术有一定联系，但也存在一定的区别，下节将详细介绍课题组在糟朽粘连法门寺丝绸文物揭展中的技术研究成果。

6.5.1.6　揭展技术

纺织品文物尤其是粘连糟朽纺织品文物的揭展，是纺织品文物保护修复操作中的难题之一，而法门寺丝绸因多层糟朽织物粘连而板结包块，其揭展难度更大，加之丝绸极为糟朽脆弱，经不起水或有机溶剂的浸泡或其他直接性物理机械操作，因而课题组根据法门寺丝绸的粘连病害特征，针对性地开展了揭展技术研究。

绝大部分考古出土织物粘连是由于地下埋藏环境中的存放方式引起的，很多纺织品文物尤其是服饰和匹料在地下埋藏时，处于折叠、层压、摞放状态，织物长期处于这种状态下，造成织物层层紧密贴合、粘连、板结成块（图6.5.10）。加之保存环境内温湿度、有害气体、水浸、霉菌、污染物等劣化和病害的综合影响，导致粘连织物揭展的难度加大。

粘连织物揭展技术引起国内文物保护技术人员关注的时间并不长，但其技术应用的时间应当较早。大概从2000年左右起，学者们开始关注粘连丝绸文物的揭展问题，陆续开展了相关实验研究。目前已知的揭展技术有的明确定位为揭展技术，有的则是在湿洗、加固、除霉等操作过程中，同时实现部分揭展操作目的。这些揭展技术类型的原理和操作方法差别很大，各技术的优缺点也都十分明显。但目前已有的揭展技术仍不能满足揭展糟朽粘连织物的需要，很多粘连织物仍然无法安全揭展，或者说虽然能够勉强揭展，但揭展过程所造成的织

图6.5.10　法门寺粘连丝绸包块断面

物材质损失和文物信息丢失比较严重。

讨论纺织品文物揭展技术，首先需要明确“揭展”的具体含义及其适用范围。“揭展”技术从字面可分为两部分内容，首先是“揭”，其次是“展”，“揭”指将多层粘连的织物分层，“展”指将层层粘连的织物分离后继续进行展平与矫正操作。若织物没有层层粘连，仅存在折叠、褶皱、扭曲形变，则对其进行的形变恢复技术操作并不属于揭展技术的范畴。以下重点论述与“揭”相关的技术内容，与“展”相关的操作已在回潮及织物形变恢复操作技术部分进行了介绍。

（1）织物粘连的产生原因

目前，对于织物层层粘连的机理尚未有针对性的研究开展，有学者进行了初步的原因分析，将织物粘连的原因或机理大概分为以下几种类型：丝胶的黏结作用、染色时用的动物胶或植物胶的黏接作用、细菌的排泄物及尸体分解物等的黏接作用、其他有机质及无机质的黏接作用以及物理机械嵌合和物理吸附作用等。认为织物之间的黏接作用力主要以分子间的范德华力和氢键作用力为主，也可能有分子间的离子电作用力，但不大可能形成新的化学键。① 有研究人员利用SEM/EDS、红外光谱、X射线衍射分析技术对某一组出土纺织品的粘连固结物进行了分析，分析显示造成此组纺织品层层粘连的固结物主要成分为蒙脱土类黏土、硫化铅、结晶态长链烷烃化合物以及饱和脂肪酸盐（可能为钙盐）等。②

对织物粘连因素和机理类型进行研究是研究揭展技术的基础，但在实际案例中，造成纺织品文物层层粘连的原因经常是多种类型粘连因素的综合效果。因而，通过科学分析手段，了解织物粘连的主要类型，然后针对性地选择揭展方法进行揭展，目前还仅处于理论阶段。更多的实际操作案例，并没有对粘连原因进行分析，或者是在没有真正确定粘连因素的情况下，选用了某类揭展技术对粘连织物进行了揭展。总体而言，目前经公开发表的织物揭展案例数量非常少，在已发表的案例中，真正属于叠压粘连严重的织物案例少之又少，有的研究虽然定位为织物揭展，其工作对象其实并非真正属于需要揭展的病害类型。因而，以目前的发展状况，还不足以对揭展技术进行深入的介绍和评价。以下对已知的与揭展间接和直接相关的技术进行介绍，对其操作工艺进行分析，对其适用范围和技术优缺点进行评价。

（2）织物粘连的揭展技术

能够有效揭展粘连纺织品文物，且对纺织品文物及操作人员安全的技术均可称为粘连纺织品文物揭展技术。随着新技术不断经过验证引入纺织品文物保护领域，揭展技术的种类将不断增加。目前已经公布的揭展技术从大的类别上可以分为两类：一类是借助水及化学试剂的混合溶液对粘连织物进行处理，溶解或破坏织物之间的粘合力，或对织物进行临时性加

① 杨建洲、孙丽娟、王海英、白崇斌、范宾宾、杨秋颖：《出土丝织品揭展剂在出土宋代丝绸上的应用》，《考古与文物》2004年4期。

② 曹晓晔、周旸、赵丰：《出土丝织品固结成分分析以及揭展剂模拟保护研究》，《纺织学报》2012年33卷3期。

固，进而对织物进行揭展；另一类，则是借助湿度调节的方式对纤维性能进行调节，降低织物之间的黏结力，同时加大纤维的柔韧性，在此基础上对织物粘连进行揭展处理。

① 化学揭展剂类揭展技术

陕西省文物保护研究院（原西安文物保护修复中心）研究人员曾配制揭展剂，利用润湿剂、渗透剂来破坏丝绸之间黏结的范德华力和氢键作用力，对陕西白水出土宋代丝绸进行了实验揭展。研究报告显示，其揭展剂为无色透明液体，pH为5—7，成分以高效柔软剂、渗透剂、润湿剂为主，但未公布揭展剂的具体组成物质。其操作方法为，将揭展剂用注射器滴加到丝绸表面，保湿放置15—20分钟，应用自制的竹板、竹签将积压层剥离并缓慢展开，根据其断裂的相互关系进行拼对成型，对拼对成型的织物用丝网点溶法进行临时性裂缝固定，然后需用蒸馏水反复对织物表面进行喷雾淋洗，用卫生纸吸去下渗的污水。其研究报告指出，揭展剂对丝绸彩绘颜料无不良影响，但报告并未公布颜料在揭展剂浸泡前后的变化数据。揭展剂的揭展效果，除了与揭展剂本身的效能有关外，与织物的粘连固结状态有很大关系，该试验中所揭展的宋代丝绸的粘连折叠状态相对属于比较轻度的形变，与真正的多层紧密叠压粘连的病害类型存在较大区别。

浙江大学、中国丝绸博物馆等曾开展出土丝织品固结成分分析以及揭展剂模拟保护研究。其揭展剂由柠檬酸1份、乙二胺四乙酸3份、丁基萘磺酸钠1份、十二烷基苯磺酸钠1份混合均匀放入烧杯，再分别加入乙醇10份、亲水性氨基硅油3份，用玻璃棒搅拌均匀，最后加入去离子水81份，配制而成，外观呈透明溶液状。将此揭展剂点滴在固结老化样品上，于温度30℃、相对湿度70%的条件下放置10min后揭展，展平后用去离子水冲洗，阴干后对固结老化样品进行性能与结构测试，测试结果表明揭展操作对测试样丝织品的断裂强力、断裂伸长率无明显变化，色差在允许的范围内可以不被肉眼分辨出来，由热重分析、氨基酸分析结果可知，揭展前后丝织品氨基酸的种类及含量不发生变化，热稳定性较揭展前有所改善，研究结果认为此揭展剂可应用于固结丝织品的揭展。

以上两种揭展剂均以液态形式滴加到织物需要揭展的位置，在此过程中织物经过15分钟左右的浸泡过程，揭展后需要进行多次漂洗以去除揭展剂。对于有些极为糟朽脆弱或表面具有不稳定的彩绘、染色以及金属线装饰的织物，此类操作技术具有一定的局限性。课题组曾尝试利用有机溶剂对一件经多次折叠紧密粘连的唐代唐卡进行了揭展，为减缓有机溶液对织物的影响，利用Gore-tex表面微孔对透过物质的选择性功能（图6.5.11），使有机溶剂以气态而非液态的形式与织物粘连部位缓慢接触，对经油烟浸渍的唐卡包块的揭展取得了较好的效果。[①]因部分有机溶剂可能会溶解松动彩绘的黏结材料或对部分不牢染色造成损害，因此在彩绘或染色文物上使用此类技术时，需要进行所选有机溶剂的安全性测试，在保证所选溶剂对彩绘黏结材料和其他文物附带材质均不会造成损害的前提下方可使用。

除了利用各类试剂对粘连位置进行软化、溶解、破坏丝绸之间黏结的范德华力和氢键作用力外，通过对织物进行临时性加固，降低织物在揭展过程中遭受机械破坏的风险，也是目前学者已经尝试实验的技术思路之一。纤维素、壳聚糖、聚乙二醇10000的混合物曾作为临时加固剂对现代丝绸人工老化试样进行临时加固实验。在实验过程中，临时加固剂被喷洒到试样表面，自然阴干后的人工老化试样同对比组试样同在蒸馏水中浸泡1min，临时加固过的人

① 路智勇、惠任：《GORE TEX 与有机溶剂结合法在纺织品文物保护中的应用》，《东华大学学报（社会科学版）》2008年8卷4期。

工老化试样用2%的烷基多苷浸泡15min，然后用蒸馏水漂洗2—3次，以清除临时加固材料。在实验过程中采用抗拉强度测试仪以及色度仪对测试样的性能进行监测对比其变化。实验结果表明，试样经临时加固及漂洗前后的色度没有明显变化，临时加固剂有效提高了试样的强度，研究认为加固剂对提高揭展效果起到了基础性作用。①

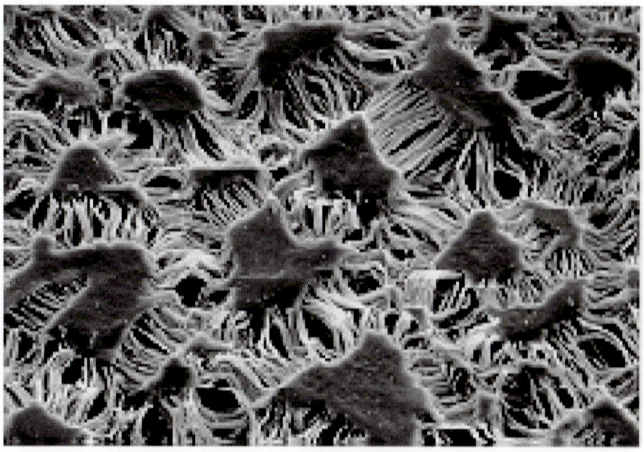

图6.5.11　GORE-TEX 薄膜的微孔结构（扫描电镜图片，www.biology.duke.edu/sem/）

② 湿度调节类揭展技术

利用水汽对粘连织物进行揭展的技术是课题组重点关注的技术类型。该技术在织物及绢本经卷揭展中的最早应用时间无从查起，1985年浙江西泠印社曾利用蒸汽法揭取北宋纸质经卷。在早期考古现场织物揭取操作中，有技术人员采用蒸馏水将消过毒的滤纸加湿，覆盖在丝织物表面，保持半小时后揭走滤纸，织物的干湿程度和抗拉强度有所提升，为揭取织物创造了条件。除此之外，也有利用喷雾器在干燥织物表面喷水，并覆盖塑料薄膜进行回潮，待织物干湿度合适时，对安徽南陵县北宋墓出土丝织品进行室内揭展。②除以上案例外，在其他纺织品文物的保护中也常用到湿度调节技术，但真正属于解决严重织物粘连问题的案例较少，法门寺地宫出土唐代糟朽粘连丝绸揭展属于目前已知最典型的案例。

法门寺丝绸最典型的病害是织物糟朽且多层织物紧密粘连，这与法门寺织物在地宫内存放的方式有关，法门寺丝绸大部分经折叠后盛放在箱或包袱内置于地宫封存，少部分丝绸为其他器物的外包装。因此，法门寺丝绸的叠压粘连状态不同于其他粘连织物，法门寺织物多层粘连后形成厚度超过10厘米的织物包块，且包块扭曲断裂严重，加之其织物韧性强度极差，揭展分离这些粘连织物的难度极大。

通过滴加化学揭展剂或液体浸泡式的临时性加固揭展技术均不适用于法门寺织物包块。由于织物老化严重，纤维糟朽酥粉，若置于液体浸泡将会导致织物包块表面劣化严重的纤维在液体中分离游动，或导致织物吸水后形成纤维浆状物，导致织物包块内织物层结构更不清晰，织物揭展分离难度增加。无论是化学揭展剂还是浸泡式临时性加固技术，都需要在处理后将化学残留物漂洗干净，以避免残留物的后续隐患。但法门寺丝绸的强度及糟朽粘连状态决定了对其不宜采用液体浸泡及水洗操作。

经过技术筛选，湿度调节技术作为对纺织品文物安全性相对较高的技术选择，对法门寺糟朽粘连丝绸进行了湿度调节进而开展了揭展操作。在之前利用湿度调节箱对小块干燥扭曲法门寺织物进行回潮实验的基础上，对含湿量较高的法门寺丝绸残块行了去湿操作实验，通过控制加湿、去湿速率以及湿度调节空间内的相对湿度调节梯度，有效对法门寺丝绸残块进行了调节、扭曲矫形及粘连揭展。在此前提下，对较大型的法门寺织物包块进行了揭展操作，取得了较好的效果。该法门寺织物包块原存放于冰柜冷藏环境，经置于低压吸力操作台

① 魏延飞、邱祖明：《临时加固技术在糟朽丝织品文物揭展中的应用》，《中国文物保护技术协会第六次学术年会论文集》，科学出版社，2010年，65—69页。
② 俞翔、龚德才：《安徽南陵县北宋墓出土丝织品的室内揭取》，《中国文物报》2016年1期。

中进行缓慢湿度调节（图6.5.12），待织物纤维含水量达到一定的数值时，开始从上往下逐层进行揭展，借助柔软平薄的条形工具对织物粘连部位进行分离揭展，避免用手直接“撕拉”式的揭展。从包块T68中，先后揭展出裤子、长袍、裙子、上衣等唐代衣物。所揭衣物中，有两件衣物的腰部由捻金（银）线织成的精美图案装饰（图6.5.13）。

在揭展过程中，通过控制织物所在的相对独立密闭空间内的相对湿度，利用纤维分子结构中大量存在的能够吸湿和放湿的官能团，调节纤维吸收或释放水分的方向和程度，进而影响丝绸纤维的强度和韧性，在纤维强度韧性经得起揭展操作过程中的扰动时，对织物粘连部分进行揭展分离。在操作过程中，仅使用气态而非液态的水对丝绸纤维的含水量进行调节，没有使用任何化学高分子加固剂、化学揭展剂等强干预性的液态浸泡类技术，因而无需采用水洗浸泡对织物进行漂洗以去除揭展剂残留物。因而不存在化学试剂对纤维材质伤害的问题，也不存在材料老化问题，适于在脆弱糟朽纺织品文物的保护修复中应用，为最终实现文物的长期保存、文物信息的最大化提取、文物价值的深入挖掘乃至系统展示和利用提供了重要的技术支持。

③ 其他相关技术

除了揭展技术之外，在纺织品文物保护修复的其他技术操作过程中，也同样可以实现粘连织物的揭展处理。例如，在湿洗操作过程中，在织物强度较好的情况下，一般的织物扭曲形变以及粘连均可在湿洗过程以及湿洗后的干燥过程中进行处理。因而，如果有必要对织物进行湿洗，且织物强度及表面附属材质的保存状况经得起湿洗，如果织物存在粘连问题，则可以考虑在湿洗过程中，一同对织物粘连进行处理。有些微生物加固技术，需要将织物浸泡在加固液中，且对处理过的织物进行多次漂洗，在这些过程中均可实现对织物形变以及粘连的技术处理。由此可见，织物的保存状况是决定织物粘连处理技术选择的决定因素。如果织物保存状况较好，强度较大，对织物粘连的揭展处理则相对容易，简单的回潮处理辅以小工具分离等技术手段即可实现粘连织物的揭展。揭展的难度多来自织物强度韧性差、织物老化严重、纤维非结晶区含量少、对水汽的吸收或释放反应能力较弱，因而难以改善纤维的强度和韧性，无法提升粘连织物在揭展过程中的可操作性和安全性，进而无法实现粘连织物的安全揭展。

图6.5.12 法门寺丝绸包块揭展（T68）

图6.5.13 从T68衣物包块内揭展出的一件衣物的腰部（T68-G）

6.5.2 湿洗技术

湿洗是纺织品文物保护中的重要操作之一，与湿洗相并列的其他清洗方法有机械法清洁和有机溶剂干洗法。湿洗指的是利用水或水与其他添加剂的混合溶液作为清洗液，采用局部或整体浸泡的方式，对纺织品文物上的某些污物进行洗除的操作。湿洗是不可逆的操作，湿洗可能会对纺织品文物造成难以控制的不利影响，因此纺织品文物保护领域对湿洗的选用越来越谨慎，应用量也越来越少。

法门寺丝绸因强度韧性差，纤维糟朽酥粉劣化严重，难以承受湿洗过程中水对纤维的不利影响。在2002年丝绸文物保护实验室建成投入使用以来，在保护修复工作中，未曾对法门寺丝绸进行过浸泡式的湿洗操作，仅对极小部分残片进行过特殊湿洗处理。尽管应用量小，课题组还是对湿洗的必要性、湿洗的积极作用、湿洗用水的水质问题、湿洗的应用规范以及湿洗的弊端等问题进行了探讨。

6.5.2.1 湿洗的必要性

考古出土的纺织品文物大都有污染物，污染物的种类也是多种多样，而绝大部分污染物都对文物的保存不利，例如，坚固的污物会加大纤维的受力和机械摩擦力，进而破坏纤维和织物；灰尘、烟熏和其他固体颗粒状污物会通过吸收水分和空气中的有害气体而加速织物的老化；含有金属离子的污物会催化纤维的光老化；部分锈蚀产物和土质污物会在环境水分的影响下改变织物的酸碱性；部分污物还会通过化学反应来加速纤维的老化。①因此，除去这些污物会改善文物的保存条件，减缓文物的老化速度。

相比墓葬出土纺织品，法门寺丝绸文物的洁净度相对较高。有些晚期墓葬出土的纺织品文物上沾满了棺液、蛋白质和其他多种污物，这些污物除了影响文物的外观，气味难闻，不利于进一步研究、存放、展览和研究使用外，②还会因这些污染物而诱发霉害，或这些物质在恶劣的环境下进一步加剧纺织品的老化。血迹、蛋白质类污物被氧化后会形成硬的污斑，还有可能与蛋白质类织物纤维交联。染色、墨迹、颜料以及其他有色的因化学或微生物引起的纤维老化产物除了影响文物的外观之外，还会使织物对光老化更加敏感。油脂类污物会嵌入其他种类的污渍，也会因自身的酸性对文物造成伤害。含有不饱和双键的油脂会被氧化，并形成硬的网状污斑并在污斑周边与织物结合处产生拉力进而破坏织物。因而，此类纺织品多被湿洗处理。

在库房保存的曾经被保护处理过的织物，在老化过程中产生的老化产物一般为暗棕黄色，除了会改变文物的整体颜色外，还因这些老化产物一般为酸性，而进一步加速织物的老化。部分发霉的织物会因为霉菌的生化酶反应而造成织物纤维的老化。霉菌的新陈代谢产物一般为酸性，且会改变文物的颜色。库房纺织品文物的老化产物、降落灰尘以及霉菌病害在无法采用吸尘等机械法清洁时也可以采用湿洗法。

褶皱严重的织物在回潮无法达到处理目的的情况下，如果织物的保存状况允许，也可以采用湿洗的方法进行处理，既抚平了褶皱，③又可以清除一些污物，进而改善文物的外观和

---

① Agnes Timar Balazsy, Gyork Matefy, Sandor Csanyi. Effect of Stains and Stain Removal on Historical Textiles. Preprints of the ICOM 10th Triennial Meeting Committee for Conservation. USA: Washington D.C., 1993: 22-27, Paris: ICOM 1993: 330-335.

② 中国纺织品鉴定保护中心：《纺织品鉴定保护概论》，文物出版社，2002年，109页。

③ Cooke B. Creasing in ancient textiles. Conservation News (35), 1988: 27-39.

保存状况。

6.5.2.2 湿洗的积极作用

除上面提到的湿洗必要性外，湿洗的操作效果和积极作用是湿洗一直以来被延续使用的另一重要原因。总体来讲，湿洗在改善织物外观、挖掘文物信息、减除病害、减缓老化、文物充分利用和材质长期保存等很多方面都具有积极的作用。

（1）改善外观和挖掘信息

大部分织物都有染色、刺绣、纹路、图案等表面装饰设计，这些图案常被各种各样的污物覆盖污染，严重影响织物的美感和图案的完整性。不仅如此，素面的织物在经过湿洗后，也会在织物的亮度、色彩和纤维的洁净度等方面有很大改观。这除了有助于突显织物的华美外，还会通过显现覆盖的图案和其他设计装饰，而增加织物的美感和艺术价值，在展览和研究中起到积极的作用。很多与织物结合牢固的有害污物很难被机械法或其他方法去除，而湿洗则可以通过选择不同的湿洗溶液将大部分污物洗除。另外，湿洗过程同时可以缓解或抚平很多褶皱严重和结构不清的织物，从而恢复织物的平整和结构完整性，对于研究织物或服饰的形制也很有帮助。

（2）减除病害

文物表面的污物，除了特别稳定的之外，大部分都会通过不同方式对织物造成损害。坚固的污物会加大纤维的受力和机械摩擦力，部分锈蚀产物和土质污物会在环境水分的影响下改变织物的酸碱性；晚期墓葬出土的纺织品文物上沾有的棺液、血迹、蛋白质和其他多种污物会诱发霉害。油脂类污物会嵌入其他种类的污渍，也会因自身的酸性对文物造成伤害。含有不饱和双键的油脂会被氧化，并形成硬的网状污斑，并在污斑的周边与织物结合处产生拉力进而破坏织物。经过湿洗，可以将这些污物去除，从而减少因这些污物而诱发的病害。

（3）减缓老化

通过湿洗操作，还可以减缓纤维的老化速度。在展柜内展览的或在库房内保存的织物，在环境自然老化过程中产生的老化产物一般为酸性物质，这些物质在吸收环境水分后会进一步加速织物的老化；部分污物还会通过吸收水分和空气中的有害气体和化学反应来加速纤维的老化；部分发霉的织物会因为霉菌的生化酶反应而造成织物纤维的老化。霉菌的新陈代谢产物一般为酸性，除了会改变文物的颜色外，还会进一步循环扩大霉害的面积和深度。[①]库房纺织品文物的老化产物以及霉菌在无法采用吸尘法等机械法清洁时也可以采用湿洗法。褶皱严重的织物在回潮无法达到处理目的的情况下，如果织物的保存状况允许，可以采用湿洗的方法进行处理，通过抚平褶皱以消除在褶皱处纤维所受的高强度拉力，避免纤维在褶皱处长时间处于疲劳状态而断裂。湿洗操作可以将这些老化产物、污染、霉菌以及褶皱扭曲变形消除，从而减缓织物的老化速度。

（4）文物利用

织物经过清洗之后，去除了污物，改善了图案可视性和完整性，提升了艺术美感，在展览过程中更能给观众带来美感和愉悦，对于普通观众增进对古代纺织品文物的兴趣、了解学习纺织艺术历史和进行历史文化教育都具有提升作用。晚期墓葬出土纺织品文物上的棺液、

① 马淑琴：《文物霉害的防治》，科学出版社，1997年，7、8页。

蛋白质和其他多种污物被取出后，外观得到改善，难闻气味得以去处，对于开展后续的织物组织结构、图案艺术设计和其他科学研究提供了便利条件，也减少了文物资料管理人员保存管理文物的难度和后患。

（5）长期保存

经过湿洗的织物，病害诱发因素会得到很好的去除或控制，老化速度会得到延缓。纤维更加洁净、柔韧性更好，在搬运、展览和使用过程中更具可操作性，应对环境变化的能力得到提升。因此，一般来讲，经过湿洗的织物更容易被长期安全保存下来。湿洗操作在保存文物方面还具有另外的现实意义，在考古现场或在保存环境、设施和人员条件差的单位，经过湿洗可以快速减除织物病害和老化的难题，实现在一般条件下安全保存文物的目的。虽然，对这种做法的争议从未停止过，但湿洗操作有助于织物的长期保存是被广泛接受的。

6.5.2.3 织物湿洗的水质问题

在纺织品的生产和使用过程、文物埋藏和出土后的保存环境以及保护处理过程中都会接触到水，所接触水的水质情况会直接或间接地影响到纺织品文物及其附带材质的保存状态和稳定性。古人很早就认识到了丝织生产用水水质的重要性。例如，关于煮茧用水，古人要求用清水，如果“用水不清，丝即不亮”。[①]《广蚕桑说》云：缫丝用水“须于半月前用旧缸贮蓄以待其清，如或不及于贮，临时欲其澄清，当以螺升许投之，螺涎最能清水。尤忌用矾，丝遇矾水，色即红滞”，并云：“流水性动，其成丝也光润而鲜；止水性净，其成丝也肥泽而绿。”另外，对于缫丝过程中的丝锅换水和用柴观火也均有研究。[②]纺织品文物生产使用和出土埋藏环境中的水质是我们无法控制的，但在保存、回潮、湿洗、辅料染色、配置试剂等过程中所用水的水质，是我们能够控制的。虽然水是司空见惯的物质，对水的物理化学性质和不同水质的了解却常被忽略，而这些知识却是理解不同水质对纺织纤维及其附带材质的影响、合理选择水质、制备和检测文物保护用水的前提。目前，国内有关纺织品文物保护中水质问题的研究几乎没有，本课题开展过程中，对这一问题进行初步探讨。

（1）水的基本性质

水在自然界中广泛分布，水具有显著的溶剂性质，这与水分子的结构密切相关。水分子（H_2O）中的原子是通过极性键互相联结起来的，氧的电负性大于氢，而且两个H-O键彼此之间所作的角度小于180°，因而水分子是高度极性的。不同的水质含有的杂质不同。一般而言，原水或者未经特殊处理和污染的水含有的杂质包括：溶在水中的钙、镁、钠以及重金属盐，溶在水中二氧化碳气体，沙子、锈、胶体类残碎渣，有机物（来自污染或自然腐烂分解物），细菌、微生物、藻类等污染物。显而易见，水中的杂质会对纺织品文物及其附属材质产生影响，未经处理的水不适用于纺织品文物保护。在纺织品文物保护工作的发展历程中，未经处理或多种采用不同处理技术生产的水曾经或正在被使用。

（2）纺织品文物保护用水的类别和性质

在纺织品文物保护初期，由于条件所限和对劣质水危害的认识不足，曾经使用过井水和河水来清洗纺织品文物。河水比较混浊，含有很多沙子、泥土、水生动植物以及分解有机物等杂质。井水则一般含有较高的钙、镁等金属离子，即水的“硬度”高。我们通常把水中

① 王祯：《农书》，中华书局，1956年，农器图谱之十六。
② 赵承泽：《中国科学技术史（纺织卷）》，科学出版社，2002年，157页。

钙、镁离子的含量用“硬度”这个指标来表示。硬度1度相当于每升水中含有10毫克氧化钙。低于8度的水称为软水，高于17度的称为硬水，介于8度—17度之间的称为中度硬水。雨雪、江、河、湖水一般都是软水，泉水、深井水、海水都是硬水。这些水均属于未经任何处理的原水，含有很多杂质和污染，硬度较高，不适合用于纺织品文物保护。随着文物保护技术的发展，多种经过不同技术处理的水曾被用于纺织品文物保护，用水的质量和要求呈逐步提高趋势。

① 普通自来水

原水里含有悬浮物、胶体、溶解物等多种杂质，自来水厂净水处理就是去除原水中这些会给人类健康和工业生产带来危害的成分，它包括混合、反应、沉淀、过滤及消毒几个处理过程。受原水质量和净水条件的影响，各地自来水的质量和酸碱度也各不相同，自来水中还含有在水厂不能彻底清除干净的杂质、微生物以及在水管输送过程中因水管生锈而掺加进的锈蚀，溶在水中的钙、镁、钠以及重金属盐等杂质。

自来水复杂的成分决定了它不适宜在纺织品文物保护中使用。自来水含有的这些杂质和重金属盐，若应用在纺织品文物湿洗或回潮操作中，不但会影响表面活性剂的清洗效果，还会造成某些钙镁离子沉积在织物中，进而带入新的污染，在织物的光老化过程中充当催化剂的角色；自来水本身的酸碱性以及在运输储存过程中可能吸收空气中的酸性气体而呈酸性，这都会影响纺织品纤维的水解，还会对织物染色的稳定性和老化产生影响。

② 软化水

软化水是指将水的硬度去除或降低到一定程度的水。水的软化过程实际上就是将硬水中的钙、镁离子转化成钠离子的过程。软化水的制备方法有化学试剂法和最常用的离子交换树脂法。离子交换树脂一般为硅酸铝钠或合成树脂，这些物质具有将钠和钙离子吸附到表面的功能。当需软化的水流经离子交换树脂柱时，水中的钙镁等离子会被离子交换树脂吸附而除去，同时释放出钠离子，因而水中的钠离子的含量会显著增加，但对水中的阴离子并无任何处理，水中的其他污染物仍然存在。因而其水质并不高，尤其是软化水中存在的大量钠离子，对某些染色纺织品文物是非常有害的。例如，在一件由棉线和金属线装饰的深蓝色毛织物的清洗过程中，在使用去离子水清洗的过程中未曾发生蓝色脱色现象，而在后来使用软化水清洗的过程中却发生了蓝色脱色的现象，尽管蓝色染料的性质未经鉴定，但可以推断是因为软水中高浓度的钠离子导致了蓝色染料的脱色现象。[①]综合考虑到软水中还含有阴离子和其他污染物，软水一般不适于在纺织品文物保护中使用。

③ 纯净水和矿泉水

在特殊条件下，也曾有利用饮用纯净水或矿泉水对纺织品文物进行处理的情况发生。我国市场上的纯净水是以江河湖水、井水、自来水等为水源，采用蒸馏法、电渗析法、离子交换法、反渗透法等处理工艺，经过复杂深层的净化程序而得到的无菌纯净水。国家质量技术监督局于1998年发布了《瓶装饮用纯净水卫生标准》。国家标准规定饮用纯净水电导率为10 μS/cm（25 ± 1℃），电导率反映的是纯净水的纯净程度，金属离子和微生物过高，都会导致电导率偏高。电导率越小的水越纯净，10 μS/cm 是比较高的电导率。标准还规定了高锰酸钾消耗量，高锰酸钾消耗量是指1L水中还原性物质在一定条件下被高锰酸钾氧化时所消耗的

① Martina Griesser, Tanja Bayerova. Dihydrogenmonoxide-about the Danger of Applying Highly Purified Water in Conservation. Christa Hofmann, Anke Schaning. Konservieren/Restaurieren,Wasser. Wien.Tagung des Osterreichischen Restauratorenverbandes, 2007: 90, 91.

氧毫克数，它考察的主要是水中有机物尤其是氯化物的含量。标准规定，饮用纯净水中高锰酸钾消耗量（以O_2计）不得超过1.0mg/L。另外，还规定纯净水的pH值范围为5.0—7.0。纯净水虽然有一定的纯净度，但其较高的电导率标准及含有机物和偏酸性条件，都决定了它不适宜在纺织品文物保护中应用。

饮用天然矿泉水与纯净水的最大区别在于矿物质元素的含量。矿泉水是指从地下深处自然涌出的或人工发掘的、未受污染的地下矿水，含有一定量矿物盐、微量元素或二氧化碳气体。我国《饮用天然矿泉水国家标准》规定了各种微量元素的含量标准，矿泉水中含有多种金属阳离子且含量较高，这些物质在纺织品文物保护中的危害是复杂且难以预见的，因此应该避免使用。

④ 蒸馏水

蒸馏水是通过将水加热沸腾产生蒸汽，并通过收集冷却蒸气产生冷凝水的方法制备的。理论上可以去除水中的阴阳离子，但无法除去一些沸点低于水的挥发性有机物。因而在制备蒸馏水之前，通过一定手段去除有机物和水中溶解气体的预处理是十分必要的，有利于提高蒸馏水的纯度。通过多次蒸馏也可以提高蒸馏水的纯度。蒸馏水因为去除了大部分的离子，是一种溶解性非常强的液体，它可以在几个小时之内吸收溶解空气中的酸性气体，从而改变蒸馏水的pH值。因此，蒸馏水在储存过程中应密封保存，在纺织品文物保护中使用之前应该测量pH值。纯度较高的蒸馏水基本适宜在纺织品文物保护中应用的，但应注意到，蒸馏水的溶解力很强，在纺织品文物保护尤其是湿洗过程中，可能会溶解掉除文物污染物之外的过多纤维老化产物，并对部分染色产生影响，这就需要在判断是否可以使用蒸馏水时，将纺织品文物及其附属材质的老化程度和保存状况纳入到考虑范围。

⑤ 去离子水

去离子水是指去掉所有离子的水。去离子水的制备一般有两种方式，离子交换树脂法和反渗透膜法。离子交换树脂柱可以是组合式的也可以是阴阳离子交换柱分开式的，在水经过阴阳离子交换柱时，水中的阳离子被吸附并交换出H+，阴离子被吸收并交换出OH+。H+与OH+结合成中性水，因而离子交换过程对水的酸碱性没有影响。另外，还可以通过反渗透膜法制备去离子水，在压力作用下通过半透膜的选择截留作用，将水过滤净化。为了得到更纯的水，还可以进行多级净化处理。所产出的一级去离子水电导率≤0.1μS /cm，Na^+（%）≤0.0010，二级去离子水的电导率≤0.5μS /cm，Na^+（%）≤0.01，均是纯度很高的水。[①]

与蒸馏水相比，去离子水中可能含有细菌等微生物，因此一般多在去离子水处理设备的出水末端或存储容器上加设紫外线消毒装置，以杀灭和抑制微生物污染。从去离子水的生产方式和极低的电导率可以看出，它的纯度很高，酸碱性不受干扰，适于用于纺织品文物保护。但它与蒸馏水类似，溶解力也很强，在湿洗过程中也可能溶解掉除污染物之外的过多纤维老化产物并对部分染料产生影响。有资料显示一件表面有暗棕色植物纤维老化产物污染斑的印度棉织文物，在自来水中浸泡清洗后，发现暗棕色污斑更加牢固地附着在织物表面，难以去除。而在棉织物其他部位的同类污斑在用去离子水清洗后，污斑溶解明显较好，易于去除，棕色变浅。[②]这足以说明去离子水溶解力突出的特点。在判断是否可以使用去离子水时，也需要考虑纺织品文物及其附属材质的老化程度和保存状况。

---

① 徐军、赵小波：《正确选择实验用水》，《吉林畜牧兽医》2006年27卷3期，12—14页。

② Landi, Sheila. The Textile Conservator's Manual. London: Butterworth &. Co.（Publishers）Ltd., 1985: 69, 70.

通过对以上常见水的解析，对每种水的简要制备原理、所含物质的种类和含量高低有了初步了解，这是合理选用水处理设备工艺、选择纺织品文物保护用水和理解水质对纺织品文物保护影响的基础。表6.5.3对各种水进行了比较，便于快速简要了解各种水的优缺点。

表6.5.3　常见水在不同方面的粗略比较

水质类别 / 含量	自来水	软化水	纯净水	矿泉水	蒸馏水	去离子水（反渗透膜法）
悬浮颗粒	高	较低	极低	极低	极低	极低
微生物	高	高	极低	极低	极低	极低
金属离子	高	高	中	中	极低	极低
溶解电离气体	较高	较高	较高	较高	较高	极低
溶解有机物	高	高	较低	较低	较低	低

（3）水质对纺织品文物保护的影响

在纺织品文物保护中，水主要通过对文物保存环境加湿、织物回潮和湿洗过程与纺织品文物直接接触，与水接触的相关设备包括空调、加湿器、回潮箱和低压吸力操作台等，另外与水接触的还包括辅料染色及配置溶液等过程。

水质的好坏即水的组成成分将直接影响到纺织品文物本身及其附带的染料、颜料、黏合剂等材质的稳定，还会影响到保护操作的效果和安全性。酸碱性不适宜的水会加快纺织品纤维的水解速度，① 影响部分染色的稳定性，造成脱色、褪色甚至变色。水的酸碱性还会影响纺织品文物附带材质如胶结材料、金属线及其他材料的老化和腐蚀速度。金属锈蚀等老化产物会在纺织品纤维和染料的光老化过程中充当催化剂的角色，加速文物材质的进一步劣化；水中含有的钙镁离子或其他矿物质杂质，可能会在与织物接触后部分遗留在织物上，形成白斑，带入新的污染，为织物的进一步劣化埋下隐患。若在低压吸力操作台上使用此水，在吸力的作用下，钙镁离子会以织物为滤网更多的遗留在织物上。除此之外，在纺织品文物湿洗过程中，硬水中的钙镁离子会影响表面活性剂的清洗能力，还会加大清洗结束后漂洗处理的难度。在水质工作条件较差的情况下，至少应该保证织物湿洗的第一次浸泡和尾处理漂洗用水为高质量的水；在采用酶进行文物清洗处理时，低质水中含有的金属离子可能会抑制或阻止酶的活性；劣质水中含有的复杂成分，可能会与文物表面的某些附带材质或污染物发生化学反应，造成进一步破坏；含有较多自然腐烂分解物、细菌、微生物及藻类污染物的水，在用于纺织品文物保护后，可能会给纺织品文物、文物保存环境或所用材料设备带来微生物污染，尤其以霉害最为常见；采用离子交换法生产的软水中钠离子含量高，可能会对某些与纤维结合不牢的染料产生影响，造成脱色现象。去离子水和蒸馏水纯度高，离子含量极低，具有很强的溶解吸纳更多离子的趋势和能力，因而在纺织品文物保护尤其是湿洗过程中，可能会溶解掉除文物污染物之外过多的纤维老化产物，对部分结合不牢固的染色和附带材质造成影响，文物表面复杂的污染物也有可能在去离子水的作用下相互发生反应，造成破坏。

① Helen D. Burgess, Stephen Duffy, Season Tse. Investigation of the Effect of Alkali on Cellulose Fibers, part 1: rag and processed wood pulp paper. Fiona Butterfield, Linda Eaton. Paper and Textiles, the Common ground. Edinburgh: The Scottish Society for Conservation and Restoration, 1991: 29, 30.

劣质水还会在纺织品文物保护中造成一些其他影响。利用空调对文物保存环境进行温湿度调节是常用的技术手段之一，但纺织品文物工作者应该认识到空调系统自身就是一个污染源，它是由管道内表面、冷却去湿盘管、冷凝水盘、加湿器及受潮空气过滤器等各个污染源组成的，自身形成了一条微生物定植、繁殖与传播关系链。因此，空调加湿用水至少应达到饮用水的标准，且水质越高越好，最好能够对水中的有机物和微生物等进行预处理。[①]另外，要了解不同空调的加湿原理，根据水质条件合理选择。空调最基本的加湿方式有电加热式加湿器、超声波加湿器、纯净型加湿器。其中超声波加湿器采用超声波高频震荡产生水雾，通过风机输送到环境当中，如果所用水的硬度较大，水中的钙镁离子会随水雾喷出，散落到物体表面，对文物造成污染。另外，较差的水质还会造成织物回潮加湿器和低压吸力操作台等设备故障，此类设备只能使用去离子水。在辅料染色中，劣质水中的某些金属离子会造成染色色彩偏差，不均匀，对染色物的湿处理牢度也有明显影响。因此，在纺织品文物保护中应注重水质的选择和监测。

（4）纺织品文物保护中的水质监测和储存

有些实验室因不具备水处理条件需要从市场上购买用水，但其水质不稳定，需要经过检测确保安全才可以用于纺织品文物保护。同样，实验室自制水的水质也随水源条件和设备工作状态的影响而波动，在使用前也需要进行检测。普通实验室一般可以测试水的总硬度、pH值、导电率等。总硬度的测定就是测定水中的钙镁离子总量，通常以 $CaCO_3$ 进行计算，一般采用配位滴定法，用EDTA标准溶液直接滴定水中的钙镁离子总量，然后以 $CaCO_3$ 换算成相应的硬度单位（mg/L）。一般可以采用水硬度测试液、水总硬度检测仪、水硬度计等类似设备进行硬度测试；pH值显示溶解在水中的酸碱性物质的多少，酸性物质一般来自自然分解后产生的有机酸、溶解的二氧化碳和二氧化硫，碱性物质一般指碳酸盐。pH值小于5.5或高于7.5，一般说明水受到了某种污染。pH值可以通过试纸或pH值测定仪测试，一般用水的pH值应在5.8—6.5之间；导电率（μS/cm）显示水的导电能力，它与水中溶解的盐类和气体的浓度有关，浓度越高，导电率越高，说明水的质量越低。导电率不揭示水中非离子性的颗粒、有机物和微生物的含量。在必要时，可将所用水取样交由专业的水分析实验室进行其他项目测试。

水的储存也是需要注意的环节，水具有较强的溶剂性质，很容易被所接触的容器、管道和空气中的污染物污染。选用稳定的储存容器和输送管道系统，并加以合理维护是解决水储存问题的根本。所有与塑料容器接触的水都存在微生物繁殖生长的问题，解决这一问题的根本是首先从源头提高水质，尽量使用新鲜制成的水，在储存器或管道口安装即时紫外线杀菌装置也是有效的措施。

（5）小结

在纺织品文物保护的发展过程中，曾经或正在使用多种不同质量的水，而且水质逐步提高。但需要注意，并不是水质越高就越安全。例如蒸馏水和去离子水的纯度很高即所含有的离子浓度很低，其继续溶解吸纳更多离子的趋势和能力比较强，在与纺织品文物接触后，可能会对文物染料、颜料、黏合剂的稳定性产生影响，因此，使用时需要考虑文物的保存情况。充分了解每种水的组成、优缺点以及对纺织品文物的影响是合理选择用水的前提，纺织品文物的材质保存条件、存在的问题、保护目的、文物使用计划等因素是选用水质时需要考

① 倪雄刚：《中央空调用水的处理技术》，《洗净技术》2003年7期，70—74页。

虑的重要因素。一般而言，在文物条件允许的情况下，应尽量使用高纯度的水，所用水的电导率以小于0.5μS/cm为优，pH值宜在5.8—6.5之间，所含有机物的高锰酸钾消耗量（以O_2计）以不超过1.0mg/L为宜。另外，在实际工作中，还应加强水质定期检测，确保水质的稳定和安全。

6.5.2.4 湿洗操作应用规范

湿洗操作是不可逆的，不恰当的选用湿洗或选用不恰当的湿洗方法会给文物造成不可弥补的损失。因此，很有必要研究制订纺织文物湿洗操作的应用规范。理解湿洗的利与弊是总结湿洗应用规范的前提，湿洗规范大体应包括湿洗必要性和可行性评估、湿洗方案制定和湿洗操作实施三部分。

（1）湿洗的利与弊

针对每件文物都需要充分论证其是否需要被湿洗，是否能够被湿洗。要搞清楚这个问题，就需要权衡湿洗的利与弊。湿洗在改善织物外观、挖掘文物信息、减除病害、减缓老化、文物利用和材质长期保存等很多方面都具有积极的作用。被污染物覆盖的织物刺绣等纹样在经过湿洗后，其亮度、色彩和纤维的洁净度等方面会有很大改观，纹样色彩会更加明亮清晰。湿洗可以舒缓去除褶皱等形变，也有利于织物外形的提升；湿洗会清除掉大部分的不稳定污染物，从而减缓因污染物诱发的病害；织物的自然老化产物、霉菌代谢产物一般为酸性，这些物质若不及时去除，会进一步加剧织物的老化，湿洗可以通过清除这些物质而减缓织物的老化速度。[①]另外，经过湿洗的织物会更洁净，更利于展览研究和应用，还利于织物的安全长期保存。

湿洗操作对织物也同样存在弊端，也并非所有的织物都可以被湿洗。湿洗过程中，纤维老化产物被溶解，纤维因吸水膨胀，重量增加但强度却会降低，纤维受力加大，此时对织物的挪动及翻转等操作会使织物因受到机械外力扰动而断裂。[②]织物的边缘、脆弱部分及残破严重的区域在湿洗过程中容易遭受更多的损害。加上织物尤其是刺绣织物含有的多种材质丝线在吸水后的不同反应，会引起织物不同区域的膨胀收缩差异，相互挤压，引起织物结构上的形变；有金属线、不稳定染色、[③]彩绘以及特殊表面装饰效果的织物在湿洗过程中也会降低稳定性；部分污染物溶解进入清洗液后也有可能对织物的其他部分或材质造成损害；另外，湿洗后织物的干燥过程是织物发生纤维收缩和织物变形的危险期，也是染色剥离的高发期。[④]可见，湿洗操作对纺织品文物材质的可能损害贯穿于湿洗操作的整个过程。除了材质损害之外，织物美感和附载信息的损失是湿洗的另一个弊端。文物的老化及污染外观是文物的历史痕迹，附载着一定的历史信息和历史沧桑感，对解答很多历史考古疑问，鉴定文物身份、年代、用途、性质等都有很重要的意义，是文物历史价值的重要组成部分[⑤]，一经湿洗这些信息将大量减少。另外，从文物保护可持续发展的角度来考虑，有些污物有助于开展

① Timar Balazsy A., MAtefy G, Csanyi S. Effect of stains and stain removal on historical textiles ICOM, Preprints of the ICOM 10th Triennial Meeting Committee for Conservation. USA: Washington D. C., 1993: 330-335.

② Timar Balazsy A, Dinah Eastop. Chemical Principles of Textile Conservation. Butterworth Heinemann, 2002: 194, 195.

③ Timar-Balazsy A. Drying behaviour of fibres. ICOM, Preprints of the 12th ICOM-CC Triennial Meeting, 1999(2): 661-666.

④ Cartweight H, Colombini A. Detergent monitoring during the washing process at the textile conservation studios, Hampton Court Palace. ICOM, Preprints of the ICOM 10th Triennial Meeting Committee for Conservation. USA: Washington D. C., 1993: 293-298.

⑤ Rhee H, Ballard M. Residues of surfactant on silk, ICOM, Preprints of the ICOM 10th Triennial Meeting Committee for Conservation. USA: Washington D. C., 1993: 327-329.

污物与织物老化之间关系等研究。湿洗操作会将这些污物扰乱去除，消减继续研究的可持续性。

湿洗的利与弊是显然存在的，无论是局部的湿洗还是整体浸泡湿洗都是不可逆的操作，这是深入理解湿洗操作的前提。不恰当地选用湿洗操作或选用了不恰当的湿洗方法会给文物造成不可逆转的损伤。因而有必要思考和总结湿洗操作的应用规范。在决定使用湿洗操作之前，需要综合考虑很多因素，按照一定的湿洗操作应用规范进行，规范大体应当包括湿洗的必要性和可行性评估、湿洗方案的制定和湿洗操作的具体实施三个部分。

（2）湿洗的必要性和可行性评估

在决定湿洗之前需要对湿洗的必要性和可行性进行评估。需要讨论是否应该湿洗、了解操作对象的性质、判断是否具有技术可操作性。

首先，需要讨论是否应该湿洗。虽然湿洗操作可以去除织物表面的大部分有害物质，改善织物外观和保存条件进而大大延长织物的保存时间。但相比过去，织物湿洗操作的使用频率已大大降低，因为湿洗是不可逆的操作，湿洗操作对文物具有积极的也有消极的影响。讨论湿洗操作必要性时，需要权衡两方面的影响，考虑经过湿洗文物会在那些方面得到改善，文物是否能够经得起湿洗，不湿洗会对文物造成的不利影响，文物是否会因湿洗而丢失某些物质和这些物质所携带的文物信息。[①]例如，文物表面的血迹等特殊的污染以及某些折叠或其他印痕均代表着文物的使用历史和经历，是文物丰富历史内涵的重要载体，在湿洗过程中丢失这些信息是否可取值得思考。在评估湿洗的必要性时，除了要权衡湿洗的利弊之外，还要综合考虑文物将来的使用目的、展览主题、保存环境、继续研究计划等因素。

其次，需要了解湿洗对象，包括纺织品文物本身和需要去处的污物的特性。对纺织品文物而言，需要了解文物的保存状况和材质组成，要对由不同纤维类型、多种纤维材质组成的织物和由多层织物组成的纺织品文物能否经得起湿洗进行充分的评估。还需要了解纺织品文物附带材质的物质特性，例如，染色或表面彩绘的色牢度，所用金属线的材质组成和腐蚀情况，所用缝线的材质和膨胀反应等。[②]对于去除的污物而言，需要判断污物的材质类型及其与织物的结合方式。可以利用外观（包括手感、气味、颜色、形貌和分布位置）观察[③]、紫外或红外光下观察、溶解性试验和取样化学或仪器分析的方法对污物的性质进行判断。在了解文物本体、文物附带材质以及需要去除污物的保存状况和物质性质的前提下，方可以有针对性的综合评估湿洗的可行性。

最后，需要判断是否具有湿洗技术可操作性。这一部分是建立在对清洗对象充分检查的基础上的，具体包括文物本体、附带材质和需去除物质的保存状况、结合方式、物质特性和操作者所掌握的技术、设备、材料和实验室水平等因素。在综合考虑这些因素，确定具有可操作性之后，便可以有针对性地筛选恰当的湿洗方法，试验预判所选湿洗方法的使用效果，根据这些信息进行湿洗方案设计，并在必要时进行技术方案调整。

（3）湿洗方案的制定

---

① Eastop D, Brooks MM. To clean or not to clean: the value of soils and creases. ICOM, Preprints of the 11th Triennial Meeting of the ICOM Committee for Conservation, 1996: 687-691.

② Fabric Care Research Association. Stain Removal Course for Textile Conservators. Unpublished course notes issued on 5th March 1992 by the Fabric Care Research Association, Harrogate, Yorkshire, 1992: 7-10.

③ Fabric Care Research Association. Stain Removal Course for Textile Conservators. Unpublished course notes issued on 5th March 1992 by the Fabric Care Research Association, Harrogate, Yorkshire, 1992: 10-12.

湿洗方案制定是十分必要的准备工作，因为湿洗操作开始后织物便被浸泡在洗液之中，便需要按照预定步骤和时间进行操作，以避免因操作中断而延长织物在洗液中的浸泡时间，因而制定详细的方案是规范操作的保障之一。湿洗方案的内容大体可总结为以下几个方面：

① 湿洗溶液选择

根据文物的纤维材质、保存条件、附带水敏感物质的特性以及需要洗除的污物的性质，以水为主体选择配置恰当的洗液。水是极性液体，可以溶解很多种类的极性污物；水可以溶解绝大部分的黄色和酸性纤维老化产物，从而改善文物的外观；水作为纤维分子链的滑动剂，可以改善纤维的塑性变形能力，提高纤维的柔韧性，从而去除褶皱平整织物；水便宜易得、安全环保。但水作为湿洗液也有自己的缺点，例如染色流失，颜色改变；老化产物被除去后会因织物重量减少，使脆弱织物更脆弱；因纤维膨胀收缩而改变织物的外貌；水还会对水敏感性物质造成损害，甚至溶解去除某些作为历史信息载体的污物等。

尽管可以仅用水来湿洗纺织品文物，为了获得更好的清洗效果，可以在保证安全的前提下，在水中加入表面活性剂、缓释剂（控制pH）、活性酶等物质。选择使用这些物质的前提是，了解清洗对象和所选加入物质与文物及其附带物质的反应情况。在选择好所加物质之后，就要根据文物的污染程度，污物与织物的结合牢度和文物的保存状况，选择合适的浓度、溶液温度和pH。

② 点滴试验

点滴试验是湿洗前必不可少的重要一环，需要将文物的丝线样品浸泡在计划使用的湿洗溶液中，浸泡时间与湿洗液温度条件与实际操作时的条件相同。因为在湿洗过程中，文物表面的污物可能会在溶解后改变洗液的pH值，因而点滴试验时的pH值测试范围需要比原湿洗液的pH宽，以保证在湿洗过程中pH变化时的文物安全。点滴试验的对象包括所有可能在湿洗过程中发生变化的文物材质，例如测试染色的色牢度，不同材质的经纬线在洗液中的膨胀反应情况等。带有金属线和彩绘的文物一般不适宜湿洗，若湿洗则需对这些材料进行细致的点滴试验和特殊的控制设计。

③ 模拟湿洗过程

在确定好湿洗溶液的成分之后，就可以配置少量溶液用于试验，并开始模拟设计湿洗程序。将需要洗除的污物取样，在湿洗液中浸泡清洗，记录浸泡时间、所更换洗液的次数和纤维的反应变化情况，直到清洗到一定程度为止。根据浸泡试验的情况，综合考虑文物的其他因素，可以对湿洗液的浓度、温度和pH条件进行适当调整，直至确定最后的湿洗溶液和湿洗程序。在实际湿洗文物时，便可按照浸泡试验中的浸泡次数和时间长短来操作。

④ 脆弱部分保护

在开始正式湿洗之前，需要对织物的脆弱部分采取保护加固措施，以防在湿洗过程中遭到破坏。比如对残破织物的边缘、残破严重区域可以采用细软尼龙网缝护，在湿洗结束后再将其拆除。织物上的原始针眼是重要的历史信息，可以采用在针眼处穿入新线的方法以将其保存。对丝棉絮以及多层织物组成的复杂结构文物也要采取特殊的加固和支撑措施。对织物的金属配件、纽扣等物质也要在湿洗和阴干过程中进行必要的处理和防护。对于有些极脆弱不便清洗的区域，可以采用低压吸力操作台或仅在其周边区域局部采用湿洗操作，但需要采取措施控制洗液洇湿的影响。

⑤ 湿洗预处理

在湿洗之前，需要在保证文物安全的前提下，尽量利用机械法去除文物表面灰尘和部分可以被机械扰动的污物，一般可以使用微型吸尘设备吸除。这一操作的意义在于，通过减少织物表面的污物，以降低所需湿洗溶液的浓度、降低湿洗温度、减少对文物的浸泡时间、湿洗和漂洗次数，从而尽量降低湿洗操作对织物的伤害。另外，还可以避免织物表面部分本可以提前除去的物质在湿洗过程中溶解在湿洗液中，从而加大湿洗难度甚至会致使某些顽固污渍更加渗入纤维内部。

湿洗预处理有时还需要注意织物在湿洗之前的保存环境条件，如果织物是从很干燥的环境下直接进入湿洗阶段，织物纤维在接触到湿洗液后会迅速吸水膨胀，在此过程中可能会产生很多意想不到的破坏。针对这种情况，如果文物的材质组成和保存状况许可，可以先进行缓慢的纤维湿度调节，然后再开始湿洗操作。

⑥ 湿洗操作和尾处理

湿洗操作过程一般需按照预定程序按时逐步进行，在操作过程中须时刻观察文物的反应，发现问题应及时调整。在湿洗的尾处理阶段，需要进行漂洗，织物平整、经纬线扭曲矫正等织物外观调整操作。织物干燥是尾处理的另一阶段，若织物的强度和保存状况较好，可以采用自然阴干的方式干燥。若织物纤维因染色剥离或收缩变形等原因经不起长时间的潮湿浸泡，可以采取用干净棉布或滤纸吸走部分水后再阴干的方式进行。另外，还可以采用加强室内通风的方式，以加快织物的干燥过程。

⑦ 紧急情况预案

紧急情况处理预案是方案中非常重要的一部分。如突然出现的织物染色掉色、纤维或丝绵絮剧烈膨胀和附带材质膨胀或发生化学变化等情况，需要预先做好应对措施，以便能够进行紧急技术处理。其他如断水、断电等日常紧急情况也应在预案范围之内。

（4）湿洗操作的实施

湿洗操作开始即织物吸收湿洗液之后，除非出现突发情况不宜中断操作。因此，湿洗操作必须按照既定方案连贯进行，这就需要在开始湿洗之前，按照湿洗方案细致地准备操作时所需要的设备、工具、材料和场地。具体操作时，应综合考虑文物的数量、尺寸、实验室设备及人员的具体情况，灵活设计，合理操作。

根据文物的尺寸大小，准备相应的湿洗槽或其他容器，大型织物可以在地面用塑料薄膜搭建清洗池，根据文物尺寸、湿洗液的深度和更换湿洗液的次数计算出所需湿洗液的总量，提前配置好湿洗液并准备足量漂洗所需要的去离子水。若织物在湿洗中可以翻面，则应准备好翻面所需的材料和工具，以及文物清洗完毕后的搬动转移材料和阴干工作台面。

清洗过程中可以使用小海绵块轻压污染较重的织物表面，以通过挤压将污染物排离织物，但对于糟朽脆弱织物以及织物表面有特殊装饰效果的部分，则不宜采用海绵球按压操作。在湿洗过程中，需要测量记录织物关键部位及湿洗液的pH值，监测湿洗液温度和pH变化，并记录每次浸泡的时间。还需搜集每次清洗后的洗液样品，放入玻璃烧杯，以通过其浑浊程度做清洗程度对比观察或做后续清洗液成分分析使用。

织物漂洗结束之后，即进入织物的湿洗尾处理阶段。将织物安全转移到阴干台面，在织物尚含有较多水分时，对织物的褶皱以及扭曲变形经纬线进行及时的抚平和矫正工作，可以通过玻璃片以及标本针等辅助工具对织物进行位置固定。可以利用干燥洁净的棉布或吸墨纸吸收织物表面的水分，以适当缩短织物浸水阴干的时间。织物阴干过程中，需要经常查看织物的干燥和变化情况，避免出现染色洇色或织物收缩变形现象。

（5）小结

湿洗操作是纺织品文物保护的重要组成部分，是纺织品文物保护工作者应该掌握的技术之一。湿洗对纺织品的外观提升、长久保存、信息揭示以及研究利用有利，但却在纺织品文物材质以及所附带美感和信息损失方面存在弊端。因此，必须辨证的选用湿洗操作。对每一件纺织品文物都要首先对文物做充分的前期调查，论证湿洗必要性和可行性，针对性的制定科学的湿洗方案，在湿洗过程中按照方案逐步开展操作，并认真做好湿洗后的尾处理。湿洗必要性和可行性评估是即是否应该清洗以及权衡湿洗的得与失是湿洗应用规范最根本的源头，然后才是湿洗对象调查、湿洗方案制定和湿洗操作实施，也就是湿洗操作应用规范的核心内容。当然，湿洗技术中所涉及的技术点还有很多，其中涉及织物表面污染物的甄别、表面活性剂以及湿洗条件的筛选①、湿洗用水水质的选择及原理②、湿洗技术以及湿洗液的延续研究等很多方面。解决好这些具体的相关技术问题，也是合理规范运用湿洗操作的前提。

6.5.2.5 湿洗的弊端

湿洗操作还存在很多弊端，并非所有的织物都可以被湿洗。在决定湿洗之前，除了需要对湿洗的必要性进行可行性评估外，还要了解湿洗的弊端和对织物的可能损害。按照性质不同，可将损害分为两类：材质损害，美感和附载信息损害。

（1）材质损害

湿洗过程不可避免地会或多或少的引起纤维吸水膨胀，纤维的含水量发生变化，糟朽老化的纤维在湿洗过程中，老化产物被溶解洗去，使纤维的本体重量减少，强度降低；加之吸水后文物的重量增加，纤维受力加大，在湿洗过程中容易在挪动、搬运等操作过程中受到机械外力扰动而断裂。另外，织物的边缘、脆弱部分及残破严重的区域在湿洗过程中容易遭受更多的损害。

有些织物由多种纤维材料组成，不同的纤维在湿洗液中的膨胀反应不同，容易导致纤维之间相互挤压或拉扯，从而造成纤维断裂和织物不平整及扭曲变形。另外，服饰上采用的缝线经常与服饰织物的材质不同，在湿洗过程中，缝线的膨胀变化同样会引起多种不利变化。有些服饰由多层不同材质的织物组成，不同织物在湿洗中的膨胀反应亦有不同，从而给服饰结构造成影响；有金属线的织物，若不经特殊处理，一般不宜湿洗，因为湿洗过程中除了可能会造成金属箔的腐蚀和散落外，还会引起金属箔的底层纸或皮革背的膨胀粉化以及和金属箔层的分离；彩绘织物和使用胶结材料的织物，在湿洗过程中也会因胶结材料的膨胀溶解而遭到破坏；织物上的刺绣、盘结、起绒、纽扣等高于织物表面的设计，在湿洗过程中也有可能被扰乱。织物本体之外的其他附带材质，在湿洗过程中容易被忽略，却是湿洗损害的高危群体。

除此之外，湿洗最严重的损害是染色织物的掉色问题。③ 虽然，湿洗前的点滴试验可以对被洗织物的色牢度进行了针对性的测试。但这类点滴试验只是粗略的检查，细微的色彩丢失是难以察觉的，而且在湿洗过程中，因污物的溶解使湿洗液混浊不清，即使有细微的掉色现象也难以分辨。另外，在湿洗过程中湿洗液的pH值可能会因为织物表面污物的溶解而改变，在不同pH值环境下，染色的色牢度是不同的，而且还有可能造成染色变色问题。虽然，

---

① 路智勇、惠任、杨恒：《皂角苷对丝绸文物的湿洗条件筛选研究》，《考古与文物》2011年2期，108—112页。

② 路智勇、惠任：《试论纺织品文物保护中的水质问题》，《文物保护与考古科学》2010年22卷2期，87—91页。

③ Francis K. Observations on the drying behavior of textiles. The Textile Specialty Group Postprints, Papers delivered at the textile subgroup session, AIC, 1992: 1-9.

可以在点滴试验时将pH值测试范围扩大，但并不能从根本上杜绝湿洗过程中的pH变化问题，尤其是在织物局部污染区的pH值更是难以控制。

织物上的污物在溶解之后的可能损害是湿洗的另一类材质损害。有些污物在溶解后，除了可能会改变湿洗液的pH值外，还有可能和织物上的附带材质发生化学反应，或造成纤维的进一步老化。另外，若湿洗后漂洗不充分或织物强度经不起多次漂洗，就有可能引起部分已经溶解的污物更深的渗入纤维内部，加之在水和环境pH值变化的情况下，引起更大的损害。

最后，湿洗的尾处理即干燥过程，是纤维收缩和织物变形的危险期，也是染色剥离的高发期。① 可见，湿洗操作对纺织品文物材质的可能损害贯穿湿洗操作的整个过程。

（2）美感和附载信息损害

纺织品文物的老化以及部分污染外观，是文物的历史痕迹，附载着一定的历史信息，可以看作文物经历的生动记载。在大部分人看来，文物的历史沧桑感是文物历史价值的重要组成部分，一件被清洗干净如新的文物可能会导致其历史美感受到消减。

更重要的是，很多织物表面的污染是非常重要的历史信息②，对解答很多历史考古疑问，鉴定文物身份、年代、用途、性质等都有很重要的意义。例如，金属锈蚀残留有时可以说明织物的存放和用途性质，血迹、泥土等污染可能显示墓主人的身份或埋葬习俗等信息，褶皱折痕可能代表着服饰的折叠方式或残破织物的形制和原物身份。织物上的原始针眼或残断缝线残留可以说明服饰或织物的裁剪缝合方式，这些都是重要的历史信息。湿洗操作很有可能会扰乱甚至彻底清除这些重要的信息，致使文物丰富的历史内涵受到损害。当然，判断某一污物是否具有历史信息价值是十分重要的。有些在后期存放环境中形成的灰尘、烟熏污染等一般不具有保留价值。

另外，从文物保护可持续发展的角度来考虑，有些污物有助于开展有关历史、考古以及污物与织物老化之间关系等研究。湿洗操作会将这些污物扰乱去除，消减继续研究的可持续性。

在特定条件下，湿洗具有一定的必要性，在改善织物外观、挖掘信息、减除病害、减缓老化、文物充分利用和长期保存等很多方面都具有积极的作用。虽然如此，织物湿洗操作的使用频率正在也必将大大降低。原因是文物保护工作者正越来越多地将单纯的一项湿洗操作放置于更大的外延环境内来考量，权衡湿洗的利与弊，充分理解和重视保存文物所附带的历史科技信息。另外，这还与文物保护技术水平的提高和保存环境条件的改善有关，在高技术的保证下以及精密保存环境控制下，一些有污物的织物也可以安全保存。

总结来讲，湿洗操作的使用与否除了受文物本体和表面污物性质因素的影响外，还与文物的保存环境条件、人员技术水平、经费能力、文物使用目的、展览主题、继续研究计划等综合因素有关。文物工作者，需清楚湿洗操作的不可逆性，权衡湿洗操作的利与弊，根据实际情况，按照一定规范选择使用恰当的湿洗操作。

---

① Timar-Balazsy A. Drying behaviour of fibres. Preprints of the 12th ICOM-CC Triennial Meeting, 1999(2): 661-666.

② Eastop D, Brooks MM. To clean or not to clean: the value of soils and creases. Preprints of the 11th Triennial Meeting of the ICOM Committee for Conservation. Paris: International Council of Museums, 1996: 687-691.

6.5.3 染色技术与应用

染色技术在纺织品文物保护修复中的背衬或覆护辅料染色、缝线染色中应用广泛，国内纺织品文物保护修复实验室大多缺乏对染色技术的认识和研究，多数保护修复工作者委托工厂或其他专业染色实验室定购染色成品，或者自行摸索尝试染色，无法做到标准染色和对某一色彩的重复染色，更不熟悉染料选择、织物材料选择及预处理等方面的技术要求。因而，在文物上使用的染色成品往往艺术效果不佳，且存在色牢度及耐老化性能不佳等方面的隐患。课题组结合大量纺织品染色实践以及在国外纺织品保护专业机构进行的染色操作，对染色技术进行了实验和总结梳理。

6.5.3.1 染色应用

将优质的丝绸、棉、麻等纺织材料或缝线经过恰当的预处理及染色后，用于文物背衬托护、表面覆护，或用作展览背景及包装材料等操作是纺织品保护中常用的方法。所用辅料纺织材料、染料及添加剂的选择和染色工艺将直接影响到所染辅料是否满足文物保护的要求，所用辅料的色彩将直接影响到文物保护修复及展览的视觉艺术效果。纺织品文物表面色彩的复杂性及不均匀性，决定了辅料色彩的选择没有绝对的标准，只能根据色彩要求，借助一定的审美能力在多个接近的色彩中对比筛选出最协调的色彩用于文物辅料的染色。在纺织品保护修复实验室中通过进行大量色样染色，对比选择出最合适的色彩用于辅料染色是十分必要的，也是切实可行的。

（1）用于背衬或覆护辅料的染色

考古出土或传世纺织品文物多存在破损不全的情况。根据文物颜色，将新的纺织材料如丝绸、棉、麻等辅料染色后背衬或覆护在文物破损处是纺织品文物保护中常用的方法。如在一件元代绫地云龙纹织金熊背辫线袍的修复过程中，曾用到了衬垫背衬的方法，修复专家提到“根据袍服的整体情况、主体颜色，确定背衬颜色。因市场上难以找到所需颜色，只能将白色丝绸送至专门染色工作室染成制定颜色。”[①]背衬新织物可以通过多种方法与文物固定在一起，作为底衬或填补材料；也可不用任何固定，仅作为背景，起到完善文物整体色彩效果的作用，在纺织品文物摄像、包装及展览中有广泛的用途。伦敦大学学院皮特里埃及考古博物馆所藏的一件埃及出土的毛质袜子在保护修复中，曾用到染色的棉布垫在袜子的脆弱破损区背后，并用丝绸线缝定。在袜子的脚后跟处表面用染成棕色的尼龙网覆护并用针缝线固定。[②]该操作起到了保护修复的目的，又完善了文物的色彩艺术效果。

（2）染色缝线

在纺织品文物保护修复中，针线法修复是常用的操作之一，对于缝线的材质、颜色、强度、耐老化能力及染色所用染料也都有相应的要求。市场上的普通缝线大部分不能满足纺织品文物保护修复的要求，利用染色技术可以将符合要求的缝线原材料染色。一般可在背衬或覆护辅料染色的同时，将缝线一起染色以得到统一色彩，在文物上使用后缝线更隐蔽，效果更佳。

（3）其他应用

---

① 楼淑琦：《元代织金锦服饰工艺及修复》，《内蒙古文物考古》2006年1期，109—113页。

② Agnes Timar-Balazsy, Dinah Eastop. Chemical Principles of Textile Conservation. Butterworth-Heinemann Series in Conservation and Museology, 2002: 148-151, 350-356.

部分纺织品保护实验室经常采用将染色的织物如丝绸、优质尼龙网等材料喷涂或刷涂黏合剂，然后通过加热或溶剂反应操作将有黏合剂涂层的新织物黏附在文物背面或表面的方法以起到加固脆弱织物的目的。这种操作方法虽然有一定的局限性，但仍有较大的应用范围，尤其适合于质地极为脆弱残碎、织物细腻且表面平整的纺织品文物如绢画、彩绘纺织品文物的加固。例如，在一件1821年产的彩绘镀金旗子的保护修复中，易于染色的丝绸绉纱被染成与旗子色调一致的颜色，然后在绉纱表面刷涂适宜的黏合剂，通过加热将绉纱黏合封护在旗子上，该操作适于该旗子平整、脆弱且已断裂成很多碎块的保存状况，且因绉纱的染色及表面效果与旗子相协调，取得了很好的保护修复效果。

上面提到的这种技术，其原理类似于国内的桑蚕单丝网加固技术。目前业界对于丝网加固技术在纺织品保护中的应用效果存在不同的观点，但是不可否认在某些特定情形下，该技术还是有一定的优势的。例如1971年中国社会科学院考古研究所曾用此法对阿尔巴尼亚两部脆弱的羊皮纸古书进行了成功的加固保护。[①]同时该技术也曾应用于马王堆出土丝绸、帛画的修复加固，取得了较好的效果。另外，在乾隆大阅甲的丝网加固保护中，专家们提到了“如果在黑色丝绒文物表面覆盖一层很细的白色丝网后，黑白对比明显，对展出效果会有一定的影响，所以必须对网面进行处理，以消除颜色上的反差和网面所产生的光泽，尽可能减少文物外观的变化。”最后“采用了烘烤的方法使丝网和丝绒结合在一起，并不会改变丝绒的质感和外观”。[②]资料显示，在国内丝网加固技术的应用实例中，都未曾使用染色丝网来协调文物表面的艺术效果。其实目前专业纺织品保护修复实验室所采用的染色工艺技术，既可以协调完善文物表面的艺术效果又能够满足纺织品文物的安全保存要求，而且在国外也有长期的成功应用历史。另外，文物保护专家王㐨先生当年也曾经提到过‘仅在必要时，以天然色素对丝网蚕丝着色’。所以，在需用桑蚕单丝网加固文物时，若能根据被加固文物的颜色，将丝网进行专业染色后再使用，将会有更好的效果。

6.5.3.2 染色技术

用来染色的辅料材料应能起到保护纺织文物的作用，而又不至于改变文物的质感和外观；能在文物受到较大机械外力拉扯时，保护织物而不会因其自身强度过大而拉断脆弱的文物。辅料织物应该是与被加固织物材料接近，与被加固织物纹路风格相匹配的优质现代纺织或其他材料。

纺织品保护实验室常用的染色技术，是针对纺织品保护修复工作的特殊需求对普通染色技术进行了实验室设计而得，更易于理解和掌握。染色可以通过多种不同的工艺来完成，也可在实际工作中变通为印染、绘染等技术，除了可以为纺织材料染色外，还可以为纸张甚至皮革等材料染色。[③]下面对课题组在纺织品文物保护实验室最常用的染色工艺介绍如下。

（1）纺织品预处理

由于现代纺织工业流程中使用的添加剂可能会影响染色过程中的染料吸收和附着效果，并且生产过程中所加的成型剂和其他填料有可能会加速织物的老化。因此用于染色的现代织物在染色前需要进行必要的预处理。我们在实验室所采用的预处理方法主要是利用表面活性

① 王㐨：《字书文物的桑蚕单丝网PVB加固技术》，《王㐨与纺织考古》，香港艺纱堂/服饰工作队，2001年，127—131页。
② 王方、张旭光、王允丽：《“乾隆大阅甲”的保护处理》，《故宫博物院院刊》2002年5期，89—91页。
③ Jill Goodwin. A Dyer’s Manual. London: Pelham Books Ltd, 1982, 1985: 29-47.

剂来清洗预染色的织物，以避免现代工艺对织物的后续染色操作和保护带来不利影响。清洗过程中所用的水全部为去离子水，用水量为织物质量的50倍。活性剂的用量为0.05g/L，将活性剂加入去离子水中搅拌均匀，之后再加入预处理的织物于水浴中加热至80℃，并在该温度下保持20分钟，注意在此过程中需不断搅拌织物。然后用温度为60℃的去离子水多次清洗，再换用温度为40℃的去离子水多次清洗，最后用常温去离子水清洗直至水中不起泡沫为止。清洗完毕后，将织物捞出用海绵吸水法平整并剪掉织物的幅边，因为这部分在接下来的染色过程中会吸收大量的染料，造成织物其他部位吸收量不足，导致着色不均匀。此外也有一些实验室在该预处理过程中，不使用任何表面活性剂，仅使用常温去离子水浸泡15分钟，然后加热到80℃，保持15分钟。之后的清洗过程与前述方法一致。

（2）染色工艺

中国古代纺织品施色的着色剂分为两大类：植物染料和矿物颜料。以植物染料施色的方法称为“草染”，考古出土的纺织品以“草染”着色为多，即利用水溶性的染色溶液为织物施色，染料分子与织物纤维之间通过化学键牢固结合；以矿物颜料施色的方法称为“石染”，一般是将矿物颜料研磨成极细的粉末后与天然黏合剂混合，调成色浆在对织物做染色处理，颜料与织物之间借助黏合剂结合。染色的方法是多种多样的，染液煮染织物的方法因操作简便，染料分子和织物纤维结合牢固，是纺织品保护修复实验室最常用的染色方法，具体方法如下。

① 配置染色溶液。早期增多采用为CIBA公司生产的IRGALAN系列染料，[①]也可使用其他类型染料，染料不同，其染色工艺也稍有不同。配料色为红、蓝、黄三种基本颜色。将三种颜色染料分别配制成浓度为1.0g/L的标准溶液。在量取染料时室内湿度不宜过低，并要穿好实验室防护服，带好面罩、眼镜、手套，并在实验台上铺好湿润的吸墨绵纸，因为染料粉末极易飞扬，会伤害人体、污染器物表面。溶解染料时应将所称量的染料全部溶解到去离子水中，并应注意避免因室内空气大范围流动而吹走颜料污染实验室台面，同时使染料溶液浓度产生误差。为了使染料充分溶解，可以先用热的去离子水溶解，搅拌摇匀，待溶液冷却后再添加常温下的去离子水至所需体积。

② 计算染液配比及添加剂的量。预染色织物的质量m与染色溶液总体积V的比例一般为1∶50，即V=50×m（也可根据需要调整为其他比例），根据三种颜色的配比份数计算出所需每种颜色溶液的量[每种颜色溶液的量=预染色纺织品的质量m（g）×所需该种颜色溶液的浓度比（%）*1000ml/100%]。计算出添加剂的量：3%硫酸铵溶液、0.5%乙酸溶液以及0.2% ALBEGA A的体积分别为v_1，v_2和v_3。溶液中所需去离子水的体积为$V_W=V-(v_1+v_2+v_3+$三种颜色溶液的体积$)$。

③ 染色过程。A：染色溶液预热阶段。先在容器A中加入去离子水V_W，然后放入预染色的织物（织物浸水是为了避免干燥织物投入染液后造成染色不均现象，充分浸湿后的纤维利于上染）。然后在容器A1中加入三种颜色的溶液以配置成染色溶液，再依次加入添加剂：硫酸铵溶液和Albega A溶液，用玻璃棒搅拌均匀，用水浴加热至30℃并保持10分钟。注意水浴的水位应与染液容器中的水位保持一致。B：着色阶段。将容器A中的织物连同该容器中的去离子水全部加入容器A1中水浴加热，不断搅拌。控制加热时间调节温度，按照下图（图6.5.14）所示的加热曲线在45分钟内均匀缓慢升温至86℃，此过

① 钱国邸、周彩群：《丝织物印染和酸性染料》，《染料与染色》2003年40卷1期，32—35页。

程中染料分子开始附着在纤维上（不同材质织物的染色温度曲线稍有不同）。C：高温固色阶段。在86°C保持30分钟，整个过程中不断搅拌。D：尾处理阶段。将织物捞起，加入乙酸溶液添加剂搅拌均匀，再将织物放回染液并不断搅拌，保持在86℃加热15分钟染色。

（3）染后清洗与整理

染色过程结束后，将织物取出进行清洗，以洗去浮色和残余添加剂。先用60℃的去离子水清洗多次，然后用40℃的去离子水清洗多次，最后用常温去离子水清洗直至没有泡沫产生，水色至清为止。清洗完毕后，用海绵吸水法在平台上平整织物，在织物尚潮湿时调正织物的经纬线，阴干后织物会保持平整效果，便于在文物上使用。[①]在一次染色操作过程中可在多个不同容器中配制多种浓度和配比不同的染料溶液，以染出多个色样。色样织物干燥后，可以剪下一小方块织物，用双面胶粘贴到中性卡片纸上，按配色比例顺序排列成三角形的色系组合，并做好每个色样的所用染料及各色染液的配比记录，以逐步建立色样数据库。根据文物本身色彩需要，从色样库中对比筛选出最匹配的色样，再按所选色样的三色浓度配比对底衬或覆护辅料染色。

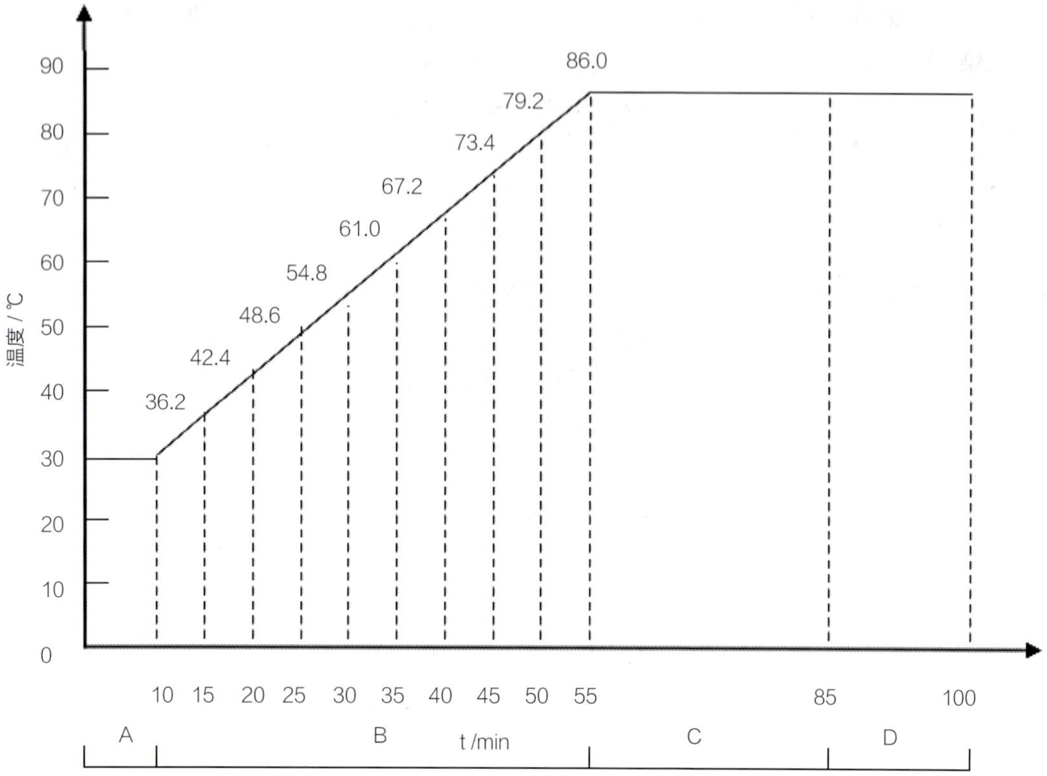

图6.5.14 纺织品保护修复实验室用染色温度曲线

① 田琳：《湿洗纺织品干燥的纲要》，《文物保护与考古科学》2000年2期，11页。

6.5.4 包装技术

包装对考古出土纺织品文物的安全保存、展览、预防性保护以及展览效果提升等具有重要意义。在法门寺丝绸文物的保护修复过程中，包装技术起到了重要作用，尤其是对于极为糟朽脆弱织物的包装，实现了脆弱质平面织物的保存、运输和展示。通过此项工作，课题组开发了不同类型的包装形式，对出土纺织品文物包装设计与制作的原则进行了分析。大致包括，确定包装制作目的，评估文物保存状况，科学设计包装，选用稳定包装材料，精细制作包装，并全面记录包装制作过程、所用材料、包装结构，形成详细的文物安放、包装拆装、使用维护以及材料更新说明等内容。

《上海包装》曾经发表过一篇题为“国宝大展呼唤文物包装人才”[①]的文章，作为包装界人士的作者有感于“周秦汉唐文明大展”在包装运输展品时缺少文物包装运输人才的现状发出了培养和扩大文物包装人才队伍的呼唤。文物包装材料技术落后以及人才短缺已成为目前我国文物保护界所面临的普遍问题。其实，中国具有悠久的包装历史，有关包装的考古实例大量存在。[②]例如，浙江钱山漾新石器时期遗址（公元前2700多年）出土的丝织品，正是被装在竹筐中，这说明竹筐在当时已成为一种容器或包装。宋人张择端的“清明上河图”在反映繁忙的商品交易的同时，也表现了某些物品的包装。这些都是中国包装技术和历史的体现，具体到出土文物包装也有很多实例。例如，1957年，西安灞桥汉墓出土的汉武帝元狩五年以前的古纸数十片，被叠放在铜镜下面作为包装缓冲材料使用。[③]1978年，陕西扶风县中颜村出土西汉宣帝时期制造的白麻纸，被塞在三枚铜泡内作包装衬垫使用。在法门寺地宫内发掘出土的2件金银平脱秘色瓷碗分别用纸包裹后又用丝绸包袱包裹，并放置在双层漆木盒中保存。[④]另外，安特生在1924年运输中国出土陶器文物之前，采用棉花对陶器进行了层层包裹，后用绳子捆绑装箱。[⑤]这些都是出土文物包装技术应用的早期历史实例。

然而，与近几年我国文物保护技术快速发展所不相适应的是，文物包装技术发展非常缓慢，远远满足不了出土文物保存、运输和展览的包装需要，造成这一现状的原因是多方面的。首先，来自文物包装技术培训和教育力量的薄弱。目前，我国还没有专门教授文物包装技术的专业和课程，绝大部分文物保护技术专业的学生没有机会学习这项技术。仅有极少数的文博单位拥有固定的文物包装技术小组，他们大都通过传帮带或自学方式来掌握和提高包装技术；其次，安全稳定的包装材料极为缺乏。经济条件较好的单位则往往依赖于价格昂贵、难以推广的进口文物包装材料。因此，我们亟待开发和生产符合要求的文物包装材料，但由于用量有限，难以形成规模化生产，绝大多数厂家都对此兴趣不大，这成为制约国内文物保护包装材料发展的瓶颈。再次，出土文物包装领域缺少具有广泛基础和接受度的包装技术和工艺，尚未形成出土文物包装和运输工艺规范，从业者之间的交流也十分有限。最后，文物包装设计、理论和规范的研究还十分落后，这是指导文物包装工作的根本，也是决定文物包装发展水平的主要因素。

虽然，近年来文物包装问题已逐渐引起了业内人士的关注，部分学者已经开展了文物在

① 秦石：《国宝大展呼唤文物包装人才》，《上海包装》2005年2期，10、11页。

② 刘志一：《中国包装考古》，《株洲工学院学报》1994年1期，25—30页。

③ 潘古星：《灞桥纸不是西汉植物纤维纸吗》，《自然科学史研究》1989年4期，361—376页。

④ 杜文：《法门寺地宫出土金银平脱秘色瓷探讨——兼谈中国古陶瓷金银装饰工艺的起源》，《收藏界》2006年4期，60—63页。

⑤ 马思中、陈兴灿：《中国之前的中国:安特生、丁文江和中国史前的发现》，瑞典斯德哥尔摩东方博物馆，2004年，85—89页。

运输中的包装、[①]文物囊匣的制作以及特殊功能文物包装材料开发等方面的研究，[②]少数文物包装和运输的国家文物局行业规范标准也已经出台。但是，目前这些研究还仅仅是笼统的泛指各类文物，缺少系统性、针对性和实用操作性，未曾深入涉及文物因材质、类型、保存状况和结构不同其所需要的包装材料、设计原则、包装类型也有很大差别的事实。出土纺织品文物因材质、结构、类型明显区别于其他类型文物，其包装也具有一定的特殊性，但这方面的研究目前仍十分匮乏。下文将尝试对出土纺织品文物的包装设计和制作技术进行探讨，主要包括出土纺织品文物的包装目的和类型、包装材料选择、包装设计和制作、包装设计原则四个方面。

6.5.4.1 目的及类型

在众多文物材质中，出土纺织品文物是相对脆弱且对外部环境较为敏感的一类，低劣或不恰当的包装将加大对纺织品文物造成损害的几率，不稳定包装材料所释放出的有害物质会对纺织品文物造成不可逆转的劣化影响。由于包装不完善而造成的纺织品文物机械损伤，即使经过修复也无法恢复。另外，粗糙低劣的包装还会影响出土纺织品文物的信息展示和美感体现。鉴于纺织品文物的特质和包装难度，对纺织品文物的包装设计和制作技术进行探讨是十分必要的。纺织品文物包装的目的应该至少包含两个方面内容。首先，是出于纺织品文物材质安全目的而采用的相应包装保护措施。其次，则是为了纺织品文物的展示研究利用和美感体现而采取的包装设计。其中，为提升出土纺织品文物展示利用效果而采取的包装必须同时满足对文物安全保存的目的和要求。

纺织品文物的包装类型因其使用方向不同而有所不同，通常包括纺织品文物封存、保存、保护、研究、展览以及运输等不同功用的包装。确立纺织品文物未来的使用方向是确定和设计包装类型的前提。纺织品文物的结构是影响其包装类型的另一个主要因素。从考古出土纺织品文物结构的角度，可将其分为平整织物、不平整织物、服饰、非常规结构纺织品文物等。不同类型的织物结构所需要的包装类型及其制作方法和复杂程度也有所不同。另外，从文物包装层次的角度，可以将包装分为接触面包装、阻隔包装和防震缓冲包装等不同类型。[③]除此之外，还可以从不同的角度，对文物的包装进行不同的分类。

6.5.4.2 材料选择

在考古纺织品文物的包装材料选择中，除了考虑常规文物包装材料的选材需求外，还应该考虑到纺织品文物的特殊性。纺织品文物常见的纤维种类有丝、毛、棉、麻等，各类纤维对保存材料的要求基本一致。除了常规的文物箱盒、展柜材料要求外，还应该特别注意与纺织品接触的包装用衬纸、衬布、填充物、纸板以及一些辅助材料的稳定性和耐久性问题。

无酸纸是纺织品包装中最常用的纸张。无酸纸的pH值为中性或偏碱性，分为缓冲型和非缓冲型两种，在丝绸、毛织物的包装中常使用非缓冲型无酸纸。无酸纸在使用过程中，会吸收环境中的酸性物质而导致纸张自身酸碱性的变化，因而无酸纸需要定期更换。除了无酸纸

① 董涛：《论巡展文物在包装运输中的预防性保护》，《博物馆藏品保管学术论文集——北京博物馆学会保管专业第四—八届学术研讨会论文选编》，中国林业出版，2009年，393—397页。

② 王金生：《文物囊匣的制作与研究》，《包装工程》2007年7期，182—184页。

③ 赵昆：《文物包装概述》，《文博》2006年6期，86—89页。

外，硅纸、宣纸、绵纸、聚酯塑料薄膜等薄型材料也常用于纺织品文物的包装。宣纸和绵纸的生产工艺和环境条件差别较大，纸张所含有害物质以及酸碱性标准难以控制，因此应当慎重选用。

在出土纺织品的衬垫和包装中，常用到各种衬布织物。根据被衬垫和包装纺织品文物的材质、厚度和纺织结构的不同特点，所选背衬和垫衬织物的材料、厚薄和疏密程度也应不同。常用衬布以棉布和丝绸为主，棉布以平纹为主，有时根据需要还可选用平纹双面抓毛棉布。在需要细致平滑衬布表面时，可选用优质丝绸平纹布作为衬垫和包装衬布。棉布和丝绸常需要染成与所衬垫纺织品文物的整体色彩相协调的色彩，在染色过程中需要选用稳定耐老化的染料，遵守染色工艺，并做好染色尾处理，以降低染色过程对衬垫织物的影响，减除染色过程中助剂残留物对出土纺织品文物的影响。对于不需染色的衬垫织物也需要进行基本的处理，才能应用于纺织品文物的衬垫和包装。具体可通过多次高温水洗的方式，以清除棉布和丝绸面料在工业生产过程中残留的添加剂和助剂等可能对文物造成损害的有害物质。另外，用于纺织品文物衬垫和包装的织物，在染色后或湿洗预处理后，应在织物湿水状态下，在平整台面上将织物的经纬线平铺摆正，做到经纬线相互平行垂直，织物自然干燥后即会保持在平直的状态，这有利于衬垫和包装的平整、美观、耐久，并可避免在使用过程中的变形。

在服饰等三维立体结构出土纺织品的包装中，常需要利用纤维絮类填充物来填充支撑服饰的内部空间，所用纤维填充物以棉布、人造纤维、太空棉和丝绵为主。[①]棉布填充物在贴合弧度等对塑形要求高的填充操作时，表现没有丝绵絮或人造丝棉絮好，因此可采用棉布或弹性好的棉袜筒布包裹的丝绵絮来填充服饰等三维立体结构的内部空间。

除了以上提到的纸张、衬布和纤维絮之类的包装材料之外，出土纺织品文物包装中还常用到各类中性卡板纸、瓦楞纸以及蜂窝型夹层纸板等纸质包装材料，以及采用塑形或挖孔的聚乙烯泡沫板等材料用作包装的支撑或容纳物。另外，一些包装辅助材料例如黏合剂、胶带、金属丝、鱼线、卡扣、大头针、缝线、塑料支架等也常有使用，在选择这些辅助材料时也应首先考虑材料的稳定性、安全性和耐久性。

目前，在考古出土纺织品文物包装领域应用的材料，可以分为两种类型，一类是对出土纺织品保存有潜在危害的材料，另一类是在文物收藏环境下材料组成成分为纺织品文物所接受的包装材料。[②]基本可以确知稳定性的包装材料主要包括：不锈钢、玻璃、陶瓷、洁净未经漂白和特殊处理的棉布以及亚麻布、无酸纸、绵纸、聚酯纤维、聚苯乙烯、聚碳酸酯材料等。对于有潜在危害的材料，可以通过密闭隔绝技术对潜在的有害物质进行隔绝处理。另外，还可以借助环境控制技术、有害气体吸附材料、RP材料、惰性气体等预防性保护措施对包装效果进行稳定干预。对于不确定是否适用于纺织品文物包装的材料，可以通过人工模拟老化试验来检测材料是否会在老化过程中释放出对纺织品有害的物质，进而评估材料的稳定性和安全性。[③]

---

① 国家文物局博物馆与社会文物司：《博物馆纺织品文物保护技术手册》，文物出版社，2009年，104页。

② Agnes Timar-Balazsy, Dinah Eastop. Chemical Principles of Textile Conservation, Butterworth Heinemann, 2002: 342, 343.

③ L. R. Green, D. Thickett. Testing Materials for Use in the Storage and Display of Antiquities: A Revised Methodology. Studies in Conservation, 1995(3): 145-152.

6.5.4.3 设计与制作

适用于考古出土纺织品文物的包装技术类型多种多样，其类型和技术因出土织物的类型、尺寸和保存状况差异而不同。从织物的结构来看，有平面织物、服装、服装附属物、堆绣类的刺绣或厚重金属线刺绣等特殊结构织物。织物的大小也有很大的差异，有小的刺绣残片或徽章，有面积很大的壁毯。有的织物保存强度较好，有的织物纤维强度和韧性极差，糟朽脆弱。这些差异性，都对出土织物包装技术的选择和类型设计有直接影响。

（1）平整织物

对于面积较小的平整织物，在空间允许的条件下，应尽量平铺存放。根据织物的保存状况不同，可以适当在底衬板表面进行相应的衬垫处理。面积较大的织物，在保存状况允许的情况下，可以采用卷轴式存放。卷轴应当选用无酸纸筒或有机玻璃筒，对材料不稳定的卷筒可以通过贴附聚酯薄膜或铝箔对卷筒内外进行封护隔绝处理。

出土平整织物的包装形式还有很多其他种类，例如压裱包装、纸板画框式包装方法等，这类包装既可以用于织物的保存也可以用于展览所用。玻璃板或有机玻璃板压裱包装①的基本方法是采用稳定木板或其他稳定板材做支撑，板材表面从里到外依次包裹抓毛棉布、细棉布和表层底衬面料，在底衬织物上平放需要包装的纺织品织物，然后将与板材尺寸相同的玻璃板或有机玻璃板覆盖在织物上方，将玻璃板与支撑板材通过卡扣和螺丝固定连接（图6.5.15）。经过此方法包装的织物可以悬挂展览，也可以竖放保存。纺织品的纸板画框式包装方法与照片、地图等平面纸质文物的包装展示方法类似，适用于平整的、图案纹样丰富考古出土纺织品的包装展示（图6.5.16）。

（2）服饰类文物

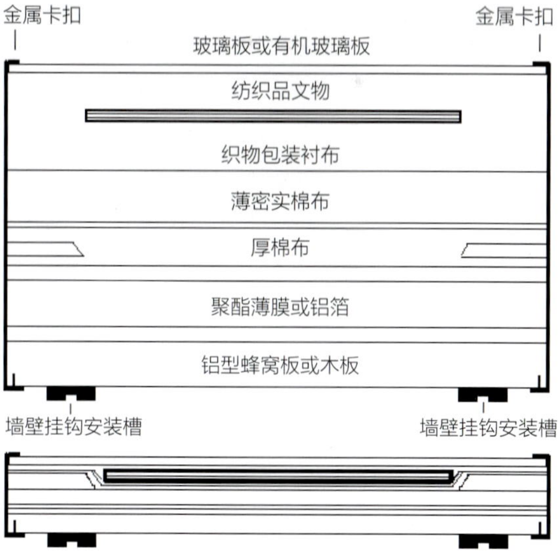

图6.5.15 纺织品文物压裱包装技术剖面结构图

考古出土服饰类文物的包装因文物保存状况不同以及保存展览目的不同，其包装形式也相应不同。法门寺唐代丝绸包块内揭展出的衣物，极为糟朽，强度韧性极差，经不起翻转折叠或悬挂，因而目前全部平放在包裹衬垫材料的板材上。对于平铺存放的服饰，需要在衣物的折叠和弯曲部位采用软质织物卷或纸筒卷进行支撑垫护，以防这些部位在长期存放和自重的作用下发生严重劣化和断裂损伤。保存状况好的服饰，可采用衣架悬挂式存放。衣架的尺寸需与服饰的肩宽或袖长尺寸匹配，并在衣架周围进行软质衬垫处理，加大衣架与衣物接触的受力面，以降低织物所受自重拉力负荷的影响。另有一些出土服饰，因保存空间所限，经折叠存放于箱盒内，应当说无论强度优劣，服饰都不适于折叠存放，服饰折叠位置的纤维在长期存放过程中会处于高压拉伸或挤压状态，纤维所受的持续外力负荷会诱发大量不可自行恢复的塑性形变的产生，最终将导致纤维的脆化和劣化，直至断裂

① Deirdre Windsor, Lynda Hillyer and Dinah Eastop. The Role of Pressure Mounting in Textile Conservation: Recent Applications of U. S. techniques. ICOM Committee for Conservation, ICOM-CC: 13th Triennial Meeting, Rio de Janeiro, 22-27 September 2002, preprints, 2002: 755-760.

图6.5.16　经画框式卡纸包装的法门寺丝绸刺绣残片

粉化。对于适于站立展示的服饰，需要做好细致的支撑和加固包装工作。服饰支撑包装的基本方法是，首先制作主支撑结构，一般以钢制或木质结构为主，然后在支撑结构上根据服饰需要支撑部位的尺寸，安装强度较好的木质、铝制或泡沫板材，板材用棉布包裹，再根据服饰需支撑部位的空间情况，在棉布上缝棉袜筒包裹的棉絮（或根据形状和尺寸需要，控制棉絮缝缀的位置和高度），待形状确定之后，再在支撑模特的外表面缝一层优质紧实棉布或丝绸，即可将服饰套装在支撑模特体之上，下图（图6.5.17）即展示了一般服饰支撑模特的内部结构。①

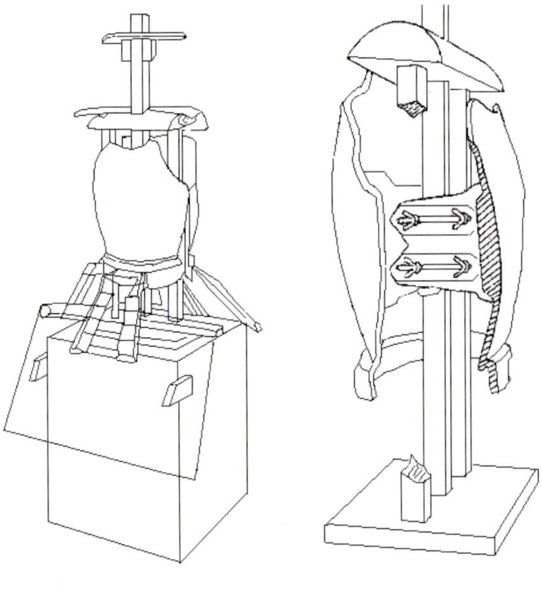

图6.5.17　服饰展览包装内部支撑制作

（3）非常规结构织物

非常规结构织物指帽子、鞋、手套、包、枕头等由纺织品组成的服饰附属物或其他物品。包装此类文物的基本思路仍然是根据织物的结构，制定相应结构的支撑，然后再支撑上加垫衬护材料，达到对非常规结构织物需要支护部位的妥善包装保护。对于结构不稳定的织物，不应勉强使用竖立或伸展式的展示方式，应全面考虑织物的不同部位以及不同附属物在包装中的稳定性，平衡折中选择恰当的展示包装方式。与用于保存的织物包装不同，用于展览的包装还需考虑包装设施不应外露太多，尤其不应影响织物本体的展示，不应误导织物本体的真实性和信息的全面展示。

6.5.4.4　设计原则

在考古出土纺织品文物包装的设计制作过程中，首先应当确定文物的包装目的。其次应当全面评估纺织品文物的保

① Alison Guppy, Poppy Singer and Annabel Wylie. A Seventeenth-century Suit of Japanese Armour with Original Textile Components: its Description, Conservation and Mounting. The Conservator, 1997(21): 59-69.

存状况，文物的保存状况直接影响到文物的包装方式和方法。然后，对文物的包装形式和结构进行设计，选择适用于纺织品文物包装的稳定材料进行包装制作。最后，应该做好文物包装制作的档案工作，主要记录包装所用材料的性质、组成和产品信息，包装的结构尺寸和安装过程，注明包装的组装拆卸方法、使用注意事项以及定期检查和材料更换指南。

对出土纺织品文物的包装可分为用于短期及长期保存包装、展览包装、文物研究及教学包装等。文物的使用方向即包装目的决定了包装的方式和类型。纺织品文物的保存状况决定了其所需要的包装形式、文物的固定形式以及包装的精细程度，保存状况好的出土纺织品可以采用较为简单的包装形式；另外，包装形式的设计还需结合文物库房以及展厅的环境条件状况而定。在温湿度、光线和有害气体得到有效控制的环境内，纺织品的包装可以采用相对宽松的包装形式。在保存和展览环境条件差的情况下，则需要在纺织品文物包装的设计过程中采取温湿度缓冲、有害气体吸附或隔绝、防尘等措施；包装的设计应该方便文物的存放和拿取，因此包装应尽量设计为可组合安装的结构，包装结构应尽量减少文物在安装和拿取过程中所受的搬动、悬空、翻转等操作影响；包装的功能除了对文物进行保护性包装之外，还有助于提升文物信息和美感的展示，但包装不应喧宾夺主，更不应误导对文物的展示与解读，在保证文物安全包装和展示的前提下，利用稳定优质的包装材料，通过精细的加工，制作稳定耐久且与文物外观协调的包装；要做到这一点，文物包装材料的筛选是很重要的前提，应当选用适合博物馆使用的包装材料，材料本身不应含有任何对纺织品文物有害的物质，材料在受外界环境因素影响后不应生成或释放出有害物质，材料应该具有一定的强度和形状稳定性。在设计制作包装过程中，还应考虑材料的易得性、成本以及加工工具设备条件和操作技术水平；在同一实验室或库房内，纺织品文物包装应尽量统一风格和尺寸，尤其是自制卡纸箱盒的尺寸可遵循一定比例设计，以便于箱盒的叠压存放和长期管理；文物包装直接或间接与出土纺织品文物接触，其稳定性和对文物的安全性与其所使用的材料组成、技术指标、加工方法、结构数据等有直接关系，因此记录这些信息对评估包装的实用性、安全性以及在包装对文物产生不良影响后的原因分析等方面都具有重要意义。另外，包装制作者应当写明文物包装的拆卸方法和使用维护规范等信息，以保证后续文物包装的安全使用和文物安全。

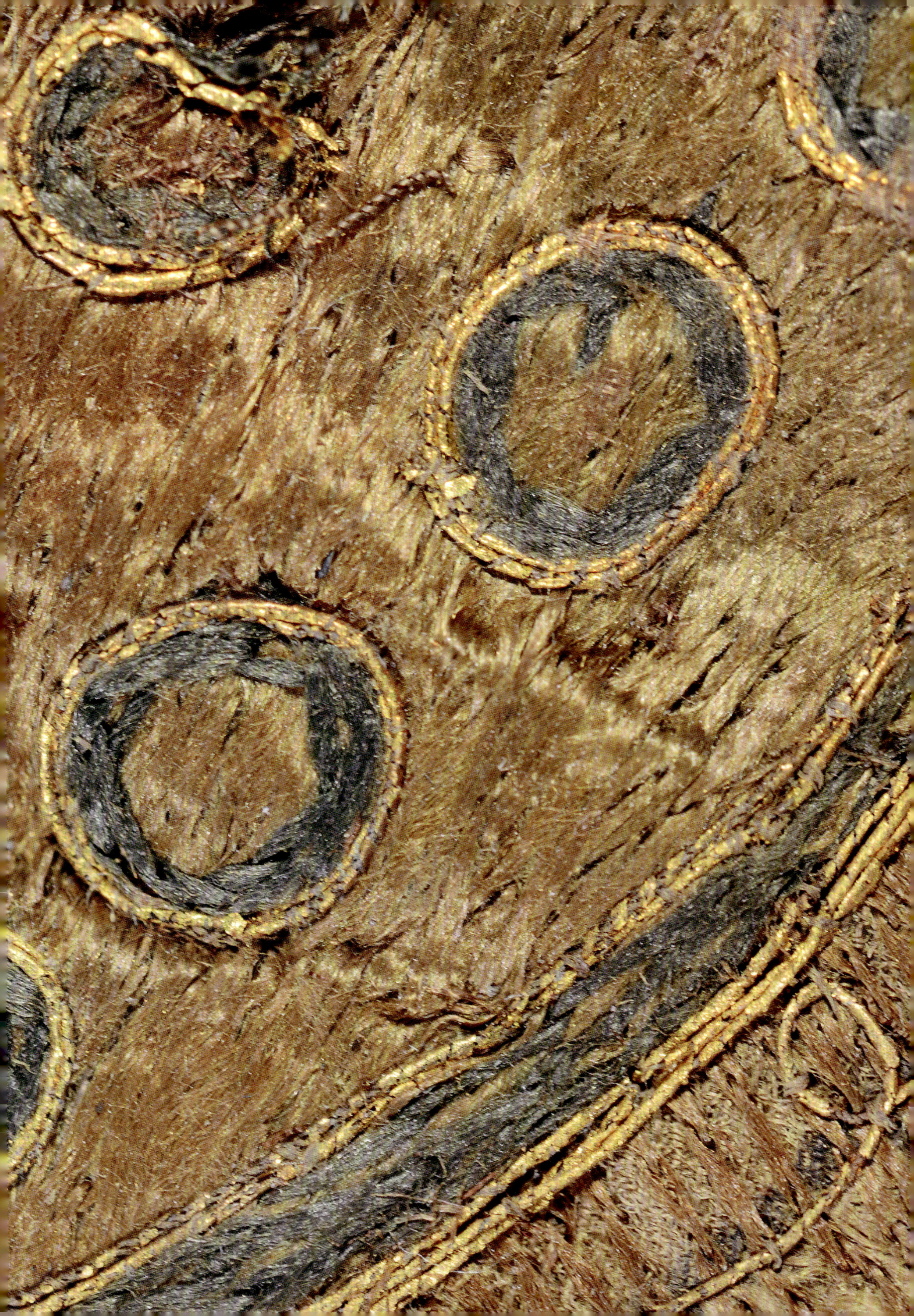

第7章 结语

法门寺丝绸是极为珍贵的唐代皇室丝绸实物，所附载的科技和艺术信息量极大，是研究中国乃至世界纺织工艺、科技、艺术和服饰的重要资料。但其保护状况极差，文物保护专家王孖先生曾经指出，“法门寺丝绸比湖南马王堆汉墓、湖北江陵马山楚墓以及辽宁、新疆等地出土的丝绸文物的强度和耐折度都要小得多，很多织物在干态和湿态的耐折度均为零”，这些都足以揭示法门寺丝绸文物的劣化程度和保护修复难度。也正因此，自出土之后，法门寺丝绸保护修复工作停滞不前，加之早期保存环境不理想，织物经历了霉害及环氧乙烷熏蒸处理等复杂的劣化过程，给后续的保护修复工作增加了更大难度，尤其是法门寺糟朽丝绸织物层层叠压、紧密粘连成块的特殊病害，更是加大了保护修复和开展相关研究的难度，这直接影响了法门寺丝绸信息资料和学术研究成果的公布进度。

2002年启动的中德法门寺丝绸文物保护合作项目为法门寺丝绸文物保护及研究带来了新机，合作项目建立了专业的纺织品文物保护修复实验室，聘请经验丰富工作科学严谨的外方专家Angelika Sliwka等主持项目，着手培养具备文物保护专业本科教育背景的中方青年技术人才。在工作中，项目组始终坚持预防性文物保护工作优先的原则，稳妥有序地开展保护修复及科学研究工作，坚决杜绝任何研究人员因急于研究服饰织物纹样和组织工艺为目的而盲目冒进地开展糟朽粘连织物的揭展和展平工作。多年来，秉持这一工作思路，在早期参与考古发掘的文物保护专家初步整理织物的基础上，又成功对法门寺糟朽粘连衣物包块进行了揭展实践，取得了很好的效果。这些工作，为中方课题组继续开展后续研究，拓展研究领域，直至取得系列科研成果奠定了坚实基础，本报告中的科研成果，就是奠定在中德合作的坚实基础之上，通过中方青年科研人员近年的不断研究取得的。

7.1 学术成果

在文物保护理念方面，始终树立预防性保护工作先行的工作理念，多年来，保存环境控制以及织物劣化状态变化监测一直是法门寺丝绸文物保护工作的重点，通过有效控制丝绸文物老化进程，为有序开展丝绸文物保护及织物研究工作奠定了基础，赢得了时间。这一工作理念，也直接影响到保护修复工作中对文物干预度的有效控制，尽最大努力降低了对珍贵糟朽法门寺丝绸文物的干预和影响，为后续可持续文物保护修复和研究工作的开展留下了充足空间。

在服饰与织物研究方面，对所有已揭展或相对展平的织物进行了系统研究，观察织物组织结构，绘制组织结构及纹样图，对各类织物进行分类汇总及信息统计，较为全面地了解了法门寺唐代丝绸织物的类型、结构和特征。同时，对服饰结构进行了测量研究，绘制了结构图，对糟朽服饰织物的纹饰进行了细致的描摹复原，初步掌握了珍贵唐代皇室服饰的结构和纹样特征。本报告中的图片、纹样、线图、信息等绝大部分为新近采集制作，系统地公布了法门寺地宫唐代织物及服饰的考古资料及技术信息；对法门寺丝绸织物所涉及的装饰工艺中的刺绣、钉金绣、印绘、贴金等也进行了全面梳理，对其工艺特征、纹样类型、材质特点等均进行了系统研究。

在文物材质科学分析方面，对丝绸织物的纤维材质、劣化形貌特征、纤维结晶度等指标进行了科学检测，掌握了纤维劣化进程、劣化特征及其与环境因素的关系；对丝绸染料进行了科学分析鉴定，了解了唐代皇室服饰及织物的染料种类和工艺特点；开展的捻金（银）线科学分析，对唐代捻金（银）线的形貌结构特征、材质、工艺、劣化机理等进行了全面系统研究，尤其是利用科学分析、传统工艺调查、实验室模拟考古等综合手段，确定了法门寺唐代捻金线的捻制工艺，对早期纺织用金装饰工艺及金属线加工工艺研究做出了重要贡献。

在保护修复技术方面，结合法门寺丝绸极差的保存状况，针对性地开展了系列保护技术创新和研究，其中糟朽粘连织物的揭展技术是最重要的技术研发成果。课题目组利用天然蚕丝纤维具有吸湿、放湿能力的特性，采用技术手段对纤维的含水量进行调节，进而借助纤维在不同含水量条件下强度和韧性不同的特点，成功地开展了法门寺糟朽粘连衣物包块织物的揭展、分离、展平及矫形等操作。这项技术可以命名为纤维塑性变形能力恢复技术，它利用纤维自身特有的物理化学性质，通过对纤维含水量以及水分与纤维结合方式的控制，可控性地改善纤维的物理特性，使很多本因纤维脆弱糟朽而无法开展的揭展、抚平、矫形等操作成为可能。该技术不使用任何化学试剂，因而不存在化学试剂对纤维材质损害以及材料残留及潜在后续老化的问题，也不需要将织物浸泡在水中，可以进行反复操作，它打破了业内现存的化学高分子加固、化学揭展剂等强干预性处理的传统技术思路，是一项极具推广价值的技术发明，适于在脆弱糟朽纺织品文物的保护修复中广泛应用。

除揭展技术外，课题组还对不同的湿度调节技术、方案和材料工艺等进行了多方位的拓展研究，目前已经掌握了纺织品纤维湿度调节的机理、湿度调节的类型、湿度调节解决方案、材料技术工艺、湿度调节处理的选用规范和应用方法等技术细节，并成功在法门寺丝绸以及其他考古出土纺织品的多样化保护修复中推广应用。除此之外，在修复材料染色技术、机械法除霉、表面清洁、湿洗、临时加固、针线法修复、糟朽织物包装技术等方面，也进行了系列创新研究，取得了系列成果。

7.2 未来重点

法门寺丝绸文物的残破粘连状况，决定了其研究和保护修复是一个长期的系统工作，需要保护修复及科研人员将这项工作按照一定的规划延续下去。虽然，课题组目前已经取得了系列阶段性成果，未来仍然还有很多工作需要逐步开展。从目前的条件来看，未来需要开展的工作至少应当包括以下几个方向。

实验室目前的相对恒温恒湿环境条件，对法门寺丝绸的劣化速度和特征的影响，需要通过对丝绸纤维材质的劣化特征及程度进行长期跟踪对比分析。因此，需要对丝绸以及其所附属的材质如染料、颜料、黏合剂、金属线等进行系统科学分析，评估其老化程度，研究其老化机理，结合环境条件的监测记录综合分析，以寻找对丝绸材质老化速度最小的环境条件作为环境控制的努力方向。这项工作对法门寺丝绸的长久保存意义重大，短期内的研究数据也许不足以得出准确的结论，但至少能够为将来继续开展此项研究积累重要科学数据参考。对丝绸纤维及附属材质的老化程度研究，还能够为针对性地选择保护修复技术以及评估经过保护修复织物的保存效果提供重要参考。除此之外，对冷藏柜内低温保存织物的劣化特征和进程，也应持续开展相应研究。课题组已经开展了冷藏柜及普通室内环境下存放丝绸纤维的劣化状态对比研究，得到了一定的科学结论，未来仍需对这两类存放环境下的纤维进行持续跟踪对比分析研究。

本报告对法门寺服饰结构、织物组织工艺、图案纹样等进行了基础信息提取和初步研究，后续应该依托以上基础资料进行深入扩展研究，从唐代丝绸品种、织造工艺、纺织科技、纹样特点、服饰风格等角度开展综合研究。另外，法门寺丝绸完整织物少，残片多，残片的拼接和形制复原将是未来一项难度极大且任务繁重的工作，通过细致记录比对残片的纤维、组织工艺、纹样等信息，进行初步的拼接复原，结合法门寺地宫出土《物账碑》所载物名对织物进行身份和功用确定也是未来工作的努力方向。

本报告已对法门寺丝绸文物的材质进行了初步科学分析，对捻金线进行了系统的深入研究。在丝绸染料、颜料、古代黏合剂等其他材质的科学分析和研究方面仍有大量工作需要开展，同时协同开展织物及其所附属材质的保存状况和劣化机理的深入调查。对染料和颜料的研究，将为进一步推动唐代丝绸印染和彩绘工艺研究提供技术信息。对丝绸纤维同位素的研究，课题组曾尝试开展，但限于样品量数据库建立的难度，目前进展不大，未来可继续此方面的研究，有望对唐代法门寺丝绸的产地来源进行合理的推断。这一系列的工作都将有助于增进对法门寺丝绸及其附属材质及工艺的了解，以及对唐代手工业科技的研究。

在粘连织物揭展技术方面，课题组开发的糟朽脆弱粘连织物揭展技术成功揭展了法门寺衣物包块，实现了粘连糟朽织物的揭展、折叠扭曲织物的矫形及展平等操作。但仍有部分深度老化的织物，因为织物粘连牢固、纤维极度劣化导致自身吸收水分的能力差，目前尚不能通过常规的湿度调节技术实现纤维自然安全吸收更多水汽的操作，以改善纤维韧性，达到满足开展保护修复操作的目的。未来需要进一步对特殊条件下的纤维湿度调节技术进行开发和实验，以拓展该技术的内涵，进一步掌握特殊条件下的揭展操作工艺，满足特殊文物对象的保护修复操作所需，揭展更多保存差、结构复杂、扭曲断裂的法门寺衣物包块。

法门寺丝绸大量使用捻金线装饰，捻金线的韧性强度与丝绸经纬线之间存在很大区别，捻金线的使用导致织物柔韧性减低。在织物存放过程中，因环境因素导致材质膨胀收缩不同，引起织物断裂以及捻金线的金箔条切割纤维等问题，未来需要探索这类文物的修复加固及保存包装技术，以解决此类复合材质文物的保护、保存和利用难题。

到目前为止，课题组尚未对法门寺丝绸文物采用过化学或微生物加固处理。其原因，首先还是从必要性的角度考虑，目前法门寺丝绸尚无必须加固的理由。其次，考虑到大部分加固技术的种种局限性，例如设备空间制约、加固剂老化、织物色差变化、纤维韧性强度变化、施加工艺特殊要求（干燥、抽真空、水溶液浸泡）等，在法门寺丝绸上适用的加固方法尚不成熟。但法门寺丝绸极为糟朽脆弱，其包装、展览和运输的难度大是基本事实，未来可以探索通过改善外部条件实现在不加固丝绸本体的情况下提升织物的强度，以满足对文物使用的需求。课题组通过对法门寺平整织物残片的细致专业包装，实现了几次安全长途运输，说明通过优选包装材料、科学设计和制作包装、优化运输技术，法门寺丝绸文物的运输及展示安全是可以实现的。

随着新技术的发展，加大对法门寺丝绸文物的数字化、虚拟展览、复制及复原等方面的工作力度势在必行，以多样化的数字信息手段替代传统实物展览和运输方式是法门寺丝绸在未来文物展览利用、资料公布、成果分享等方面的努力方向。在此过程中，结合对文物材料、工艺、技术信息的系统提取，实现织物和衣物的虚拟或复制展示，也将有助于法门寺丝绸文物资料和研究成果的对外公布和利用。另外，在研究过程中，还应凝练系列研究课题，扩大与相关学科领域的合作研究，将法门寺丝绸文物的研究推向更深更广的层面。

7.3 工作思路

从法门寺丝绸文物多年的保存和保护修复经历，尤其是2002年以后新实验室建成使用以后这一阶段的工作来看，能够清晰地看到丝绸文物预防性保护工作的重要性和必要性。

得益于丝绸状态的稳定，课题组可以从容地开展文物信息的提取及相关研究工作。一大批织物的纤维材质、组织结构、纹样、保存状态等信息得到了细致提取、整理和研究。而在保护修复过程中，贯穿信息提取和解读，关注信息提取技术创新，攻克保护修复技术难点，强化科研和课题意识的做法，也使得保护修复的过程更加丰富化、多产化和科学化。这一工作模式，正符合法门寺丝绸文物保存状况差、保护修复难度大、面临保护难点多的特点，也正是由于材质保存稳定，时间从容，才得以开展相关的技术研究和文物研究。利用纤维含水量的调节实现织物纤维塑性形变能力恢复的技术，就是在这一环境条件下开发出来的。另外，法门寺丝绸包块揭展方面还有很多技术难点没有解决，在这种情况下不便贸然开展大量的包块揭展工作，以免揭展出大量无法对应相互关系的织物残片，对文物所附载的相互关联信息记录、提取、解读不到位，导致文物整体信息的大量丢失，甚至可能因揭展技术能力不足对文物材质造成损害。在这种情况下，更需要有稳定的保存环境即理想的预防性保护条件，对织物的保存状态进行稳定控制，以实现丝绸本体的长久保存，将解决保护修复难题的空间留给未来，以期随着未来各领域技术的发展和对法门寺粘连丝绸包块揭展技术的拓展研究，能够逐步攻克保护修复技术难题，采用更合适的技术手段实现可持续的科学保护修复。

因此，法门寺丝绸的预防性保护工作现在是，将来也应当继续作为首要工作长期坚持下去，只有这样才能实现丝绸文物材质的长期稳定保存。在这项工作中，除了加强文物监测、使用、搬运等操作规范外，还主要包括两方面的工作。一方面是对保存环境的控制、监控和保存材料的替换和研究。另一方面，则是对丝绸文物纤维以及其他附属材质的老化进程进行监控和研究。借助环境监控测量记录的数据，与纤维的老化进程和规律进行结合，从中寻找纤维老化与环境条件的关系，以进一步调整保存环境的条件，尽可能达到理想的最佳状态。因为，目前并没有一个丝绸文物保存环境的标准，或者说由于丝绸文物的个体差异性，这个标准根本不存在。但作为一项基础研究，针对一批藏品进行老化进程与环境条件关系的关联研究，进而确立相对理想的环境条件范围还是十分必要的。

以上属于法门寺丝绸文物预防性保护的工作范畴，而在干预性文物保护工作部分，除了具体的保护修复操作外，还渗透了对糟朽脆弱丝绸文物保护技术的改进和研究，以及对文物本体信息的提取和解读。要完成这些工作，就需要有计划地选择文物对象，统筹选用保护修复技术和控制相应的进度和阶段。法门寺丝绸文物的保护修复工作不应急于赶进度，更不应为了研究织物而贸然进行揭展保护，而是需要在材质长期稳定保存的前提下，逐步开展文物保护技术研究和文物信息解读，按照长期规划逐步攻克技术难题，开展研究并及时公布阶段性成果。

在成功揭展第一个法门寺衣物包块后，课题组并没有急于开展其他包块的揭展工作。原因在于，新揭展出的衣物需要进行细致研究，需要解决这批衣物的保存、保护以及展示利用问题，需要对这一阶段所采用的保护修复技术进行深入实验和总结，以掌握更精细的操作工艺，为继续开展难度更大的包块的揭展保护积累经验。同时，对新揭展衣物的研究、织物的系统研究以及对保护技术研究的成果也需要及时总结和发表，此报告便是对目前所取得的阶段性成果的总结和汇总。

简而言之，与其他材质文物的保护类似，法门寺丝绸的保护工作也包含预防性文物保护和干预性文物保护工作两方面，其中预防性保护工作是保证丝绸材质稳定长期保存的基础，也是有序科学开展丝绸干预性保护修复并在此过程中开展系列保护技术研究和文物信息解读工作的前提。目前，法门寺丝绸文物的保存环境基本得到了有效控制和监测，稳定的保存和包装材料正逐步被应用，从而保证了丝绸文物的大环境和微环境的稳定。这为可持续地科学统筹法门寺丝绸的干预性保护修复工作提供了有力的基础保障，既可以保证最新的技术能够得以实验、开发和应用，文物信息能够得到充分提取和解读，又能够在技术条件不具备时将问题解决的空间留给未来。只有在充分保证丝绸文物材质稳定的前提下，才能为系统有序地攻克丝绸保护修复技术难题，并同时开展丝绸科技和艺术研究赢得时间，才能真正实现法门寺丝绸文物保护研究的可持续性科学发展，以最终实现文物材质长期保存、文物信息最大化提取、文物价值深入挖掘乃至系统展示和利用的共赢。

附表

附表一　法门寺物账碑所载丝绸供养品名及数量

供奉批次	供养名称	数量
重真寺将到物	袈裟	三领
	武后绣裙	一腰
	蹙金银线披袄子	一领
真身到内后相次赐到物	金襕袈裟	三副各五事
	毳纳佛衣	二事
	新丝	一结
	百索线	一结
	红绣案裙	一枚
	绣帕	二条
	袜	十量
	紫靸鞋	二量
	绣幞	十条
	红锦袋	/
新恩赐到物	花罗衫、内襕	十五副、七副
	跨	八副各三事
	花罗袍、内襕	十五副、八副
	跨	七副各四事
	长袖	五副各三事
	夹可幅长袖	五副各五事
	长夹暖子	廿副各三事（内五副锦、五副绮、一副金锦、一副金褐、一副银褐、一副龙纹绮、一副辟邪绮、一副织成绫、二副白氎、二副红络撮）
	下盖	廿副各三事
	接袎	五具
	可幅绫披袍	五领
	纹谷披衫	五领
	缭绫浴袍	五副各二事
	缭绫影吜	二条
	可幅勒腕帛子	五对
	方帛子	廿枚
	缭绫食帛	十条

（续表）

供奉批次	供养名称	数量
新恩赐到物	织成绮线绫长袎袜	卌量
	蹙金鞋	五量
	被褡	五床（每床锦二张、夹一张）
	锦席褥	五床
	八尺踏床锦席褥	一副二事
	赭黄熟线绫床皉 赭黄罗倚枕	五条 二枚
	绯罗香倚	二枚
	花罗夹幞头	五十顶
	绘罗单幞头	五十顶
	花罗夹帽子	五十顶
	巾子	五十枚
	折皂手巾	一百条
	白异纹绫手巾	一百条
	揩齿布	一百枚
	红异纹绫夹皉	四条
	靴	五量各并毡
惠安皇太后	红罗裙衣	二副各五事
	夹缬下盖	二副各三事
昭仪	裙衣	一副四事
晋国夫人	衣	二副八事
尼弘照	袈裟	一副四事
尼明肃	衣	一副三事

注：表格内容依据《法门寺考古发掘报告》物帐碑译文整理。

附表二　从文物编号规则推测与器物有附属关系的织物

器物名称	织物名称	考古编号	数量	尺寸（平方厘米）
八重宝函（懿宗供奉）	素面盝顶银宝函“系带”	FD5：011-3f1	1	76×5.8
	鎏金如来说法盝顶银宝函“系带”	FD5：011-4f1	1	75×5.8
	纯金六臂观音盝顶宝函“系带”	FD5：011-5f1	1	67×（4.5—6）
	金筐宝钿珍珠装纯金宝函“系带”	FD5：011-6f1	1	70×（2.5—5）
	金筐宝钿珍珠装珷玞石宝函“系带”	FD5：011-7f1	1	68.6×5.4
	珠宝顶单檐纯金四门塔“绢袱”	FD5：011-8f1	1	20.9×19.1
壶门盝顶黑漆箱（澄依供奉）	紫红罗地蹙金绣案裙	FD4：022-1	1	（9.6—10.2）×6.4
	紫红罗地蹙金绣拜垫	FD4：022-2	1	7.5×7.1
	紫红罗地蹙金绣襕	FD4：022-3	1	腰带17×1.7；上宽7.4下宽11.6
	紫红罗地蹙金袈裟	FD4：022-4	1	16×7.8
	紫红罗地蹙金绣半臂	FD4：022-5	1	两袖展开长14.1，身长6.5
壶门座盝顶银函（智慧轮供奉）	紫红罗地大宝相莲花夹袱	FD5：042-f1	1	63×46
	宝相莲残绣袱	FD5：042-f2	1	35×25
	土红色地刺绣夹衬	FD5：042-f3	1	边长50厘米（残）
开元盝顶石函	白彩团花四绫素罗	FD3：001-1f1		
鎏金铜浮屠	十字出蔓草纹绣袱	FD3：002-2f1	1	50×30
	素罗地石竹花飞鸟绣残片	FD3：002-2f2-8	残7	12×12,7.5×6
鎏金双凤纹宝盖银棺	鹦鹉牡丹如意云纹锦棺衬	FD4：017-3f1-5	5	长8厘米

注：器物及织物名称、编号、数量及尺寸依据法门寺考古发掘报告中的出土遗物表整理。

附表三　法门寺地宫出土唐代丝绸文物藏品目录（陕西省考古研究院藏部分）

<table>
<tr><th>文物盒编号</th><th>考古出土编号</th><th>文物名称</th><th>备注</th></tr>
<tr><td>T1/B3</td><td>FD5：042-f3</td><td>大红罗地刺绣夹袱</td><td>—</td></tr>
<tr><td>T2-1</td><td>FD5：011-5-f1</td><td>宝函系带</td><td>—</td></tr>
<tr><td>T2-2</td><td>FD5：011-6-f1</td><td>宝函系带</td><td>—</td></tr>
<tr><td>T3</td><td>FD3：001-1上f1</td><td>佛幡残片/琉璃珠二枚</td><td>—</td></tr>
<tr><td>T4</td><td>87FD3：002-3-f1③ 第三层</td><td>墨绘花绢残片</td><td>—</td></tr>
<tr><td>T5</td><td>FD3：002-3f1② 第二层</td><td>石竹花鸟绣罗残片</td><td>—</td></tr>
<tr><td>T6</td><td>87FD5：042-1b</td><td>绣罗袱残片</td><td>—</td></tr>
<tr><td>T7</td><td>FD5：042/87FD3：002-3-f1</td><td>石竹花绣袱残片</td><td>—</td></tr>
<tr><td>T8</td><td>FD5：042-f2a/ FD5：042-f2b</td><td>罗地刺绣夹袱</td><td>—</td></tr>
<tr><td>T9</td><td>FD3：002-3f1</td><td>小回纹花绫</td><td>—</td></tr>
<tr><td>T10</td><td>FD3：002-3-f1④</td><td>锦</td><td>—</td></tr>
<tr><td>T11</td><td>FD3：001-1上f1</td><td>佛幡残片/内有琉璃珠二枚</td><td>织物合并至T3</td></tr>
<tr><td>T12</td><td>87FD5：042-3-f1</td><td>最残破绣罗</td><td>—</td></tr>
<tr><td>T13-A-1a</td><td rowspan="21">FD4：025；
FD5：042；
FD3：002-3-f1；
FD3：002-3上-f1；
FD3：002；
中室：13；</td><td rowspan="21">残片/绣金丝，有缝纫边</td><td>87FD5：004木函外织物</td></tr>
<tr><td>T13-A-1b</td><td>87FD5：004木函外织物</td></tr>
<tr><td>T13-B</td><td>—</td></tr>
<tr><td>T13-C-1</td><td>FD3：002-3上f1①</td></tr>
<tr><td>T13-C-2</td><td>白藤箱中部，5里，1987.9.17；</td></tr>
<tr><td>T13-C-3</td><td>白藤箱中部，5里，1987.9.17；</td></tr>
<tr><td>T13-C-4</td><td>白藤箱h端，1角，1987.9.17；</td></tr>
<tr><td>T13-D</td><td>内含压金彩绣、蹙金绣、漆纱残片</td></tr>
<tr><td>T13-E-1</td><td>FD5：042</td></tr>
<tr><td>T13-E-2</td><td>中室：13</td></tr>
<tr><td>T13-E-3</td><td>中室：2</td></tr>
<tr><td>T13-E-4</td><td>中室：2</td></tr>
<tr><td>T13-E-5</td><td>中室：2</td></tr>
<tr><td>T13-E-6</td><td>中室：13</td></tr>
<tr><td>T13-F</td><td>—</td></tr>
<tr><td>T13-G</td><td>—</td></tr>
<tr><td>T13-H</td><td>—</td></tr>
<tr><td>T13-I</td><td>白藤箱FD3：009，h（厚）端第1角处标本；</td></tr>
<tr><td>T13-J</td><td>—</td></tr>
<tr><td>T13-K-1</td><td>白藤箱，h端2角面</td></tr>
<tr><td>T13-K-2</td><td>白藤箱，h端2角里</td></tr>
</table>

（续表）

文物盒编号	考古出土编号	文物名称	备注
T13-L-1	FD4：025； FD5：042； FD3：002-3-f1； FD3：002-3上-f1； FD3：002； 中室：13	残片/绣金丝，有缝纫边	白藤箱，b端3角面
T13-L-2			白藤箱，b端3角里
T13-L-3			白藤箱
T13-M			白藤箱FD：009， b端4角
T13-N			—
T13-O			—
T13-P			—
T13-Q			—
T13-R-1			FD5：004-f2
T13-S			—
T14	FD5：042-f5a(f5)	罗地刺绣夹袱	FD5：042-f5绉纱
T15	前室：02	袈裟残片十六夹	—
T16	FD3：002-3	铜精舍内丝织残片 名称罗白绢里夹袄	—
T17/B17	—	墨画花鸟纹织锦	—
T18	FD4：025	蹙金绣残片	—
T19	FD4：028	捧真身菩萨上丝绣织物	—
T20	87FD0，中室：15	—	—
T21	FD4：017	丝物残片，铁函丝绸残片	—
T22	FD4：020	银丝结绦鞋中室精舍内， 原定名蹙金鞋号55-1	—
T23	FD5：075； FD3：002-3上f1③ FD5：011-1 FD3：002-3上f1②	双凤衔花五足朵带残片/ 八重宝函外残片/ 阿育王塔内残片	—
T24	FD4：017	丝绸残块/丝织物碎片	铁函外内两层
T25	87SFFS 中室：14	金丝织物一堆， 内有银泡，蹙金鞋	—
T26-A	FD5：104-f2/临48/临26 SF法塔地宫后	绣罗，丝绸残片	FD5：104-f1（1）
T26-B			FD5：104-f1（2）
T26-C			FD5：104-f2(1)
T26-D			FD5：104-f2(2)
T26-E			FD5：104-f2(3)
T26-F			FD5：104-f2(4)
T26-G			FD5：104-f2(5)
T26-H			FD5：104-f2(6)
T26-1-10	—	—	—
T27	FD4：017 铁函上	丝织物残片	—

（续表）

文物盒编号	考古出土编号	文物名称	备注
T28	临34，SF法塔地宫后平台	丝绸残渣	—
T29	FD5：011-3/FD4：017，棺底东边	丝带一节，碎片	—
T30	FD5：044-3/FD4：017，地宫后室后龛盝顶铁宝函内	蹙金朱罗袋（细金银丝），残片，丝铁锈金线混合物	—
T31	FD5：042	丝织物残碎片（纱，罗小片）	—
T32	临32/临41，地宫中部平台，前室中段右侧，白藤箱边	丝绸、白藤箱残渣，白藤箱残丝，白藤箱边	—
T33/T1/B3	FD5：042-f3	大红罗地刺绣夹袱	拼合至T1文物盒
T33-1-7	—	—	—
T33- A、F、G、H、I、K	—	—	—
T34-A/B10	前室：02，前室门里	暗花绫	—
T34-5a/B11		花鸟锦	—
T34-5b/B16		—	—
T35	FD5：042 银箱上，圆铜盒附着，盝顶壶门足银箱上	织物/丝织品/纱/绣片	—
T36	临42 SF法塔后宫/中室：15-2须弥座东北角/临43，SF法塔中部东	鹿角/木板/残片	—
T37	FD4：017 银棺侧下	金花片	—
T38	FD4：017	铁函碎残绣片	—
T39	FD5：011-3外f2，FD5-4f2鎏金盝顶如来宝座佛宝函外/素面银箱外	系绳	—
T40-A/B12	FD3：022-3上f1	佛幡残片	—
T40残块夹1	—	锦织物残片	—
T40残块夹2	—	刺绣残片	—
T40残块夹3	—	刺绣残片	—
T41	FD5：044	残丝织物	—
T42	临38，门前底部；临6，金函上部；临9，金函上部，SF法塔后宫	刻花木片/丝绸	—
T43	FD5：042	丝织物残片/绣圈金	—
T44	临14	绣金鞋口/金花丝织物残片	—
T45	FD4：017	墨印花/黑织物/朱染（？）	—
T46	FD4：017	丝织物残片/罗纱金绣/铁函丝绸残片	—
T47	临42，SF法塔后宫	—	—
T48	临11，前室/临24	禅杖柄丝绢残片/印金织物	—

（续表）

文物盒编号	考古出土编号	文物名称	备注
T49	55-2	银丝鞋件/错金鞋	—
T50	FD3：002-3上f1④/FD5：044-4外f1 四铺菩萨阿育王塔身内	丝绸残碎片	—
T51	前室：03	袈裟	—
T52	FD4：017 银棺左侧	金花片/丝绸残片/绫子	—
T53	FD5：011-7上f1	残片16夹（a）	—
T54	FD5：042	—	—
T55	FD4：025 中室：13	紫红罗地蹙金绣织物	—
T56	FD4：026，中室，距北壁40—140厘米，距东壁10—49厘米	袈裟	—
T57	前室：03	袈裟	—
T58	中室：2，须弥座东侧	袈裟残片	—
T59	中室：13-2，87FFS中室须弥座西侧中部	金丝织物	—
T60	56-1，中室精舍内南部	棕黄色丝绸残片	—
T61	10，法塔地宫中室东北角	织物	—
T62	FD4：017（？）盝顶铁宝函/法门寺地宫中精舍内	丝织物/黑色织物	—
T63/B4	—	—	—
T64/B7	中室：2	袈裟残片	—
T65/B5	FD4：25（2）	盘金绣	—
T66	—	—	—
T67/B9	FD4：29	金袈裟	中室：50， 中室精舍顶部
T68-C-H/B1	FD4：027	—	—
T69-A	95：02临	法门寺纺织品标本（刺绣）	FD5：042-f4
T69-B	95：01临	法门寺纺织品标本	—
T69-G/B18	—	法门寺纺织品标本	—
T69-H/B18	—	法门寺纺织品标本	—
T70-A	—	—	精舍内铁盒下西侧
T70-B	—	—	—
T70-C	56-3	棕黄色丝绸残片	—
T70-D	—	织物残片	—
T70-E	—	织物残片	—
T70-F	60	丝绸残片	—
T70-G	56-4	棕黄色丝绸残片	—
T70-H	56-2	棕黄色丝绸残片	—

（续表）

文物盒编号	考古出土编号	文物名称	备注
T71-A/B8	—	—	—
T71-B/B8	—	—	—
T71-A-1	中室：13-1/前室：11/前室：03/FD5：104-f3/87SFFS中室：50/FD5：097/FD4：025	冰箱蹙金绣/漆皮碎片/丝绸残片/金丝织物/禅杖柄丝绢/袈裟残片/平托铜镜后面的丝穗残片/金袈裟残片	FD5：042
T71-A-2			FD5：042
T71-A-3			FD3：002-3f1
T71-A-4			FD5：042
T71-B-1			—
T71-B-2			87SFFS中室：50；金袈裟残片
T71-B-3			FD5：097
T71-B-4			—
T71-B-5			—
T71-C-1			—
T71-C-2			FD5：042-f1外层
T71-C-3			FD4：025
T71-D-1			中室西北角
T71-D-2			55箱中室：12
T71-D-3			箱56，文号56-1
T71-E-1-3			—
T71-E-4			箱号53，文物号中室：13
T71-E-5			箱号61，前室：11，禅杖柄丝绢
T71-F-1			—
T71-F-2			—
T71-F-3			箱号62
T71-F-4			87SFFS中室：13-1金丝织物
T71-F-5			—
T71-G			—
T72	前室：03	袈裟	—
T73	FD4：025-2，漆盒025-1黑纱下	开元钱，附麻绳一条，铜122个	—
T74	中室：1须弥座南侧	袈裟残片	—
T75-1-1	FD4：017/FD4：017-1f①/FD4：017-1f②/FD3：001 FD5：071/FD5：024/FD5：093/FD3：002-3上f1/FD5：078/FD5：075-1/FD3：002-f1⑥/FD5：033-上	底金丝/银棺内垫丝锦/织物残片/金绦带丝绦带/残绣三片/鎏金飞天仙鹤壶门座茶/绣表里样品/琉璃珠八颗/琉璃残片/丝绳三小节/丝物残片	FD4：017-1f①

（续表）

文物盒编号	考古出土编号	文物名称	备注
T75-1-2	FD4：017/FD4：017-1f①/FD4：017-1f②/FD3：001 FD5：071/FD5：024/FD5：093/FD3：002-3上f1/FD5：078/FD5：075-1/FD3：002-f1⑥/FD5：033-上	底金丝/银棺内垫丝锦/织物残片/金绦带丝绦带/残绣三片/鎏金飞天仙鹤壶门座茶/绣表里样品/琉璃珠八颗/琉璃残片/丝绳三小节/丝物残片	FD4：017-1f②
T75-3			FD4：17
T75-4			—
T75-5			—
T75-6			香宝子中残金线
T75-7A			FD4：024
T75-7B			FD3：0023上f1④
T75-7C			—
T75-8			佛骨衬垫，FD4：017银棺内衬垫
T75-9			FD5：078 罗底，鎏金飞天仙鹤壶门座茶萝子
T75-11			FD5：071
T75-12			—
T76	前室：03	袈裟残片	—
T79-A	中室：12/87SFFS中：13	织物残片	—
T79-B	中室：14	丝织物/香料	—
T80-A	FD5：104	铜镜（附带丝绸）	—
T80-A	FD5：105	铜镜（附带丝绸）	—
T81	—	—	—
T81-D	—	—	—
T82	—	—	—
T83/B20	—	—	—

注：2002年法门寺丝绸文物保护工作重启后，国际合作项目组以字母T开头对文物盒进行了重新编号，以字母B开头标记文物被保护修复的先后顺序；表格中的考古出土编号及文物名称遵循考古发掘出土记录；备注栏内容为文物盒内的考古发掘出土器物登记卡片及文物盒包装上的书写内容。

附表四　法门寺地宫部分出土丝织品的染料分析结果

文物号	文物名称	取样种类	颜色	色素成分
T1	团凤蝴蝶纹绣袱残片	绢	红色	茜紫素，茜根酸，伪茜紫素，6-羟基-甲基异茜草素
		罗	红色	茜紫素，茜根酸，伪茜紫素，6-羟基-甲基异茜草素
T2	花卉纹绮系带	绮	黄色	未检出
T3-1	佛幡残片	幡手	棕色	茜紫素，茜根酸
		幡面	土黄色	小檗碱
		幡身	棕色	小檗碱
T4	墨绘花卉纹绮残片	绢	—	未检出
		绮	土黄色	未检出
T7	石竹花绣袱残片	深棕色绣线	—	靛蓝，靛玉红，未知色素
		绿色绣线（外）	—	靛蓝，靛玉红
		绿色绣线	—	靛蓝，靛玉红
		绢	深红色	茜紫素，茜根酸，伪茜紫素，6-羟基-甲基异茜草素，许多小峰
		罗	褐色	未检出
T8-a	罗地宝相莲纹刺绣	棕色绣线2	—	未检出
		棕色绣线3	—	茜紫素，茜根酸，小檗碱，未知化合物
		绿绣线1	—	靛蓝，靛玉红，未知化合物
		绿绣线2	—	靛蓝，靛玉红，茜紫素，茜根酸，小檗碱
		罗	—	未检出
		绮	—	未检出
T9	四出十字花卉纹绣袱残片	绮	—	未检出
T10	锦织物残片	锦	—	靛蓝，靛玉红，未知化合物
		绢	土黄色	茜紫素，茜根酸
T13-A-1a	红罗地翔凤纹刺绣	绢	棕色	茜紫素，茜根酸，伪茜紫素，6-羟基-甲基异茜草素
		罗	棕色	茜紫素，茜根酸，伪茜紫素，6-羟基-甲基异茜草素
T13-E-3	龟背纹绮织物残片	绮	—	未检出
T13-I	团窠宝花纹绮	绮	红棕色	茜紫素，茜根酸
T13-N-a	墨绘残片	绮	土黄色	未检出
		绢	土黄色	未检出
		墨绘部分	—	未检出
T13-O-1	织物残片	罗	黑色	未检出
		绮	—	未检出
T13-P-2	贴金织物残片	绉纱	黑色	未检出

（续表）

文物号	文物名称	取样种类	颜色	色素成分
T14-1	龟背纹绮织物残片	绮	浅红色	茜紫素，茜根酸，伪茜紫素，6-羟基-甲基异茜草素，未知化合物
T14-2	绉纱残片	绉纱	浅黄色	未检出
T16	刺绣残片	罗	浅绿色	未知化合物，靛玉红（微量）
		中层绢	浅黄色	少量小檗碱和靛玉红
		底层绢	红棕色	未检出
T17	锦织物残片	锦	—	未检出
T18-1	蹙金绣残片	罗	深红色	茜紫素，茜根酸，伪茜紫素，6-羟基-甲基异茜草素
		绢	红色	茜根酸，伪茜紫素
T19	罗地花鸟纹刺绣	罗	棕红色	茜紫素，茜根酸，伪茜紫素，6-羟基-甲基异茜草素
		绢	红色	茜紫素，茜根酸，伪茜紫素，6-羟基-甲基异茜草素
T24	织物残片	绮	黑色	未检出
		绢	黑色	未检出
T27	菱格纹绮织物残片	绮	—	未检出
T30-3	蹙金绣残片	绢	棕红色	茜紫素，茜根酸，伪茜紫素，
		罗	—	茜根酸，伪茜紫素
T33-6	泥银彩绘织物残片	绢	土黄色	小檗碱
		棕色彩绘	—	小檗碱
		绿色彩绘	—	小檗碱，靛玉红
		罗	黄色	小檗碱
T34-5b	锦织物残片	锦	—	未检出
T42-1	刺绣残片	罗	深黄色	茜紫素（微量）
		绢	土黄色	未检出
T42-2	贴金银织物残片	绢	—	未检出
T48	贴金织物残片	罗	土黄色	未检出
T53	锦织物残片	锦	—	未检出
	织物残片	绢	—	靛蓝，靛玉红（微量）
T55-J	蹙金绣残片	罗	红色	茜紫素，茜根酸，伪茜紫素，6-羟基-甲基异茜草素
		绢	红色	茜紫素，茜根酸，伪茜紫素，6-羟基-甲基异茜草素
T63	四出十字花卉纹绣袱残片	蓝色绣线（内）	—	靛蓝，靛玉红，未知化合物
		褐色绣线（内）	—	少量小檗碱
		褐色绣线（中）	—	未知化合物
		绿色绣线（中）	—	靛蓝，靛玉红
		绿色绣线（外）	—	靛玉红，微量小檗碱

（续表）

文物号	文物名称	取样种类	颜色	色素成分
T63	四出十字花卉纹绣袱残片	罗	浅黄色	未知化合物
		绢	—	未知化合物
T68-C	泥银菱纹罗长裤	罗	—	少量小檗碱
		绢(裤身)	—	少量小檗碱
		绢(腰部)	—	未检出
T68-D	直领对襟团窠纹长衫(袍)	罗	—	未检出
		绢	—	未检出
T68-E	泥银菱纹罗长裤	罗	—	少量小檗碱
		绢	—	少量小檗碱
T68-F	直领对襟罗衫	罗	—	少量小檗碱
		绮	—	少量小檗碱
T68-G	泥银菱纹罗织金腰裙	锦	—	靛蓝、靛玉红、少量小檗碱
		罗	—	少量小檗碱
		绢	—	少量小檗碱
T68-H	泥银菱纹罗织金腰裙	罗	—	少量小檗碱
		绢	—	少量小檗碱
T69-A1	罗地宝相莲纹刺绣	绣线	黑色	未知化合物
B8-T71-A-1	妆银绫残片	经纬线	—	未检出
T71-B	织物残片	锦	—	未检出
T71-C-1	织物残片	绢	—	未检出
T80-B	鎏金银平脱镜及镜衣	纱线1	—	未检出
		纱线2	—	靛蓝，靛玉红
B15-1	红罗地宝相莲纹刺绣	罗	—	茜根酸
		绢	—	茜紫素，茜根酸，伪茜紫素，6-羟基-甲基异茜草素

附表五　法门寺平纹织物信息统计表

文物编号	织物名称	经纬线颜色	经纬线捻向	经纬线密度（根/cm^2）	备注
T1	土红色地刺绣夹包袱	红色*	无	64×44	—
T3-3	平纹织物1	棕色	无	55×35	—
	平纹织物2	棕色	无	50×40	—
	平纹织物3	棕色	无	68×40	—
T3-4	平纹织物1	深棕色	无	55×38	—
	平纹织物2	红褐色	无	60×35	—
T4	墨绘花绮残片	黄褐色	无	40×30	—
T5-1	罗地刺绣夹袱	深红色*	无	40×35	—
T5-2a	红色织物残片	红色	无	40×35	—
T5-2d	织物残片	红色	无	35×35	—
T5-2e	织物残片	土红色	无	（34—39）×（33—37）	—
T5-2f	刺绣残片	棕色	无	50×40	—
T6	绣罗袱残片	土红色	无	42×38	—
T7	石竹花鸟绣残片	深红色*	无	40×35	—
T8-a	绉纱	棕色	纬线SSZZ	65×50	—
	平纹织物	棕色	无	60×55	有织边
T8-b	罗地刺绣夹袱	棕色	无	（50—55）×（35—40）	—
T10	锦织物底衬	土黄色*	无	44×32	—
T12	绣罗残片	深红色*	无	37×34	—
T13-A-1a	平纹织物1	红色	无	40×30	—
	平纹织物2	棕色*	无	55×30	—
T13-A-1b	平纹织物1	棕色*	无	55×30	—
	平纹织物2	土红色	无	60×46	—

（续表）

文物编号	织物名称	经纬线颜色	经纬线捻向	经纬线密度（根/cm^2）	备注
T13-A-1c	平纹织物1	棕色*	无	50×30	—
	平纹织物2	褐色	无	40×35	双经紧并/方目纱
T13-A-2	平纹织物1	棕褐色	无	60×55	—
	平纹织物2	棕褐色	无	46×34	—
T13-B-1	刺绣残片	褐色	无	75×55	—
T13-B-3	织物残片	红色	无	44×38	—
T13-B-4	织物残片	红棕色	无	50×36	—
T13-D-1g	蹙金绣残片	红色	无	90×60	—
T13-D-2	蹙金绣残片	棕色	无	65×60	—
T13-D-3	织物残片	红色	无	68×30	—
T13-D-4	织物残片	红色	无	32×18	织物有织边
T13-D-6	织物残片	红色	无	38×30	—
T13-E-2	织物残片	褐色	无	50×35	—
T13-E-4	织物残片	棕色	无	44×24	—
T13-E-5	平纹织物1	棕色	无	40×24	双经紧并/方目纱
	平纹织物2	褐色	无	50×42	—
T13-F	刺绣残块	棕褐色	无	44×36	—
T13-G-2	平纹织物1	棕色	无	48×34	—
	平纹织物2	棕色	无	56×38	—
T13-H-1	织物残片	红色	无	（36—38）×（33—44）	有织边
T13-H-2	织物残片	红色	无	45×30	—
T13-H-3a	平纹织物1	棕色	无	46×32	—
	平纹织物2	棕褐色	无	64×38	有织边

（续表）

文物编号	织物名称	经纬线颜色	经纬线捻向	经纬线密度（根/cm^2）	备注
T13-H-3b	织物残片	棕褐色	无	66×36	有织边
T13-J	织物残片	黄棕色	无	40×36	—
T13-K-2	织物残片	红色	无	64×44	可能是绮织物地部
T13-L-2	织物残片	红色	无	65×42	可能是绮织物地部
T13-M-a	织物残片	红褐色	无	65×45	可能是绮织物地部
T13-M-c	织物残片	红褐色	无	62×46	有织边，可能是绮织物地部
T13-N-a	墨绘残片	土黄色*	无	40×32	无织边,T13-N-b、c、d、e、f、g、h、i、j、k、l、m、n、o、p、r、s、t均与a织物组织结构密度相同
T13-O-5	织物残片	棕色	无	46×32、56	纬线分粗细两种，密度分别为32、56
T13-P-1	贴金织物残片	黑色*	纬线SSZZ	（55—60）×（40—45）	绉纱
T13-P-2、3	贴金织物残片	黑色*	纬线SSZZ	55×45	绉纱
T13-Q-a	织物残片	褐色	无	46×36	有织边
T13-Q-b	织物残片	褐色	无	45×35	—
T13-Q-c	平纹织物1	褐色	无	58×42	—
	平纹织物2	棕色	无	46×34	—
T13-R-1	平纹织物1	棕色	无	46×40	有织边
	平纹织物2	棕褐色	无	72×30	—
T13-R-2	织物残片	褐色	无	55×36	—
T13-S-a	平纹织物1	棕色	无	60×45	—
	平纹织物2	棕色	无	50×40	—
T13-S-a	平纹织物3	红色	无	45×40	—
T14-2	绉纱	棕色	纬线SSZZ	75—80×50	绉纱，有织边

（续表）

文物编号	织物名称	经纬线颜色	经纬线捻向	经纬线密度（根/cm^2）	备注
T16-1	织物残片	褐色	无	（40—45）×35	—
T16-2	刺绣残片	浅绿色	无	65×45	—
T16-4	织物残片	红棕色	无	40×35	—
T16-5	织物残片	红棕色	无	45×35	—
T16-6	平纹织物1	浅黄色*	无	60×45	—
	平纹织物2	红棕色*	无	45×35	—
T18	织物残片	红色*	无		—
T19	压金彩绣残片	红色*	无	50×40	—
T20	织物残片	红色	无	36×34	使用丝网加固
T21	平纹织物1	棕褐色	无	75×50	有织边
	平纹织物2	棕色	无	46×36	—
	平纹织物3	红棕色	无	65×45	可能为绮织物地部
	平纹织物4	棕色	无	45×30	—
	平纹织物5	土红色	无	60×40	—
	平纹织物6	红色	无	65×35	—
T23-1	平纹织物1	红色	无	36×36	—
	平纹织物2	棕色	无	55×45	—
T23-2	织物残片	红色	无	40×36	—
T23-3	平纹织物1	棕色	无	45×25	有织边
	平纹织物2	棕褐色	无	40×20	—
	平纹织物3	褐色	无	40×25	—
T23-3	平纹织物4	棕色	无	40×30	—
T23-4	刺绣残片	棕黄色	无	50×30	—

（续表）

文物编号	织物名称	经纬线颜色	经纬线捻向	经纬线密度（根/cm^2）	备注
T23-5	贴金织物残片	褐色	无	52×35	—
T24-1	织物残片	深褐色	纬线两股S捻	44×30	—
T26-A	石竹花纹镜衣残片	褐色	无	55×30	—
T26-B	残鸟绣片	棕色	无	60×45	—
T26-C	平纹织物1	棕色	无	65×35	—
	平纹织物2	褐色	无	55×36	双经紧并/方目纱
T26-D	平纹织物1	棕色	无	55×30	—
	平纹织物2	棕褐色	无	55×35	有织边
	平纹织物3	褐色	无	50×30	双经紧并/方目纱
T26-E	平纹织物1	棕色	无	55×30	—
	平纹织物2	褐色	无	55×30	—
T26-F	残大花绣片	棕色	无	60×30	—
T26-G	平纹织物1	棕色	无	50×28	—
	平纹织物2	褐色	无	48×40	双经紧并/方目纱
T26-H	平纹织物1	棕色	无	55×30	—
	平纹织物2	褐色	无	55×45	—
T26-1	平纹织物1	棕色	无	60×32	—
	平纹织物2	褐色	无	60×40	—
T26-2	平纹织物1	红色	无	44×33	—
	平纹织物2	褐色	无	45×40	—
T26-3	平纹织物1	棕色	无	55×40	—
	平纹织物2	褐色	无	60×40	—

（续表）

文物编号	织物名称	经纬线颜色	经纬线捻向	经纬线密度（根/cm^2）	备注
T26-4	平纹织物1	褐色	无	60×35	—
	平纹织物2	褐色	无	65×(40—45)	—
T26-5	织物残片	褐色	无	60×34	—
T26-6	平纹织物1	褐色	无	90×50	—
	平纹织物2	褐色	无	50×50	—
T27-1	平纹织物1	褐色	无	52×40	—
	平纹织物2	棕褐色	无	60×30	—
	平纹织物3	棕色	无	50×30	—
T27-2	平纹织物1	棕色	无	60×40	—
	平纹织物2	褐色	无	60×30	—
T27-3	织物残片	红褐色	无	40×25	—
T27-4	平纹织物1	褐色	无	52×32	—
	平纹织物2	棕色	无	60×34	—
T28	平纹织物1	土红色	无	50×35	有织边
	平纹织物2	红色	无	35×30	—
	平纹织物3	棕色	无	48×36	—
	平纹织物4	棕褐色	无	64×36	—
T29	平纹织物1	深褐色	无	55×45	—
	平纹织物2	棕色	无	45×35	—
T30-1	平纹织物1	棕色	无	45×36	—
	平纹织物2	棕色	无	65×28	—
T30-3	蹙金绣背衬织物	红棕色*	无	60×40	—

（续表）

文物编号	织物名称	经纬线颜色	经纬线捻向	经纬线密度（根/cm^2）	备注
T31	平纹织物1	红色	无	38×26	—
	平纹织物2	土红色	无	40×26	—
T32-1	织物残片	棕色	无	70×44	有织边
T32-2	刺绣底衬	棕褐色	无	60×40	—
	平纹织物1	褐色	无	55×40	—
	平纹织物2	棕色	无	70×35	—
	平纹织物3	褐色	无	60×40	—
T33-1	织物残片	棕色	无	40×40	—
T33-2	织物残片	褐色	无	（40—45）×35	—
T33-3	织物残片	棕色	无	45×30	—
T33-4	织物残片	棕色	无	40×35	—
T33-5	织物残片	棕色	无	45×40	—
T33-6	印绘织物残片	土黄色*	无	40×30	—
T33-7a	织物残片	红色	无	40×30	—
T33-7b	压金彩绣残片	棕色	无	60×35	—
T33-7e	压金彩绣残片	红色	无	40×35	—
T33-A1	织物残片	红色	无	40×35	—
T33-A3	平纹织物1	红色	无	40×35	—
	平纹织物2	棕褐色	无	50×35	—
T33-A4	织物残片	棕色	无	55×30	—
T33-F1	平纹织物1	棕色	无	40×35	—
	平纹织物2	褐色	无	75×35	双经紧并/方目纱
T33-H	压金彩绣残片	棕色	无	60×35	—

（续表）

文物编号	织物名称	经纬线颜色	经纬线捻向	经纬线密度（根/cm²）	备注
T33-I	压金彩绣残片	褐色	无	70×45	—
T33-K1	压金彩绣残片	棕色	无	70×35	双经紧并/方目纱
T33-K2	平纹织物1	棕色	无	60×40	—
	平纹织物2	褐色	无	70×35	双经紧并/方目纱
T35-1	平纹织物1	红色	无	65×45	—
	平纹织物2	棕色	无	40×25	—
T35-2	压金彩绣残片	土红色	无	40×30	—
T36-2	平纹织物1	棕色	无	35×25	—
	平纹织物2	棕色	无	30×25	双经紧并/方目纱
T36-3	平纹织物1	棕色	无	60×30	—
	平纹织物2	褐色	无	70×35	—
	平纹织物3	褐色	无	50×30	双经紧并/方目纱
T37	平纹织物1	棕褐色	无	60×40	—
	平纹织物2	墨绿色	无	50×30	—
T38	平纹织物1	土红色	无	55×50	—
	平纹织物2	红色	无	45×30	—
	平纹织物3	棕褐色	无	50×40	—
	平纹织物4	棕褐色	无	45×30	—
	平纹织物5	棕褐色	纬线SSZZ	40×30	绉纱
T39-1	平纹织物1	红色	无	35×35	—
	平纹织物2	土红色	无	40×35	—

（续表）

文物编号	织物名称	经纬线颜色	经纬线捻向	经纬线密度（根/cm^2）	备注
T40残块盒	平纹织物1	红色	无	40×35	—
	平纹织物2	黑色	无	60×35	可能为绮织物地部
	平纹织物3	棕褐色	无	55×45	—
	平纹织物4	棕褐色	无	45×40	—
T40-A	刺绣残片	深红色*	无	40×35	—
T40残块夹1	织物残片	土黄色*	无	（40—47）×（30—42）	为T10残片，分别包括T40-N、0、P’、Q、R、S、T、Y、Z
T40残块夹2	刺绣残片	棕色	无	（48—50）×（44—50）	为T63残片，分别包括T40-V、U、I、H
T40残块夹3	T40残块夹	深红色*	无	（36—40）×（32—36）	为T5残片，分别包括T40-B、D、E、E、G
T41	平纹织物1	褐色	无	45×50	—
	平纹织物2	棕褐色	无	90×85	—
	平纹织物3	棕色	无	50×45	—
T42	平纹织物1	棕色	无	60×30	—
	平纹织物2	棕色	无	55×35	—
	平纹织物3	褐色	无	75×45	双经紧并/方目纱
	平纹织物4	褐色	无	65×33	双经紧并/方目纱
	平纹织物5	黑色	无	60×40	织物表面贴有金箔条
T43	平纹织物1	棕色	纬线SSZZ	（65—70）×50	绉纱
	平纹织物2	棕色	无	60×35	—
	平纹织物3	红色	无	40×32	—
T44	蹙金绣残片	红色	无	65×55	—
T45-1	平纹织物1	棕褐色	无	70×35	—
	平纹织物2	棕褐色	无	70×60	—

（续表）

文物编号	织物名称	经纬线颜色	经纬线捻向	经纬线密度（根/cm^2）	备注
T45-2	织物残片	红褐色	无	47×33	—
T45-4	织物残片	红褐色	无	48×36	—
T45-5	平纹织物1	棕色	无	50×33	—
	平纹织物2	棕色	无	54×44	—
	平纹织物3	红棕色	无	40×30	—
T46	平纹织物1	棕色	无	50×40	双经紧并
	平纹织物2	棕色	无	30×25	双经紧并/方目纱
	平纹织物3	棕褐色	无	55×40	—
	平纹织物4	棕色	无	50×45	—
	平纹织物5	红色	无	65×40	—
	平纹织物6	褐色	无	50×35	—
T47	平纹织物1	棕色	无	40×30	—
	平纹织物2	棕褐色	无	70×65	—
	平纹织物3	棕色	无	40×25	—
	平纹织物4	棕褐色	无	35×25	—
T48	平纹织物1	褐色	无	70×45	—
	平纹织物2	棕色	无	70×50	—
T53-2	织物残片	棕色	无	48×31	—
T55-A	平纹织物1	棕色	无	65×45	—
	平纹织物2	红色	无	65×60	—
T55-B	平纹织物1	棕色	无	65×45	—
	平纹织物2	红色	无	65×45	—

（续表）

文物编号	织物名称	经纬线颜色	经纬线捻向	经纬线密度（根/cm^2）	备注
T55-C	平纹织物1	红色	无	65×45	—
	平纹织物2	棕色	无	65×45	—
T55-D	平纹织物1	红色	无	65×55	—
	平纹织物2	棕色	无	55×40	—
T55-E	蹙金绣残片	红色	无	60×50	—
T55-F	蹙金绣残片	红色	无	65×55	—
T55-G	蹙金绣残片	红色	无	60×42	—
T55-I	蹙金绣残片	红色	无	40×50	—
T55-J	蹙金绣残片	红色*	无	45×40	—
T56	平纹织物1	棕褐色	无	35×25	双经紧并/方目纱
	平纹织物2	棕褐色	无	40×25	—
T57	平纹织物1	棕色	无	50×30	—
	平纹织物2	棕色	无	60×45	—
	平纹织物3	红棕色	无	55×35	—
	平纹织物4	红棕色	无	70×50	—
	平纹织物5	土红色	无	65×45	—
T58	平纹织物1	浅棕色	无	40×30	双经紧并/方目纱
	平纹织物2	褐色	无	45×33	双经紧并/方目纱，纬线有的有S向弱捻
	平纹织物3	浅棕色	无	75×60	—
	平纹织物4	褐色	无	60×50	双经紧并/方目纱
	平纹织物5	棕色	无	45×20	双经紧并

（续表）

文物编号	织物名称	经纬线颜色	经纬线捻向	经纬线密度（根/cm^2）	备注
T59	平纹织物1	红色	无	45×35	—
	平纹织物2	红色	无	30×20	—
	平纹织物3	红色	无	38×35	—
	平纹织物4	棕色	无	60×35	—
	平纹织物5	褐色	无	65×35	—
	平纹织物6	褐色	无	55×45	—
	平纹织物7	黑色*	纬线SSZZ	55×45	绉纱（起皱不明显）
T60	平纹织物1	红棕色	无	60×45	—
	平纹织物2	黑色*	纬线SSZZ	65×35	绉纱（起皱不明显）
	平纹织物3	棕色	无	60×25	—
	平纹织物4	褐色	无	60×40	—
	平纹织物5	棕色	无	40×30	—
T61	织物残片	棕色	无	40×30	双经紧并/方目纱
T63	织物残片	棕色	无	44×36	双经紧并/方目纱
T68-C	腰封	棕色	无	（48—50）×（24—30）	—
	腰带	浅棕色	无	（48—50）×30	—
	裤身底衬织物	棕色	无	（52—64）×（38—54）	—
T68-D	外层长衫底衬织物	棕色	无	（50—56）×（30—34）	—
T68-E	腰封织物1	棕色	无	56×30	—
	腰封织物2	棕色	无	46×30	—
	裤身底衬织物	棕色	无	52×34	—
T68-G	腰封	棕色	无	62×30	—
	裙身底衬织物	棕色	无	44×24	—

（续表）

文物编号	织物名称	经纬线颜色	经纬线捻向	经纬线密度（根/cm^2）	备注
T68-H	腰封	棕色	无	42×34	—
	裙身底衬织物	棕色	无	52×（34—48）	—
T69-A-1	织物残片	棕褐色	无	64×42	—
T69-A-2	织物残片	棕色	无	55×40	—
T69-A-3	织物残片	红色	无	30×20	—
T69-A-5	织物残片	红色	无	44×32	—
T69-A-6	织物残片	红棕色	无	72×52	—
T69-A-7	织物残片	红色	无	65×45	—
T69-A-8	织物残片	红色	无	72×32	有织边
T69-A-9	平纹织物1	褐色	无	60×35	双经紧并/方目纱
	平纹织物2	棕色	无	55×30	可能为绮织物地部
T70-A	平纹织物1	棕色	无	30×23	双经紧并/方目纱
T70-C	平纹织物1	褐色	无	65×55	—
	平纹织物2	棕色	无	65×45	—
	平纹织物3	棕色	无	55×52	—
T70-E	平纹织物1	棕色	无	40×26	—
T70-F	平纹织物1	褐色	无	60×35	—
	平纹织物2	褐色	无	55×35	—
	平纹织物3	棕色	无	65×40	—
	平纹织物4	黑色	无	86×60	—
T70-G	平纹织物1	褐色	无	50×35	—
	平纹织物2	红色	无	50×32	—

（续表）

文物编号	织物名称	经纬线颜色	经纬线捻向	经纬线密度（根/cm²）	备注
T70-G	平纹织物3	棕色	无	35×25	双经紧并/方目纱
	平纹织物4	褐色	无	50×35	有织边
	平纹织物5	棕褐色	无	45×25	可能为绮织物地部
T70-H	平纹织物1	棕色	无	65×40	—
	平纹织物2	褐色	无	50×35	—
	平纹织物3	棕色	无	60×45	—
	平纹织物4	红色	无	60×55	—
	平纹织物5	棕褐色	无	40×35	—
	平纹织物6	棕褐色	无	40×20	—
T71-A-1	压金彩绣残片	红色	无	35×23	—
T71-A-3	平纹织物1	褐色	无	65×50	—
	平纹织物2	棕色	无	65×60	—
T71-A-4	平纹织物1	棕色	无	60×45	有织边
	平纹织物2	红色	无	70×45	—
	平纹织物3	红色	无	35×30	—
	平纹织物4	粉绿色	无	70×40	—
	平纹织物5	棕色	SSZZ	60×45	绉纱
T71-B-1	织物残片	红色	无	35×25	—
T71-B-4a	平纹织物1	褐色	无	（45—50）×35	—
	平纹织物2	红棕色	无	70×45	—
T71-C-1a	织物残片	黑色	无	55×45	—
T71-C-1f	织物残片	红色	无	65×45	可能为绮织物地部
T71-C-2	织物残片	红色	无	35×25	—

（续表）

文物编号	织物名称	经纬线颜色	经纬线捻向	经纬线密度（根/cm^2）	备注
T71-D-1	平纹织物1	褐色	无	45×30	双经紧并/方目纱
	平纹织物2	棕色	无	40×30	—
T71-D-3	平纹织物1	棕褐色	无	55×45	—
	平纹织物2	棕色	无	60×45	可能为绮织物地部
T71-E-2	织物残片	红色	无	65×50	—
T71-E-5	平纹织物1	棕色	无	（65—75）×35	—
	平纹织物2	棕色	无	65×35	—
T71-F-3	平纹织物1	棕色	无	60×35	—
	平纹织物2	棕色	无	65×35	双经紧并/方目纱
T71-F-4	平纹织物1	红色	无	35×20	—
	平纹织物2	土红色	无	70×55	—
T71-G	平纹织物1	褐色	无	65×45	双经紧并/方目纱
	平纹织物2	棕褐色	无	50×20	—
T73	平纹织物1	棕色	无	55×40	—
	平纹织物2	棕色	无	60×40	—
T74	平纹织物1	棕色	无	70×40	—
	平纹织物2	棕色	无	55×40	—
T75-6	织物残片	红色	无	35×34	—
T75-7A	平纹织物1	棕色	无	65×35	—
	平纹织物2	棕褐色	无	60×40	—
	平纹织物3	褐色	无	75×65	—
T75-7B	刺绣残片	褐色	无	70×35	—
T75-8	织物残片	浅棕色	无	55×35	—

（续表）

文物编号	织物名称	经纬线颜色	经纬线捻向	经纬线密度（根/cm^2）	备注
T75-9	织物残片	深褐色	无	50×35	双经紧并/方目纱
T75-11	织物残片	棕色	无	60×35	—
T76	平纹织物1	褐色	无	80×65	—
	平纹织物2	红色	无	65×50	—
	平纹织物3	棕色	无	50×30	—

注：* 指经染料检测分析得出的颜色结论，未标注的为目视颜色。

附表六　法门寺斜纹织物信息统计表

文物编号	织物名称	经纬线颜色	经纬线捻向	经纬线密度（根/cm^2）	备注
T2-1	宝函系带	黄色*	无	55×40	平纹地起1/5斜纹变化组织
T2-2	宝函系带	黄色*	无	60×40	平纹地起1/5斜纹变化组织
T3-1	佛幡悬袢	褐色	无	60×30	—
	佛幡幡面	土黄色*	无	65×35	—
T3-3	佛幡残片	棕色	无	60×34	平纹地起1/3S斜纹组织
T3-4	佛幡残片	深棕色	无	65×30	平纹地起1/3S斜纹组织
T4	墨绘花绮残片	土黄色*	无	65×50	平纹地起1/5斜纹变化组织
T8-a	斜纹织物1	棕色	无	60×46	平纹地起1/5Z斜纹组织
	斜纹织物2	棕色	无	60×35	花纹类似龟背纹，平纹地上并丝组织显花
T8-b	罗地刺绣夹袱	棕色	无	55×40	平纹地起1/3、1/5斜纹组织
T9-1	小回纹花绮	棕色	无	60×42	平纹地上2-2并丝组织显花
T9-2	小回纹花绮	棕色	无	55×40	平纹地上2-2并丝组织显花
T13-B-5a	织物残片	褐色	无	75×65	平纹地起1/3、1/5、1/7斜纹组织
T13-B-6a	织物残片	褐色	无	65×52	平纹地起1/11、1/13斜纹组织
T13-C-1	织物残片	褐色	无	65×60	平纹地上并丝组织显花
T13-C-2	织物残片	红棕色	无	64×64	平纹地起1/3Z斜纹组织
T13-C-3	织物残片	红棕色	无	65×50	平纹地起1/3Z斜纹组织
T13-C-4	织物残片	红棕色	无	65×35	平纹地起1/3Z斜纹组织
T13-E-1	织物残片	浅红色*	无	62×48	龟背纹，平纹地上并丝组织显花
T13-E-3	织物残片	棕褐色	无	56×48	1/1平纹地上纬浮显花（交梭绫）
T13-E-4	织物残片	棕褐色	无	68×46	平纹地起1/5斜纹变化组织
T13-F	刺绣残片	棕褐色	无	62×40	平纹地上2-2并丝组织显花
T13-G-1	织物残片	棕褐色	无	60×36	花纹同T13-E-1，平纹地上并丝组织显花

（续表）

文物编号	织物名称	经纬线颜色	经纬线捻向	经纬线密度（根/cm^2）	备注
T13-G-2	斜纹织物1	棕色	无	70×65	平纹地起斜纹组织
	斜纹织物2	棕色	无	70×40	—
T13-H-2	织物残片	棕色	无	60×44	平纹地起1/3、1/5斜纹组织
T13-I	织物残片	红棕色*	无	70×46	平纹地起1/5Z斜纹组织
T13-K-1	织物残片	红棕色	无	68×44	平纹地起1/5S斜纹组织
T13-L-1	织物残片	红棕色	无	66×44	平纹地起1/5Z斜纹组织
T13-M-a	织物残片	红棕色	无	70×46	平纹地起1/5Z斜纹组织
T13-M-b	织物残片	红褐色	无	70×50	平纹地起1/5S斜纹组织
T13-M-c	织物残片	红褐色	无	68×54	平纹地起1/5Z斜纹组织
T13-N-a	菱格地花朵纹绮织物残片	土黄色*	无	62×40	平纹地上并丝组织显花
T13-N-b	菱格地花朵纹绮织物残片	土黄色*	无	68×36	平纹地上并丝组织显花T13-N-c、d、e、f、g、h、i、j、k、l、m、n、o、p、r、s、t均与b组织结构相同
T13-O-4	织物残片	黑色	无	64×44	平纹地起1/5S斜纹组织
T13-P-1	贴金织物残片	棕色	无	60×26	平纹地起1/5Z斜纹组织
T13-P-4	织物残片	棕色	无	60×26	平纹地起1/5Z斜纹组织
T13-Q-a	织物残片	褐色	无	55×40	平纹地上2-2并丝组织显花
T13-Q-b	织物残片	褐色	无	55×40	平纹地上2-2并丝组织显花
T13-S-a	织物残片	棕褐色	无	55×32	平纹地起1/3、1/5或者5/1、3/1的斜纹织物
T13-S-b	织物残片	棕褐色	无	52×30	平纹地起1/3、1/5或者5/1、3/1的斜纹织物
T14-1	织物残片	浅红色*	无	60×35	龟背纹，平纹地上并丝组织显花
T21	斜纹织物1	棕色	无	55×30	平纹地起1/3斜纹变化组织
	斜纹织物2	浅棕色	无	45×33	1/2Z斜纹组织
	斜纹织物3	棕色	无	75×46	—

（续表）

文物编号	织物名称	经纬线颜色	经纬线捻向	经纬线密度（根/cm^2）	备注
T21	斜纹织物4	褐色	无	55×45	平纹地起1/5斜纹组织
	斜纹织物5	褐色	无	50×30	平纹地起1/3斜纹变化组织
T23-1	织物残片	棕色	无	60×40	平纹地上2-2并丝组织显花
T23-2	织物残片	棕褐色	无	55×36	平纹地上2-2并丝组织显花
T23-6	织物残片	褐色	无	50×30	平纹地起1/5斜纹变化组织
T23-7	织物残片	棕色	无	55×35	平纹地起1/5斜纹变化组织
T23-8	织物残片	褐色	无	55×35	平纹地起1/5斜纹变化组织
T23-9	织物残片	褐色	无	50×30	平纹地起1/5斜纹变化组织
T23-10	织物残片	褐色	无	50×30	平纹地起1/5斜纹变化组织
T24-1	织物残片	黑色*	无	60×48	平纹地起1/5斜纹变化组织
T24-2	织物残片	棕色	无	55×28	平纹地起1/3斜纹变化组织
T26-2	斜纹织物1	褐色	无	76×52	平纹地起1/5斜纹变化组织
	斜纹织物2	褐色	无	70×60	平纹地起1/3、1/5斜纹组织
T27-3	织物残片	棕褐色	无	（60—70）×30	平纹地起1/3、1/5斜纹组织
T27-4	织物残片	棕色	无	64×36	平纹地起1/3、1/5斜纹组织
T28	斜纹织物1	黑色	无	65×46	平纹地起1/5S斜纹组织
	斜纹织物2	棕色	无	68×40	平纹地起1/5斜纹组织
	斜纹织物3	棕褐色	无	64×40	平纹地起1/5、1/7斜纹组织
T29	斜纹织物1	棕色	无	56×35	平纹地上并丝组织显花
	斜纹织物2	棕色	无	56×45	平纹地起1/5Z斜纹组织
T31	斜纹织物1	浅红色	无	60×45	平纹地上并丝组织显花
	斜纹织物2	棕色	无	68×50	平纹地起1/5Z斜纹组织
	斜纹织物3	褐色	无	80×60	平纹地起1/5Z斜纹组织
T32-1	织物残片	棕色	无	64×45	平纹地起1/5Z斜纹组织

（续表）

文物编号	织物名称	经纬线颜色	经纬线捻向	经纬线密度（根/cm^2）	备注
T33-1	织物残片（有少量墨绘）	土黄色*	无	58×30	平纹地上并丝组织显花
T33-2	织物残片	土黄色*	无	65×38	平纹地上并丝组织显花
T33-3	织物残片	土黄色*	无	60×40	平纹地上并丝组织显花
T33-4	织物残片	土黄色*	无	65×40	平纹地上并丝组织显花
T33-5	织物残片	土黄色*	无	65×40	平纹地上并丝组织显花
T33-7c	绮织物残块	黑色	无	65×50	平纹地起1/5Z斜纹变化组织
T33-A4	墨绘织物残片	棕色	无	65×50	平纹地起1/5斜纹变化组织
T33-F2	织物残片	棕色	无	60×35	平纹地起斜纹变化组织
T33-H	压金彩绣残块	棕色	无	55×40	—
T33-K1	织物残片	棕色	无	65×50	平纹地起1/3、1/5斜纹组织
T33-K2	织物残片	红棕色	无	50×40	平纹地上并丝组织显花
T34-A	绮织物残片	红棕色	无	（72—80）×（60—65）	平纹地起1/5斜纹变化组织
T35-1	斜纹织物1	棕色	无	50×28	平纹地上并丝组织显花
	斜纹织物2	棕色	无	60×35	平纹地起1/5、1/9或者9/1、5/1的斜纹织物
	斜纹织物3	浅红色*	无	65×40	平纹地上并丝组织显花
	斜纹织物4	褐色	无	55×38	平纹地起1/5斜纹变化组织
T35-3	织物残片	褐色	无	62×35	平纹地起1/5、1/9或者9/1、5/1的斜纹织物
T35-4	织物残片	浅红色*	无	58×40	平纹地上并丝组织显花
T36-2	织物残片	棕色	无	65×25	1/2Z斜纹组织
T36-3	织物残片	褐色	无	68×50	平纹地起1/5S的斜纹织物
T37	织物残片	棕色	无	70×50	—
T38	斜纹织物1	棕色、褐色	无	55×40	平纹地上并丝组织显花
	斜纹织物2	棕色	无	50×25	平纹地起1/3斜纹变化组织
	斜纹织物3	棕色	无	65×45	平纹地起1/5S斜纹组织

（续表）

文物编号	织物名称	经纬线颜色	经纬线捻向	经纬线密度（根/cm^2）	备注
T38	斜纹织物4	棕色	无	50×42	平纹地起1/5斜纹变化组织
T40	斜纹织物1	褐色	无	55×40	平纹地上2-2并丝组织显花
	斜纹织物2	棕色	无	80×75	—
T40-I	小回纹花绮	棕色	无	52×32	平纹地上并丝组织显花
T40-Y	织物残片	棕色	无	（44—55）×42	平纹地起1/5斜纹变化组织
T40-Z	小回纹花绮	棕色	无	64×36	平纹地上并丝组织显花
T43	斜纹织物1	棕色	无	60×40	平纹地起1/5斜纹组织
	斜纹织物2	棕色	无	65×45	—
T44	印绘织物残片	棕色	无	55×45	平纹地起1/5斜纹变化组织
T45-1	织物残片	棕色	无	60×45	平纹地起1/3Z斜纹组织
T45-4	织物残片	棕色	无	70×26	1/2Z斜纹组织
T45-5	斜纹织物	棕色	无	35×36	—
	斜纹织物	棕褐色	无	40×50	—
	斜纹织物	棕褐色	无	50×25	—
T46	斜纹织物1	褐色	无	55×25	平纹地起1/3斜纹变化组织
	斜纹织物2	棕色	无	55×35	平纹地起1/3、1/5斜纹组织
	斜纹织物3	红色	无	55×45	平纹地上并丝组织显花
	斜纹织物4	棕色	无	45×30	1/3Z斜纹组织，纬线分粗细两种，两两相间排列
	斜纹织物5	深褐色	无	60×55	平纹地上并丝组织显花
T47	斜纹织物1	深褐色	无	60×35	平纹地起1/5斜纹组织
	斜纹织物2	深褐色	无	65×55	平纹地起1/5S斜纹组织
T53-1	织物残片	红棕色	无	76×58	平纹地起1/5斜纹变化组织，团花纹
T56	织物残片	棕色	无	65×26	1/2Z斜纹组织
T57	斜纹织物1	深褐色	无	70×45	平纹地起1/5S斜纹组织
	斜纹织物2	深褐色	无	70×50	—

（续表）

文物编号	织物名称	经纬线颜色	经纬线捻向	经纬线密度（根/cm^2）	备注
T60	斜纹织物1	棕色	无	60×43	平纹地起1/5斜纹组织
	斜纹织物2	黑色	无	60×42	平纹地起1/5斜纹变化组织
	斜纹织物3	棕色	无	75×55	平纹地起1/5斜纹变化组织，山形斜纹
T61	斜纹织物1	棕色	无	65×24	平纹地起1/2S斜纹组织
	斜纹织物2	棕色	无	45×20	1/2斜纹组织
T63	刺绣残片	棕色	无	58×38	平纹地上2-2并丝组织显花
T64（B7-01-I2）	织物残片	棕色	无	56×48	1/1平纹地上纬浮显花（交梭绫）
T68-D	内层长衫	棕色	无	（64—68）×（40—50）	平纹地起1/3S斜纹织物
	外层长衫	棕色	无	（58—64）×（32—42）	平纹地起1/5Z斜纹织物
T68-F	短衫内衬织物	红棕色	无	70×（44—64）	平纹地起1/5Z斜纹织物
T69-A-1	压金彩绣残片	深褐色	无	66×60	平纹地起1/5斜纹组织
T69-A-11	织物残片	红棕色	无	60×34	平纹地起1/5斜纹组织
T69-B	压金彩绣残片	棕色	无	60×50	平纹地起1/5斜纹组织
T70-A	斜纹织物1	棕色	无	42×36	1/3Z斜纹组织，纬线分粗细两种，两两相间排列
T70-C	织物残片	棕色	无	40×30	有织边，平纹地起1/3斜纹变化组织
T70-D	织物残片	红棕色	无	70×60	平纹地起1/5斜纹组织
T70-E	斜纹织物1	棕色	无	60×50	1/1平纹地上纬浮显花（交梭绫）
	斜纹织物2、3	棕色	无	（65—70）×（50—55）	平纹地起1/3斜纹组织
T70-F	织物残片	褐色	无	65×60	—
T70-G	斜纹织物1	棕色	无	45×25	1/1平纹地上纬浮显花（交梭绫）
	斜纹织物2	褐色	无	50×30	平纹地起1/3斜纹变化组织
T71-B-2	织物残片	棕色	无	65×45	平纹地起1/5S斜纹组织
T71-B-4a	斜纹织物1	棕褐色	无	65×50	平纹地起1/5S斜纹组织
	斜纹织物2	红棕色	无	65×45	平纹地起1/3Z斜纹组织

（续表）

文物编号	织物名称	经纬线颜色	经纬线捻向	经纬线密度（根/cm^2）	备注
T71-C-1d	织物残片	红棕色	无	70×60	平纹地起1/5斜纹组织
T71-C-1e	织物残片	红棕色	无	70×52	平纹地起1/5Z斜纹组织
T71-C-1f	织物残片	红棕色	无	65×50	平纹地上并丝组织显花
T71-C-2	织物残片	棕色	无	70×40	与T13-E-1相似，平纹地上并丝组织显花
T71-C-4	织物残片	褐色	无	60×45	—
T71-D-1	织物残片	棕色	无	68×38	平纹地起1/5斜纹组织
T71-D-3	织物残片	棕色	无	60×55	平纹地起1/5斜纹组织
T71-E-1	织物残片	红棕色	无	70×42	平纹地起1/5S斜纹组织
T71-E-2	织物残片	红棕色	无	70×60	平纹地起1/5斜纹组织
T71-G	斜纹织物1	棕色	无	65×25	1/2Z斜纹组织
	斜纹织物2	褐色	无	60×50	1/1平纹地上纬浮显花（交梭绫）
T74	斜纹织物	棕色	无	60×35	平纹地起1/5斜纹组织
T75-5	斜纹织物1	红棕色	无	70×45	平纹地起1/3S斜纹组织
	斜纹织物2	红棕色	无	75×60	平纹地起1/3Z斜纹组织
T75-7A	织物残片	本色	无	60×45	平纹地起1/3斜纹组织
T75-12	织物残片	本色	无	65×50	平纹地起1/3S斜纹组织
T76	斜纹织物1	红棕色	无	70×50	平纹地起1/5S斜纹组织
	斜纹织物2	红棕色	无	65×45	平纹地起1/3Z斜纹组织

注：* 指经染料检测分析得出的颜色，未标注的为目视颜色。

附表七　法门寺绞经织物信息统计表

文物编号	织物名称	经纬线颜色	经纬线捻向	经纬线密度（根/cm^2）	备注
T1	土红色地刺绣夹包袱	棕褐色	无	72×19	四经绞地上二经绞组织显花
T3-1	幡手表层	棕色*	无	80×20	四经绞地上二经绞组织显花，菱纹罗Ⅰ型
	幡手底层	土红色	无	(72—80)×15	四经绞素罗
	佛幡幡身	棕色*	无	(70—80)×18	四经绞地上二经绞组织显花
	佛幡幡足	棕褐色	无	100×25	四经绞地上二经绞组织显花
T3-2	佛幡幡手表层	褐色	无	80×20	四经绞地上二经绞组织显花，菱纹罗Ⅰ型
	佛幡幡手底层	土红色	无	82×17	四经绞素罗
	佛幡幡身	棕褐色	无	80×18	四经绞地上二经绞组织显花
T3-3	佛幡幡足残块	暗棕色	无	（100—130）×（26—30）	四经绞地上二经绞组织显花，菱纹罗Ⅰ型
	佛幡幡身残块	暗棕色	无	90×18	四经绞地上二经绞组织显花
T3-4	佛幡幡足	棕褐色	无	（100—110）×28	四经绞地上二经绞组织显花，菱纹罗Ⅰ型
	佛幡幡手表层	暗棕色	无	78×20	四经绞地上二经绞组织显花
	佛幡幡手底层	红色	无	72×17	四经绞素罗
T5-1	罗地刺绣夹袱	褐色*	无	62×17	四经绞地上二经绞组织显花
T5-2b	刺绣残片	褐色	无	（52—56）×15	四经绞地上二经绞组织显花，花纹同T5-1
T5-2c	刺绣残片	褐色	无	（44—52）×16	四经绞地上二经绞组织显花，花纹同T5-1
T5-2d	刺绣残片	褐色	无	64×15	四经绞地上二经绞组织显花，花纹同T5-1
T5-2f	刺绣残片	棕色	无	（92—100）×14	四经绞地上二经绞组织显花
T5-3	刺绣残片	棕褐色	无	（52—60）×17	四经绞地上二经绞组织显花，花纹同T5-1
T5-4	刺绣残片	棕褐色	无	(52—60)×17	四经绞地上二经绞组织显花，花纹同T5-1
T5-5	刺绣残片	褐色	无	（50—60）×15	四经绞地上二经绞组织显花，花纹同T5-1
T5-6	刺绣残片	褐色	无	48×15	四经绞地上二经绞组织显花，花纹同T5-1
T6	绣罗袱残片	土红色	无	82×18	四经绞地上二经绞组织显花，以菱纹罗Ⅱ型为地的变化花纹

（续表）

文物编号	织物名称	经纬线颜色	经纬线捻向	经纬线密度（根/cm^2）	备注
T7	石竹花鸟绣残片	褐色*	无	48×15	四经绞地上二经绞组织显花，花纹同T5-1
T8-a	罗地刺绣夹袱	棕褐色	无	（72—80）×20	四经绞素罗
T8-b	罗地刺绣夹衬	棕色	无	76×18	四经绞素罗
T12	绣罗残片	褐色*	无	54×16	四经绞地上二经绞组织显花，花纹同T5-1
T13-A-1a	刺绣残片	褐色*	无	64×17	四经绞素罗
T13-A-1b	刺绣残片	红褐色	无	64×19	四经绞素罗
T13-A-1c	织物残片	红褐色	无	68×20	四经绞素罗
T13-A-2	织物残片	棕褐色	无	88×22	四经绞地上二经绞组织显花，菱纹罗Ⅰ型
T13-B-1	刺绣残片	褐色	无	80×20	四经绞素罗
T13-B-4	罗织物1	红色	无	96×24	四经绞素罗
	罗织物2	红色、褐色	无	78×17	四经绞地上二经绞组织显花，菱纹罗Ⅲ型
T13-D-1a	蹙金绣残片	红色	无	100×25	四经绞地上二经绞组织显花，大型菱纹纹
T13-D-1b	蹙金绣残片	红色	无	78×26	四经绞地上二经绞组织显花，大型菱纹罗
T13-D-2	蹙金绣残片	棕色	无	56×12	四经绞素罗
T13-D-3	织物残片	棕色	无	96×20	四经绞地上二经绞组织显花
T13-E-4	罗织物1	红色	无	64×16	四经绞地上二经绞组织显花，菱纹罗Ⅱ型
	罗织物2	褐色	无	96×19	四经绞素罗
	罗织物3	棕褐色	无	70×16	四经绞地上二经绞组织显花，菱纹罗Ⅳ型
	罗织物4	褐色	无	94×22	四经绞地上二经绞组织显花，菱纹罗Ⅰ型
T13-E-6	印绘织物残片	褐色	无	88×24	四经绞地上二经绞组织显花，菱纹罗Ⅰ型
T13-F	刺绣残片	棕褐色	无	70×18	四经绞地上二经绞组织显花，菱纹罗Ⅰ型
T13-G-3	罗织物1	红色（酒红）	无	80×22	四经绞地上二经绞组织显花，菱纹罗Ⅱ型

（续表）

文物编号	织物名称	经纬线颜色	经纬线捻向	经纬线密度（根/cm^2）	备注
T13-G-3	罗织物2	褐色	无	60×15	四经绞素罗
T13-O-1	织物残片	黑色*	无	78×16	四经绞地上二经绞组织显花，菱纹罗Ⅳ型
T13-O-2	织物残片	棕色	无	72×16	四经绞地上二经绞组织显花，菱纹罗Ⅰ型
T13-O-4	织物残片	棕褐色	无	80×18	四经绞地上二经绞组织显花，菱纹罗Ⅰ型
T13-Q-a	织物残片	褐色	无	78×16	四经绞地上二经绞组织显花，菱纹罗Ⅰ型
T13-Q-b	织物残片	棕色	无	82×15	四经绞地上二经绞组织显花，菱纹罗Ⅰ型
T13-Q-c	织物残片	棕色	无	80×18	四经绞地上二经绞组织显花，菱纹罗Ⅰ型
T13-R-1	织物残片	红褐色	无	64×18	四经绞素罗
T13-S-a	罗织物1	红色	无	80×22	四经绞地上二经绞组织显花，菱纹罗Ⅱ型
	罗织物2	棕色	无	60×15	四经绞素罗
T16-2	罗织物1	绿色*	无	70×16	四经绞地上二经绞组织显花，大型菱纹罗
T16-3	罗织物1	绿色	无	70×16	四经绞地上二经绞组织显花，大型菱纹罗
T16-4	罗织物1	绿色*	无	70×16	四经绞地上二经绞组织显花，大型菱纹罗
	罗织物2	红褐色	无	76×20	四经绞地上二经绞组织显花，菱纹罗Ⅰ型
T16-5	罗织物1	红褐色	无	80×20	四经绞地上二经绞组织显花，菱纹罗Ⅰ型
T16-6	罗织物1	绿色*	无	70×15	四经绞地上二经绞组织显花，大型菱纹罗
	罗织物2	红褐色	无	78×20	四经绞地上二经绞组织显花，菱纹罗Ⅰ型
T18-1	蹙金绣残片	深红色*	无	80×20	四经绞地上二经绞组织显花，以菱纹罗Ⅱ型为地的变化花纹
T19	压金彩绣残片	棕红色*	无	80×16	四经绞地上二经绞组织显花，以菱纹罗Ⅲ型为地的变化花纹
T21	织物残片	棕色、褐色	无	60×15	四经绞地上二经绞组织显花，菱纹罗Ⅰ型
T23-1	罗织物1	褐色	无	80×20	四经绞地上二经绞组织显花

（续表）

文物编号	织物名称	经纬线颜色	经纬线捻向	经纬线密度（根/cm^2）	备注
T23-1	罗织物2	棕色	无	90×16	四经绞地上二经绞组织显花，菱纹罗Ⅰ型
	罗织物3	褐色	无	80×20	四经绞地上二经绞组织显花，菱纹罗Ⅰ型
T23-2	罗织物1	褐色	无	58×20	四经绞地上二经绞组织显花
	罗织物2	棕色	无	90×20	四经绞地上二经绞组织显花，菱纹罗Ⅰ型
	罗织物3	褐色	无	52×18	四经绞地上二经绞组织显花，花纹同T5-1
T23-3	织物残片	棕色	无	52×15	四经绞素罗
T23-4	刺绣残片	棕色	无	60×15	四经绞素罗
T24-2	织物残片	棕色	无	80×20	四经绞地上二经绞组织显花，菱纹罗Ⅰ型
T26-A	石竹花纹镜衣残片	棕褐色	无	60×20	四经绞素罗
T26-B	残鸟绣片	棕褐色	无	56×17	四经绞素罗
T26-C	残大花绣片	棕褐色	无	50×18	四经绞素罗
T26-D	罗织物1	褐色	无	60×16	四经绞素罗
	罗织物2	红褐色	无	60×20	四经绞地上二经绞组织显花
T26-E	罗织物1	褐色	无	50×16	四经绞素罗
	罗织物2	褐色	无	80×18	四经绞地上二经绞组织显花
T26-F	残大花绣片	褐色	无	50×20	四经绞素罗
T26-G	残大花绣片	褐色	无	55×16	四经绞素罗
T26-H	残大花绣片	褐色	无	56×18	四经绞素罗
T26-1	残大花绣片	土红色	无	80×15	四经绞素罗
T26-2	织物残片	土红色	无	72×16	四经绞地上二经绞组织显花，菱纹罗Ⅲ型
T26-3	残大花绣片	褐色	无	58×18	四经绞素罗
T26-4	残大花绣片	褐色	无	60×16	四经绞素罗
T26-6	织物残片	深褐色	无	80×20	四经绞地上二经绞组织显花

（续表）

文物编号	织物名称	经纬线颜色	经纬线捻向	经纬线密度（根/cm^2）	备注
T26-7	织物残片	红褐色	无	80×16	四经绞素罗
T26-10	贴金织物残片	深褐色	无	80×24	四经绞素罗
T27-1	罗织物1	褐色	无	80×18	四经绞地上二经绞组织显花，菱纹罗Ⅰ型
	罗织物2	棕褐色	无	64×17	四经绞地上二经绞组织显花
T27-2	罗织物1	褐色	无	80×20	四经绞地上二经绞组织显花，菱纹罗Ⅰ型
	罗织物2	棕色	无	80×18	四经绞地上二经绞组织显花
T27-3	罗织物1	深褐色	无	80×20	四经绞地上二经绞组织显花，菱纹罗Ⅰ型
	罗织物2	棕色	无	60×18	四经绞地上二经绞组织显花
T27-4	罗织物1	深褐色	无	80×20	四经绞地上二经绞组织显花，菱纹罗Ⅰ型
	罗织物2	棕色	无	48×18	四经绞地上二经绞组织显花
T28	罗织物1	土红色	无	76×18	四经绞地上二经绞组织显花，菱纹罗Ⅱ型
	罗织物2	黑色	无	80×18	四经绞地上二经绞组织显花，菱纹罗Ⅳ型
	罗织物3	棕色	无	72×18	四经绞地上二经绞组织显花，菱纹罗Ⅰ型
	罗织物4	棕色	无	82×20	四经绞地上二经绞组织显花，菱纹罗Ⅳ型
T29	罗织物1	黑色	无	80×20	四经绞地上二经绞组织显花，菱纹罗Ⅰ型
	罗织物2	棕色	无	60×16	四经绞地上二经绞组织显花
	罗织物3	棕色	无	70×15	四经绞地上二经绞组织显花
T30-1	罗织物1	黑色	无	80×20	四经绞地上二经绞组织显花，菱纹罗Ⅳ型
	罗织物2	红色	无	86×18	四经绞地上二经绞组织显花，菱纹罗Ⅱ型
	罗织物3	棕色	无	80×18	四经绞素罗
T30-3	蹙金绣残片	红色	无	90×20	四经绞地上二经绞组织显花，大型菱纹罗
T31	罗织物1	土红色	无	80×18	四经绞地上二经绞组织显花，菱纹罗Ⅱ型
	罗织物2	深褐色	无	76×20	四经绞地上二经绞组织显花，菱纹罗Ⅳ型

（续表）

文物编号	织物名称	经纬线颜色	经纬线捻向	经纬线密度（根/cm^2）	备注
T31	罗织物3	褐色	无	80×16	四经绞地上二经绞组织显花，菱纹罗Ⅰ型
	罗织物4	棕色	无	82×20	四经绞地上二经绞组织显花
T32-2	罗织物1	褐色	无	72×18	四经绞素罗
	罗织物2	棕色	无	72×20	四经绞地上二经绞组织显花，菱纹罗Ⅰ型
	罗织物3	褐色	无	90×18	四经绞素罗
T33-2	织物残片	绿色*	无	70×16	四经绞地上二经绞组织显花，花纹同T16
T33-4	织物残片	红色	无	68×16	四经绞地上二经绞组织显花，以菱纹罗Ⅱ型为地的变化花纹
T33-6	印绘织物残片	黄色*	无	80×20	四经绞地上二经绞组织显花，菱纹罗Ⅰ型
T33-7b	压金彩绣织物残片	褐色	无	70×20	四经绞地上二经绞组织显花
T33-7d	压金彩绣织物残片	红色	无	80×18	四经绞地上二经绞组织显花，菱纹罗Ⅱ型
T33-7e	压金彩绣织物残片	红色	无	80×19	四经绞地上二经绞组织显花，菱纹罗Ⅱ型
T33-7f	压金彩绣织物残片	红色	无	78×18	四经绞地上二经绞组织显花，菱纹罗Ⅱ型
T33-A3	织物残片	棕色	无	60×16	四经绞地上二经绞组织显花
T33-H	压金彩绣残块	棕褐色	无	80×22	四经绞素罗
T33-I	压金彩绣残块	棕褐色	无	78×16	四经绞素罗
T33-K1	压金彩绣残块	棕色	无	80×22	四经绞素罗
T33-K2	压金彩绣残块	棕色	无	（75—80）×18	四经绞素罗
T33-K3	压金彩绣残块	棕色	无	80×17	四经绞素罗
T35-1	罗织物1	棕色	无	80×20	四经绞素罗
	罗织物2	土红色	无	70×15	四经绞地上二经绞组织显花，菱纹罗Ⅱ型
T35-2	压金彩绣残片	土红色	无	80×15	四经绞地上二经绞组织显花，菱纹罗Ⅱ型

（续表）

文物编号	织物名称	经纬线颜色	经纬线捻向	经纬线密度（根/cm^2）	备注
T36-3	罗织物1	土红色	无	60×18	四经绞素罗
	罗织物2	土红色	无	70×22	四经绞地上二经绞组织显花,花纹较复杂
T37	罗织物1	褐色	无	80×18	四经绞地上二经绞组织显花
	罗织物2	墨绿色	无	80×20	四经绞地上二经绞组织显花
T38	织物残片	棕色	无	80×20	四经绞地上二经绞组织显花，菱纹罗Ⅰ型
T39-1	刺绣残片	褐色	无	60×20	四经绞地上二经绞组织显花，花纹同T5-1
T40	罗织物1	棕色	无	80×17	四经绞地上二经绞组织显花，菱纹罗Ⅰ型
	罗织物2	深褐色	无	48×17	四经绞地上二经绞组织显花，花纹同T5-1
T40-A	刺绣残片	褐色*	无	（48—56）×16	四经绞地上二经绞组织显花，花纹同T5-1
T40残片夹2	刺绣残片	浅黄色*	无	92×15	四经绞地上二经绞组织显花,菱纹罗Ⅰ型
T40残片夹3	刺绣残片	褐色	无	48×15	四经绞地上二经绞组织显花，花纹同T5-1
T41	罗织物1	褐色	无	75×18	四经绞地上二经绞组织显花
	罗织物2	黑色	无	100×25	四经绞素罗
T42	罗织物1	深黄色*	无	80×16	四经绞地上二经绞组织显花
	罗织物2	棕褐色	无	60×16	四经绞素罗
T43	织物残片	棕色	无	100×20	四经绞素罗
T44	罗织物1	红色	无	80×24	四经绞地上二经绞组织显花，菱纹罗Ⅱ型
	罗织物2	棕色	无	55×14	四经绞素罗
T45-1	织物残片	棕褐色	无	56×18	四经绞素罗
T45-5	罗织物	黑色	无	80×15	四经绞地上二经绞组织显花
T46	罗织物1	棕褐色	无	60×18	四经绞地上二经绞组织显花，菱纹罗Ⅰ型
	罗织物2	棕褐色	无	70×18	四经绞地上二经绞组织显花
	罗织物3	黑色	无	60×22	可能是四经绞素罗

（续表）

文物编号	织物名称	经纬线颜色	经纬线捻向	经纬线密度（根/cm^2）	备注
T47	罗织物1	棕色	无	54×14	四经绞素罗
	罗织物2	褐色	无	90×22	四经绞地上二经绞组织显花
T48	罗织物1	棕褐色	无	80×20	四经绞地上二经绞组织显花
	罗织物2	土黄色*	无	100×22	四经绞地上二经绞组织显花，菱纹罗Ⅰ型
T55-A	罗织物1	棕色	无	60×20	四经绞素罗
	罗织物2	红色	无	120×20	四经绞地上二经绞组织显花，菱纹罗Ⅱ型
T55-B	蹙金绣残片	棕色	无	60×20	四经绞素罗
T55-C	蹙金绣残片	棕色	无	60×17	四经绞素罗
T55-D	蹙金绣残片	棕色	无	70×15	四经绞地上二经绞组织显花
T55-E	蹙金绣残片	红色	无	100×22	四经绞地上二经绞组织显花，菱纹罗Ⅱ型
T55-F	罗织物1	红色	无	100×20	四经绞地上二经绞组织显花，菱纹罗Ⅱ型
	罗织物2	棕色	无	50×15	四经绞素罗
T55-G	罗织物1	红色	无	100×20	四经绞地上二经绞组织显花，菱纹罗Ⅱ型
	罗织物2	棕色	无	75×15	四经绞地上二经绞组织显花
T55-H	蹙金绣残片	棕色	无	55×14	四经绞素罗
T55-I	蹙金绣残片	红色	无	80×20	四经绞地上二经绞组织显花，菱纹罗Ⅱ型
T55-J	蹙金绣残片	红色*	无	80×22	四经绞地上二经绞组织显花，菱纹罗Ⅱ型
T57	织物残片	红色	无	120×20	四经绞地上二经绞组织显花，菱纹罗Ⅱ型
T59	罗织物1	棕色	无	60×15	四经绞素罗
	罗织物2	红色	无	80×24	四经绞地上二经绞组织显花，菱纹罗Ⅱ型
	罗织物3	褐色	无	90×20	四经绞地上二经绞组织显花
T60	罗织物1	棕褐色	无	70×16	四经绞地上二经绞组织显花
	罗织物2	棕褐色	无	80×25	四经绞素罗

（续表）

文物编号	织物名称	经纬线颜色	经纬线捻向	经纬线密度（根/cm²）	备注
T61	织物残块	棕色	无	80×15	四经绞地上二经绞组织显花，菱纹罗Ⅱ型
T63	织物残块	浅黄色*	无	80×15	四经绞地上二经绞组织显花，菱纹罗Ⅰ型
T68-C	印绘菱纹罗长裤残片	浅棕色	无	68×20	四经绞地上二经绞组织显花，菱纹罗Ⅰ型
T68-E	腰封	棕色	无	95×22	四经绞地上二经绞组织显花，菱纹罗Ⅰ型
	腰带	棕色	无	100×24	四经绞地上二经绞组织显花，菱纹罗Ⅰ型
	裤身	棕色	无	100×22	四经绞地上二经绞组织显花，菱纹罗Ⅰ型
T68-F	罗衫表层织物		无	(48—68)×(16—20)	四经绞地上二经绞组织显花
T68-G	腰带	棕褐色	无	(80—98)×20	四经绞地上二经绞组织显花，菱纹罗Ⅰ型
	裙身1	棕褐色	无	88×28	四经绞地上二经绞组织显花，菱纹罗Ⅰ型
	裙身2	棕色	无	40×18	四经绞地上二经绞组织显花
T68-H	腰带	棕色	无	114×22	四经绞地上二经绞组织显花，菱纹罗Ⅰ型
	裙身	棕色	无	82×20	四经绞地上二经绞组织显花，菱纹罗Ⅰ型
T69-A-1	压金彩绣残块	黑色	无	80×17	四经绞地上二经绞组织显花，菱纹罗Ⅳ型
T69-A-5	织物残片	红色	无	80×16	四经绞地上二经绞组织显花，菱纹罗Ⅲ型
T69-A-8	罗织物1	褐色	无	80×22	四经绞地上二经绞组织显花
	罗织物2	棕色	无	50×16	四经绞地上二经绞组织显花
T69-A-10	织物残片	黑色	无	80×20	四经绞地上二经绞组织显花，大型菱纹罗
T69-A-12	织物残片	褐色	无	(56—64)×20	四经绞地上二经绞组织显花
T69-A-13	织物残片	棕色	无	80×20	四经绞地上二经绞组织显花，菱纹罗Ⅰ型
T69-B	压金彩绣残片	棕色	无	72×19	四经绞素罗
T70-C	织物残片	棕色、褐色	无	70×16	四经绞地上二经绞组织显花，菱纹罗Ⅰ型
T70-F	织物残片	褐色	无	80×15	四经绞地上二经绞组织显花

（续表）

文物编号	织物名称	经纬线颜色	经纬线捻向	经纬线密度（根/cm^2）	备注
T70-G	罗织物1	棕色	无	80×21	四经绞地上二经绞组织显花，菱纹罗Ⅰ型
	罗织物2	黑色	无	80×16	四经绞地上二经绞组织显花
T70-H	织物残片	棕色	无	80×20	四经绞地上二经绞组织显花，菱纹罗Ⅰ型
T71-A-1	压金彩绣残片	红色	无	80×20	四经绞地上二经绞组织显花，菱纹罗Ⅱ型
T71-A-3	刺绣残片	褐色	无	80×24	四经绞地上二经绞组织显花，菱纹罗Ⅰ型
T71-A-4	罗织物1	红棕色	无	70×20	四经绞地上二经绞组织显花，菱纹罗Ⅱ型
	罗织物2	棕色	无	100×20	四经绞地上二经绞组织显花
	罗织物3	棕色	无	72×18	四经绞地上二经绞组织显花
T71-B-1	织物残片	黑色	无	88×20	四经绞地上二经绞组织显花
T71-B-3	压金彩绣织物残片	黑色	无	80×18	四经绞地上二经绞组织显花，菱纹罗Ⅳ型
T71-C-1b	织物残片	黑色	无	90×20	四经绞地上二经绞组织显花
T71-C-2	罗织物1	红色	无	68×15	四经绞地上二经绞组织显花，菱纹罗Ⅱ型
	罗织物2	黑色	无	120×25	四经绞地上二经绞组织显花
T71-C-4	织物残片	褐色	无	60×18	四经绞地上二经绞组织显花，菱纹罗Ⅰ型
T71-D-1	罗织物1	棕色	无	80×16	四经绞地上二经绞组织显花，菱纹罗Ⅲ型
	罗织物2	棕褐色	无	90×22	四经绞地上二经绞组织显花
T71-E-5	刺绣残片	棕色	无	85×20	四经绞地上二经绞组织显花，菱纹罗Ⅰ型
T71-F-1	贴金织物残片	棕色、褐色	无	110×23	四经绞地上二经绞组织显花，菱纹罗Ⅰ型
T71-F-3	刺绣残片	褐色	无	80×16	四经绞素罗
T71-F-4	刺绣残片	黑色	无	90×20	四经绞地上二经绞组织显花
T73	罗织物1	黑色	无	60×20	四经绞地上二经绞组织显花
	罗织物2	红色	无	120×20	四经绞地上二经绞组织显花，菱纹罗Ⅱ型

（续表）

文物编号	织物名称	经纬线颜色	经纬线捻向	经纬线密度（根/cm^2）	备注
T73	罗织物3	黑色	无	90×20	四经绞地上二经绞组织显花
	罗织物4	棕色	无	70×15	四经绞素罗
T75-6	织物残片	红色	无	90×17	四经绞地上二经绞组织显花
T75-7B	刺绣残片	褐色	无	50×16	四经绞地上二经绞组织显花，花纹同T5-1
T75-8	罗织物1	棕色	无	80×22	四经绞地上二经绞组织显花，菱纹罗Ⅰ型
	罗织物2	棕色	无	80×25	四经绞素罗
T75-9	贴金织物残片	褐色	无	100×25	四经绞地上二经绞组织显花，菱纹罗Ⅰ型
T75-12	织物残片	黑色	无	60×20	四经绞地上二经绞组织显花

注：* 指经染料检测分析得出的颜色，未标注的为目视现存颜色；大型菱纹罗及菱纹罗Ⅰ型、Ⅱ型、Ⅲ型、Ⅳ型，参见织物与服饰章节罗织物纹样构成单元；部分变化花纹见刺绣章节罗织物纹样复原图。

附表八　法门寺锦织物信息统计表

文物编号	织物名称	经线颜色	纬线颜色	经纬线捻向	经纬线密度（根/cm^2）	备注
T3-3	佛幡幡足残片	棕褐色	棕色、暗棕色、褐色等	无	55×30	五枚缎纹纬锦
T3-4	佛幡幡足残片	棕褐色	棕色、暗棕色、褐色等	无	62×30	五枚缎纹纬锦
T10	锦织物残片	棕色	棕色、浅绿色、深绿色等	无	60×25	辽式斜纹纬锦，1/2Z
T15-1	锦织物残片	褐色	褐色、绿色、棕色等	夹经S捻	62×25	辽式斜纹纬锦，1/2S
T15-2	锦织物残片	棕色	褐色、绿色、棕色等	夹经S捻	65×25	辽式斜纹纬锦，1/2S
T15-3	锦织物残片	褐色	褐色、绿色、棕色等	夹经S捻	60×28	辽式斜纹纬锦，1/2S
	锦织物残片	褐色	褐色、棕色等	夹经S捻	62×25	辽式斜纹纬锦，1/2S
T15-4	锦织物残片	棕色	绿色、浅棕色、棕色等	无	50×24	五枚唐式缎纹纬锦
T15-5	锦织物残片	棕色	绿色、浅棕色、棕色等	无	50×26	五枚唐式缎纹纬锦
T17	锦织物残片	褐色	褐色、绿色、棕色等	夹经S捻	62×22	辽式斜纹纬锦，1/2S
T33-A2	锦织物残片	棕色	绿色、浅棕色、棕色等	夹经S捻	65×20	五枚唐式缎纹纬锦
T34-5	锦织物残片	褐色	褐色、绿色、棕色等	夹经S捻	62×28	辽式斜纹纬锦，1/2S
T34-5b	锦织物残片	褐色	褐色、绿色、棕色等	夹经S捻	62×28	辽式斜纹纬锦，1/2S
T40盒	锦织物残片	棕色	棕色、浅绿色、深绿色等	无	60×24	同T10
T40残片夹1	锦织物残片	棕色	棕色、浅绿色、深绿色等	无	60×26	T40-M、N、O、P、Q、R、S、T、X、Y、Z、同T10
T45-3	锦织物残片	褐色	棕色、褐色等	夹经S捻	65×24	同T15-1
T53-3、5	锦织物残片	褐色	褐色、绿色、棕色等	夹经S向强捻	60×28	同T15-1
T53-4	锦织物残片	棕色	棕色、浅绿色等	无	50×26	五枚唐式缎纹纬锦
T57	锦织物残片	棕色	棕色	夹经S捻	60×20	辽式斜纹纬锦，1/2S
T64/B7-1b	锦织物残片	棕色	棕色等	夹经S捻	55×40	辽式斜纹纬锦，1/2S
T64/B7-02-B	锦织物残片	棕色	棕色、褐色等	无	60×40	五枚辽式缎纹纬锦
T64/B7-03	锦织物残片	棕色	棕色、褐色等	无	60×40	五枚辽式缎纹纬锦

（续表）

文物编号	织物名称	经线颜色	纬线颜色	经纬线捻向	经纬线密度（根/cm^2）	备注
T68-G	织金裙	棕色	绿色、棕色、褐色，捻金线	夹经S捻，纬线使用Z向捻金线	56×34	辽式斜纹织金锦，1/2S
T68-H	织金裙	棕色	棕色、捻金线、捻银线等	明经S向弱捻，纬线使用S向捻金、银线	52×35	辽式斜纹织金锦，1/2S
B8/T71-B	锦织物残片	棕色	棕色、浅棕色、褐色	无	60×38	五枚辽式缎纹纬锦
T71-C-1a	锦织物残片	棕色	棕色、褐色等	无	60×45	五枚辽式缎纹纬锦
T75-7C	锦织物1	棕色	棕色、棕褐色等	无	55×38	五枚辽式缎纹纬锦
	锦织物2	棕色	棕色、褐色等	无	56×26	五枚辽式缎纹纬锦
T76	锦织物残片	棕色	棕色等	夹经S捻	65×25	辽式斜纹纬锦，1/2S斜

附　录

附录一　法门寺平纹织物种类及组织结构图录

1. 贴金织物残片（T13-P-3）

组织：1/1平纹

经线：丝，无捻，单根，黑色*，55根/厘米

纬线：丝，SSZZ，单根，黑色*，45根/厘米

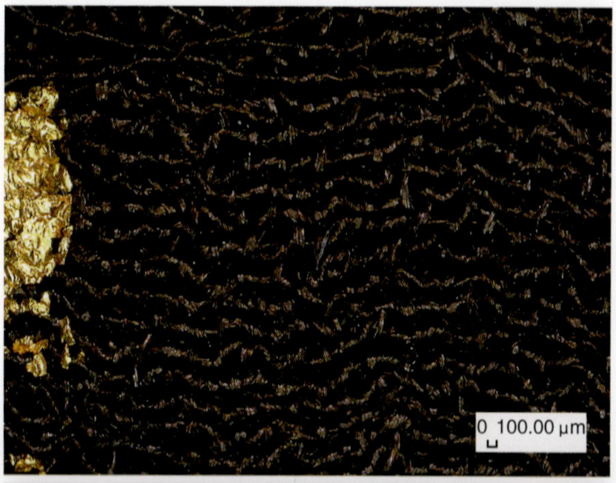

2. 绉纱残片[T60（2）]

组织：1/1平纹

经线：丝，无捻，单根，黑色，65根/厘米

纬线：丝，SSZZ，单根，黑色，35根/厘米

3. 绉纱残片[T43（1）]

组织：1/1平纹

经线：丝，无捻，单根，棕色，65—70根/厘米

纬线：丝，SSZZ，单根，棕色，50根/厘米

* 指经染料检测分析得出的颜色结论，未标注的为目视颜色。余同。

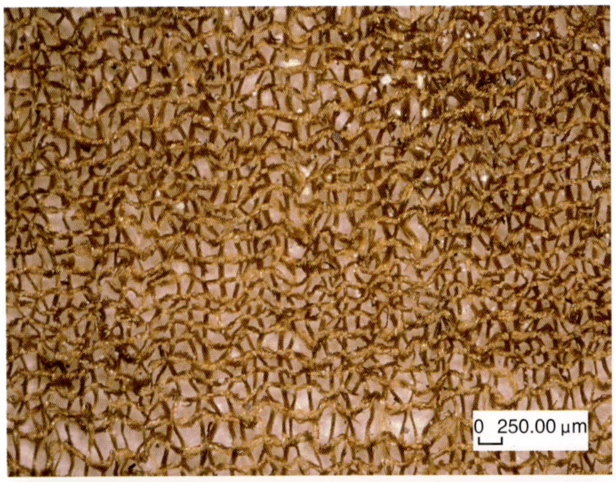

4. 绉纱残片（T14-2）
组织：1/1平纹
经线：丝，无捻，单根，棕色，75—80根/厘米
纬线：丝，SSZZ，单根，棕色，50根/厘米

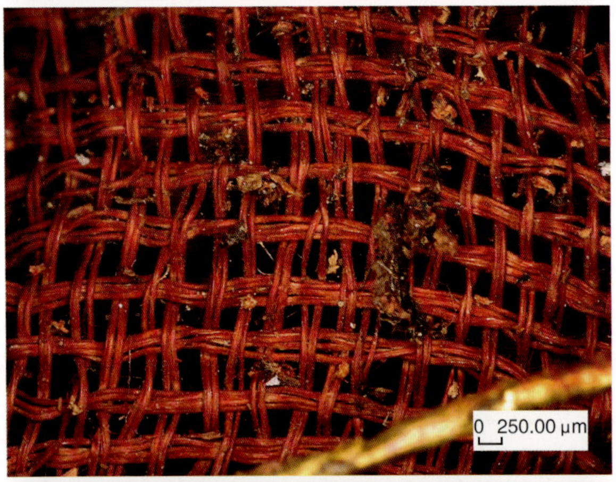

5. 平纹织物残片[T59（2）]
组织：1/1平纹
经线：丝，无捻，单根两股排列，红色，30根/厘米
纬线：丝，无捻，单根四股排列，红色，20根/厘米

6. 平纹织物残片（T70-A）
组织：1/1平纹，方目纱
经线：丝，无捻，单根，棕色，30根/厘米
纬线：丝，无捻，单根，棕色，23根/厘米

7. 平纹织物残片[T36-2（2）]
组织：1/1平纹，方目纱
经线：丝，无捻，单根，棕色，30根/厘米
纬线：丝，无捻，单根，棕色，25根/厘米

8. 平纹织物残片[T46（2）]
组织：1/1平纹，方目纱
经线：丝，无捻，单根，棕色，30根/厘米
纬线：丝，无捻，单根，棕色，25根/厘米

9. 平纹织物残片[T58（1）]
组织：1/1平纹，方目纱
经线：丝，无捻，单根，浅棕色，40根/厘米
纬线：丝，无捻，单根，浅棕色，30根/厘米

10. 平纹织物残片[T71-D-1（2）]
组织：1/1平纹
经线：丝，无捻，单根，浅棕色，40根/厘米
纬线：丝，无捻，单根，浅棕色，30根/厘米

11. 平纹织物残片[T47（1）]
组织：1/1平纹
经线：丝，无捻，单根，棕色，40根/厘米
纬线：丝，无捻，单根，棕色，30根/厘米

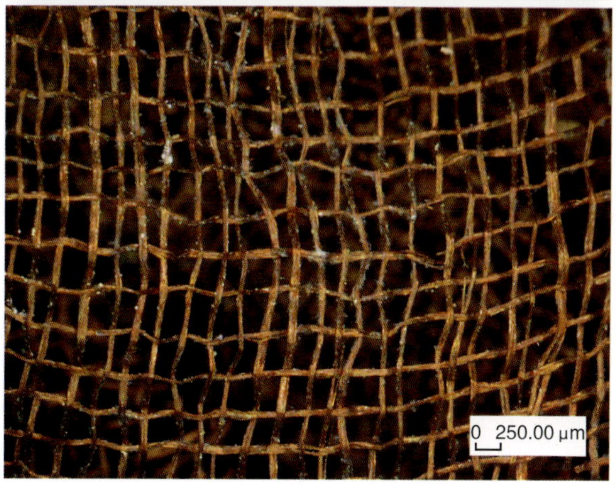

12. 平纹织物残片[T23-3（3）]

组织：1/1平纹

经线：丝，无捻，单根，褐色，40根/厘米

纬线：丝，无捻，单根，褐色，25根/厘米

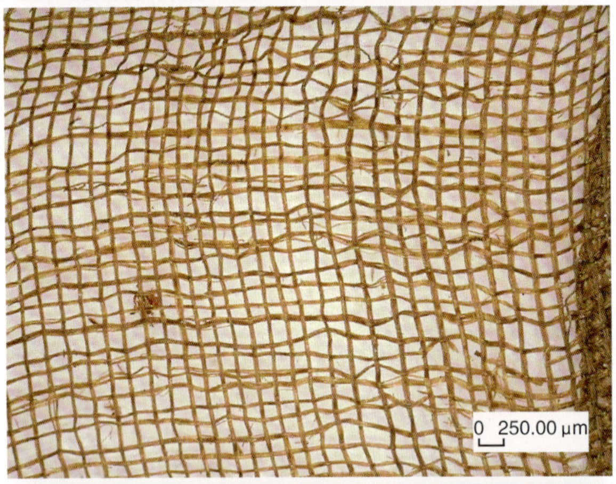

13. 平纹织物残片[T13-S-a（1）]

组织：1/1平纹

经线：丝，无捻，单根，棕色，60根/厘米

纬线：丝，无捻，单根，棕色，45根/厘米

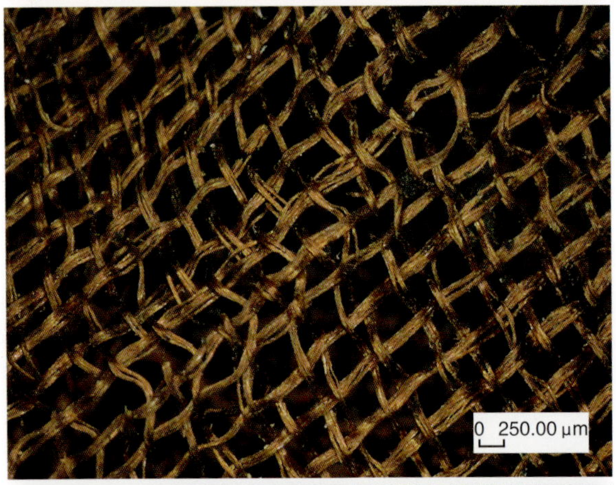

14. 平纹织物残片[T56（1）]

组织：1/1平纹，方目纱

经线：丝，无捻，单根，棕褐色，35根/厘米

纬线：丝，无捻，单根，棕褐色，25根/厘米

15. 平纹织物残片[T71-D-1（1）]

组织：1/1平纹，方目纱

经线：丝，无捻，单根，褐色，45根/厘米

纬线：丝，无捻，单根，褐色，30根/厘米

16. 平纹织物残片[T26-G（2）]

组织：1/1平纹，方目纱

经线：丝，无捻，单根，褐色，48根/厘米

纬线：丝，无捻，单根，褐色，40根/厘米

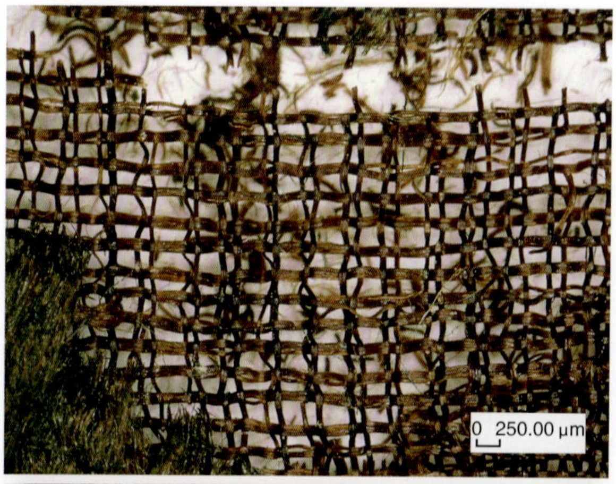

17. 平纹织物残片（T26-D）

组织：1/1平纹，方目纱

经线：丝，无捻，单根，褐色，50根/厘米

纬线：丝，无捻，单根，褐色，30根/厘米

18. 平纹织物残片[T69-A-9（1）]

组织：1/1平纹，方目纱

经线：丝，无捻，单根，褐色，60根/厘米

纬线：丝，无捻，单根，褐色，35根/厘米

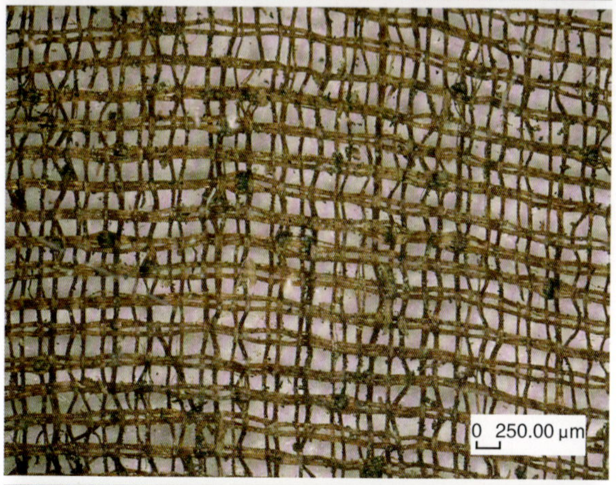

19. 平纹织物残片[T42（4）]

组织：1/1平纹，方目纱

经线：丝，无捻，单根，棕褐色，65根/厘米

纬线：丝，无捻，单根，棕褐色，33根/厘米

20. 平纹织物残片[T58（2）]

组织：1/1平纹，方目纱

经线：丝，无捻，单根，深褐色，45根/厘米

纬线：丝，无捻，单根，深褐色，33根/厘米

21. 平纹织物残片[T38（4）]

组织：1/1平纹

经线：丝，无捻，单根，棕色，45根/厘米

纬线：丝，无捻，单根，棕色，30根/厘米

22. 平纹织物残片[T21（2）]

组织：1/1平纹

经线：丝，无捻，单根，棕色，46根/厘米

纬线：丝，无捻，单根，棕色，36根/厘米

23. 平纹织物残片[T70-H（1）]

组织：1/1平纹

经线：丝，无捻，单根，棕色，65根/厘米

纬线：丝，无捻，单根，棕色，40根/厘米

24. 平纹织物残片[T58（3）]
组织：1/1平纹
经线：丝，无捻，单根，浅棕色，75根/厘米
纬线：丝，无捻，单根，浅棕色，60根/厘米

25. 平纹织物残片[T32-2（1）]
组织：1/1平纹
经线：丝，无捻，单根，褐色，55根/厘米
纬线：丝，无捻，单根，褐色，40根/厘米

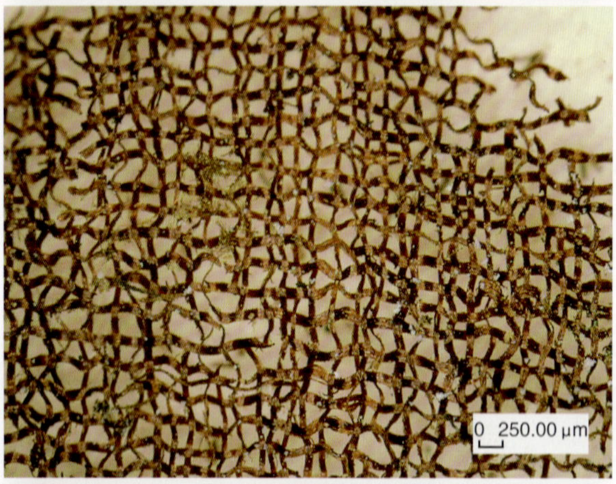

26. 平纹织物残片（T75-9）
组织：1/1平纹，方目纱
经线：丝，无捻，单根，深褐色，50根/厘米
纬线：丝，无捻，单根，深褐色，35根/厘米

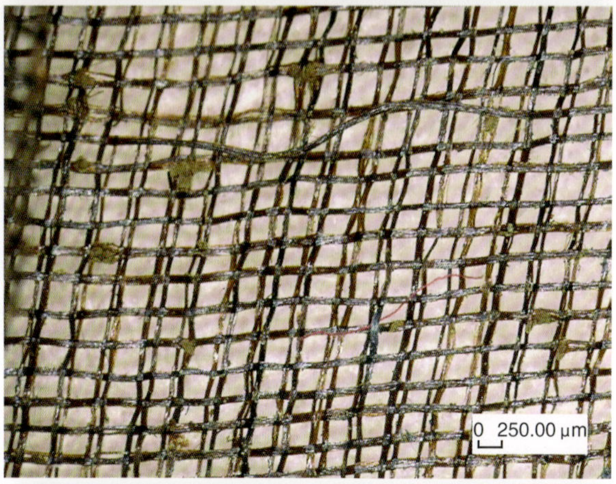

27. 平纹织物残片[T42（5）]
组织：1/1平纹
经线：丝，无捻，单根，黑色，60根/厘米
纬线：丝，无捻，单根，黑色，40根/厘米

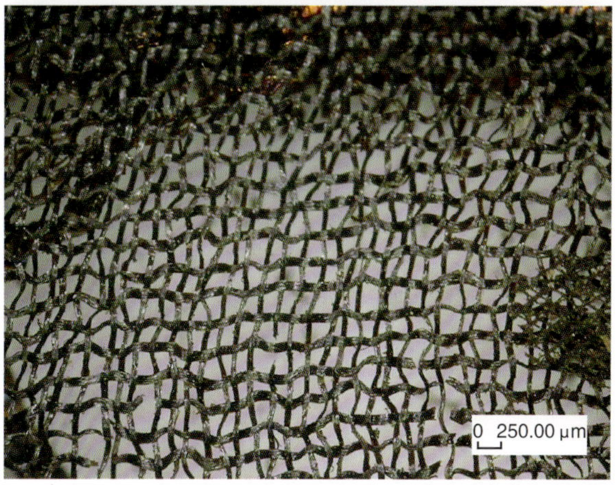

28. 平纹织物残片[T16-6（2）]

组织：1/1平纹

经线：丝，无捻，单根，红棕色*，45根/厘米

纬线：丝，无捻，单根，红棕色*，35根/厘米

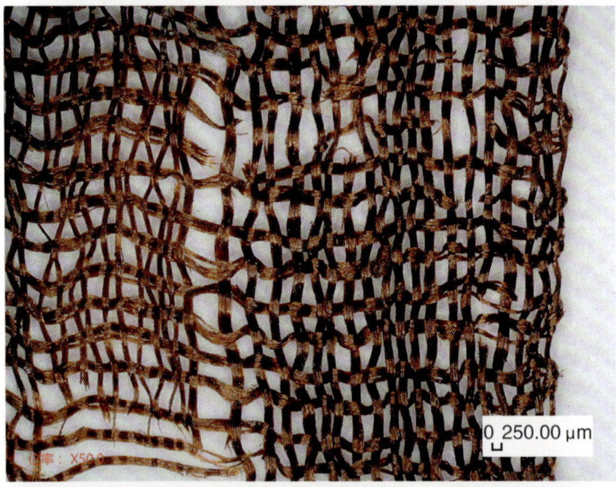

29. 平纹织物残片（T53-2）

组织：1/1平纹

经线：丝，无捻，单根，褐色，48根/厘米

纬线：丝，无捻，单根，褐色，31根/厘米

30. 平纹织物残片[T48（1）]

组织：1/1平纹

经线：丝，无捻，单根，褐色，70根/厘米

纬线：丝，无捻，单根，褐色，45根/厘米

31. 平纹织物残片（T5-1）

组织：1/1平纹

经线：丝，无捻，单根，深红色*，40根/厘米

纬线：丝，无捻，单根，深红色*，35根/厘米

32. 平纹织物残片（T71-C-2）
组织：1/1平纹
经线：丝，无捻，单根，红色，35根/厘米
纬线：丝，无捻，单根，红色，25根/厘米

33. 平纹织物残片[T16-6（1）]
组织：1/1平纹
经线：丝，无捻，单根，浅黄色*，60根/厘米
纬线：丝，无捻，单根，浅黄色*，45根/厘米

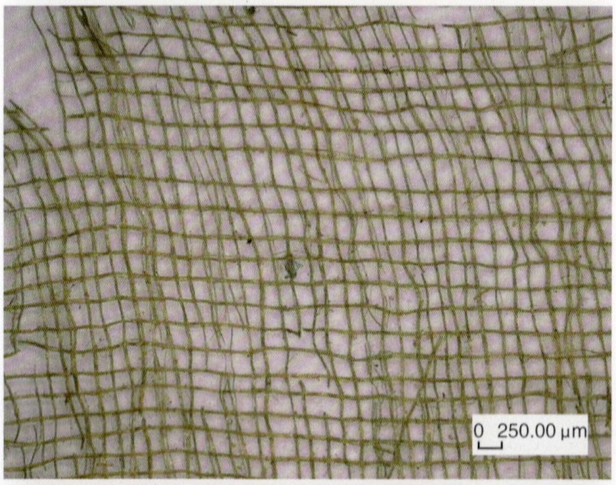

34. 平纹织物残片[T38（2）]
组织：1/1平纹
经线：丝，无捻，单根，红色，45根/厘米
纬线：丝，无捻，单根，红色，30根/厘米

35. 平纹织物残片[T70-G（2）]
组织：1/1平纹
经线：丝，无捻，单根，红色，50根/厘米
纬线：丝，无捻，单根，红色，32根/厘米

36. 平纹织物残片[T28（2）]

组织：1/1平纹

经线：丝，无捻，单根，红色，35根/厘米

纬线：丝，无捻，单根，红色，30根/厘米

37. 平纹织物残片（T27-3）

组织：1/1平纹

经线：丝，无捻，单根，红褐色，40根/厘米

纬线：丝，无捻，单根，红褐色，25根/厘米

38. 平纹织物残片[T59（3）]

组织：1/1平纹

经线：丝，无捻，单根，红色，38根/厘米

纬线：丝，无捻，单根，红色，35根/厘米

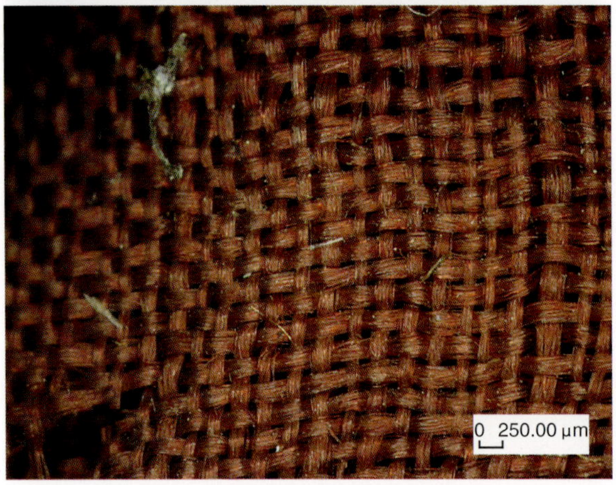

39. 平纹织物残片[T40（1）]

组织：1/1平纹

经线：丝，无捻，单根，红色，40根/厘米

纬线：丝，无捻，单根，红色，35根/厘米

40. 平纹织物残片（T45-2）
组织：1/1平纹
经线：丝，无捻，单根，红褐色，47根/厘米
纬线：丝，无捻，单根，红褐色，33根/厘米

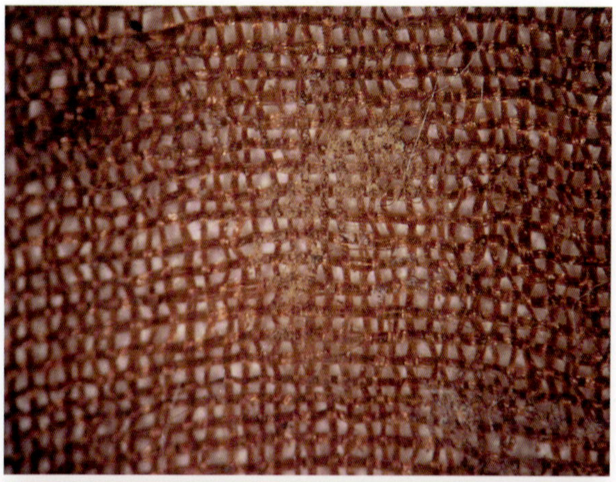

41. 平纹织物残片[T26-2（2）]
组织：1/1平纹
经线：丝，无捻，单根，红色，44根/厘米
纬线：丝，无捻，单根，红色，33根/厘米

42. 平纹织物残片（T55-J）
组织：1/1平纹
经线：丝，无捻，单根，红色*，45根/厘米
纬线：丝，无捻，单根，红色*，40根/厘米

43. 平纹织物残片[T46（6）]
组织：1/1平纹
经线：丝，无捻，单根，褐色，50根/厘米
纬线：丝，无捻，单根，褐色，35根/厘米

44. 平纹织物残片（T23-5）

组织：1/1平纹

经线：丝，无捻，单根，褐色，52根/厘米

纬线：丝，无捻，单根，褐色，35根/厘米

45. 平纹织物残片（T30-3）

组织：1/1平纹

经线：丝，无捻，单根，红棕色*，60根/厘米

纬线：丝，无捻，单根，红棕色*，40根/厘米

46. 平纹织物残片[T38（1）]

组织：1/1平纹

经线：丝，无捻，单根，土红色，55根/厘米

纬线：丝，无捻，单根，土红色，50根/厘米

47. 平纹织物残片（T71-C-1f）

组织：1/1平纹

经线：丝，无捻，单根，红色，65根/厘米

纬线：丝，无捻，单根，红色，45根/厘米

48. 平纹织物残片[T21（6）]
组织：1/1平纹
经线：丝，无捻，单根，红色，65根/厘米
纬线：丝，无捻，单根，红色，35根/厘米

49. 平纹织物残片（T69-A-7）
组织：1/1平纹
经线：丝，无捻，单根，红色，65根/厘米
纬线：丝，无捻，单根，红色，45根/厘米

50. 平纹织物残片[T55-D（1）]
组织：1/1平纹
经线：丝，无捻，单根，红色，65根/厘米
纬线：丝，无捻，单根，红色，55根/厘米

51. 平纹织物残片[T55-A（2）]
组织：1/1平纹
经线：丝，无捻，单根，红色，65根/厘米
纬线：丝，无捻，单根，红色，60根/厘米

52. 平纹织物残片（T45-1）

组织：1/1平纹

经线：丝，无捻，单根，棕褐色，70根/厘米

纬线：丝，无捻，单根，棕褐色，35根/厘米

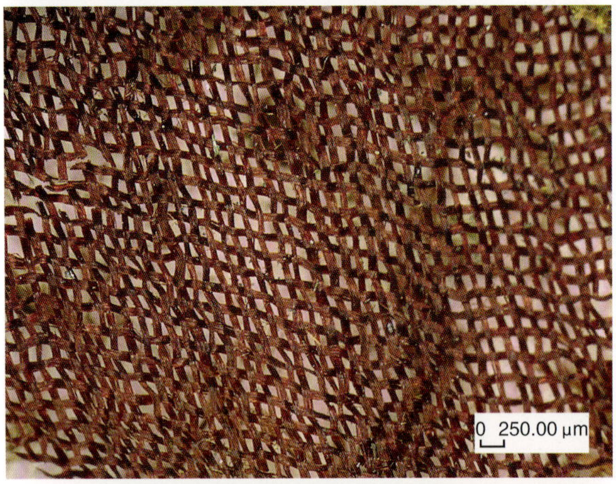

53. 平纹织物残片[T71-A-4（2）]

组织：1/1平纹

经线：丝，无捻，单根，红色，70根/厘米

纬线：丝，无捻，单根，红色，45根/厘米

54. 平纹织物残片（T69-A-6）

组织：1/1平纹

经线：丝，无捻，单根，红棕色，72根/厘米

纬线：丝，无捻，单根，红棕色，52根/厘米

55. 平纹织物残片[T47（4）]

组织：1/1平纹

经线：丝，无捻，单根，棕褐色，35根/厘米

纬线：丝，无捻，单根，棕褐色，25根/厘米

56. 平纹织物残片[T23-3（2）]
组织：1/1平纹
经线：丝，无捻，单根，棕褐色，40根/厘米
纬线：丝，无捻，单根，棕褐色，20根/厘米

57. 平纹织物残片（T13-F）
组织：1/1平纹
经线：丝，无捻，单根，棕褐色，44根/厘米
纬线：丝，无捻，单根，棕褐色，36根/厘米

58. 平纹织物残片（T37）
组织：1/1平纹
经线：丝，无捻，单根，墨绿色，50根/厘米
纬线：丝，无捻，单根，墨绿色，30根/厘米

59. 平纹织物残片[T71-B-4a（2）]
组织：1/1平纹
经线：丝，无捻，单根，红棕色，70根/厘米
纬线：丝，无捻，单根，红棕色，45根/厘米

60. 平纹织物残片（T33-H）
组织：1/1平纹
经线：丝，无捻，单根，棕色，60根/厘米
纬线：丝，无捻，单根，棕色，35根/厘米

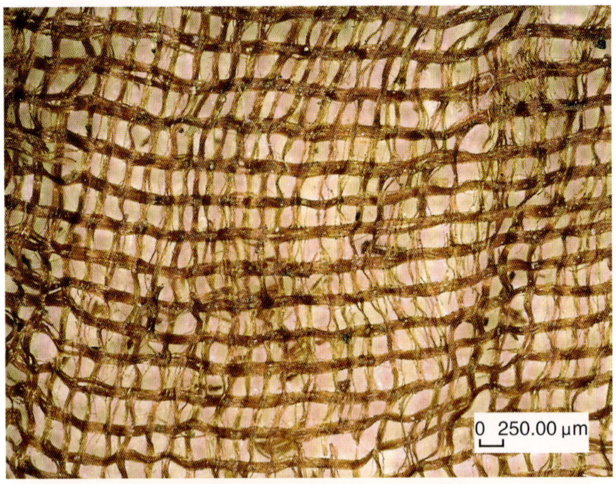

61. 平纹织物残片（T33-A4）
组织：1/1平纹
经线：丝，无捻，单根，棕色，55根/厘米
纬线：丝，无捻，单根，棕色，30根/厘米

62. 平纹织物残片（T13-J）
组织：1/1平纹
经线：丝，无捻，单根，黄棕色，40根/厘米
纬线：丝，无捻，单根，黄棕色，36根/厘米

63. 平纹织物残片[T40残块盒（4）]
组织：1/1平纹
经线：丝，无捻，单根，棕褐色，45根/厘米
纬线：丝，无捻，单根，棕褐色，40根/厘米

64. 平纹织物残片（T71-C-1a）

组织：1/1平纹

经线：丝，无捻，单根，黑色，55根/厘米

纬线：丝，无捻，单根，黑色，45根/厘米

65. 平纹织物残片（T75-8）

组织：1/1平纹

经线：丝，无捻，单根，浅棕色，55根/厘米

纬线：丝，无捻，单根，浅棕色，35根/厘米

66. 平纹织物残片[T3-4（2）]

组织：1/1平纹

经线：丝，无捻，单根，红褐色，60根/厘米

纬线：丝，无捻，单根，红褐色，35根/厘米

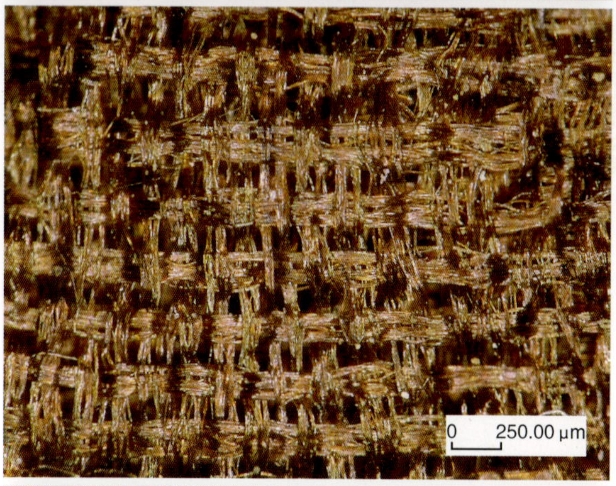

67. 平纹织物残片[T40残块盒（2）]

组织：1/1平纹

经线：丝，无捻，单根，黑色，60根/厘米

纬线：丝，无捻，单根，黑色，35根/厘米

68. 平纹织物残片[T32-2（3）]

组织：1/1平纹

经线：丝，无捻，单根，褐色，60根/厘米

纬线：丝，无捻，单根，褐色，40根/厘米

69. 平纹织物残片[T70-C（3）]

组织：1/1平纹

线1：丝，无捻，单根，棕色，55根/厘米

线2：丝，无捻，单根，棕色，52根/厘米

70. 平纹织物残片[T46（4）]

组织：1/1平纹

线1：丝，无捻，单根，棕色，50根/厘米

线2：丝，无捻，单根，棕色，45根/厘米

71. 平纹织物残片[T26-C（1）]

组织：1/1平纹

线1：丝，无捻，单根，棕色，65根/厘米

线2：丝，无捻，单根，棕色，35根/厘米

72. 平纹织物残片（T26-A）
组织：1/1平纹
线1：丝，无捻，单根，褐色，55根/厘米
线2：丝，无捻，单根，褐色，30根/厘米

73. 平纹织物残片[T3-3（1）]
组织：1/1平纹
线1：丝，无捻，单根，棕色，55根/厘米
线2：丝，无捻，单根，棕色，35根/厘米

74. 平纹织物残片[T42（2）]
组织：1/1平纹
线1：丝，无捻，单根，棕色，55根/厘米
线2：丝，无捻，单根，棕色，35根/厘米

75. 平纹织物残片[T46（1）]
组织：1/1平纹，双经紧并，纬线粗细各两根相间使用
经线：丝，无捻，单根，棕色，50根/厘米
纬线：丝，无捻，单根，棕色，40根/厘米

76. 平纹织物残片[T55-D（2）]
组织：1/1平纹
线1：丝，无捻，单根，棕色，55根/厘米
线2：丝，无捻，单根，棕色，40根/厘米

77. 平纹织物残片[T36-3（1）]
组织：1/1平纹
线1：丝，无捻，单根，棕色，60根/厘米
线2：丝，无捻，单根，棕色，30根/厘米

78. 平纹织物残片[T60（4）]
组织：1/1平纹
线1：丝，无捻，单根，褐色，60根/厘米
线2：丝，无捻，单根，褐色，40根/厘米

79. 平纹织物残片（T26-B）

组织：1/1平纹

线1：丝，无捻，单根，棕色，60根/厘米

线2：丝，无捻，单根，棕色，45根/厘米

80. 平纹织物残片（T55-A）

组织：1/1平纹

线1：丝，无捻，单根，棕色，65根/厘米

线2：丝，无捻，单根，棕色，45根/厘米

81. 平纹织物残片[T71-A-3（1）]

组织：1/1平纹

线1：丝，无捻，单根，褐色，65根/厘米

线2：丝，无捻，单根，褐色，50根/厘米

82. 平纹织物残片[T71A-3（2）]

组织：1/1平纹

线1：丝，无捻，单根，棕色，65根/厘米

线2：丝，无捻，单根，棕色，60根/厘米

83. 平纹织物残片[T48（2）]

组织：1/1平纹

线1：丝，无捻，单根，棕色，70根/厘米

线2：丝，无捻，单根，棕色，50根/厘米

84. 平纹织物残片（T13-N-a）

组织：1/1平纹

经线：丝，无捻，单根，土黄色*，40根/厘米

纬线：丝，无捻，单根，土黄色*，32根/厘米

附录二　法门寺斜纹织物种类及组织结构图录

1. 织物残片（T70-A）
组织：1/3Z斜纹组织（纬线分粗细两种，两两相间排列）
经线：丝，无捻，单根，棕色，42根/厘米
纬线：丝，无捻，单根，棕色，36根/厘米

2. 织物残片（T36-2）
组织：1/2Z斜纹组织
经线：丝，无捻，单根，棕色，65根/厘米
纬线：丝，无捻，单根，棕色，25根/厘米

3. 织物残片（T9-1）
组织：1/1平纹地上2-2并丝组织显花
经线：丝，无捻，单根，棕色，60根/厘米
纬线：丝，无捻，单根，棕色，42根/厘米

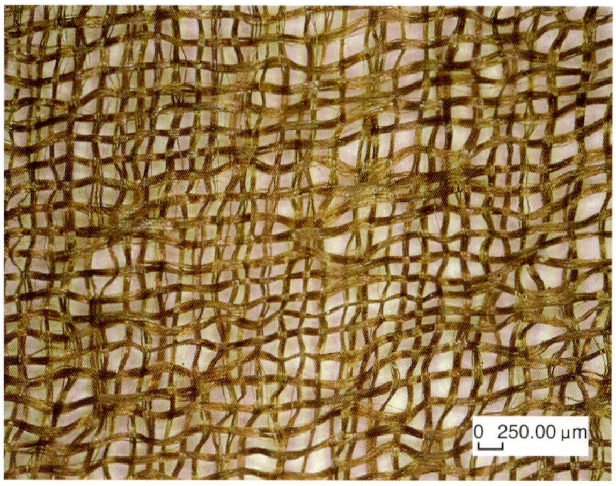

4. 织物残片（T13-E-3）
组织：1/1平纹地上纬浮显花（交梭绫）
经线：丝，无捻，单根，棕褐色，56根/厘米
纬线：丝，无捻，单根，棕褐色，48根/厘米

5. 织物残片[T46（1）]
组织：1/1平纹地起1/3斜纹变化组织
经线：丝，无捻，单根，褐色，55根/厘米
纬线：丝，无捻，单根，褐色，25根/厘米

6. 织物残片（T13-N-a）
组织：1/1平纹地上并丝组织显花
经线：丝，无捻，单根，土黄色*，62根/厘米
纬线：丝，无捻，单根，土黄色*，40根/厘米

7. 织物残片（T13-E-1）

组织：1/1平纹地上并丝组织显花

经线：丝，无捻，单根排列，浅红色*，62根/厘米

纬线：丝，无捻，单根排列，浅红色*，48根/厘米

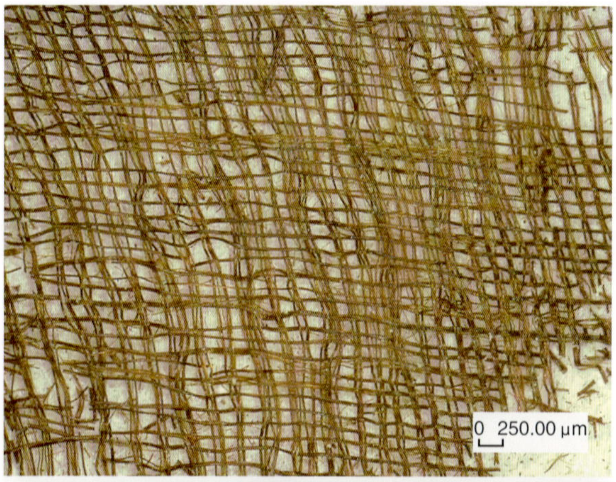

8. 织物残片[T21（2）]

组织：1/2Z斜纹组织

经线：丝，无捻，单根，浅棕色，45根/厘米

纬线：丝，无捻，单根，浅棕色，33根/厘米

9. 织物残片[T60（3）]

组织：1/1平纹地起1/5斜纹变化组织，山形斜纹

经线：丝，无捻，单根，棕色，75根/厘米

纬线：丝，无捻，单根，棕色，55根/厘米

10. 织物残片[T61（2）]

组织：1/2S斜纹组织

经线：丝，无捻，单根，棕色，45根/厘米

纬线：丝，无捻，单根，棕色，20根/厘米

11. 织物残片（T2-1）
组织：1/1平纹地起1/5斜纹变化组织
经线：丝，无捻，单根，黄色*，55根/厘米
纬线：丝，无捻，单根，黄色*，40根/厘米

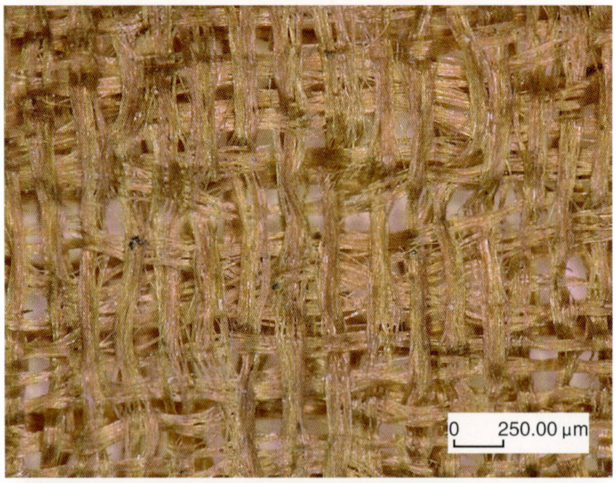

12. 织物残片（T4）
组织：1/1平纹地起1/5斜纹变化组织
经线：丝，无捻，单根，土黄色*，65根/厘米
纬线：丝，无捻，单根，土黄色*，50根/厘米

13. 织物残片（T44）
组织：1/1平纹地起1/5斜纹变化组织
经线：丝，无捻，单根，棕色，55根/厘米
纬线：丝，无捻，单根，棕色，45根/厘米

14. 织物残片（T24-1）
组织：1/1平纹地起1/5斜纹变化组织
经线：丝，无捻，单根，黑色*，60根/厘米
纬线：丝，无捻，单根，黑色*，48根/厘米

15. 织物残片（T23-6）
组织：1/1平纹地起1/5斜纹变化组织
经线：丝，无捻，单根，褐色，50根/厘米
纬线：丝，无捻，单根，褐色，30根/厘米

16. 织物残片[T38（4）]
组织：1/1平纹地起1/5斜纹变化组织
经线：丝，无捻，单根，棕色，50根/厘米
纬线：丝，无捻，单根，棕色，42根/厘米

17. 织物残片（T3-3-h）
组织：1/1平纹地起1/3S斜纹组织
经线：丝，无捻，单根，棕色，60根/厘米
纬线：丝，无捻，单根，棕色，34根/厘米

18. 织物残片（T13-C-2）
组织：1/1平纹地起1/3Z斜纹组织
经线：丝，无捻，单根，红棕色，64根/厘米
纬线：丝，无捻，单根，红棕色，64根/厘米

19. 织物残片（T13-C-4）
组织：1/1平纹地起1/3Z斜纹组织
经线：丝，无捻，单根，棕色，65根/厘米
纬线：丝，无捻，单根，棕色，35根/厘米

20. 织物残片（T45-1）
组织：1/1平纹地起1/3Z斜纹组织
经线：丝，无捻，单根，红棕色，60根/厘米
纬线：丝，无捻，单根，红棕色，45根/厘米

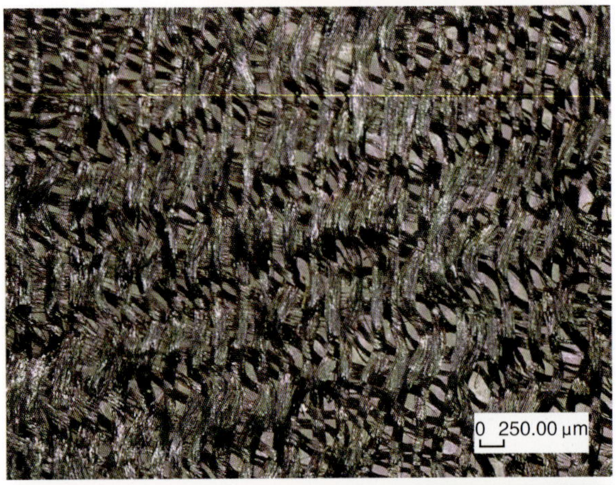

21. 织物残片（T13-O-4）
组织：1/1平纹地起1/5S斜纹组织
经线：丝，无捻，单根，黑色，64根/厘米
纬线：丝，无捻，单根，黑色，44根/厘米

22. 织物残片[T38（3）]
组织：1/1平纹地起1/5S斜纹组织
经线：丝，无捻，单根，棕色，65根/厘米
纬线：丝，无捻，单根，棕色，45根/厘米

23. 织物残片（T13-K-1）
组织：1/1平纹地起1/5S斜纹组织
经线：丝，无捻，单根，红棕色，68根/厘米
纬线：丝，无捻，单根，红棕色，44根/厘米

24. 织物残片[T47（2）]
组织：1/1平纹地起1/5S斜纹组织
经线：丝，无捻，单根，棕褐色，65根/厘米
纬线：丝，无捻，单根，棕褐色，55根/厘米

25. 织物残片（T13-P-4）
组织：1/1平纹地起1/5Z斜纹组织
经线：丝，无捻，单根，棕色，60根/厘米
纬线：丝，无捻，单根，棕色，26根/厘米

26. 织物残片[T29（2）]
组织：1/1平纹地起1/5Z斜纹组织
经线：丝，无捻，单根，棕色，56根/厘米
纬线：丝，无捻，单根，棕色，45根/厘米

27. 织物残片[T8-a（1）]

组织：1/1平纹地起1/5Z斜纹组织

经线：丝，无捻，单根，棕色，60根/厘米

纬线：丝，无捻，单根，棕色，46根/厘米

28. 织物残片（T32-1）

组织：1/1平纹地起1/5Z斜纹组织（背面）

经线：丝，无捻，单根，棕色，64根/厘米

纬线：丝，无捻，单根，棕色，45根/厘米

29. 织物残片（T33-7c）

组织：1/1平纹地起1/5Z斜纹组织

经线：丝，无捻，单根，黑色，65根/厘米

纬线：丝，无捻，单根，黑色，50根/厘米

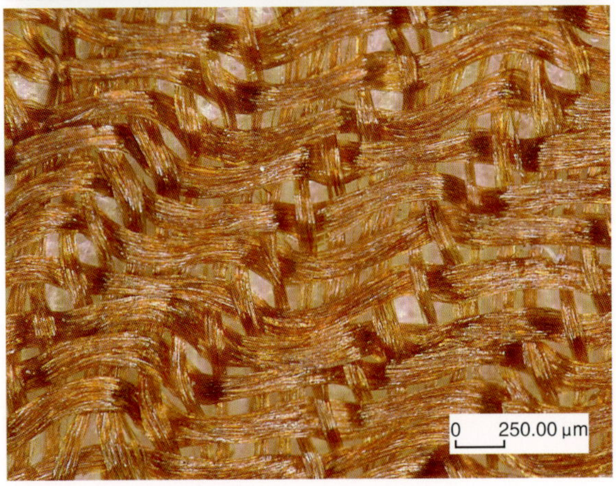

30. 织物残片（T13-I）

组织：1/1平纹地起1/5Z斜纹组织

经线：丝，无捻，单根，红棕色*，70根/厘米

纬线：丝，无捻，单根，红棕色*，46根/厘米

31. 织物残片（T71-C-1e）
组织：1/1平纹地起1/5Z斜纹组织
经线：丝，无捻，单根，红褐色，70根/厘米
纬线：丝，无捻，单根，红褐色，52根/厘米

32. 织物残片[T31（2）]
组织：1/1平纹地起1/5Z斜纹组织
经线：丝，无捻，单根，棕色，68根/厘米
纬线：丝，无捻，单根，棕色，50根/厘米

33. 织物残片[T31（3）]
组织：1/1平纹地起1/5Z斜纹组织
经线：丝，无捻，单根，褐色，80根/厘米
纬线：丝，无捻，单根，褐色，60根/厘米

34. 织物残片（T33-F2）
组织：1/1平纹地起斜纹组织
经线：丝，无捻，单根，棕色，60根/厘米
纬线：丝，无捻，单根，棕色，35根/厘米

35. 织物残片（T33-K2）

组织：1/1平纹地起并丝组织

经线：丝，无捻，单根，红棕色，50根/厘米

纬线：丝，无捻，单根，红棕色，40根/厘米

36. 织物残片[T13-G-2（1）]

组织：1/1平纹地起斜纹组织

经线：丝，无捻，单根，棕色，70根/厘米

纬线：丝，无捻，单根，棕色，65根/厘米

37. 织物残片（T53-1）

组织：1/1平纹地起1/5斜纹变化组织

经线：丝，无捻，单根，红棕色，76根/厘米

纬线：丝，无捻，单根，红棕色，58根/厘米

38. 织物残片（T71-C-1f）

组织：1/1平纹地上并丝组织显花

经线：丝，无捻，单根，红棕色，65根/厘米

纬线：丝，无捻，单根，红棕色，50根/厘米

附录三　法门寺绞经织物种类及组织结构图录

1. 刺绣残片（T40-A）
组织：四经绞地上二经绞组织显花
经线：丝，无捻，单根，褐色*，48—56根/厘米
纬线：丝，无捻，单根，褐色*，16根/厘米

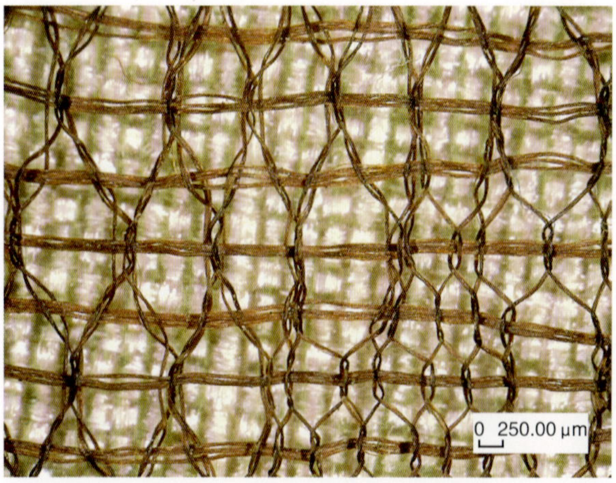

2. 刺绣残片[T16-6（1）]
组织：四经绞地上二经绞组织显花，大型菱纹罗
经线：丝，无捻，单根，绿色*，70根/厘米
纬线：丝，无捻，单根，绿色*，15根/厘米

3. 菱纹罗（T69-A10）
组织：四经绞地上二经绞组织显花，大型菱纹罗
经线：丝，无捻，单根，黑色，80根/厘米
纬线：丝，无捻，单根，黑色，20根/厘米

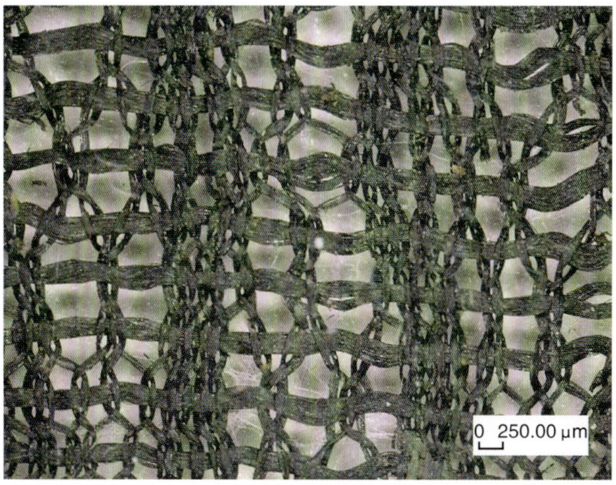

4. 菱纹罗[T13-B-4（2）]

组织：四经绞地上二经绞组织显花，以菱纹罗Ⅲ型为地的变化花纹

经线：丝，无捻，单根，红色、褐色，78根/厘米

纬线：丝，无捻，单根，红色、褐色，17根/厘米

5. 菱纹罗（T19）

组织：四经绞地上二经绞组织显花，以菱纹罗Ⅲ型为地的变化花纹

经线：丝，无捻，单根，棕红色*，80根/厘米

纬线：丝，无捻，单根，棕红色*，16根/厘米

6. 菱纹罗（T69-A-5）

组织：四经绞地上二经绞组织显花，菱纹罗Ⅲ型

经线：丝，无捻，单根，红色，80根/厘米

纬线：丝，无捻，单根，红色，16根/厘米

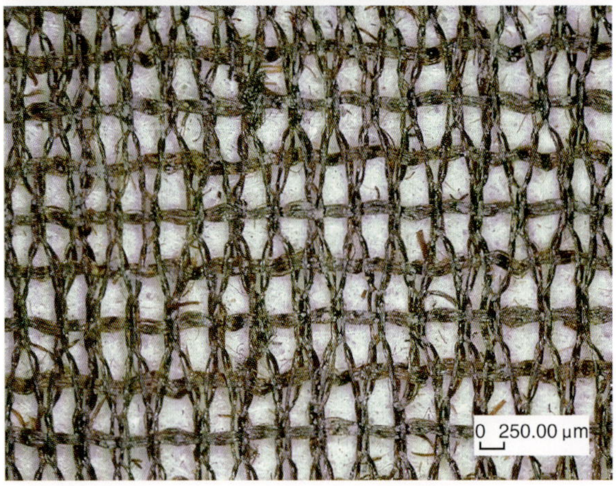

7. 素罗[T13-E-4（2）]

组织：四经绞罗

经线：丝，无捻，单根，褐色，96根/厘米

纬线：丝，无捻，单根，褐色，19根/厘米

8. 菱纹罗[T13-E-4（3）]
组织：四经绞地上二经绞组织显花，菱纹罗Ⅳ型
经线：丝，无捻，单根，棕褐色，70根/厘米
纬线：丝，无捻，单根，棕褐色，16根/厘米

9. 菱纹罗[T31（2）]
组织：四经绞地上二经绞组织显花，菱纹罗Ⅳ型
经线：丝，无捻，单根，深褐色，76根/厘米
纬线：丝，无捻，单根，深褐色，20根/厘米

10. 菱纹罗（T13-O-1）
组织：四经绞地上二经绞组织显花，菱纹罗Ⅳ型
经线：丝，无捻，单根，黑色*，78根/厘米
纬线：丝，无捻，单根，黑色*，16根/厘米

11. 菱纹罗[T28（2）]
组织：四经绞地上二经绞组织显花，菱纹罗Ⅳ型
经线：丝，无捻，单根，黑色，80根/厘米
纬线：丝，无捻，单根，黑色，18根/厘米

12. 菱纹罗（T13-D-1b）

组织：四经绞地上二经绞组织显花，大型菱纹罗

经线：丝，无捻，单根，红色，78根/厘米

纬线：丝，无捻，单根，红色，26根/厘米

13. 菱纹罗（T30-3）

组织：四经绞地上二经绞组织显花，大型菱纹罗

经线：丝，无捻，单根，红色，90根/厘米

纬线：丝，无捻，单根，红色，20根/厘米

14. 菱纹罗（T13-D-1a）

组织：四经绞地上二经绞组织显花，大型菱纹罗

经线：丝，无捻，单根，红色，100根/厘米

纬线：丝，无捻，单根，红色，25根/厘米

15. 菱纹罗（T6）

组织：四经绞地上二经绞组织显花，以菱纹罗Ⅱ型为地的变化花纹

经线：丝，无捻，单根，土红色，82根/厘米

纬线：丝，无捻，单根，土红色，18根/厘米

16. 菱纹罗（T55-I）

组织：四经绞地上二经绞组织显花，菱纹罗Ⅱ型

经线：丝，无捻，单根，红色*，80根/厘米

纬线：丝，无捻，单根，红色*，20根/厘米

17. 素罗[T75-8（2）]

组织：四经绞罗织物

经线：丝，无捻，单根，浅棕色，80根/厘米

纬线：丝，无捻，单根，浅棕色，25根/厘米

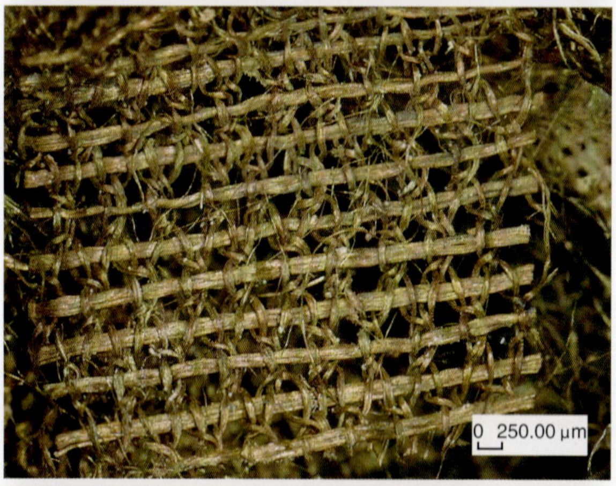

18. 菱纹罗（T63）

组织：四经绞地上二经绞组织显花，菱纹罗Ⅰ型

经线：丝，无捻，单根，浅黄色*，80根/厘米

纬线：丝，无捻，单根，浅黄色*，15根/厘米

19. 素罗（T26-1）

组织：四经绞罗织物

经线：丝，无捻，单根，土红色，80根/厘米

纬线：丝，无捻，单根，土红色，15根/厘米

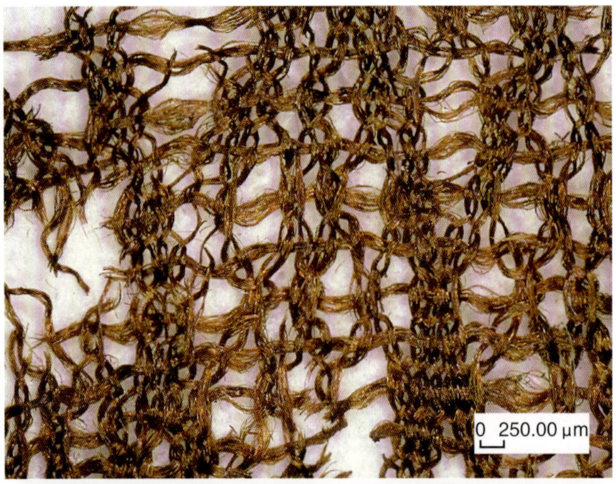

20. 菱纹罗[T16-6（2）]

组织：四经绞地上二经绞组织显花，菱纹罗Ⅰ型

经线：丝，无捻，单根，红褐色，78根/厘米

纬线：丝，无捻，单根，红褐色，20根/厘米

21. 菱纹罗[T29（1）]

组织：四经绞地上二经绞组织显花，菱纹罗Ⅰ型

经线：丝，无捻，单根，黑色，80根/厘米

纬线：丝，无捻，单根，黑色，20根/厘米

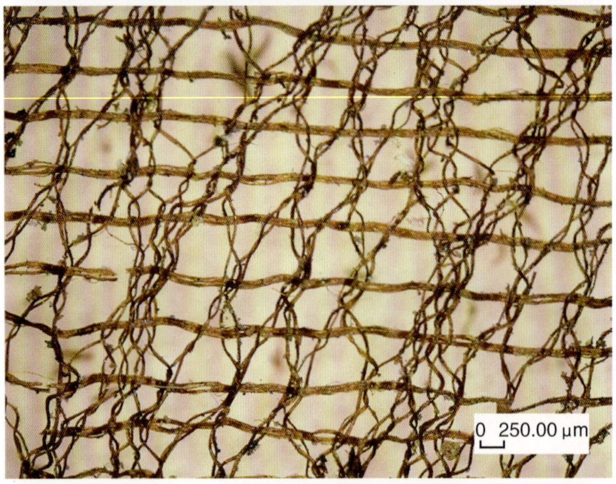

22. 菱纹罗[T32-2（2）]

组织：四经绞地上二经绞组织显花，菱纹罗Ⅰ型

经线：丝，无捻，单根，棕色，72根/厘米

纬线：丝，无捻，单根，棕色，20根/厘米

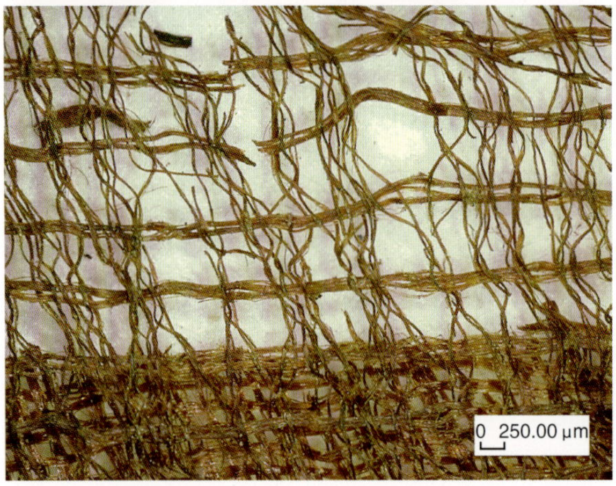

23. 菱纹罗（T5-2f）

组织：四经绞地上二经绞组织显花，菱纹罗Ⅰ型

经线：丝，无捻，单根，棕色，92—100根/厘米

纬线：丝，无捻，单根，棕色，14根/厘米

24. 菱纹罗（T3-4佛幡幡足）
组织：四经绞地上二经绞组织显花，菱纹罗Ⅰ型
经线：丝，无捻，单根，棕褐色，100—110根/厘米
纬线：丝，无捻，单根，棕褐色，28根/厘米

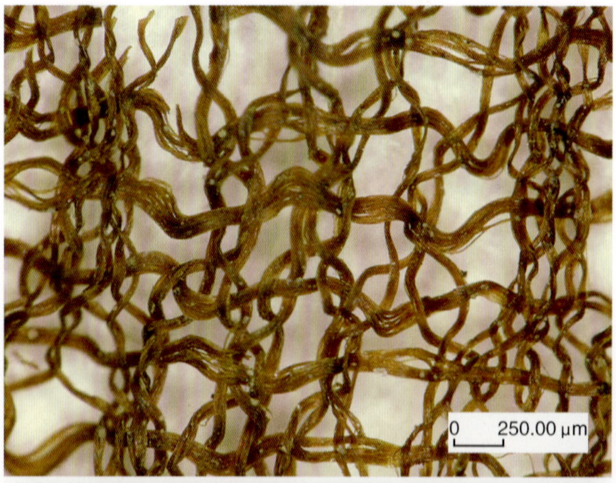

25. 花罗（T3-1幡身）
组织：四经绞地上二经绞组织显花
经线：丝，无捻，单根，棕色*，70—80根/厘米
纬线：丝，无捻，单根，棕色*，18根/厘米

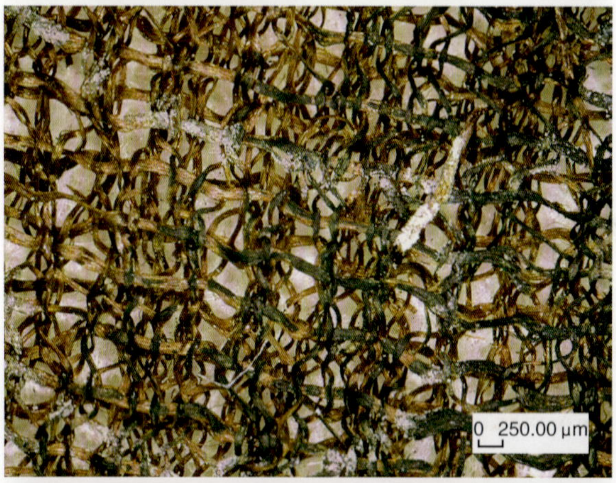

26. 花罗[T26-D（2）]
组织：四经绞地上二经绞组织显花
经线：丝，无捻，单根，红褐色，60根/cm
纬线：丝，无捻，单根，红褐色，20根/cm

27. 花罗（T42-1）
组织：四经绞地上二经绞组织显花
经线：丝，无捻，单根，深黄色*，80根/厘米
纬线：丝，无捻，单根，深黄色*，16根/厘米

28. 花罗（T33-7b）
组织：四经绞地上二经绞组织显花
经线：丝，无捻，单根，褐色，70根/厘米
纬线：丝，无捻，单根，褐色，20根/厘米

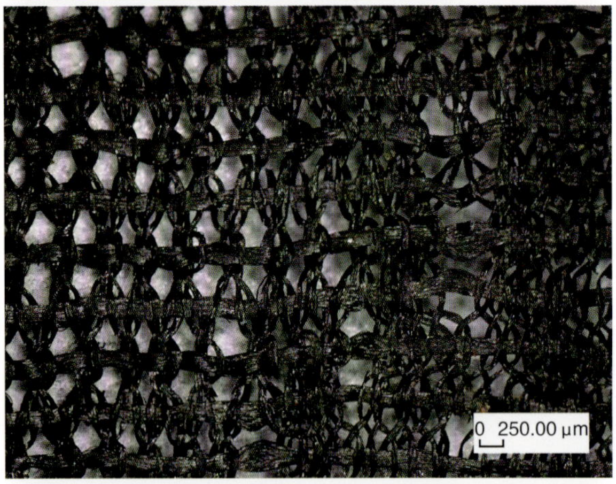

29. 花罗（T71-C-1b）
组织：四经绞地上二经绞组织显花
经线：丝，无捻，单根，黑色，90根/厘米
纬线：丝，无捻，单根，黑色，20根/厘米

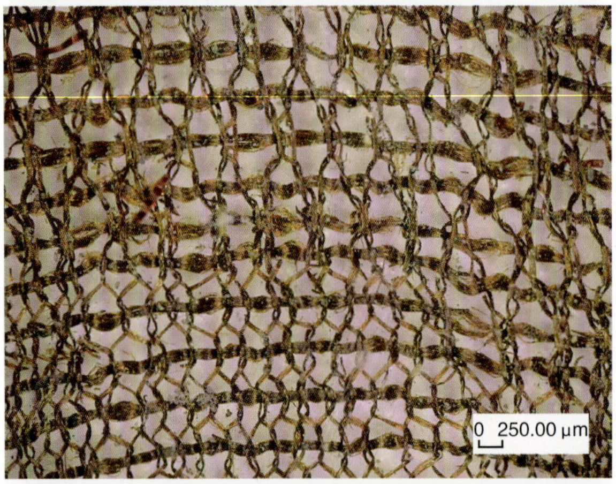

30. 花罗[T69-A-8（1）]
组织：四经绞地上二经绞组织显花
经线：丝，无捻，单根，褐色，80根/厘米
纬线：丝，无捻，单根，褐色，22根/厘米

31. 素罗[T55-A（1）]
组织：四经绞罗
经线：丝，无捻，单根，棕色，60根/厘米
纬线：丝，无捻，单根，棕色，20根/厘米

32. 素罗（T26-H）
组织：四经绞罗
经线：丝，无捻，单根，褐色，56根/厘米
纬线：丝，无捻，单根，褐色，18根/厘米

33. 素罗（T26-B）
组织：四经绞罗
经线：丝，无捻，单根，棕褐色，56根/厘米
纬线：丝，无捻，单根，棕褐色，17根/厘米

34. 素罗（T13-G-3）
组织：四经绞罗
经线：丝，无捻，单根，褐色，60根/厘米
纬线：丝，无捻，单根，褐色，15根/厘米

35. 素罗（T69-B）
组织：四经绞罗
经线：丝，无捻，单根，棕色，72根/厘米
纬线：丝，无捻，单根，棕色，19根/厘米

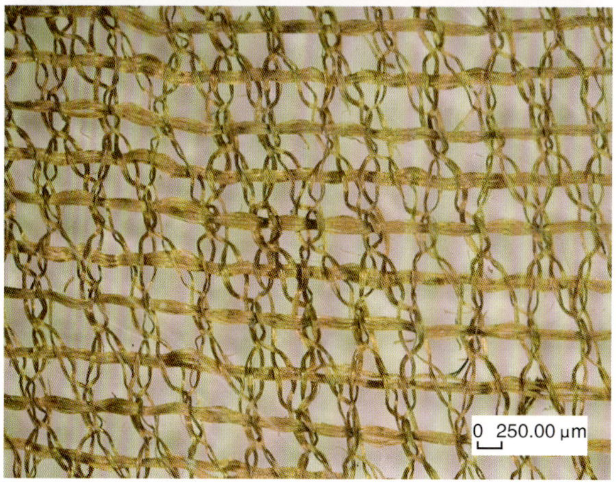

36. 素罗（T44（2））
组织：四经绞罗
经线：丝，无捻，单根，棕色，55根/厘米
纬线：丝，无捻，单根，棕色，14根/厘米

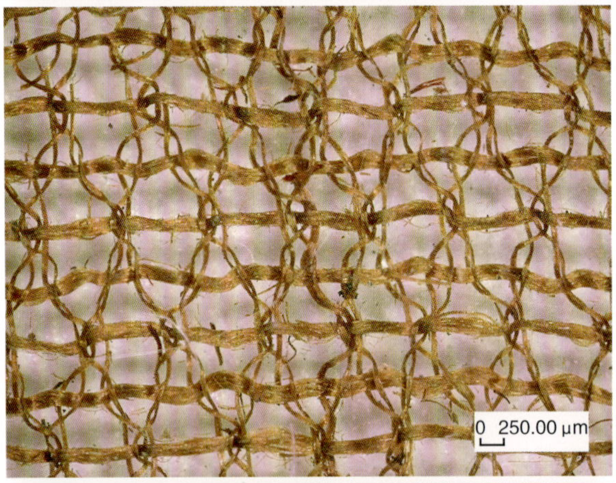

37. 素罗[T69-A-8（2）]
组织：四经绞罗
经线：丝，无捻，单根，棕色，50根/厘米
纬线：丝，无捻，单根，棕色，16根/厘米

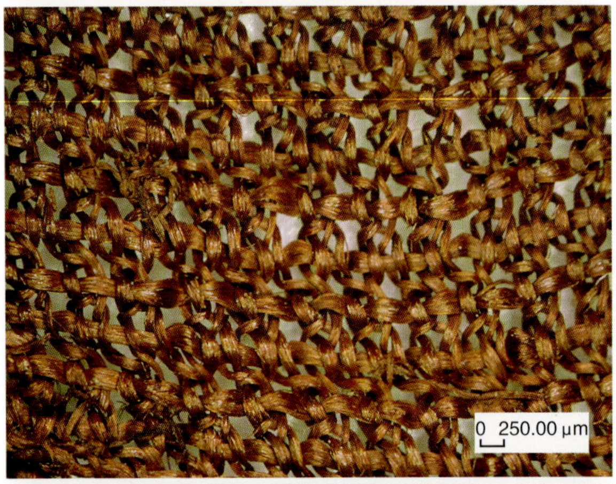

38. 素罗（T13-A-1c）
组织：四经绞罗
经线：丝，无捻，单根，红棕色，68根/厘米
纬线：丝，无捻，单根，红棕色，20根/厘米

39. 素罗（T3-4）
组织：四经绞罗
经线：丝，无捻，单根，土红色，72根/厘米
纬线：丝，无捻，单根，土红色，17根/厘米

附录四　法门寺锦织物种类及组织结构图录

1. 锦织物残片（T15-4）

组织：五枚唐式缎纹纬锦

经线：明经与夹经比例1∶1，无捻，棕色，50根/厘米

纬线：无捻，绿色、浅棕色、棕色等，24根/厘米

2. 锦织物残片（T68-H）

组织：辽式斜纹织金锦，1/2S

经线：明经与夹经比例1∶1，明经S向弱捻，棕色，52根/厘米

纬线：S向捻金（银）线及棕色等色丝线，35根/厘米

3. 锦织物残片（B8/T71-B）

组织：五枚辽式缎纹纬锦

经线：明经与夹经比例1∶1，无捻，棕色，60根/厘米

纬线：无捻，棕色、浅棕色、褐色，38根/厘米

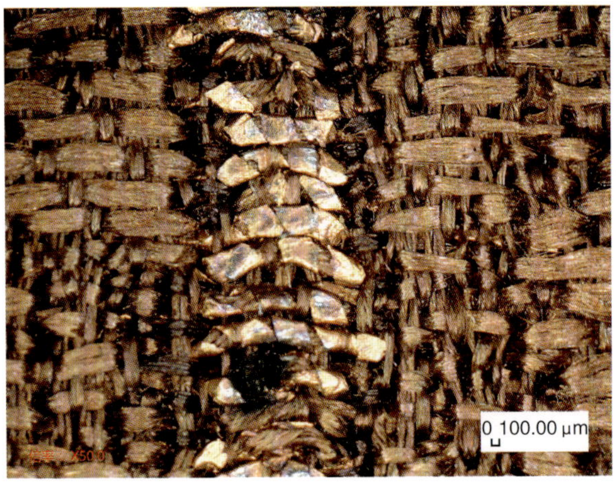

4. 锦织物残片（T68-G）

组织：辽式斜纹织金锦，1/2S

经线：明经与夹经比例1：1，夹经S捻，棕色，56根/厘米

纬线：Z向捻金线及绿色、棕色、褐色等色丝线，34根/厘米

5. 锦织物残片（T10）

组织：辽式斜纹纬锦，1/2Z

经线：明经与夹经比例1：2，无捻，棕色，60根/厘米

纬线：绿色、浅绿色、棕色等色丝线，无捻，25根/厘米

6. 锦织物残片[T15-3（1）]

组织：辽式斜纹纬锦，1/2S

经线：明经与夹经比例1：2，夹经S捻，褐色，60根/厘米

纬线：褐色、绿色、棕色等色丝线，无捻，28根/厘米

7. 锦织物残片（T15-1）
组织：辽式斜纹纬锦，1/2S
经线：明经与夹经比例1∶2，夹经S捻，褐色，60根/厘米
纬线：褐色、绿色、棕色等色丝线，无捻，25根/厘米

8. 锦织物残片（T17）
组织：辽式斜纹纬锦，1/2S
经线：明经与夹经比例1∶2，夹经S捻，褐色，62根/厘米
纬线：褐色、绿色、棕色等色丝线，无捻，22根/厘米

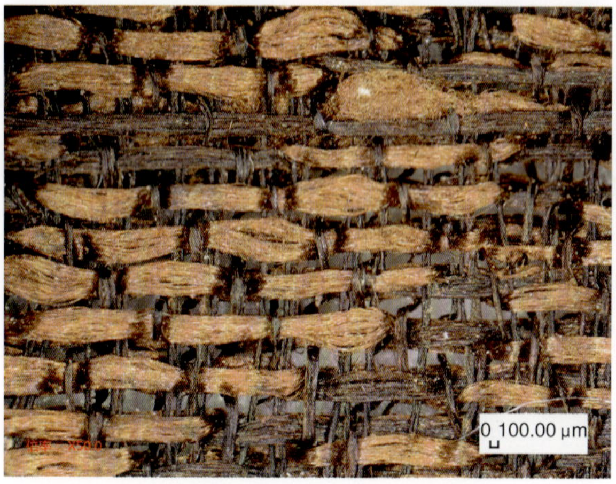

9. 锦织物残片（T34-5）
组织：辽式斜纹纬锦，1/2S
经线：明经与夹经比例1∶2，夹经S捻，褐色，62根/厘米
纬线：褐色、绿色、棕色等色丝线，无捻，28根/厘米

10. 锦织物残片（T15-2）

组织：辽式斜纹纬锦，1/2S

经线：明经与夹经比例1∶2，夹经S捻，棕色，65根/厘米

纬线：绿色、浅绿色、棕色等色丝线，无捻，25根/厘米

11. 锦织物残片（T34-5b）

组织：辽式斜纹纬锦，1/2S

经线：明经与夹经比例1∶2，夹经S捻，褐色，62根/厘米

纬线：褐色、绿色、棕色等色丝线，无捻，28根/厘米

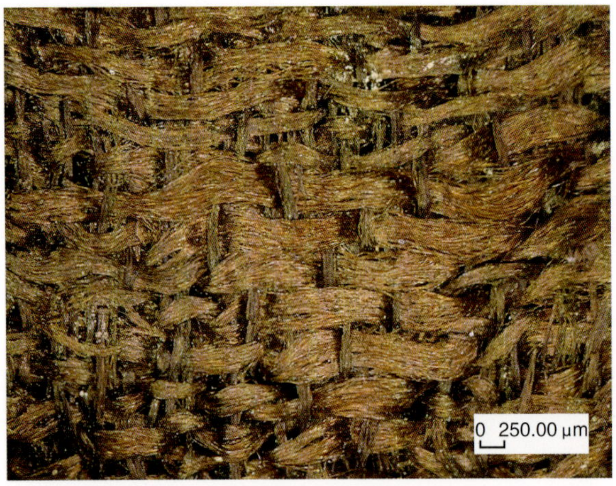

12. 锦织物残片（T3-4）

组织：五枚缎纹纬锦

经线：明经与夹经比例1∶2，无捻，棕色，62根/厘米

纬线：棕色、暗棕色、褐色等色丝线，无捻，30根/厘米

后　记

1981年，法门寺明代真身宝塔因历经地震和风雨侵袭而半边崩塌。1987年，在重修宝塔清理塔基的过程中，发现了法门寺唐代地宫。著名考古学家石兴邦、韩伟等组织陕西省考古研究所（现陕西省考古研究院，下同）、宝鸡市文物局、扶风县文化局［现扶风县文化和旅游局（扶风县文物局）］考古人员联合开展考古发掘，出土了丝绸、佛祖真身舍利以及金银器等珍贵文物数千件。为妥善提取糟朽的珍贵丝绸文物，考古队特邀丝绸文物保护专家王㐨、王亚蓉主持丝绸文物发掘现场保护工作。法门寺丝绸运至西安后，陕西省考古研究所文物保护专家冯宗游、杨忙忙等开展了丝绸文物的日常保养工作。

2002—2007年，陕西省考古研究所与德国美因茨罗马-日耳曼中央博物馆合作开展法门寺丝绸文物保护项目，建成了世界一流的纺织品文物保护实验室，开展了法门寺糟朽丝绸文物保护修复技术实验，成功对部分黏连衣物包块进行了揭展，对揭展出的衣物进行了初步研究。期间，外方专家Susanne Greiff, Angelika Sliwka, Agnes Krippendorf, Gerda Koppatz, Ines Scholtz, Regina Knaller, Hartmut kutzke, Maria Pilar Borrego, Songxin Mueller先后参与工作，中方专家以路智勇、张静为主，韩伟、尹申平、延斌、杨军昌、赵西晨、邵安定、侯改玲、李明、韩金科、姜捷等为项目提供了大力支持。2008—2020年，法门寺丝绸文物保护修复和研究工作由路智勇主持，期间对法门寺丝绸服饰及织物进行了较为全面的信息采集和工艺研究，开展了文物材料工艺科学分析、保护修复技术创新实验及预防性文物保护研究。基于2008—2020年的工作以及2017年立项的法门寺丝绸研究国家社会科学基金课题成果，形成了本报告。报告由路智勇主编，张静、惠任、吕婉莹参与编写，文物摄影由张明惠、李钦宇、赵汗青完成。

法门寺丝绸文物保护工作及本报告的编撰出版，得到了陕西省文物局及陕西省考古研究院领导和相关部门的大力支持，得到了国家社会科学基金项目资助，瑞士阿贝格基金会（Abegg-Stiftung）在丝绸研究专业方面给予了技术支持，著名丝绸考古专家赵丰研究员对报告进行了审核，科学出版社编辑王琳玮女士为报告编辑不辞辛劳，在此一并致以诚挚谢意。

编　者

2023年1月